U0513475

感谢中国老龄事业发展基金会
敬老志愿者工作委员会的大力支持!

人类战略的革命

积极应对人口老龄化国家战略解读

党俊武◎著

人民出版社

人类面临的核战争、气候变暖、环境污染等风险正在与日俱增，未来全球应对老龄社会这一重大人类趋同挑战的强大势能，连同对冲所有风险的人类能力，将氤氲演化成为倒逼全球走向人类命运共同体发展格局的伟大力量！把握这一伟大力量，需要一场人类战略的革命，以便在人类趋同迈入长寿时代和老龄社会的新的历史阶段重拾发展信心，为人类展现新的伟大前景。

——作者

目　　录

前　　言

　　人口老龄化标志着人类从年轻社会转向老龄社会,这是一个关系国计民生、民族兴衰、国家的长治久安和人类前途命运的全球性重大问题。对于这样一个重大人类问题,中国政府高瞻远瞩,决定实施国家战略予以及时、科学和综合应对,这在当今世界各国政府中也是少有的。面向未来,中国政府作出如此重大部署安排,既是对今后各国政府努力方向的重要引领,也是探索应对人口老龄化标志的老龄社会的中国道路、中国方案的重大实践,对于全球应对老龄社会这一前所未有的人类趋同现象具有重大的现实意义和长远的历史意义。

　　迄今为止,虽然尚未出现人口老龄化导致民族或国家消亡的历史事实,但造成人口缩减的形势已经日益严峻,日本、韩国、意大利、俄罗斯等国就是人口负增长国家的代表。对于拥有超大规模人口的中国和印度来说,人口老龄化断然不存在引发国家消亡的威胁。那么,对于全人类来说,人口老龄化更不可能形成引发人类消亡的风险。但是,一个半多世纪以来,席卷所有发达国家和部分发展中国家的人口老龄化历史表明,在从年轻社会转向老龄社会的过程中,许多国家整体发展活力丧失,甚至这些国家的许多地区也面临“空心化”的衰退态势。如美国中西部和东北部一些二线城市、欧洲中部一些城市、日本的北海道等出现凋敝和衰落的状况已经十分严峻。更为重要的是,迄今为止,尚未出现面临重度老龄社会挑战而实现经济复兴的国家先例。相反,在迈入深度老龄社会的发达国家普遍遭遇经济发展缺乏后劲和活力的背景下,唱衰老龄化、唱衰老龄社会的悲观舆论一浪高过一浪,这可能是今后老龄社会背景

1

下全球识别人类发展前景的代表性论调,也是未来我们必须时刻面对的重大人类思潮!我们需要清醒认识,并引起高度关注。

和先行步入老龄社会并面临衰落风险与日俱增的发达国家不同,中国正处在走上坡路的关键历史阶段,中国崛起之势、中国全面建成社会主义现代化强国和实现中华民族伟大复兴的力量正在方兴未艾。在面临诸多国内历史、现实难题和国际挑战的同时,面对人类历史上最大规模的人口老龄化标志的老龄社会的重大转型,会不会出现积重难返的重大风险,这是未来中国式现代化建设过程中必须面对的重大挑战,也是以中国式现代化推进中华民族伟大复兴必须面对的艰巨难题。当然,这也是中国政府决心实施积极应对人口老龄化国家战略的根本依据之一。

从本质上来说,老龄社会的问题主要不是存亡问题,而是兴衰问题。实际上,国家兴衰问题一直是最重大的人类问题之一,也是古今中外政要和思想界的永恒课题。但是,老龄社会条件下的国家兴衰问题乃至人类兴衰问题却没有历史性的重大实践,而且,老龄社会将是未来人类的常态社会模式。因此,如何从国家兴衰的高度来考量应对人口老龄化标志的老龄社会的国家战略,这是所有国家面向未来的必修战略课题。当然,面对老龄社会的重大转向,如果观察视野从国家兴衰升维至人类兴衰的思维格局,这是看清问题本质和未来发展底层逻辑的基本思维方式和基本分析框架。

从理论上来说,国家兴衰乃至人类兴衰是有其底层逻辑的。从年轻社会转向老龄社会,这既是国家兴衰和人类兴衰历史中新的格局,也是人类社会发展的基本规律;既是人类社会形态从低级阶段迈向高级阶段的必然演化结果,也是人类社会文明进步的重要标志,其中的底层逻辑不能用挑战和机遇、悲观和乐观、消极和积极等二元思维模式来把握。简言之,这种社会形态转型本质上是不以人的意志为转移的,需要改变的是我们在漫长年轻社会中形成的兴衰观和发展观。站位年轻人口多、老年人口少的年轻社会来看待年轻人口减少、老年人口增多的老龄社会,继续沿用年轻社会的发展方式来应对老龄社会,结论必然是悲观的、消极的。但是,如果站位更高位阶来看待高于年轻社会的老龄社会,创新发展观,用老龄社会要求的发展方式来应对老龄社会,那么,人类社会发展的未来前景将会是全然一新的高阶格局。既然老龄社会来了,需要调整的就是我们的头脑和观念。我们必须尊重人类社会的发展规律,顺应老龄社会的客观要求,把握人类发展的现实性愿景,找到哪些是我们可以有所作为的问题,哪些是我们必须作出适应性调整的问题。在此基础上,研究实施适应老龄社会要求的宏大战略,推动人类社会迈向更高阶段。总之,老龄社会是未来人类社会真正常态的社会模式,它虽然饱含从年轻社会脱胎出来的各种转型性社会阵痛,但基于年轻社会漫长的历史积淀,在更高社会形态位阶上,对人类来说,它也饱含着更多希望和更多发展可能。一句话,老龄社会是人类社会发展的伟大跃迁!问题只在于我们如何从战略上去应对。

战略是伴随和引领整个人类史的顶层框架。本书认为,不是老龄社会的发展要如何适应经济社会发展的需要,恰恰相反,经济社会发展要适应老龄社会发展的需要。从战略上应对人类从年轻社会转向老龄社会,必然意味着人类战略本身的一场深刻革命。其含义包括五个转向:一是在战略站位上从国家主义转向人类主义,即从关注个体国家的利益问题转向更加关切人类趋同命运;二是在战略对象上从面向外部世界转向面向人类整体自身,即从关注由外部世界获取资源转向更加关切人类整体自身的发展生态;三是在战略理念上从物本主义转向人本主义,即从关注物转向更加关切人;四是在战略方式上从注重国家竞争为主转向国家合作为主,即从关注个体国家的利益和命运转向更加关切人类的整体长远利益和人类共同体命运;五是在战略时间上从中长期战略转向永续战略。这是老龄社会这一重大人类趋同现象倒逼人类必须革新以往所有战略的必然逻辑。

兴衰问题伴随人类社会历史的始终。人口老龄化标志的从年轻社会转向老龄社会,只不过是伴随人类社会历史始终的兴衰问题的新棋局、新形式。我们相信,人类一定能够找到应对沉浮兴衰的新方向和新道路。毕竟,长远来看,回到高生育率时代并不符合人们的意愿;而且,人人都有机会活得健康长寿而有意义,只要确保更替水平的生育率,防范好人口过度老龄化风险,我们在坚实物质生活的基础上创造性地享受更高层次的精神生活,这不正是人类梦寐以求的理想生活吗? 一句话,实施积极应对人口老龄化国家战略的前景美好,值得期待!

本书尝试从人类兴衰的视野构建分析框架,立足中国国情,着眼人类命运共同体长远发展,着力回答中国实施积极应对人口老龄化国家战略的五个基本问题,即为什么、是什么、如何实施、谁来实施、未来的前景等维度的问题,但重点在于论述为什么和是什么的问题,怎么办的问题主要是开拓思路,提出一些建设性的构想和可能路径,期待各界共同思考。

老龄社会是一场全面深刻持久的革命,带来的根本转型既有人口问题、社会问题,也有经济问题、政治问题,还有文化问题、生态问题以至国际问题。因此,构建应对老龄社会的国家战略体系,统筹考量解决老龄社会的相关问题,必须处理好建设理想老龄社会与全面建成社会主义现代化强国总体战略的关系,必须处理好与人口、经济、政治、文化、社会、区域、生态、国际等国家战略的关系,必须处理好与各项专项战略、行业战略之间的关系,从终极意义上实现老龄社会条件下人口年龄结构与经济社会之间的互动协调和健康持续发展。囿于篇幅和目前研究积累不足,关于应对老龄社会的政治战略还需要深入研究,以后再论。关于应对老龄社会的生态战略至关重要。老龄社会的突出特征之一就是长寿时代的到来,在地球已经满目疮痍的今天,建设理想老龄社会必须采取全球性的生态战略。否则,人人普遍长寿的生命必然面临诸多环境难题甚至环境灾难。但由于研究准备不足和专业性很强,只能留给他人专门论述。此外,应对老龄社会必须走法治化道路,必须建构相应法律战略,但由于相关研究严重欠缺,且相应实践性的法律问题尚在开始全面显现,需要相关人士作出全面专业性的研究,本书难以提出战略性的思路。本书重点讨论应对老龄社会的人口、健康、经济、文化、社会、区域和国际七个领域的战略问题。其中,关于应对老龄社会的经济战略,读者可以参阅拙作《老龄经济》(中信出版集团 2022 年版)。

需要特别指明的是,人口老龄化是标,老龄社会是本。实施积极应对人口老龄化国家战略的本质是实施积极应对老龄社会的国家战略,根本是要建设理想的老龄社会,确保我国在老龄社会条件下实现全面建成社会主义现代化强国的宏伟目标,在实现这一宏伟目标的过程中建设好理想的老龄社会。基于此,本书主要用积极应对老龄社会国家战略这一提法,以便深化应对人口老龄化国家战略的全面认知并拓宽其应有作业领域。不过,现在有一种把国家战略狭隘化的倾向,就是把积极应对人口老龄化国家战略仅仅等同于解决生育小孩问题,解决老年人的健康、养老和医养结合、延迟退休等具体的点上的问题。当然,解决这些问题也是题中应有之义,但仅仅解决这些点上的问题,还远远覆盖不到老龄社会转型带来的所有基础性、全局性、战略性问题,其背后的思维方式是头痛医头,结果是对国家战略的狭隘化解构,必须树立科学系统观,从老龄社会的整体上作出全面战略应对。

最后,实施积极应对人口老龄化标志的老龄社会的国家战略,这是未来中国全面建成社会主义现代化强国和实现中华民族伟大复兴过程中的大事。事情越大,就越要追究底层逻辑。不过,底层逻辑绝非复杂甚至神秘难测,而是一些简单的逻辑,所谓小道至繁而大道至简是也。本书绝非实施国家战略的"操作指南",而仅仅是一个理论和行动的参考框架,力图通过寻找至简逻辑,助推形成一个个阶段性和方面性可行方案。不可否认,从1982年联合国召开第一届世界老龄大会至今的40余年间,中国经历了"没有老龄问题"(即认为社会主义中国没有老龄问题)、认识老龄问题、开展老龄工作和发展老龄事业、实施国家战略的艰难历程。如何实施好国家战略,这是牵动全党全社会所有人所有方面所有领域的重大战略。同时,实施这一战略涉及政府、市场和社会以及家庭和个人方方面面,尤其是政府所有部门,既要按照职责分工做好本部门的工作,更要在党中央和国务院领导下,在全国老龄工作委员会的具体领导下,通力合作,形成实施国家战略的合力,而不能各部门各管一摊,分工有余协同不足,造成国家战略部门化、全局战略局部化以至造成若干年后面临积重难返的困局。此外,实施这一战略不可能一蹴而就,而是一个需要各个社会主体各个领域长期持续创新的努力过程。本书仅仅是抛砖引玉,也是粗线条的分析框架,有些问题甚至只能作一些线索性的交代,特别是对于幅员辽阔、差异化巨大的各个地区来说,因地制宜地根据人们的需求结构和需求偏好作出地方性创新又不失全国一盘棋思维的努力,更是没有进行深入讨论,期待以后能有其他人的纵深研究和更高版本的陆续问世。更重要的是,以此书为靶子,真正把应对人口老龄化标志的老龄社会的国家战略建构成科学的战略体系、所有人和社会各个方面积极参与的行动体系,并在全球应对老龄社会的大棋局下彰显中国战略的智慧和魅力。这是我写作本书的初心。

作　者

2022 年 8 月 12 日

第一章　实施应对老龄社会的人类战略

"没有任何两个国家的历史是相同的。但所有的国家都越来越具有共同的趋势。"

——［英］阿萨采·勃里格斯

基本判断：迈向人口老龄化为标志的老龄社会是重大的人类趋同现象。

重要提示：中国实施积极应对人口老龄化的国家战略要肩负人类责任。

不同人类集团先后都要迈入人口老龄化标志的老龄社会,这是人类社会发展的基本规律,也是人类社会发展的价值选择,更是超越民族、国家、宗教、文化、制度以及自然禀赋的重大人类趋同现象。自有人类历史以来,不同人类集团在世界各地独立隔离发展,形成不同样态的人类文明形态。伴随现代民族国家产生,特别是现代化的加速推进,尤其是在全球化、信息化、数字化和智能化的推动下,不同国家之间深度交往,地球村效应日益显现,人类社会演化出诸多趋同现象。在这些趋同现象中,既有物质文明层面的,也有人类个体和社会行为层面的,但人口老龄化标志的社会主体结构的趋同现象最为广泛和持久,带来的问题不只是人类发展方式的问题,而是谁在发展的问题、要什么样的发展的问题和要走向哪里去的问题。这些问题事关整个人类的前途和命运,不仅颠覆以往的发展观和发展方式,而且带来史无前例的持久系统性挑战,需要着眼长远,重新建构新的更高位阶的人类战略。

一、人类整体自身发展的基本事实和
未来人类社会的趋同大势

关于人类发展有两个层面的问题，一个是"发展什么"和"怎么发展"的问题，另一个更重要的是"发展主体整体自身的发展问题"。不过，"发展主体整体自身的发展问题"及其需求问题是上位性的问题，而"发展什么"和"怎么发展"的问题则是下位性的问题。过去，人类的焦点在于关注下位性问题，即关注"发展什么"和"怎么发展"的问题，其中最为关注的是发展经济的问题，关注的核心是经济增长问题，经济产值的增长是考量的关键指标，而发展方式也就是生产方式的不断更新换代则是发展经济的重中之重。至于上位性的问题，即"发展主体整体自身的发展问题"，人们的关注焦点主要集中在发展主体数量即人口规模问题上，而且，观察的坐标主要是什么样的人口规模更适合于经济发展，而不是相反。结果，"发展主体整体自身的发展问题"及其需求问题这一上位性问题，常常不得不服从于经济发展及其发展方式这一下位性问题。

现在，虽然人类主体规模在整体上依然还在不断增长，但长远来看，人口老龄化标志的老龄社会不仅挑战以往在"发展什么"和"怎么发展"这一下位性问题上形成的基本理念、基本框架、基本制度安排及其相应的基本行为方式，而且挑战以往在"发展主体整体自身的发展问题"及其需求变动这一上位性问题上形成的基本理念、基本理论和根本思维方式。因此，我们必须两路开战，一方面，我们需要重新思考老龄社会条件下"发展什么"和"怎么发展"的问题；另一方面，我们更需要重新思考老龄社会条件下发展主体整体自身如何发展的问题及其相应需求结构的变动趋势问题，但在根本上，需要把这两方面的问题结合起来，重新考量未来人类长远发展的根本战略问题。

（一）发展主体结构老龄化的全球趋同态势

人口老龄化是结构性问题，是指年轻人口减少和老年人口增多导致发展

主体结构从年轻型、成年型向老年型的转变过程,这是全球性的新的人类趋同现象,主要体现在以下层面:

1. 少子化趋同态势。2021 年,全球 0—14 岁少儿人口为 20.15 亿人,占全球总人口 79.09 亿人的 25.48%,预计到 2050 年和 2100 年,分别达到 20.10 亿人和 17.06 亿人,占届时总人口的 20.71% 和 16.48%。2021 年,全球总和生育率为 2.321,发达国家平均为 1.531,发展中国家平均为 2.827,预计到 2050 年,分别为 2.149、1.598 和 2.135,预计到 2100 年,分别为 1.835、1.629 和 1.790。2021 年,全球处于低生育陷阱即总和生育率在 1.5 及以下的国家共 35 个,预计到 2050 年和 2100 年将分别减少到 22 个和 3 个国家。少子化是发展主体结构老龄化的决定性因素,尽管低生育水平回升艰难正在成为人类发展的重大问题,但少子化态势还有一定的变数,低生育水平向更替水平的回归性努力历史时间还不长,未来还有较大的努力空间,但回归多子多福的可能性越来越小。少子化未来的基本方向是在更替水平上的长期持续稳定。

2. 大龄化趋同态势。2021 年,全球 15—59 岁劳动年龄人口总量为 48.11 亿人,占全球总人口 79.09 亿人的 60.83%。未来预计将会先增后减,峰值拐点在 2068 年,到 2050 年和 2100 年,分别达到 55.67 亿人和 55.59 亿人,占届时总人口的 57.33% 和 53.72%。发达国家劳动力短缺现象十分普遍且突出,于 2013 年达峰,今后的形势更为严峻,发展中国家劳动年龄人口 2050 年达到 49.64 亿人,并在 2069 年达峰达到 51.95 亿人,2100 年下降到 50.43 亿人。2021 年全球劳动年龄人口年龄中位数为 37 岁,平均数为 34.75 岁,预计到 2050 年和 2100 年,中位数分别为 36 岁和 37 岁,平均数分别为 36.26 岁和 37.19 岁。2021 年发达国家劳动年龄人口年龄中位数为 38 岁,平均为 37.82 岁,预计到 2050 年和 2100 年,发达国家劳动年龄人口中位数分别为 39 岁和 38 岁,平均数分别为 38.25 岁和 37.98 岁。2021 年发展中国家劳动年龄人口中位数为 34 岁,平均数为 34.81 岁,预计到 2050 年和 2100 年,中位数分别提高到 36 岁和 39 岁,平均数分别提高到 36.02 岁和 37.44 岁。劳动年龄人口是发展主体的主体,本世纪内呈现先增后减的态势,但年龄中位数提高是普遍现象,这一趋同态势不可逆转,回到年轻化和数量众多的可能性正在减小。

3. 多老化趋同态势。多老化与少子化相对。2021 年,全球 60 岁以上老年人口为 10.83 亿人,占全球总人口 79.09 亿人的 13.70%,预计到 2050 年和 2100 年,分别达到 21.32 亿人和 30.84 亿人,占届时总人口的 21.96% 和 29.80%。2021 年,全球人口平均预期寿命为 71.05 岁,比 1950 年延长 24.58 岁,预计 2050 年和 2100 年,将分别提高到 77.25 岁和 82.06 岁。2021 年发达国家人口平均预期寿命为 80.56 岁,比 1950 年延长 16.48 岁,预计 2050 年和 2100 年将分别提高到 85.59 岁和 91.31 岁。2021 年发展中国家平均预期寿命为 69.86 岁,比 1950 年延长 25.70 岁,预计 2050 年和 2100 年将分别提高到 75.89 岁和 81 岁。2021 年全球 60 岁以上老年人口平均余寿 19.71 年,预计到 2050 年和 2100 年,将分别延长到 23.78 年和 26.35 年。2021 年发达国家 60 岁以上老年人口平均余寿为 24.14 年,预计 2050 年和 2100 年将分别延长到 27.94 年和 32.63 年。2021 年发展中国家 60 岁以上老年人口平均余寿为 18.70 年,预计 2050 年和 2100 年将分别延长到 23.12 年和 26.12 年。2021 年全球人口平均预期寿命超过 80 岁以上的国家为 32 个,预计 2050 年和 2100 年将分别增加到 82 个和 139 个。多老化是人类社会进步的重要标志,也是人类梦寐以求的重要理想,但 60 岁以上人口占总人口超过 40% 即人口迈过过度老龄化警戒线则是一个重大问题。2021 年尚未有国家处于过度老龄化陷阱,预计 2050 年和 2100 年将分别有 9 个国家和 40 个国家处于人口老龄化陷阱。

4. 高龄化趋同态势。高龄化也可以称为长寿化。2021 年,全球 80 岁以上老年人口为 1.55 亿人,占全球总人口 79.09 亿人的 1.96%,预计到 2050 年和 2100 年,将分别达到 4.59 亿人和 9.66 亿人,占届时总人口的 4.73% 和 9.33%。2021 年发达国家 80 岁以上老年人口为 0.61 亿人,占发达国家总人口 10.93 亿人的 5.56%,预计到 2050 年和 2100 年,将分别达到 12.50 亿人和 16.57 亿人,占届时发达国家总人口的 11.22% 和 16.04%。2021 年发展中国家 80 岁以上老年人口为 0.92 亿人,占发展中国家总人口 67.68 亿人的 1.36%,预计到 2050 年和 2100 年,将分别达到 3.29 亿人和 7.94 亿人,占届时发展中国家总人口的 3.84% 和 8.72%。2021 年全球 100 岁以上老年人口为 59.32 万人,占全球总人口 79.09 亿的 0.0075%,预计到 2050 年和 2100 年,将分别达到 311.66 万人和 2156.33 万人,占届时总人口的 0.0321% 和 0.2084%。2021 年发达国家 100 岁以上老年人口为 37.86 万人,占发达国家总人口 10.93 亿人的 0.0346%,预计到 2050 年和 2100 年,将分别达到 153.96 万人和 552.66 万人,占届时发达国家总人口的 0.1382% 和 0.5351%;2021 年发展中国家 100 岁以上老年人口为 19.87 万人,占发展中国家总人口 67.68 亿人的 0.0029%,预计到 2050 年和 2100 年,将分别达到 148.88 万人和 1561.82 万人,占届时发展中国家总人口的 0.0174% 和 0.1716%。从 2021 年到 2100 年,全球 60 岁以上人口平均增长率为 1.33%,发达国家为 0.414%,发展中国家为 1.561%。全球 80 岁以上人口属于全球全人口增长最快的人口,从 2021 年到 2100 年,平均增长率为 2.35%,发达国家为 1.28%,发展中国家为 2.76%。高龄化现象或者长寿化现象是发展主体老龄化过程中最难应对的重大挑战,需要引起全球高度重视。

5. 女性化趋同态势。2021 年,全球男性平均预期寿命为 68.44 岁,女性为 73.81 岁,两者相差 5.37 岁,预计 2050 年和 2100 年,两者相差分别为 5.04 岁和 4.46 岁。2021 年发达国家男性平均预期寿命为 78.25 岁,女性为 83.47 岁,两者相差 5.22 岁,预计 2050 年和 2100 年,两者分别相差 3.91 岁和 3.72 岁;2021 年发展中国家男性平均预期寿命为 66.27 岁,女性为 71.69 岁,两者相差 5.42 岁,预计 2050 年和 2100 年,两者分别相差 5.17 岁和 4.42 岁。2021 年全球人口性别比为 105.8,预计 2050 年和 2100 年,将分别变为 100.00 和 98.7;2021 年全球 60 岁及以上老年人口性别比为 83.41,预计 2050 年和 2100 年,将分别为 86.9 和 90.27;2021 年全球 80 岁以上老年人口性别比为 60.90,预计 2050 年和 2100 年,将分别降低到 69.45 和 80.32。女性化趋同现象基于多老化和高龄化过程中的性别差异,其社会经济后果复杂,需要全面对待。

6. 负增长趋同态势。2021 年,全球人口仍处于增长状态,预计 2086 年达到人口峰值,迎来世界人口负增长态势。2021 年人口处于负增长状态的发达国家为18个,预计2050年和2100年,将分别增加到32个和36个;发展中国家整体迎来人口负增长大体在2089年,2050年和2100年,发展中国家处于人口负增长的国家分别达到40个和95个。人口负增长是发展主体自身发展方式的历史性转变,不仅影响全面而长远,而且它的趋同力量同样值得高度重视。

综合来看,全球人口年龄中位数1950年为23岁,2000年为26岁,2020年为30岁,预计2050年36岁,2100年为42岁,其中,发达国家1950年为28岁,2000年为37岁,2020年为42岁,预计2050年为47岁,2100年为50岁;发展中国家1950年为21岁,2000年为24岁,2020年为29岁,预计2050年为35岁,2100年为42岁。以上情况表明,人类发展主体整体自身结构的老龄化趋同现象是史无前例的,不仅不可根本逆转,而且将成为未来可预期时间范围内的长期性常态,是"发展主体整体自身发展"面临的重大历史性转变,会颠覆发展需求及其结构,也是未来人类发展长远战略考量的上位性问题。一句话,发展主体结构老龄化是人类告别年轻社会迈入老龄社会的根本标志,这一上位性发展问题对"发展什么"和"怎么发展"等下位性问题的影响是基础性的、全局性的、战略性的,需要全球引起高度重视、科学认识并作出系统性回应。

（二）老龄社会带来系统性重大战略转型性问题

1."发展主体整体自身发展"的战略问题。在漫长的年轻社会,人类发展问题的重心是解决人类自身生存延续问题,人类发展主体面临的主要问题是如何解决"活下来"的问题。在这一语境下,人类发展问题就等同于生活资料的"生产"问题,发展什么就等同于"生产"生活资料的问题,如何发展就等同于生活资料的生产方式即生产技术工具、体系的建构问题。于是,"生产"这一概念就成为年轻社会的主流观念,连同人类自身的发展问题也等同于人类自身的"生产"问题,其核心命题主要是探讨"生产"人口的多寡问题。在"生产"这一主流观念的框架下,"发展什么"和"如何发展"这一下位性问题成为主要问题,而"发展主体自身"的发展问题则成为次要的问题,即"生产"多少人口取决于生活资料的"生产"能力和水平。更为重要的是,人们以为,发展主体自身的"生产"潜能巨大,甚至对生活资料的"生产"形成巨大压力(马尔萨斯)。

1765 年工业革命之后,人类发展是沿着两条路线延展开来的:一方面,人类发展问题的重心依然是不断升级的"发展什么"和"如何发展"的问题,各种物质产品及其工具体系伴随工业革命深度演化而呈现级联式推陈出新的态势,以至形成今天各种天花乱坠的工商业业态,而信息化、数字化和智能化更是"如虎添翼",使"发展什么"和"如何发展"的问题如同脱缰野马,造成"谁在发展的问题""要什么样的发展问题"日益变得模糊不清。的确,和技术、产值、利润、增长等相比,人的问题似乎越来越不重要了。如同纪伯伦所说:"我们已经走得太远,以至忘记了为什么出发。"另一方面,"人类自身整体发展"的问题主要是围绕"生产"人口数量的问题,人口数量呈现迅速增长态势,并在 20 世纪中期以后迎来人口大爆炸浪潮,如前所述,预计 2086 年左右出现人口负增长的历史性拐点。

一句话,在"生产"这一主流观念的框架下,为了"活下来","发展什么"和"如何发展"的问题始终被迫成为人类发展的主要的问题,而"发展主体整体自身的发展问题"始终被当作次要的问题,至今依然如故。

但是,人类发展问题的确十分复杂,甚至人类自身对人类发展问题的认知始终存在诸多盲区。我们习惯了"发展""发展""发展"、关注"前进""前进""前进"、追求"快""快""快"的定势思维,对许多问题特别是发生在自己身上的事情浑然不觉。实际上,自从工业革命以来,人类发展问题也呈现出另外更深层次的镜像。

一方面,1865 年,法国人口出现年龄结构的老龄化,开启了发展主体整体自身发展不同于人口增长的另外一条新的路线,即人口缩减以至后来的人口负增长等人口老龄化路线。不过,直到 1940 年,人们对这一迥异于人口增长现象的人口缩减现象才开始从理论上进行系统观察。1956 年联合国发表了针对人口老龄化这一"发展主体整体自身发展问题"的新现象及其经济社会后果的研究成果,在充分考虑到它的重大革命性意义的前提下,1982年联合国召开了第一届世界老龄大会,呼吁全球关注"发展主体整体自身发展"过程中面临的新的重大挑战。此后,呼吁关注人口老龄化标志的老龄社会的系统性问题,特别是其所隐含的"发展主体整体自身发展"的问题应当升维为人类发展问题的上位性问题,开始逐渐赢得全球共识。而且,"发展主体整体自身的发展问题"也不再仅限于"生产"主流观念下的人口数量"生产"的多寡问题,"发展主体整体自身的发展问题"开始获得更为全面的考量,例如数量多少是适度的?结构如何才是合理的?这里,合理的"理"究竟在哪里?是"生产"站位上的理,还是"主体"人站位上的"理"?究竟"发展主体整体自身应当如何发展"(而不仅仅是如何"生产"或者"生产"多少人口)?人类发展的个体和整体意义何在?"发展主体整体自身发展"这一上位性问题和"发展什么""如何发展"的下位性问题之间的关系应当如何处理?如此等等。

另一方面,伴随工业化、城市化为两大引擎的现代化的全球化推进,特别是科学技术的过度利用,在人口快速增长乃至人口爆炸的放大效应下,以"生产"主流观念为引领,高度关注"发展什么"和"如何发展"的问题的"生产"路线带来系统性灾难,自然环境遭到史无前例的破坏,不可再生资源遭遇掠夺式开发,温室效应、环境污染以及核武器、核泄露、核污染等问题严峻威胁人类的存续和发展,人类发展在"发展什么"和"如何发展"的问题上已经走到发展主体整体自身发展陷入绝境的边缘,并促使人们反省以往的人类发展问题,进而促使人们面向未来,扬弃"生产"的主流观念,在协调处理好"发展主体整体自身的发展问题"这一上位性问题和"发展什么""如何发展"这一下位性问题的基础上,重新考量不可逆转的老龄社会条件下的人类发展及其战略问题。

从年轻社会转向老龄社会,这是一场全面深刻持久的革命。对于整个人类发展问题来说,考量老龄社会条件下发展主体整体自身如何发展的战略问题,就需要将其作为上位性问题而不是作为下位性问题附带的"民生问题"或"社会问题"来首先作出系统性解答。需要强调的是,对于这一问题,迄今只有零星碎片化的应对,根本在于,我们头脑里还是年轻社会的老一套思路,而面对老龄社会及其系统性问题,我们最缺少的就是转型思维。如果不从根本上扭转,对"发展主体整体自身的发展问题",我们就不可能作出时代性的回答。

2. 环境发展适应发展主体需要的战略问题。在没有人类的情况下,自然界遵循其演化逻辑生生不息,但自从人类诞生后,这个人类生于斯长于斯的自然界就成为人类发展的环境。究竟应当是环境适应人类发展的需要,还是人类发展要适应环境的需要,这一问题现在看来并不复杂,但在历史上却被处理得一塌糊涂。中国自古以来素有尊崇"天人合一"的理念,主张人类发展要顺应自然界的规律(即"道法自然")。自工业革命以来,席卷全球的现代化的核心理念之一便是"人定胜天",主张可以掠夺式利用自然为人类发展服务。迄今为止,自然界已满目疮痍,甚至外太空也可以看到人类的垃圾。因此,关于环境发展与发展主体整体自身发展的关系问题,目前的选择已经十分清晰,这就是遵循中国传统的"天人合一"理念,把环境发展的边界划定在自然规律的框架之内,人类只能在这一框架内谋求自身发展。在这一问题上,现在已经取得普遍共识,这就是要把发展主体人口数量限制在自然承载力的边界之内,也就是人口数量要有"适度发展"的理念。与人口数量不断增长的年轻社会不同,老龄社会的到来不仅会减轻人口数量给自然界的压力,而且也会给发展主体调整自身发展理念和发展方式及其相关制度安排提供了条件和可能。否则,人口持续膨胀将会把人类压得喘不上气来,无法进一步思考两者互动发展的问题。唯有"天人合一"的理念,既符合自然规律的要求,更符合发展主体的需要。现在面临的主要问题,一是已经取得的国际共识如何落地(例如碳中和和碳达峰等);二是诸多人口在年轻时遭受严重环境污染到高龄期集中暴发环境疾病的风险需要及早做好准备;三是着眼长远,如何在环境发展上践行恢复自然的生态战略,为人人普遍健康长寿创造良好的自然环境;四是重新考量和处理好发展主体结构与环境发展的互动关系,确保环境发展朝着恢复自然的轨道行进,同时,确保未来人口长期负增长条件下的环境发展不超越自然规律的边界。需要强调的是,虽然总体来说老龄社会的到来会给环境发展带来更多机遇,但现实中最大的难题是年轻社会的国家和老龄社会的国家在环境建设上如何处理好相互冲突的利益问题,诸如部分老龄社会的国家(发达国家)是以环境破坏为代价发展起来的,而年轻社会的国家要不依靠环境破坏为代价发展自身,面临观念、技术、资金、人才以及国际环境公平等多方面的困难和问题。这是今后全球面临的一个重大国际矛盾。总之,人是自然之子,环境发展既要回归自然之道,又要顺应老龄社会条件下人人普遍健康长寿的需要。

3. 经济发展适应发展主体需要的战略问题。在漫长年轻社会的条件下,由于"活下来"的巨大求存压力,迫使人类不择手段,甚至不惜掠夺自然,形成见物不见人的经济发展观念和发展方式。更严重的是,站位少数人、追求利润最大化的资本主义经济制度安排,实际上就是物本经济或者资本经济,不仅放大了见物不见人的经济发展方式的负面效应,而且将这一发展方式制度化了,形成站位经济发展而不顾其他一切的观念,使经济发展和发展主体整体自身发展的关系形成倒置关系,资本主义社会是其极端表现。迈入老龄社会以后,特别是人类温饱问题得到基本解决以后,人类有条件反过来重新看待经济发展和发展主体整体自身发展的相互关系问题,这就是站位发展主体整体自身发展的要求,从大多数人利益出发,建构人本经济的观念、发展方式及其相关制度安排。因此,经济发展适应老龄社会条件下发展主体整体自身发展的需要,也就是发展作为人本经济的老龄经济,这是确保老龄社会长期繁荣的根本基础。但是,如何在老龄社会条件下发展经济,发展老龄经济,这是一个历史性的新课题,也是一系列重大挑战,而且还需要同漫长年轻社会条件下形成的物本经济或者资本经济的观念作斗争,特别是要同坚守物本经济或者资本经济的既得利益者及其集团作持续斗争。从全球来看,这是未来经济发展顺应老龄社会要求的重大战略问题。

4. 社会发展适应发展主体需要的战略问题。社会发展从根本上就是要解决人与人的关系问题。如前所述,迈入老龄社会是人类发展的重大趋同现象,也是未来发展主体整体自身发展的基本规律。在老龄社会条件下,处理好人与人的相互关系,面临的社会发展战略问题是多方面的,例如,发展主体整体自身发展虽然都面临老龄化的趋同走势,但以国家为集团的人类种内斗争和冲突问题难以解决;又如,在发展主体内部,特别是在青少年人口、中壮年人口以及老年人口三大年龄群体之间存在诸多利益冲突,如何协调处理,这也是前所未有的重大挑战。再如,年轻社会的社会发展缺乏全生命视角,老龄社会条件下,由于大多数人都有机会活到高龄阶段,全生命持续的社会制度安排体系至为重要,但要建立这些社会制度安排体系,年轻社会条件下的社会发展观的桎梏不可轻视,处理不好甚至会产生社会动荡乃至政治动荡的风险。这是未来全球都必须认真对待的重大社会发展战略问题。

5. 文化发展适应发展主体需要的战略问题。人类的现有所有文化都不过是年轻社会的产物。年轻社会条件下,人们的主要问题是生存生计问题,人类文化也是围绕这一主题展开的。同时,年轻社会也是短寿社会,一切文化也是围绕延长人们寿命的诉求而展开的,但历史上从未有过如此大规模的人类普遍长寿的重大实践,相应的文化建构也是尚付阙如。当然,少数人对于人类个体生命意义的探讨从未间断,但站位大多数人的意义文化的建构也存在许多文化空白。可以说,在解决生存生计问题上,几乎消耗了年轻社会全部人类的精力。现在,人们不仅吃饱了穿暖了,如何解决精神贫困和意义贫困的问题也凸显出来了。与解决生存生计问题相比,解决大多数人的生命意义问题可能更难。肚子吃饱了,人们应当干什么? 这个问题的确才是真正的人类问题。以往解决肚子问题只是解决人的动物性需求的问题。因此,在老龄社会条件下,如何应对人们更高层次的文化需要问题,这是一个真正的战略挑战,攸关发展主体自身发展的个体意义和整体意义。

6. 区域发展适应发展主体需要的战略问题。从一个国家范围之内来看,发展主体整体自身结构老龄化有先有后,如何在区域发展上特别是城乡间、在发达地区和落后地区间保持相对协调发展,这是未来应对老龄社会的又一个重大挑战。例如,落后地区由于年龄结构相对年轻,是否认同为老龄化水平更高的发达地区买单,这是一个难题。资源能否共享? 共享的公平机制如何建构？这些问题都是战略性问题。又如，随着人口流动，区域间经济发展潜力和社会资源分配格局将会出现复杂变动，特别是老龄化水平高的地区经济发展活力较低，而老龄化水平低的地区经济发展能力较强，如何实现不同老龄化水平区域间，特别是年轻人口流入地与流出地之间在承担老龄化压力上的互通共济，不仅难度越来越大，也是未来加剧区域矛盾乃至央地矛盾的一个重要根源。

7. 全球适应发展主体需要的战略问题。从全人类来说，人类共同利益问题主要还是理论上的问题，在现实中，人类之间只存在反向共同利益问题。例如，我们生活在同一个地球，如果不改变发展观念、不转变发展方式，人类就始终面临着同归于尽的风险。老龄社会到来的重大意义在于，提醒人类把注意力从外部世界转移过来，重新认真对待作为发展主体的人的自身发展问题，也就是站位地球村，重新思考人类命运共同体的问题。但是，在老龄社会条件下，面对未来的普遍长寿和老龄化的共同命运，挡在人类面前的最大挑战就是各国各自利益的藩篱。冲破这一藩篱是未来应对老龄社会面临的巨大战略难题。

（三）实施积极应对老龄社会全球战略的必然性

人口老龄化标志的老龄社会是一场全面深刻的发展主体整体自身的革命，带来的上述战略挑战是系统性的，也是根本性的，必须从人类战略上重新作出长远安排。

1. 重新考量人类战略的顶层观念。如前所述，老龄社会的到来，不仅颠覆了以往人类发展关于"发展什么"和"如何发展"这一下位性问题的基本理念，而且从根本上改变了人类发展关于"发展主体整体自身应当如何发展"这一上位性问题的基本理念。年轻社会条件下人类一往无前，在物质层面取得巨大成就，付出了惨重代价，也正面临诸多严峻后果，其中，最重要的就是忽视了发展主体整体自身发展存在的诸多问题。面向未来，我们必须正确处理好人类发展的上位性问题和下位性问题两者的关系，在弄清人类自身发展需求问题的情况下,遵循自然规律和社会规律、尊重生命意义和价值,重新建构老龄社会条件下人类发展的新的战略理念。

2. 重新建构人类战略的相应制度安排体系。现有一切人类发展制度都是年轻社会的产物,难以支撑老龄社会的新的需要及其结构性要求。例如,全生命持续的制度安排问题,处理好青少年人口、中壮年人口和老年人口三大年龄群体利益冲突的相应制度安排问题等,这些都需要根据老龄社会的新的需要进行重建。当然,这里讲的重建主要是从长远战略意义上说的,即在未来逐步作出持续转型性调整,从量变到质变,直至适应老龄社会的客观要求。目前,人类经历老龄社会的历史还不长,应对老龄社会取得的教训大于成功经验,未来更多的还是要靠战略创新下的制度创新。

3. 重新谋划人类战略的新的发展方式。既要从人类自身发展即发展主体整体自身发展的战略上谋划新的发展方式(即主要是处理好人口数量和结构双适度的协调问题,避免低生育陷阱和人口过度老龄化陷阱双重风险),又要从"发展什么"和"如何发展"上谋划好未来的发展方式,重点是处理好人与人之间的关系(以国家为单位的人类集团间的共同发展为重中之重)、人与自然的关系(恢复修复自然为重中之重);同时,还要处理好人类生存、人类发展和人类发展意义之间的关系。能否在发展方式上作出创新性努力,这不仅关系人类发展战略顶层理念及其相关制度安排的成功落地,更重要的是关系老龄社会条件下人类发展的长远前途命运问题。

年龄及其结构不仅仅是个数字问题,人口老龄化也不单单是人口的统计学问题,老龄社会的到来更不纯粹是人类主体自身问题正在从规模性问题转变为结构性问题的问题。归根结底,老龄社会的到来是一场人类社会的革命,也是人类发展战略的革命。这场革命的根本要求:不是人类整体自身的发展要适应经济社会发展的需要,恰恰相反,是经济社会发展要适应人类整体自身发展的需要。换言之,不是老龄社会的发展要如何适应经济社会发展的需要,恰恰相反,经济社会发展要适应老龄社会发展的需要。正是基于这一立意,1982 年联合国召开第一次世界老龄大会,并在大会通过的《维也纳老龄问题国际行动计划》中指出：老龄问题是一个全球性问题，需要"制定国家、区域和国际各级的行动纲领"，并在经济、社会和文化发展以及国际战略和计划的范围内，拟定和实施各种政策，以减轻人口老龄化对发展造成的任何不利影响。同时，要求各国政府采取必要的措施来调整人口年龄结构的不平衡。

二、中国未来发展面临老龄社会的根本转型

迈入老龄社会是人类趋同的重大现象，但中国迈入老龄社会有其特殊性。中国历史文化悠久、人均底子不厚、综合国力还有待增强，迈入老龄社会面临诸多特殊问题。从当前和未来看，中国人口老龄化的形势十分严峻。

（一）中国人口老龄化的发展态势

1. 少子化隐含着人口过度老龄化的巨大风险。生育率普遍降低导致的少子化是现代化过程中的必然现象，是整个人口年龄结构老龄化的决定性因素，如果不能及时正确应对，少子化将成为人口过度老龄化的决定性因素，需要引起高度关注。2020 年，中国 0—14 岁少儿人口为 2.53 亿人，占全国总人口 14.12 亿人的 17.9%，预计到 2050 年达到 1.52 亿人，占届时总人口 12.99 亿人的 11.70%，少子化水平比同期全球平均水平 20.71%低 9 个百分点，低于同期发达国家平均水平 13.88%的 2.18 个百分点，预计 2100 年达到 0.81 亿人，占届时总人口 7.93 亿人的 10.21%，少子化水平比同期全球平均水平 16.48%低 6.27 个百分点。2020 年，中国总和生育率为 1.3，已经跌破低生育陷阱 1.5 的警戒线，比发达国家的平均水平 1.53 还低，需要引起高度重视，并采取强力措施使之回归生育陷阱警戒线水平以上。2020 年，全国面临低生育陷阱风险的省（市、自治区）23 个。中国是生育文化浓厚的国家，且制度优势非发达国家所能比照，少子化现象还有较大的变数，低生育水平向更替水平的回归还有较大的努力空间，预防人口过度老龄化的任务还十分艰巨。

2. 大龄化问题十分严峻。2020 年，中国 15—59 岁劳动年龄人口总量为

9.69 亿人,占全国总人口 14.12 亿人的 68.6%,预计 2050 年达到 6.3 亿人,占届时总人口 12.99 亿人的 48.50%,比全球平均水平 57.33% 低 8.83 个百分点,预计 2100 年达到 3.5 亿人,占届时总人口 7.93 亿人的 44.14%。1950 年,中国 15—59 岁劳动年龄人口年龄中位数为 32 岁,2000 年为 34 岁,2020 年为 38 岁,预计 2050 年到 2100 年将在 40 岁左右波动,高位运行。和发达国家劳动力短缺现象十分普遍不同,中国劳动力总量庞大,但将会长期面临结构性短缺问题;值得关注的是,2035 年,假定退休年龄为 65 岁,那么,超过 40 岁的人大体上就是"70 后""80 后"整整两代人和一半"90 后"群体,2050 年,超过 40 岁的就是一半"90 后"和整个"00 后"一代。从目前的受教育水平看,"70 后""80 后"和"90 后"中大学以下学历人口占比不低。据统计,1970 年到 1999 年出生的"70 后""80 后"和"90 后"总共约 6.4 亿人,相应的 18 年后即 1988 年到 2017 年全国高等学校入学人数共计 1.1 亿人,没有上过大学的大体占 82.8%。其中,还有一部分人甚至只是初中毕业就去打工了。大龄化这一情况是未来制定长远就业政策的重要考量因素。

3. 多老化加剧人口过度老龄化风险的压力不断增大。和少子化相比,多老化对人口过度老龄化的作用虽然不是决定性的,但其影响将伴随寿命不断延长而日益深刻。2022 年,中国 60 岁以上老年人口 2.8 亿人,占总人口 14.11 亿人的 19.8%,预计到 2050 年达到 5.17 亿人,占届时总人口 12.99 亿人的 39.8%,比全球平均水平 21.96% 高出 17.96 个百分点,比发达国家平均水平 34.73% 高出 5.1 个百分点,预计 2100 年达到 3.63 亿人,占届时总人口 7.93 亿人的 45.8%。2021 年,中国人口平均预期寿命为 78.2 岁,比 1950 年的 43.7 岁延长 34.5 岁,预计 2050 年和 2100 年,将分别提高到 83.75 岁和 90.17 岁。2021 年中国 60 岁以上老年人口余寿 21.66 年,预计到 2050 年和 2100 年,将分别延长到 25.77 年和 31.06 年。今后,中国人口过度老龄化风险一直存在,这是必须严正对待的一个长远战略问题。但是,预防人口过度老龄化不能从多老化一端入手,而必须在根本上从少子化一端发力。

4. 高龄化体量巨大。2020 年,中国 80 岁以上老年人口为 0.36 亿人,占全国总人口 14.12 亿人的 2.55%,预计 2050 年将达到 1.48 亿人,占届时老年人口 5.17 亿人的 28.63%,低于发达国家平均水平 32.3% 的 3.67 个百分点,预计 2100 年达到 1.8 亿人,占届时老年人口 3.63 亿人的 49.6%,高于发达国家平均水平 41.38% 的 8.22 个百分点。2020 年,中国 100 岁以上老年人口为 11.89 万人,占全国总人口 14.12 亿人的 0.01%,预计到 2050 年和 2100 年,将分别达到 172.3 万人和 942.68 万人,占届时总人口 12.99 亿人的 0.13% 和 7.93 亿人的 0.12%。从 2020 年到 2100 年,中国 60 岁以上人口占比年平均增长率为 0.39%,80 岁以上人口平均增长率为 2.06%。2020 年全国人口平均预期寿命超过 80 岁以上的省、市为 4 个,即北京、上海、天津和浙江,未来将有更多省、市的人口平均预期寿命将陆续迈过 80 岁的拐点。高龄化现象特别是高龄老年人口增长率超过老年人口增长率,这是人口老龄化过程中最难应对的重大挑战,中国需要提前准备。

5. 女性化问题日益严峻。2020 年,中国男性平均预期寿命为 75.37 岁,女性为 80.88 岁,两者相差 5.51 岁,预计 2050 年,将分别为男 81.68 岁和女 85.32 岁,两者相差 3.64 岁,预计 2100 年,将分别为男 88.23 岁和女 90.97 岁,两者相差 2.74 岁。2020 年中国人口性别比为 105.09,预计 2050 年和 2100 年,将分别为 101.57 和 102.93。2020 年中国 60 岁以上老年人口性别比为 93.11,预计 2050 年和 2100 年,将分别为 88.97 和 98.33。2020 年中国 80 岁以上老年人口性别比为 74.31,预计 2050 年和 2100 年,将分别为 70.89 和 92.37。人口老龄化过程中的女性化问题十分复杂,需要创新观念,重新看待两性及其系统性问题。

6. 负增长态势不可逆转。2021 年,中国人口仍处于增长状态,2022 年,中国已经成为世界上第一个人口负增长的人口大国,也是第一个人口负增长的发展中人口大国。"中国奇迹"是在人口增长背景下实现的,未来中国要维持长期发展并全面建成社会主义现代化强国,必须考量如何适应人口负增长背景下的发展观和发展方式问题。

综合来看,中国人口年龄中位数 1950 年为 23 岁,2000 年为 29 岁,2020

年为 38.8 岁,比 2020 年全球人口年龄中位数 30 岁高出 8.8 岁,比 2020 年发展中国家人口年龄中位数 29 岁高出 9.8 岁,与 2020 年发达国家人口年龄中位数 42 岁只差 3.2 岁。预计 2050 年中国人口年龄中位数 51 岁,比 2050 年全球人口年龄中位数的 36 岁高出 15 岁,比 2050 年发展中国家人口年龄中位数 35 岁高出 16 岁,比 2050 年发达国家人口年龄中位数 47 岁高出 4 岁。中国不仅人口基数庞大,人口年龄结构老龄化的严峻形势自身史无前例,而且对全球人口发展和人类发展影响深远。

（二）中国老龄社会的特殊性

迄今为止,人口老龄化主要有两种模式,一种是内生性的,即人口老龄化与现代化同步发展的模式。在这种模式下,人们生育观念的转变特别是减少生育的行为属于自发的,而非外力干预的结果。而且,人口老龄化也伴随着现代化的完成。这种模式常常被称为"即富即老"模式,发达国家的人口老龄化属于这一模式。另一种模式是先外生性后内生性的模式,即人口老龄化超前于现代化。在这种模式下,人们的生育行为源于外部干预,而不是人们生育观念的自主转变,减少生育出于外力干预而非自发行为,经过一段时间,伴随经济社会发展水平的提高和现代化的快速推进,人们减少生育的行为逐渐转变为自觉行为。这种模式也可以称为"未富先老"模式。中国的人口老龄化属于这一模式。全球范围来看,中国人口老龄化标志的老龄社会具有其自身特点。

1. 中国老龄社会超前现代化到来,是典型的未富先老型老龄社会。中国是在人口数量压力巨大的情况下采取了计划生育政策,成功地遏制了人口规模急剧膨胀的态势,导致人口老龄化提前到来,老龄社会的发展速度十分迅猛。因此,和发达国家不同,中国的老龄社会在初期是外生性的。但需要强调的是,即使不采取计划生育基本国策,且不论中国人口规模膨胀问题,中国几十年快速发展的现代化同样会引发生育行为实现向内生性模式的巨大转变,这已经成为现实。这说明,中国是在现代化任务还没有完成、经济社会水平还相对不发达的情况下迎来老龄社会的,面临的困难、问题和压力远远超过发达国家。

2. 中国总人口体量巨大,人口结构转型能量巨大。从历史来看,中国始终是世界上人口规模最大的国家之一,虽然已经成为第二人口大国,但面对如此巨量人口总盘子基础上青少年人口、中壮年人口和老年人口三大年龄群体急速结构性转型,不仅自身历史上史无前例,世界上也没有类似人口总盘子内部结构转变的实践参照,加上人口老龄化提前到来、经济社会发展底子不厚,既面临巨大挑战,又面临诸多发展机遇,挑战和机遇隐含的能量都需要高度重视。

3. 中国工业化与城镇化发展不同步,城乡区域不平衡隐含的压力和机会共存。新中国成立以后,中国实行工业化优先发展战略,采取城乡分治的发展模式,总体上城镇化滞后于工业化。改革开放以来,中国逐步采取城乡一体化发展战略,城镇化发展取得显著成就。但是,由于中国长期属于农业国家,城乡区域不平衡问题依然十分突出。这里既有挑战,例如城乡应对老龄社会在观念、资源、制度等诸多方面的巨大差异容易出现难以协调共济等问题,但其中也包含诸多发展机遇,例如人口老龄化在区域之间特别是城乡间存在时间差,在应对老龄社会的资源利用上存在价格洼地、环境友好等诸多有利因素。

4. 中国社会发展滞后于经济发展,利益格局调整面临的困难十分突出。对尚处于社会主义初级阶段的中国来说,经济是发展的根基,社会发展的滞后不可避免。面对老龄社会的到来,特别是老年人口规模大幅增长,社会事业的准备相对不足,最大的障碍在于养老、医疗和长期照护保障制度还不完善,造成应对老龄社会面临巨大压力。但是,发达国家应对老龄社会的相关制度安排也难以适应老龄社会特别是超老龄社会的巨大压力,如何改革面临的挑战也与日俱增。相反,中国虽然在相关制度安排上尚未完全定型,建构适应中国特色的相关制度安排则面临较大的选择空间。

5. 中国总体属于发展中国家,但面临的问题却是发达国家才遇到的问题。和发达国家应对老龄社会不同,中国综合国力相对不强,硬实力特别是关键领域的科学技术正在走艰难自主创新之路,软实力特别是文化软实力的国际影响还不大,应对老龄社会的综合基础还不雄厚;和其他发展中国家相比,中国劳动力年龄结构老龄化形势严峻、成本优势正在丧失,应对老龄社会的长期竞争优势正在减弱。综合来看,前有发达国家在先进技术上的挤压,后有其他年龄结构相对年轻的发展中国家的强力竞争,应对老龄社会还需要根据日益复杂的国际形势作出新的战略性安排。

三、实施积极应对老龄社会国家战略意义重大

(一) 中国实施应对老龄社会国家战略的历程

中国政府高度重视应对人口老龄化重大挑战。在 1999 年迈入老龄社会之前,1982 年,中国出席第一届世界老龄大会,会后成立了中国老龄问题全国委员会及其地方机构,并从调查研究、政策倡导、立法以及广泛开展老龄宣传活动等方面,积极落实《联合国维也纳老龄问题国际行动计划》。1987 年中国共产党第十三次代表大会指出:"注意人口迅速老龄化的趋势,及时采取正确的对策。"1992 年,中国共产党第十四次代表大会指出:"重视研究人口老龄化问题,认真做好这方面的工作。"1994 年出台了《中国老龄工作七年发展纲要(1994—2000)》。1996 年颁布了《中华人民共和国老年人权益保障法》。1997 年,中国共产党第十五次代表大会指出,"重视人口老龄化问题"。这一时期,老龄工作和老龄事业取得积极进展。

在迈入老龄社会的 1999 年,中国适时成立了高规格的全国老龄工作委员会及其办公室,各地相继成立了相应议事协调机构。2000 年,中共中央、国务院颁布《关于加强老龄工作的决定》。2001 年,国务院颁布《中国老龄事业发展"十五"规划》。2006 年,国务院颁布《中国老龄事业发展"十一五"规划》。2007 年,中国共产党第十七次代表大会指出:"加强老龄工作。"2011 年,国务院颁布《中国老龄事业发展"十二五"规划》。2012 年,中国共产党第十八次

代表大会指出："积极应对人口老龄化,大力发展老龄服务事业和产业。"2016年,国务院颁布《中国老龄事业发展和养老服务体系"十三五"规划》。2017年,中国共产党第十九次代表大会指出："积极应对人口老龄化,构建养老、孝老、敬老政策体系和社会环境,推进医养结合,加快老龄事业和产业发展。"2019年,中共中央、国务院颁布《国家积极应对人口老龄化中长期规划》。2020年,党的十九届五中全会提出："实施积极应对人口老龄化国家战略。"2021年,中共中央、国务院颁布《关于加强新时代老龄工作的意见》,国务院颁布《中国老龄事业和养老服务体系"十四五"规划》。2022年,中国共产党第二十次代表大会重申："实施积极应对人口老龄化国家战略。"

从尚未步入老龄社会前的1982年建立专门工作机构对应对人口老龄化进行战略性未雨绸缪,经历1999年迈入老龄社会成立高规格议事协调机构开展战略性探索,再到2020年明确把积极应对人口老龄化上升为国家战略,这是党和国家事业发展历史上具有里程碑意义的大事。党和政府高度重视积极应对人口老龄化,不断加强老龄工作,持续发展老龄事业。从这40年历程来看,中国应对老龄社会可以分为三个阶段:

1. 积极应对老龄社会国家战略的探索阶段。从1982年到1999年,这一阶段主要是研究中国人口老龄化的发展态势、解决日益增多的老年人问题。1996年颁布的《中华人民共和国老年人权益保障法》,为积极应对人口老龄化和解决老年人问题提供了法律保障。

2. 积极应对老龄社会国家战略的谋划阶段。从1999年到2012年,这一阶段,成立了高规格的全国老龄工作委员会及其办公室,全国建立起从中央到地方基层五级老龄工作体系。2000年,中共中央、国务院印发了《关于加强老龄工作的决定》,并与五年计划相配套,开始制定实施老龄事业五年专项规划,出台了一系列包括社会救助、社会福利等解决老年人问题的政策措施,关系人们老年期生活的社会养老保障制度、医疗保障制度不断健全完善。老年体育、老年教育、老年文化工作全面开展。

3. 积极应对老龄社会国家战略的谋定和实施阶段。从2012年至今,这一时期,二孩政策全面贯彻,养老、医疗保障制度不断完善,长期照护保障制度加快试点,养老服务体系建设步伐加大,老龄产业快速发展,老年人体育、健康、文化、教育工作稳步推进,老龄事业取得长足发展。这一时期,党中央在关注解决老年人问题的同时,更加重视从国家战略高度筹划积极应对人口老龄化全局工作。2016年,习近平总书记指出:"有效应对人口老龄化,事关国家发展全局,事关亿万百姓福祉"。这是党中央从国家战略高度谋定积极应对人口老龄化全局工作的重要标志。2019年,中共中央、国务院印发了《国家积极应对人口老龄化中长期规划》,明确了应对人口老龄化的阶段性目标、具体任务等。2020年,在以往三个阶段深厚积淀的基础上,面向新的发展阶段,在提出"十四五"规划建议的重要关口,党中央适时作出"实施积极应对人口老龄化国家战略"的总体部署,标志着老龄事业和老龄工作迈上国家战略意义上的事业和工作的新阶段。这是一个质的飞跃,也是中国积极应对老龄社会的全局工作的顶层谋划工作完成的重要标志。

(二) 中国应对老龄社会的成就和问题

1. 中国应对老龄社会取得重大成就。40余年来,从全球范围来看,面对最大规模的人口结构转变,中国采取的一系列重大举措,不仅卓有成效,而且初步走出一条适合国情的应对老龄社会的中国道路。一是从开始没有认识,通过40余年的努力,全社会应对人口老龄化和老龄社会形成普遍共识并作为国家战略已经上升为国家意志,这是来之不易的。二是应对人口老龄化和老龄社会的物质基础更加雄厚,从1999年人均GDP(国内生产总值)的0.11万美元步入老龄社会到2022年的人均GDP突破1.27万美元,这一增长速度在全球范围内都是罕见的。三是应对老龄社会的政策法律体系逐步建立,涵盖人口、经济、文化、社会等诸多领域的老龄问题。四是应对老龄社会的制度体系正在建立健全,涉及生育制度、教育制度、住房制度、就业制度、医疗制度、退休制度以及覆盖居民老年期贫困、疾病、失能三大风险的社会保障制度正在加快改革完善。五是全人口全生命生活得到更好保障,青少年人口、中壮年人口特别是老年人口以及残疾人、贫困人口等特殊人口的生活得到前所未有的保障，从 1999 年到 2022 年，人均可支配收入从 5424 元（城镇）、2162（农村）元提高到 49238 元（城镇）、20133 元（农村），扶贫战略取得人类历史性成就，为实现老龄社会条件下的全民共同富裕奠定了扎实的基础。

2. 中国在应对老龄社会上存在的问题。面向未来，中国应对老龄社会还存在诸多问题，需要高度重视，作出长远安排。一是观念转变上面临树立老龄社会观的长期难题。二是政府、市场、社会等全社会主体共同行动的动员机制建设需要长期不懈努力。三是人口发展领域面临的低生育陷阱和过度老龄化风险与日俱增。四是经济发展领域面临长期性经济下行风险、系统性波动性风险和对冲人口老龄化的经济战略转型困难。五是社会发展领域面临年轻社会利益格局向适应老龄社会要求根本转变的阻力重重。六是文化发展领域面临扬弃年轻社会观念和重建老龄社会要求的新文化价值观体系难题日益复杂。七是区域发展领域特别是城乡区域之间面临应对老龄社会综合资源的不平衡不协调问题。八是中国崛起过程中面临的国际形势更加复杂多变，应对老龄社会在国际竞争和合作上既有机遇，但不容低估挑战。总体来看，中国作为第二人口大国和第一老年人口大国，应对老龄社会的问题、困难和挑战前所未有，全党全社会必须高度重视，共同行动，不懈努力。

（三）中国实施应对老龄社会国家战略的复杂性、艰巨性、紧迫性和长期性

1. 中国实施应对老龄社会国家战略的复杂性。从年轻社会迈向老龄社会，本质上是人类从低级阶段迈向高级阶段的复杂演化过程，涉及方方面面，既是人口问题，也是社会问题，更是经济问题，还是政治问题，但从根子上则是文化问题，总体看是一个关系民族兴衰的问题，不能单单从任何一个角度来识别和对待。更为重要的是，老龄社会的诸多问题从根子上讲，首先是发展主体整体自身发展的问题，需要扬弃漫长年轻社会形成的基本观念、知识体系、基本思维方式，重新思考人类社会发展的基本问题，这就是人类是谁？从哪里

来？到哪里去？简言之,老龄社会提出来的问题是复杂的,需要我们建构新的发展理念、新的思维方式来重新审视人类发展问题。

2. 中国实施应对老龄社会国家战略的艰巨性。应对老龄社会是一个长期的艰巨工程,既涉及宏观发展、中观发展和微观发展问题,也涉及历史遗留问题、当前问题和未来问题,还涉及公共领域、私人领域,更涉及全体人民的终生行为、所有社会组织和各社会主体的持续行为,需要顶层设计,也需要中层谋划,更需要底层操作。更为重要的是,对人类社会历史以来也就是漫长年轻社会形成的所有观念、制度及其发展方式,都需要着眼长远作出新的谋划和考量。也正是从这个意义上说,老龄社会是一场全面深刻的革命,如何应对,不仅问题十分复杂,而且任务也十分艰巨。

3. 中国实施应对老龄社会国家战略的紧迫性。实施积极应对老龄社会国家战略在时间上十分紧迫。从理论上说,实施战略的一个重要条件就是充分利用先导时间,即准备的时间和行动的时间要有提前量。一般来说,先导时间越长,实施战略的成功率就越高。但在应对老龄社会的先导时间上,中国和发达国家面临的情况十分悬殊。西方发达国家的人口老龄化过程相对缓慢,老龄社会的问题呈现缓慢涌现的态势,从开始出现到全面显现有一个比较长的“时间差”。历史表明,许多发达国家进入人口老龄化行列经历了几十年乃至上百年的时间。如此充分的准备时间使他们有条件逐个解决相应问题,但即使如此,老龄社会的问题也已经成为西方发达国家政要的棘手难题,也是普通民众普遍担忧的重大问题。中国应对老龄社会的突出特点,不仅是“未富先老”和“未备先老”,更是各种矛盾在发生机制上呈现“同步快速集中涌现”的特征,准备时间十分紧迫。诸如少子化问题、家庭结构问题、大龄化问题、多老化问题、退休与就业的问题和养老、医疗、长期照护等诸多问题,以及更为根本的经济发展方式调整等诸多问题几乎同步袭来,给解决问题留出的时间十分有限。从现在到应对老龄社会最艰巨的时期,即 21 世纪 40 年代,也就是“60 后”开始进入 80 岁以上高龄阶段,只有不到 20 年的准备时间,要解决上述矛盾,准备时间十分紧迫。经验表明,一项制度的建立健全至少需要 30 年以上的时间,要完善就需要更长的时间。如果从 1984 年和 1997 年算起,中国的养老、医疗社会保障制度已经有了 40 年和 27 年时间,目前还存在诸多问题,正在面临改革完善的巨大压力。但是,应对老龄社会需要建立健全一整套的制度安排体系,加上还需要物质准备、精神准备和体制机制准备以及社会动员等,要做的事情确实太多。考虑到老龄社会的新矛盾和改革过程中尚未解决的旧矛盾相互交织,中国应对老龄社会的最大问题不仅任务十分艰巨,而且时间十分紧迫,必须从当下做起,全面展开全方位的行动。

4. 中国实施应对老龄社会国家战略的长期性。实施积极应对老龄社会国家战略是未来影响全面深远的长时段国家战略行为。老龄社会是未来人类社会的长期趋同的常态社会发展模式,从目前可以预见的时间范围来看,老龄社会的趋势不可逆转。或者说,一旦逆转必然是人类社会发展的悲剧,至少意味着人们不可能活得太长。对此,我们需要有一个科学的把握和判断。不仅要有复杂性、艰巨性和紧迫性的认识,更要有打持久战的充分心理准备。

(四) 中国实施应对老龄社会国家战略的不利因素、优势和基本道路

1. 中国应对老龄社会面临诸多不利因素值得警醒。一是社会认知和社会知觉方面的问题。总体来看,整个社会对人口老龄化标志的老龄社会的认知肤浅化现象严峻、认识误区深重、部门认知偏狭,轻视老龄社会的倾向和"老龄社会恐惧症"相互交织。二是物质基础上还不雄厚。全面来看,中国作为发展中国家还将长期处于社会主义初级阶段,人均经济水平及人均资源水平都还较低,加上城乡二元经济结构下,尚有大量居民收入水平还不高。迄今为止,中国尚未完全实现工业化,城镇化水平和质量还不高,城乡发展不均衡依然突出,贫富差距较大。总体来看,老龄社会条件下实现共同富裕的目标还面临巨大压力。三是制度安排体系还存在不少短板。覆盖全民终生生活生命质量的生育制度、婴幼儿看护制度、基础和高等教育制度、就业制度、卫生医疗制度、文化制度、退休制度,以及应对公民老年期的贫困、疾病和失能风险的养

老保障制度、医疗保障制度、长期照护保障制度、身后事务安排制度尚在健全完善当中。同时,完善的制度安排体系还需要完善的法律保障。目前,中国只有一部综合性的《中华人民共和国老年人权益保护法》,还缺少《中华人民共和国老龄事业促进法》《中华人民共和国老龄工作法》《中华人民共和国老龄产业促进法》《中华人民共和国老龄社会福利法》《中华人民共和国老龄服务法》等诸多专项法律。以上状况和中国作为全球超大人口国和第一老年人口大国的地位很不相称。此外,由于老龄事务涉及诸多部门,虽然出台的老龄政策越来越多,但由于九龙治水、政出多门,往往很难落到实处。在事关民生的收入分配、教育、住房等方面的制度改革步履艰难,老龄产业全业态尚未形成,发展缺乏良好生态。总体来看,中国应对老龄社会的制度准备还不充分,政策环境还需要加强完善,应对挑战的社会发展基础还比较薄弱。四是金融安排方面的问题日益突出。长期以来,在应对老龄社会做好准备的认识上,我们忽视了金融准备不足这一重中之重,导致中国老龄金融业发展滞后,中国在金融体制机制方面基本上还没有做好应对老龄社会的充分准备。五是科学技术方面存在诸多短板,关键技术自给率低,基础理论研究质量不够高,科技投入不足,科研成果转化率低,科技创新体制机制还存在不少弊端,自主创新能力还不强。六是实施积极应对老龄社会的体制机制和组织建设还比较薄弱。

2. 中国应对老龄社会的优势不可多得。在看到中国应对老龄社会的国内不利因素的同时,我们更要看到中国拥有不可多得的优势。一是中国的政治优势在世界上独一无二,中国是社会主义国家,具有统一意志、集中力量、齐心协力应对重大问题的政治优势和经验。二是中国人口仍然蕴含着巨大的优势,不仅总量较大,同时也是需求经济条件下全球最大的消费市场。三是中国的文化优势独步天下,中国历史悠久,文化底蕴深厚,具有几千年的优良文化传统。尊老爱老养老的孝道文化,崇尚和谐,敬奉祖先,重视家庭伦理亲情,注重自我修为,这些文化传统因素都是引导和动员个体、家庭和社会等各方面积极应对老龄社会不可或缺的思想观念和文化基础。四是中国城乡区域差异化优势显著,中国是典型的城乡二元结构,乡村具有环境、价格、资源的独特优势,在城乡互动战略上充分利用可以发挥出前所未有的潜能。五是中国的后发优势巨大,而发达国家的老龄化及其应对战略策略早已定型,深化应对战略困难重重。中国作为发展中大国,人口老龄化起步晚,应对老龄社会的战略设计、制度安排、政策创制仍然在探索过程中,可以充分汲取老龄社会先行的发达国家的经验和教训,这就为中国在发展路径的选择、关键制度的初始建设方面,有条件充分考虑老龄社会的长远影响,避免二次改革的被动局面。六是中国的民族凝聚力强大,中华民族魂的本性从来都是面向未来的,也就是指向未来的困难、挑战和危机。老龄社会作为一项重大的挑战主要来自未来,而不是现在。我们尚有时间,只要站在未来谋划当下,充分发挥优势,脚踏实地,在克服当前困难的同时,铺好战略应对之路,就一定能够赢得应对老龄社会挑战的胜局。

3. 中国应对老龄社会必须走中国道路。迄今为止,老龄社会对发展的影响主要发生在发达国家,给发达国家带来的挑战是多方面的,发达国家也普遍采取了一系列举措,但应对效果十分复杂。归纳起来,主要是:针对生育率长期低迷、少子化现象凸显,采取了鼓励生育的各种措施,但政策效果甚微;针对年轻劳动力资源短缺的困局,采取了移民政策,但带来许多新的问题;针对社会保障压力,采取了提高退休年龄、调整社会保障待遇水平等措施,但效果往往如同抱薪救火,老问题没解决还带来新的问题;针对公共财政的压力,采取了压缩财政支出甚至压缩国防开支的措施,但往往是杯水车薪。总之,发达国家虽然采取了诸多举措,但收效不大甚至引发许多新的问题,整体来看,成功的少,失败的多,这种状况值得从深层次进行思考。

需要肯定的是,在应对老龄社会挑战上,发达国家也有许多值得我们认真学习思考并运用的精神和举措。例如,成立高层次的国家级的综合协调机构,来调动政府、社会和市场三大力量的作用,共同应对挑战;再如,主要依靠立法和制度安排来解决老龄问题的理念,以及技术层面社会保障制度的设计、运作等一些具体做法;又如,提高劳动参与率、充分发挥老年人的作用;还有,大力发展包括老龄金融产业、老龄制造产业、老龄服务产业和老龄宜居产业以及老龄科技等。不过，总体来说，迄今为止，还没有任何一个先行的发达国家成功地应对了老龄社会的挑战，他们的经验值得汲取，但他们的失败教训应当是中国未来发展之殷鉴。

立足国情，中国应对老龄社会只能走中国道路。首先，人类对老龄社会还相当陌生，即便是先行的发达国家经历老龄社会虽然已经有了几十年甚至更长时间的历史，但对老龄社会的普遍认识，从1982年联合国第一次世界老龄大会算起，迄今也才有40余年的时间。从客观上说，老龄社会是长期现象，带来的问题是一个逐步显现的过程。即使到目前为止，老龄社会特别是超老龄社会的一些深层次矛盾还没有完全显现。从主观上看，人类对老龄社会的认识也是一个逐步深化的过程，目前的认识仍若明若暗，特别是对老龄社会的基本规律还没有一个基本框架性的认知和把握。从问题自身看，老龄社会的问题具有原因的多元性、传导路径的错综性、影响的广泛性、表现的复杂性和应对的系统性，这也是先行的发达国家还没有找到成功应对模式的重要原因，也是我们摒弃拿来主义的重要依据。其次，发达国家目前的许多做法基本上不适合中国的国情。例如，发达国家普遍采用的吸纳年轻移民的政策在中国就难以行得通。即使到21世纪中叶，也不可能采取大规模引入年轻国际移民的政策，我们的人口总量实在太大，届时，中国的劳动年龄人口尚有7亿左右。当然，吸引国外高端精英人才则是另外一回事。最后，发达国家与中国在治国理政的底盘上大相径庭。中国是大国治理模型。迄今为止，世界上还没一个人口超过10亿的国家经历老龄社会的经验，而发达国家大多是小国模型，即便是号称世界头号强国的美国，其总人口也还不到中国总人口的零头，至于人口甚至不及北京的一两千万人口国家的经验，如果也要中国教条地去学习，那无异于要求大象学习蚂蚁如何行走。同时，中国和发达国家所处的发展阶段不同，发达国家基本实现了现代化，而中国尚处于社会主义初级阶段，现代化的任务还没有完成，这决定了我们和发达国家应对老龄社会的战略基点不同。此外，中国和发达国家在政治制度、社会结构、资源禀赋和文化传统等方面的差异可比霄壤。总体来看,在中国和发达国家中间就算没有横亘着喜马拉雅山,至少也隔着一个巨大海洋。

"国是不可妄动。"发达国家在完成现代化之前没有老龄社会的转型性障碍,中国的特殊性在于要在老龄社会各种问题集中爆发的背景下完成建成社会主义现代化强国的历史任务,但中国的现代化不是欧美化,而是中国式现代化,虽然局部有欧美现代化的升级版,但整体上则是地地道道的中国版的新型现代化。中国当代思想家李泽厚先生倡导,观察任何问题,必须秉持"中国立场、世界眼光、人类情怀"的理念。中国拥有独特的文化,解决人类共性问题,中国文化有其独特眼光和独有解决之道。发达国家的经验和教训当然具有重要的借鉴意义。但是,任何国家面临的问题、应对的经验和教训都根植于其独特的国情,有其特殊性和适用的边界,采取拿来主义,只能是削足适履,结果也只会是离坦途而入荆棘。对于中国来说,纵观发达国家的历程,统揽发达国家面临的各种问题,他们应对老龄社会的失败教训多于成功经验,这决定了中国必须在借鉴发达国家经验和教训的基础上,紧密结合自身国情,实施基于自己国情的内生战略,而不是借用甚至照搬别人的外生战略,走自己的路,努力探索出中国特色的成功应对老龄社会和建设理想老龄社会的道路,确保老龄社会条件下实现中国式现代化,走上建设富强民主文明和谐美丽国家的坦途。

(五) 中国实施积极应对老龄社会国家战略意义重大

1. 全面实施积极应对老龄社会国家战略,标志着中国老龄事业和老龄工作的重大历史性转折。之前的老龄事业和老龄工作主要是方面性工作,今后,老龄事业和老龄工作将成为国家战略意义上的全局性事业和工作。

2. 全面实施积极应对老龄社会国家战略,标志着中国应对老龄社会战略重心的重大历史性转折。之前,中国应对老龄社会的重点主要是解决日益增多的老年人养老、医疗、长期照护、精神慰藉、参与社会、权益维护等问题。今后,中国应对老龄社会在解决日益增多的老年人问题和人口生育问题的同时,将更加关注解决老龄社会带来的结构性问题,如经济结构问题、社会结构问题、文化结构问题等不同于年轻社会的老龄社会的系统性问题。

3. 全面实施积极应对老龄社会国家战略,标志着人类应对老龄社会的重大历史性转折。中国人口约占世界人口的 1/5,采取国家战略应对老龄社会,解决好中国自身老龄社会的问题,这是人类应对老龄社会的重大事件,将会对人类应对老龄社会趋同现象的总格局产生重大影响。一是可以确保全体人民拥有美好幸福的全生命健康长寿生活。中国已经步入老龄社会和长寿时代,人人都有机会过上健康长寿的美好生活。实施国家战略,这是人民健康长寿梦想实现的重要保障。二是可以确保老龄社会条件下中华民族伟大复兴中国梦的顺利实现。从年轻社会的视角看,人口老龄化主要是挑战;但从老龄社会视角看,人口老龄化充满发展机遇和发展可能。通过实施国家战略,改变年轻社会的发展理念和发展方式,我们在老龄社会条件下将会赢得更高层次、更高质量、更符合人民意愿的繁荣发展,这正是实现中华民族伟大复兴中国梦的必然要求。三是将会为人类进步事业作出更大贡献,为人类应对老龄社会提供中国方案和中国智慧。目前,全球迈入老龄社会的国家已经近百个,但是真正实施国家战略的国家还不多,全球应对老龄社会的实践离联合国的要求还有较大差距。同时,迄今为止,还没有任何一个老龄社会先行的国家已经取得完全成功的应对经验,而且失败教训十分惨痛。中国是后发老龄社会的国家,我们具有深厚的后发优势,完全有可能走出一条中国式成功应对老龄社会的路子,为人类应对老龄社会提供中国参照。

（本章的数据是综合国家统计局、全国老龄办、联合国人口司和中国老龄科学研究中心的有关资料,也参照其他研究机构和研究人员的研究成果。迄今为止,研究预测全球特别是中国人口老龄化发展态势的数据出自许多机构,但总体趋势高度一致。需要强调的是,人口预测特别是长期人口预测只是假定现有生育、死亡和迁移水平对未来发展走势的仿真预估,但不等于未来就是如此精准地演化,其重大价值在于站在未来可能情境下如何从当前采取应对措施,使老龄社会的演化符合人们的愿景。这样说来,未来,我们还有很大的有所作为的空间。）

第二章　应对老龄社会的战略理论

> "发展是硬道理,比发展更硬的道理是规律,但终极的硬道理却是发展的目的、价值和意义。"

——作者

基本判断:老龄社会的问题在本质上是人类走向哪里的问题。

重要提示:中国实施好应对老龄社会的国家战略关系人类命运。

一、人类战略的革命

(一)战略观及其转变

1. 传统战略、现代国家战略和人类战略。战略者,"战"之谋略也。自从有了人类,就有了战略的胚胎性概念,即非直取之间接"智斗"也。自从有组织的军队以来至今,战略的核心含义即指军事战略。国家产生后有大战略、总体战略、战争及和平时期的防御战略等,皆指国家站位上的军事谋略。目前的国家战略这一概念较早出现在美国,现在为各国所采用。此外,企业发展领域的战略也是"二战"以来战略研究的重点领域,并取得了长足发展。不过,国家战略的含义已经远远超出军事领域,虽然军事国防仍然是国家战略的重中之重,但它已经升维为在全球格局下国家站位上实现国家目标的系统性谋略及其操作体系,涉及国家综合实力的方方面面,但关键是软硬实力的配置性建构,这是现代国家综合能力不断提升的集中体现。面向未来,仅仅站位个别国家的立场虽然符合国家利益,但常常产生与其他国家的对峙、对立、冲突乃至引发危及人类整体利益的灾难性后果。基于此,我们可以把战略分为传统战略和现代国家战略以及人类战略三个层次。

传统战略的核心在于国家或国家集团之间的军事斗争,目标是基于资源或利益格局上的绝对冲突并获取决定性控制权。现代国家战略与此大体一致,区别在于动用非军事实力为之服务,强调战争状态下的绝对优势权的获取、和平条件下的绝对威慑。人类战略是一个新概念,它强调国家站位前提下不危害其他国家的利益,其基本理念除适度竞争外,更强调有效合作的重要性。简言之,传统战略的重心是竞争,战争是其极端形式,获取绝对优势为其旨归。人类战略的重心是在适度竞争基础上的合作,避免战争并以获得长期多赢目标为其旨归。从这个意义上说,中国"和"文化语境下的国家战略既不是传统战略,也不是纯粹的人类战略(迄今为止还没有完全意义上的人类战略,其前提是联合国能够发挥世界政府的作用),而是处于现代国家战略和人类战略之间,即强调中国的国家利益,但不损害其他国家的利益,并力图团结更多国家共同对人类长远发展作出贡献。

2. 现代国家战略主题和人类战略的新主题。现在是全球化时代,任何国家都不可能偏安一隅,而仅仅站位个别国家的所谓现代国家战略也难以独木行舟。首先,地球村效应已经彻底改变各自为战的人类发展状态。在全球化并显现地球村效应之前,由于信息不能互通,各个国家站位自身利益最大化并争取尽可能多的资源,导致局部战争频仍,世界大战已经爆发两次,新的世界大战的风险与日俱增。但是,现在要基于一个国家的利益而发动一场真正的世界大战,至少在信息化条件下难以实现。其次,同归于尽效应与日俱增。除核危机外,环境污染破坏特别是温室效应等威胁人类生存发展,如果不联合采取措施,受到的危害将是全球性的。再次,世界经济社会发展水平差异化特别是国家、地区间贫富悬殊问题的影响短期看是局部性的,但长远看是全球性的。最后,全球性的舆论压力日益强大,联合国的作用不容低估。在这一发展格局下,任何国家实施自身国家战略受到的刚性约束力量正在不断增强。因此,仅仅站位各自国家不顾他国利益甚至采取以邻为壑的策略来谋求发展,这不是未来任何国家的政治家的长远战略选择。实际上,在现代国家战略之上,联合国自成立以来的所有努力都是在力图谋求人类的整体利益,并在实现人类战略目标上已经取得许多成果。

战略的本性是指向未来,战略的首要问题就是识别重大的战略性问题。面向未来,从全人类而言,最长远的发展态势之一就是人口老龄化标志的从年轻社会转向老龄社会的人类重大趋同现象。这是全人类面临的共同问题、共同走向和共同命运,也是关乎人类前途的重大战略性问题之一,需要从人类战略的高度重新审视,并作出符合人类共同利益的战略选择。

首先,老龄社会的问题是真正意义上的人类问题。如前所述,人类发展问题包括上位性问题和下位性问题,即"发展主体整体自身如何发展"的问题,以及"发展什么"和"如何发展"的问题。实际上,终极意义上的人类问题只有一个,这就是人类整体自身发展的问题,即人类是谁、从哪里来、到哪里去的问题,进一步讲就是发展的意义问题。环境污染、气候变暖、核战危机等等,这些问题的产生,从根本上都是由于人类没有处理好上位性问题和下位性问题所导致的。所有这些问题的终极解决之道都指向人类整体自身发展这样一个根本问题。和这些问题相比,老龄社会提出的问题更为直接,这就是人类整体自身如何发展的问题以及人类发展的意义问题。换言之,环境污染、气候变暖、核战危机等问题关乎"发展什么"和"如何发展"的问题,产生这些问题背后的底层逻辑是物本主义,而老龄社会的问题直接关乎发展主体整体自身发展的问题,背后的底层逻辑是人本主义。从这个意义上说,老龄社会的问题是真正的人类问题。

其次,老龄社会的发展主题是发展的意义问题。年轻社会条件下,人类发展的主题就是如何"活下来"的问题。进入老龄社会以后,人类不仅解决了温饱问题,而且寿命也普遍大幅延长了。因此,人类终于有条件、有资格在"活下来""活得长"的基础上考量"活得好""活得有意义"等更高层次的问题。换言之,老龄社会的到来为人类在发展问题上从下位性问题回归到上位性问题上创造了条件和可能。从这个意义上说,老龄社会提出的人类战略问题就不仅仅是"发展什么"和"如何发展"这样一些下位性的战略问题,而是直指人类自身如何发展及其更有意义的上位性的战略问题。

再次,走向老龄社会的重大趋同效应凸显人类的共同利益问题。自有人类历史以来,迈过原始共产主义阶段,私有制产生,不同人类集团之间的斗争绵延不断,同归于尽的风险于今为大。在环境污染、气候变暖、核战危机以及全球村效应的背景下,只有一个地球的人类共同利益问题已经成为全球的普遍共识,集中体现在同归于尽风险问题上。从某种意义上说,这些同归于尽风险问题在人类发展战略层面看,尚属于下位性问题。换言之,这里的人类共同利益问题还主要是负面倒逼性的共同利益,还不是正面主动性的共同利益问题。但是,走向老龄社会的重大趋同效应对于建树人类正面主动性共同利益格局提供了新的契机,这在人类历史上也是具有重大转折意义的伟大转变。道理十分简单,虽然不同国家在迈向老龄社会的轨道上有先有后,但在未来理想社会的建构上,也就是在人类究竟走向哪里去的问题上,就有了共同的战略逻辑诉求,即老龄社会应当是一种什么样的社会? 在老龄社会条件下人类整体自身应当如何发展? 不同人类集团之间除了竞争,合作能否成为未来人类自身发展和经济社会发展中的主流发展模式? 归根结底,如果只是考量"发展什么"和"如何发展"这样一些下位性问题,人类很难找到抽象的人类共同利益问题的落脚点,必须回归上位性问题,并由此探寻能够落地的正面主动追求共同利益的战略逻辑。这是未来老龄社会条件下探索人类命运共同体的逻辑和价值之根。简言之,我们不能仅仅从下位性问题出发,在负面倒逼性的同归于尽风险上寻找人类发展之路,更要从上位性问题出发在正面主动性追求类利益和类意义上寻找人类发展的新途。

此外,老龄社会是少数人站位的发展观、发展制度和发展方式的照妖镜。自人类产生以来,在私有制产生以后,少数人和多数人的关系问题历来是最重大的人类关系问题。在这一历史发展过程中,从奴隶制、封建制、君主专制到资本主义制度,始终都是少数人统治多数人的制度,区别仅在于统治方式的时代性差异而已。到了所谓"自由""民主"的资本主义阶段,多数人实际上沦为少数人发财致富的工具。迄今为止,真正站位多数人的制度和发展方式除中国等少数国家在为之作出积极探索外,全球依然笼罩在少数人统治多数人的铁幕之下。在年轻社会条件下,迫于"活下来"的压力,加上人们寿命短暂,这种少数人站位的发展制度和发展方式拥有足够的发展空间。但是,迈入老龄社会之后,不仅解决了"活下来"的问题,更重要的是人们普遍活得更长了,追求活得更好、更有意义成为未来人类发展的主流取向。在这一取向之下,站位多数人终生利益的新的战略思维应运而生,而站位少数人立场的发展观、发展制度和发展方式就成为历史的逆流,它的消亡只是一个时间问题,虽然可能很长。历史并没有在资本主义的轨道上"终结"(福山语),老龄社会之后,历史即多数人追求自身发展的历史才刚刚开始。

最后,老龄社会提示未来人类发展的终极战略逻辑走向。自然界发展的逻辑就是"生生不息",但人类社会发展绝非自然界的再版,虽然底层逻辑依然是"生生不息",但高层逻辑却是发展意义的引领。否则,人类无非就是"人生一世、草木一秋",这是追求向上的人类价值观所不能接受的。从某种意义上说,在年轻社会条件下传统战略的站位是部分人类,但根子却是站位少数人的战略逻辑。现代国家战略的站位依然是部分人类,其根子仍然是现代国家中少数人的站位逻辑。在未来迈向老龄社会重大趋同背景下,关切全体人类共同利益和人类发展意义的战略逻辑才是未来的终极战略逻辑,虽然前面依然筚路蓝缕,但已经有一部分国家开始艰难探求,这是人类发展的希望。简言之,老龄社会开启了多数人真正追求自身发展及其意义的新历史,同时,也将开启一场人类战略的革命。换言之,本书之所以把实施积极应对老龄社会的国家战略称为"人类战略的革命",其核心含义是指:扬弃物本主义的战略观念,转向人本主义的战略观念,在上位性和下位性人类问题上拨乱反正,把战略的终极逻辑引向人类整体利益和人类发展意义的建构上。

（二）从国家战略到国家站位的国际战略

拥有"和"文化与"天下观"的中国实施积极应对老龄社会国家战略不能仅仅囿于国家站位，要有国际视野，并研究落实国家站位的国际战略。这一部分内容放在第九章论述。

二、实施应对老龄社会国家战略的基本逻辑

（一）从新社会观到新战略观

1. 树立老龄社会观是谋划人类发展新战略的前提。人类战略的革命，核心在于战略观的变革，但是，一定的战略观建基于一定的社会观。以往战略观基本上是年轻社会观念的产物。因此，面向老龄社会谋划人类发展的新战略，其理论前提是要明确科学的老龄社会观。这里，立足中国，兼顾国际战略和人类战略，重点讨论制定实施应对老龄社会国家战略的基本社会观。

第一，老龄社会的一般规律。从老龄科学理论来说，人口老龄化是现象，它只是人类从年轻社会迈向老龄社会的重要标志，本质则在于人类经济社会发展特别是现代化推动的人类社会形态的变迁。自人类诞生以来，由于经济社会发展水平长期低下，特别是医疗科技水平低下，人类生育水平极高，但婴幼儿死亡水平也较高，活到老年期的人口十分稀少，人口年龄结构十分年轻，人类长期处于年轻社会；工业革命启动现代化进程以后，特别是进入 19 世纪中叶以后，人类经济社会发展水平逐步提高，近代医疗科技发展迅速，人类生育水平同样极高，但婴幼儿死亡水平快速下降，活到老年期的人口缓慢增长，人类同样处于年轻社会，少数国家开始迈入成年社会或者老龄社会。进入 20 世纪以后，经过几百年现代化进程的累积性推进，特别是后期波澜壮阔的加速发展进程，人们的家庭婚姻观念、生育行为、行为方式、社会制度、文化模式等，特别是社会的生产方式发生了深刻的变化，尤其是随着现代医疗科技水平的

迅猛提升，婴幼儿和老年人口的死亡率大幅降低，导致人们生育越来越少，而老年人口数量随着寿命延长越来越多，从而引发人口年龄结构从年轻型经过短暂的成年型快速向老年型转变。从表面看，人口老龄化意味的少儿人口不断减少和老年人口不断增多，只是一个人口年龄结构类型转变的现象，但背后却是现代化作为根本推动者的人类社会形态的根本转变。在现代化推动的现代文明模式下，人们不愿意多生孩子，更愿意健康长寿，以人口老龄化为标志，以现代家庭、婚姻、生育行为、生活方式以及生产方式为根本转变的老龄社会将不可逆转，这就是老龄社会的一般规律。

第二，老龄社会也是一个发展过程。人口老龄化只不过是人类从年轻社会迈入老龄社会新的高级阶段的标志之一，这里的核心关键词不是人口老龄化，而是老龄社会。人口老龄化仅仅是社会主体结构的变动，而我们面临的真正问题是老龄社会的人口年龄结构与人类漫长历史形成的年轻社会的基本构架之间的矛盾。从本质上看，这个矛盾是人类从年轻社会迈向老龄社会的重大社会转型问题，而不仅仅是人口转型问题。如前所述，从世界范围看，老龄社会主要有两种模型：一种是发达国家老龄社会的发展模式，他们的人口老龄化与经济社会发展同步行进，与现代化相生相伴，社会转型阵痛相对较轻；另一种是中国式老龄社会的发展模式，中国的老龄社会超前于经济社会发展，超前于现代化，社会转型阵痛显著，这是中国的问题和特殊性所在。但无论是哪种发展模式，整个人类尚处于老龄社会的早期初级阶段，目前发达国家的老龄社会面临的问题同样堆积如山，中国已经迈入的老龄社会所面临的问题当然更为严峻。这说明，相对于不可逆转的未来人类社会形态来说，目前地球上已经出现的老龄社会还不是人类理想的社会形态，未来更高位阶的老龄社会理想是什么，人类才刚刚开始探索。在这方面，发达国家是先行者，但也不过才高中毕业，中国刚刚处在小学阶段。因此，要转变年轻社会的惯性思维，破除挑战机遇、悲观乐观等简单狭隘的二元思维框架，全面认识从年轻社会转向老龄社会这一重大社会转型面临的系统性问题，树立老龄社会新思维，掌握这一社会转型中的重大发展规律和中国老龄社会的特殊性和特殊规律，积极行动，在积极顺应转型的同时,努力构建理想的老龄社会。

第三,坚定树立老龄社会新理想、新思维。老龄社会是人类社会的新形态,也是人类迈入长寿时代的全面显现,一个更高位阶的伟大前景正在等待人类的伟大创造和伟大实践。从年轻社会迈向老龄社会的社会转型不可能是顺利的,而是一个需要付出巨大痛苦代价而又充满憧憬的过程。我们不能简单而狭隘地仅仅聚焦"一老一小"、埋头于解决所谓"老年人的各种问题"和"婴幼儿托育问题",而是要仰之弥高,立足老龄社会当前的初级阶段,从人类前途命运的高度,树立更高位阶的人类社会理想,引领人类顺利度过从年轻社会迈向老龄社会的重大社会转型期,推动人类从初级老龄社会阶段向高级阶段迈进。对于中国来说,我们不能简单而狭隘地仅仅埋头于解决"一老一小问题",而是要学习借鉴日本等发达国家先行应对老龄社会(日本历来讲求"应对高龄社会",聚焦打造新的活力社会,起点和站位较高,也富于长远眼光)的先进经验,把握方向,从全面建设社会主义现代化强国和实现中华民族伟大复兴的高度,从未来"两个十五年"谋划中国特色应对老龄社会的发展之路,实现老龄社会条件下国家兴旺发达、人民幸福安康、民族伟大复兴的宏伟目标。

一是要科学认识老龄社会与全面建设社会主义现代化强国这一中华民族伟大复兴中国梦的逻辑一致性。中国处于老龄社会已不可逆转,中国在老龄社会条件下实现全面建设社会主义现代化强国这一中华民族伟大复兴梦的目标不可动摇。当伟大复兴中国梦实现的时候,中国同时也进入更高层次的长寿时代,全体国民将更加健康长寿。我们不能设想,中国梦实现的时候,我们的寿命却缩短了。因此,老龄社会与全面建设社会主义现代化强国这一实现中华民族伟大复兴的中国梦在逻辑上是高度一致的,也是亘古以来渴望长寿的人类梦想,也符合人类社会发展的基本规律。当然,需要高度关注的是,年轻人不能太少而要适合适度。因为,过度老龄化是未来老龄社会的最大风险。二是要科学理解把握老龄社会的一般规律和中国老龄社会的特殊规律。中国的特殊性在于老龄社会提前到来,超前于社会主义现代化,相关问题需要立足中国国情具体对待,并树立规律思维,找到中国式应对老龄社会和建设理想老龄社会的路子。三是要动员全体人民共同建设理想老龄社会。从年轻社会转向老龄社会必然会带来诸多问题,应对不当甚至会酿成重大社会风险。但是,老龄社会的一个重要特征在于,只要人人做好充分准备,再大的风险也可以化整为零。这就需要按照"全民行动"的要求,从现在做起,从人人做起,持续不懈付出努力。如此,我们不仅能够战胜老龄社会初级阶段或者转型阶段的挑战,而且能够建设一个人人期待的理想老龄社会。四是要扬弃年轻社会的观念。老龄社会是中国今后长期面临的新国情,我们考虑问题办事情,都要从老龄社会这一国情作出长远战略考量,但当我们这样做的时候,最大的挑战则是年轻社会已经固化的系统性观念,这些观念需要全面扬弃,从理想老龄社会的角度重新建构新的观念及其话语体系。五是要坚定必胜信念。如前所述,中国应对老龄社会面临许多不利因素,但也拥有不可多得的政治、经济、文化优势。老龄社会不是挑战与机遇的问题,而是人类迈向高级阶段的跃升问题。只要树立信心,把握规律,全民行动,不仅可以解决自身问题,还能为人类建设理想老龄社会提供中国范本、中国道路。

总之,树立应对老龄社会的新理念和新思维,就是全社会要树立顺应老龄社会的意识,充分认识老龄社会的必然性、进步性和长期性,充分认识老龄社会矛盾对中国发展影响的基础性、全局性、战略性;要扬弃漫长年轻社会形成的理念、思维方式、发展方式、制度安排和体制机制,用老龄社会的理念和思维来对待老龄社会的矛盾;全体人民要树立老龄社会风险的共担意识和年龄管理观念、生命历程意识,确保从健康、技能、资源、金融等方面对终生生活作出规划和安排,化整为零,共同分散老龄社会矛盾的集成风险;坚定树立理想老龄社会的超前意识,引领我们在解决老龄社会相关矛盾的同时,实现老龄社会条件下经济持续繁荣、政治长期稳定、文化日益昌明、社会不断进步和生态更加文明的目标,确保全体中国人民全生命享有健康、长寿、富足、快乐和有意义的美好生活。

2. 建构老龄社会条件下人类发展的新战略观。扬弃年轻社会的观念,基于老龄社会观,设计应对老龄社会的国家战略,需要建构新的战略观。对于中国来说,需要把握好以下方面:

第一,树立中国立场、世界眼光、人类情怀的战略站位。作为负责任的大国,中国不能有各扫门前雪的民粹主义思维,在战略站位上既要有解决好自身老龄社会相关问题的国家责任观念,又要有世界眼光和为人类负责的世界主义和人类主义观念。一是不遗余力地贯彻落实联合国关于应对老龄社会的基本理念、基本方针和基本政策;二是千方百计利用自身力量解决好自身老龄社会的相关问题,为人类应对老龄社会探索中国道路和中国方案,提供中国智慧;三是绝不以邻为壑,向外输出自身老龄社会的压力,坚决抵制向别国输出人口老龄化压力的做法,维护全球应对老龄社会在资源配置上的国际公平正义;四是积极参与国家间、区域和国际应对老龄社会在信息、技术、经验和资源等方面的合作与交流,为相关友好国家提供支持和援助。

第二,树立人本主义的战略思想。年轻社会的主题是解决大多数人"活下来"的问题,物本主义是其重要指导观念,特别是在资本主义的影响下,各国国家战略的重心在于获取物质、技术等资源,人们的生活质量和水平成为次要诉求。面向已经解决"活下来"和"活得长"的问题的老龄社会,国家战略的基础仍然是物质资源的创造、积累和配置,但关注人们"活得好"和"活得有意义"的诉求应当成为应对老龄社会国家战略的根本旨归。因此,扬弃物本主义特别是资本主义,建构人本主义思想引领下的应对老龄社会的国家战略思想,就需要作出新的考量。一是在顶层理念上以人民为中心来设计应对老龄社会的国家战略。二是在处理人与自然关系上按照"天人合一"的理念要求转变发展方式,特别是转变经济发展方式,扬弃物本主义关于追求产值、利润最大化的理念,扬弃只关注表内经济指标增长而不顾表外环境和健康负增长的发展观,既要为大多数人"活得好""活得有意义"获取相应物质资源,又要关切保护环境、注重发展的经济效益、生态效益、健康效益和社会效益相统一。三是在处理人与人的关系上更加关注大多数人利益的公平公正,建立促进共同富裕的社会机制和社会关系,坚持年龄平等,更加关注老龄社会条件下青少年人口、中壮年人口和老年人口三大群体利益的大致均衡。四是在处理个体终生生活安排上健全覆盖全生命生活生命质量的制度安排体系。五是从根本上建立健全壮大中等收入群体的相关制度安排和社会机制。六是坚定兜住低收入和贫困群体的尊严生活底线，保障其基本生活。

第三，树立建设理想老龄社会的战略理想。往后看，迄今为止，老龄社会的发展历史大体上只有一个半多世纪的历史，发现和认识老龄社会的历史也还不到半个世纪，全面应对老龄社会的历史才刚刚起步。但是，往前看，在可预期的未来，迈向老龄社会的人类趋同态势不可逆转。从某种意义上说，目前所谓老龄社会的问题在许多国家才刚刚初步显现，这些问题从根本上都属于漫长年轻社会形成的观念、制度和发展方式不适应老龄社会新需求及其结构变动而产生的，即大多属于转型性问题。这说明，目前已经迈入的老龄社会还不是人类理想的老龄社会。因此，制定实施应对老龄社会的国家战略就不能埋头于解决当前问题，而应当仰之弥高，建构高于年轻社会的老龄社会的新理想。一是从人口发展上也就是人类自身发展战略上探索未来人类人口数量、结构等的新模型；二是从经济发展上探索适应老龄社会要求的经济发展观念、经济发展制度和经济发展方式；三是从社会发展上探索适应老龄社会要求的社会安排体系；四是从文化发展上探索适应老龄社会要求的核心价值体系。一句话，就是要在解决当前问题的过程中不断探索基于和高于年轻社会、顺应和建构老龄社会的人类发展之道。

总之，坚守以往年轻社会已经过时的所有战略观，短期内也许还有一定的发展空间，但长期看难以行稳致远。以往战略观从根本上来说主要是物本主义战略观，在全人类走向趋同性老龄社会的未来，人本主义战略观才是人类的前途所在。换言之，死守年轻社会物本主义的战略观，要么，人类社会难以对接老龄社会这一长远世情，只能重复以往的发展循环；要么，人类社会将在奉行人本主义战略观的国家引领下走向进步。这是中国作为大国必须看清的未来发展大势和发展大道。

（二）战略取向

依据老龄社会观和应对老龄社会的战略观，制定实施相应国家战略需要遵循以下战略取向。

1. 回归本源。从注重下位性发展的战略取向实现向下位性发展服从上位性发展的战略取向的根本转变。在漫长年轻社会,迫于"活下来"的压力,人类发展的长期战略取向在于"向外求",浑然不顾自身发展的内在要求。人类发展主要是向自然开战,"发展什么"和"如何发展"的下位性问题成为人类战略的上位主题。进入老龄社会以后,"发展主体整体自身如何发展"这一上位性问题日益凸显,并将逐步成为人类发展战略的主题。从年轻社会转向老龄社会过程中,人类发展战略主题的这一翻转表明,如何处理好上位性问题和下位性问题将是未来人类战略面临的首要问题。否则,不关注整体自身发展战略的这一上位性问题,人类只能在物本主义或者资本主义引领下成为向外获取自然资源以仅仅满足动物性需求的高级动物。人类在高级动物的发展轨道上已经走得很远,但在使人类真正成为人类即人类化的发展轨道上的系统性建树严重滞后。换言之,面向未来,人类发展战略的首要问题首先是考量自身如何发展的问题,在年轻社会人类没有条件对这一问题进行深谋远虑,但现在是时候了。一句话,年轻社会条件下的人类战略主要是"向外求",今后老龄社会条件下,人类战略既要"向外求",也要"向内求",并在人类化的发展轨道上谋求新的发展前景。这是未来所有国家制定实施应对老龄社会国家战略的首要战略取向。

2. 走向竞合。从注重竞争为中心的战略取向实现向竞合战略取向的根本转变。在解决"活下来"问题的过程中,资源稀缺是表面原因,根子上的原因则是生产能力低下的问题,进一步还有人类发展主体整体自身的膨胀问题即人口爆炸问题。从历史角度来说,这是人类漫长演化过程中的复杂问题。其中,仅仅用达尔文"物竞天择"的进化论和西方主流经济学的资源稀缺论等理论是难以解释清楚的。至于信奉竞争为轴心的战略取向同样只是人类历史发展的片面真理。迈入老龄社会以后,人类发展面临的问题已经不是仅仅解决"活下来"的资源稀缺问题,而是生产能力相对过剩的问题以及在自然资源阈限内人类整体自身如何发展的问题。更重要的是发展主体内部的种内斗争问题,主要是以国家为单位的国家间的相互冲突问题。从某种意义上说,当今世界的根本问题就是如何解决这一人类种内斗争的问题。伴随全人类温饱问题的解决并全体迈入老龄社会以后,国家间的相互冲突问题将是老龄社会条件下解决"活得长""活得有意义"问题面临的第一难题。但是,值得强调的是,长期采取以竞争为轴心的国家发展战略给人类造成的灾难已经取得全球性广泛共识,而越来越多的国家转向竞合发展战略正在形成新的世界潮流。因此,坚持竞合发展战略取向,这是未来大多数国家和全球实施应对老龄社会国家战略乃至全球战略的必然选择。否则,在有条件"活得好""活得有意义"的老龄社会背景下,抱残守缺,一味竞争,人类发展只能在种内斗争的恶性循环中难以自拔。

3. 天人相济。从遵循自然规律、注重合规律性的战略取向实现向注重合规律性、合目的性、合价值性相统一的战略取向的根本转变。自然发展没有目的,更无所谓价值和意义。目的和价值是人类自身发展的内在诉求。如前所述,自然之道即生生不息,但人类之道除生生不息外,还必须追求生生有价值、生生有意义。否则,失却目的、价值和意义的诉求,人类发展就是纯粹的动物性循环。当然,不可否认,在解决"活下来"问题的漫长年轻社会,谈目的和价值是奢侈的,能够做到"生生不息"已经十分困难。但是,在解决了"活下来"并实现"活得长"人类梦想的老龄社会条件下,追求"活得好""活得有意义"就成为真正人类历史的开端,而以往的历史不过是"史前史"(马克思语)。现在的问题在于发展战略上存在遵循规律的合规律性有余,而合目的性和合价值性诉求上比较薄弱的问题。这是未来制定实施应对老龄社会国家战略需要关切的重大问题。一句话,我们不能以合目的性和合价值性诉求来超越合规律性的基本遵循,但更不能以合规律性的基本遵循来牺牲人类的合目的性和合价值性诉求。

4. 全球共和。从不择手段的血腥现代化战略取向实现向注重人与自然和谐、人与人和谐的人类化战略取向的根本转变。传统现代化基本上是血腥现代化,无论是工业化还是城市化,全球范围内的普罗大众都付出了鲜血以至性命的惨重代价,其根子在于少数人站位上的国家主义及其殖民化路径等战略取向,同时,也给自然环境以及人类自身发展特别是国家之间关系带来诸多问题和冲突。因此,未来的战略取向不是传统现代化(传统工业化、传统城市化)的再版,而是注重环境生态效益、人类和谐效益,以人为中心,注重世代永续发展的新型现代化战略取向和人类文明新形态战略取向。换言之,新的战略取向在于对传统现代化的非人化、自然的戕害化的彻底翻转,旨在不牺牲自然、环境和他人他国合理利益基础上的发展取向。进一步来说,就是要以最大勇气和智慧,通过新战略取向、谋求新发展,避免"修昔底德"陷阱走向共同发展之路,这也是中国式现代化的必然选择,也是建立高于传统现代化之上的人类文明新形态的必由之路。

5. 人类至上。从注重国家利益为核心的战略取向实现向注重国家利益兼顾人类利益战略取向的根本转变。人类社会历史就是各民族走向世界的历史(马克思语),地球村效应是其集中体现。实际上,"二战"以后伴随联合国的成立和各殖民地国家的独立至今,民族国家的观念、国家主义的观念不断成熟。与此同时,联合国观念、人类主义观念和全球主义观念也不断氤氲成长。在这一背景下,单边主义的路越走越窄并面临下行走势,而多边主义的路越走越宽并面临上行走势。这是未来人类发展的大势,顺应这一大势是所有国家应对老龄社会的系统性挑战并实施相应国家战略的必然选择。现在,在这方面面临的问题主要是单边主义的短期障碍。长远来看,人类发展的前景把握在注重国家利益兼顾人类利益的国家阵营手上,这也是人类成功应对老龄社会的希望所在。

6. 终极理想。从注重解决当前问题的战略取向实现向关切人类终极理想的战略取向的根本转变。自从有"战略"这一观念以来,站位自我、针对他人的"你死我活"的种内斗争的底层观念一以贯之,这也是以往所有战略的底层逻辑。当然,这也是解决"活下来"问题的漫长历史的必然产物。在全球化特别是地球村效应的背景下,面向遥远的老龄社会趋同前景,在解决了"活下来"并取得"活得长"辉煌成就的条件下,如何解决大多数人"活得好""活得有意义"这一关系人类"走向哪里去"的终极问题,这是未来所有国家制定人类发展战略的新的更高位阶的底层逻辑,当然也是所有国家制定实施应对老龄社会和建设理想老龄社会相关国家战略乃至整个人类战略的根本底层逻辑。简言之,应对老龄社会的国家战略逻辑不能走"活下来"的逻辑,而要走更高位阶的大多数人"活得长""活得好""活得有意义"并推动人类社会进步向上的新逻辑。

总体来说,从整个人类史来看,经历漫长年轻社会迈入更高位阶的老龄社会,人类发展也正在经历从"活下来""活得长"转向"活得好""活得有意义"的伟大转折。对中国来说,我们也经历了从站起来到富起来再到强起来的历程,这是人类史和中国历史的统一过程,也是人类发展在理论逻辑、历史逻辑、现实逻辑以及未来逻辑上的高度统一,更是未来人类发展和中国发展的必然走向。

三、构建应对老龄社会的国家战略体系

(一) 战略定位

1. 基本定位。老龄社会是中国必将面临的长期国情,既是全面建设社会主义现代化强国的背景,又是中华民族伟大复兴的重要主题,也是中国未来发展的重要主攻方向,如何应对,攸关全面建设社会主义现代化强国和创造人类文明新形态的目标、方式和路径。因此,统揽全球发展大势特别是全球老龄化趋同大势,立足中国国家立场,兼顾人类发展利益,建构应对老龄社会的国家战略体系必须从基本定位上服从两个战略目标要求,一个是对内国家整体战略,这就是全面建设社会主义现代化强国的宏伟目标;另一个是既定的中国国家站位的国际战略目标。这说明,构建应对老龄社会的国家战略体系不是另起炉灶另搞一套战略体系,而是在既定的国家整体战略顶层设计大盘子中处理好与已有其他国家战略、国家站位的国际战略的关系;也不是搞两张皮,而

是要把应对老龄社会国家战略与其他战略有机地融合起来；更不是搞方面战略，或者不是在现有国家战略体系之下增加一个新的战略板块（例如什么养老战略板块、健康养老产业板块等），而是上作镶嵌式顶层设计，中有贯穿式运作安排，下可渗透式落地操作，左右还要考量国际合作与交流。一句话，绝不能就事论事，必须统揽全局，立足长远，做好整体谋划。

从理论上来说，中国的国家战略本身就是一个宏大的体系。从国家战略的位阶来看，全面建设社会主义现代化强国总体战略是最高战略，下分人口发展战略、经济发展战略、政治发展战略、文化发展战略、社会发展战略和生态发展战略以及军事战略、国际战略等方面战略。在各个方面战略下面，还包括具体的专项战略，如经济发展战略中还可以包括科技发展战略、产业发展战略、金融发展战略等。但是，人口老龄化标志的年轻社会向老龄社会的转型所涵盖的问题具有特殊性，针对这些问题制定实施具体战略，不属于全面建设社会主义现代化强国总体战略的方面战略，而是渗透在各个方面战略中的具体战略之总合。从中国国家战略体系的位阶来看，应对老龄社会的战略不是全面建设社会主义现代化强国总体战略中的独立的方面战略，而是渗透和横跨各个方面战略的"中间战略"。所谓中间战略，即它既不是总体战略也不是方面战略，更不是专项战略，而是各位阶战略都要统筹考虑的具体战略之总合。这正是老龄社会相关问题的特殊性。如前所述，老龄社会是一场全面深刻持久的革命，带来的根本转型既有人口问题、社会问题，也有经济问题、政治问题，还有文化问题、生态问题、区域问题以至国际问题。因此，构建应对老龄社会的国家战略体系，必须统筹考虑解决老龄社会的相关问题、建设理想老龄社会与全面建设社会主义现代化强国总体战略，与人口发展战略、经济发展战略、政治发展战略、文化发展战略、社会发展战略、生态发展战略、区域发展战略、国际战略等方面，以及与各项专项战略、行业战略之间的关系，实现老龄社会条件下人口年龄结构及其需求与经济社会互动协调发展。

具体来说，一是构建应对老龄社会国家战略体系要有"发展新阶段"的大势观,以便为应对老龄社会的全面行动找到历史方位。中国制定实施应对老龄社会国家战略体系,就是要认清中国正处于中华民族伟大复兴战略全局和世界百年未有之大变局的历史交汇点这一战略判断,深刻把握好全面建设社会主义现代化强国的发展方位和战略方向,研究老龄社会给全面建设社会主义现代化国家带来的系统性、长远性问题,制定全面解决这些问题并进一步实现第二个百年奋斗目标的系统战略、政策法律体系和一揽子具体举措以及实施步骤。二是构建应对老龄社会国家战略体系要有"发展新理念"的发展观,以便为应对老龄社会的全面行动找到基本遵循。中国制定实施应对老龄社会国家战略体系,就是要根据创新、协调、绿色、开放、共享的要求,提出积极应对老龄社会、指导老龄事业产业的具体发展理念。重点是根据积极应对老龄社会的内在要求,提出创新老龄事业产业的思路、明确老龄事业产业与其他事业产业协调发展的关键点、明晰老龄事业产业发展与绿色发展互动促进的有效路径、厘清老龄事业产业开放发展的方向和路子、研究老龄事业产业实现共享发展的有效方式。三是构建应对老龄社会国家战略体系要有"发展新格局"的全局观。中国制定实施应对老龄社会国家战略体系,就是要在指导方针上把积极应对人口老龄化标志的老龄社会的国家战略纳入"五位一体"总体布局和"四个全面"战略布局中来。重点是研究应对老龄社会与经济建设、政治建设、文化建设、社会建设和生态文明建设之间的规律性关系,突出问题导向,提出体系化的应对战略设计;研究老龄社会给全面建设社会主义现代化国家、全面深化改革、全面依法治国和全面从严治党带来的挑战风险,提出战略性、阶段性的应对举措。四是构建应对老龄社会国家战略体系要有以人民为中心的目标观。中国制定实施应对老龄社会国家战略体系,就是要在发展目标上研究应对老龄社会与人民日益增长的美好生活需要的互动关系。重点研究老龄社会对人民美好生活需要的结构、偏好、方向的影响,研究人民美好生活需求变化对应对老龄社会的作用机制,帮助人们树立适应老龄社会并实现"活得长""活得好""活得快乐""活得有意义"人生目标的理性预期。五是构建应对老龄社会国家战略体系要有系统观。中国制定实施应对老龄社会国家战略体系,就是要在推进老龄事业产业发展上突出系统观念,研究积极应对老龄社会国家战略各个板块与其他国家战略协调推进的体制机制性要求。重点是厘清制度安排建设和政策法律体系建构的重点难点以及突破路径。六是构建应对老龄社会国家战略体系要有明确的任务观。中国制定实施应对老龄社会国家战略体系,就是要在注重顶层设计的同时,更加重视下位具体板块战略能够落地生根。重点是结合"十四五"期间、"两个十五年"期间的目标要求,明确各级政府、各类市场主体和所有社会主体落实积极应对老龄社会的具体任务和落地举措,形成应对老龄社会采取全面行动的责任机制。七是构建应对老龄社会国家战略体系要有全球观。中国制定实施应对老龄社会国家战略体系,就是要在注重应对老龄社会国内战略的同时,更加注重相应国际战略。重点是在联合国框架下加强与老龄社会国家、年轻社会国家的广泛合作与交流。八是构建应对老龄社会国家战略体系要有协同观。中国制定实施应对老龄社会国家战略体系,根本是要注重落实,从上到下建立健全战略运行和监督落实的高效组织体系,建立统筹动员政府、市场和社会三大部门的良好机制,确保各项战略的持续有效实施。

任何战略的制定,都需要考虑时限。实际上,任何涉及人口方面的战略时限,至少应当在人口平均预期寿命以上。鉴于中国人口平均预期寿命已经接近 80 岁,制定应对老龄社会的国家战略时限,在人口方面应当从现在考虑到 21 世纪末,在经济社会等诸多方面的战略时限应当紧密结合中华民族伟大复兴战略全局和全面建设社会主义现代化国家宏伟目标的时限,即从现在考虑到 21 世纪中叶。据此,制定应对老龄社会的国家战略体系,应当立足已经明确的国家发展战略目标和相应的时间表,并根据人口老龄化的阶段性特点确立相应的具体目标和任务。

2. 战略目标。主要包括四个层面,一是国家整体战略目标,即应对老龄社会国家战略的最高目标是通过老龄工作、老龄事业和老龄产业促进实现全面建设社会主义现代化国家的总体目标。二是老龄工作、老龄事业和老龄产业自身发展的核心目标,整体来看,这一核心目标不仅仅是发展健康养老事业

（康养事业）和健康养老产业（或康养产业），也不仅仅是解决老年人和婴幼儿的各种具体问题，也不仅仅是应对人口老龄化过程中的结构性问题，而是应对老龄社会的所有问题，并最终建设理想的老龄社会。三是国际性目标，即在全球老龄化重大趋同态势下推动理想人类社会的建设，逼近社会主义的终极目标。四是个体目标，或者人民全生命的发展目标，即"生得优""长得壮""活得长""过得好""病得少""老得慢""走得快""后无忧"（身后无忧）。换言之，就是要在解决"活下来""活得长"的基础上进一步追求"活得好""活得快乐""活得有意义"。当然，在应对老龄社会国家战略体系之下各板块战略各有目标，这里不再赘述。

3. 战略原则。一是坚持人民站位、全民行动的战略原则。老龄社会高于年轻社会的一个重要特征就是，人们在追求物质需求和服务需求的基础上更加关注精神需求，这就要求我们扬弃物本主义观念及其思维方式，高扬人本主义理念，把人当作人来对待，而不是仅仅把人当作物欲动物来对待，并从人们的全面需求结构上考量人们的偏好和预期，在根本上要树立老龄社会特别是长寿时代的新生命人的理性预期，从总体战略和具体战略上促进人的全面自由发展，让人们体验到人之为人的价值和意义。同时，要在充分利用科学技术、社会政策技术应对老龄社会的过程中，既要重视一切技术创新的引领驱动作用，又要防止技术、制度和管理排挤人的风险。此外，老龄社会是关系所有人及其全生命的深刻革命，应对老龄社会需要所有人终生参与，只有做到每一个人都是应对老龄社会国家战略的自觉行动者，实施国家战略才有可能。二是坚持立足当前、兼顾长远的战略原则。在可预见的未来，老龄社会是未来人类社会的常态模式，当前尚处于老龄社会的初期阶段，许多问题尚未完全暴露，这就需要在着眼解决当前现实问题的基础上，更要提前部署，研究探索老龄社会潜在的、深层次的、长远性的影响和矛盾，在研究中深入挖掘、透彻分析、作出科学的基本判断，做好应对这些长远问题的战略安排和制度设计。三是坚持低成本、高效能的战略原则。应对老龄社会需要全要素资源投入。要针对社会主义初级阶段特别是人均收入水平不高、公共财政投入压力巨大等

"未富先老""未备先老"的实际国情,把人们的合理预期和经济社会承受能力结合起来,坚持成本效益的原则,量入为出,量力而行,科学安排应对老龄社会的人力、财力和物力投入结构。同时,充分发挥社会主义市场经济配置资源的决定性优势,更好发挥政府作用,引导发挥社会各方面的作用,确保政府、市场和社会三大部门各自作用高效能发挥。此外,要深刻挖掘中医等优势,为应对老龄社会找到新的低成本的长远战略性举措。四是坚持统筹协调、齐抓共管的战略原则。老龄社会带来的转型性问题和长远性问题涉及人类社会生活的方方面面,这决定了应对老龄社会的战略是体系性、全方位、多层次的,因此,统筹协调这一根本方法十分重要。更重要的是,实施应对老龄社会国家战略必须发挥政府主导作用,这就需要形成强有力的各部门齐抓共管的有效机制,避免九龙治水效应、部门各自为战效应或者个别部门主导的倾向,造成国家战略沦为部门战略的陷阱。五是坚持立足国情、注重创新的战略原则。应对老龄社会是一项长期的伟大实践,虽然老龄社会是人类趋同的大势,但各国国情不同,这就需要立足国情,制定相应因国因地制宜的系统性战略举措。同时,应对老龄社会的历史还不长,迄今为止,还没有任何国家在应对老龄社会这一战略性行动上取得完全成功,更没有像中国这种大国模型的实践经验可以借鉴。因此,借鉴老龄社会先行国家的经验特别是深刻教训,根据中国国情,探索中国式应对老龄社会道路不仅是可能可行的,而且是必然必需的。六是坚持顺势而为、主动应对的战略原则。人类社会从年轻社会转向更高位阶的老龄社会,这是人类文明进步的重要标志,也是人类社会发展的基本规律。我们不能固守挑战和机遇二元思维,而应当扬弃从年轻社会看待老龄社会的观念和思维方式,从老龄社会的坐标看待老龄社会,顺势而为。但是,应对老龄社会的关键在于战略态度,被动应对必然带来诸多矛盾、问题和困难,而主动应对不仅会赢得战略先机,更重要的是可以因势利导,在解决诸多矛盾问题的同时,通过战略性举措建设人人预期的理想的老龄社会,确保老龄社会条件下全面建成社会主义现代化强国这一中华民族伟大复兴目标和第二个百年奋斗目标的顺利实现。

（二）战略构架

从本质上来说，人类历史无非是人类化的历史，也就是人成为人的向上阶梯式演化的过程。否则，人类史就成为动物化生生不息的循环史。如前所述，以往漫长的人类历史主要解决了人类"活下来""活得长"的问题，今后的人类历史要在此基础上进一步解决"活得好""活得有意义"的问题。为此，我们可以从整体上把人类演化划分为人口领域（即社会主体领域）、健康领域、经济领域、政治领域、文化领域、社会领域六个维度或层面。当然，人类不可能在一个区域发展，不同区域的发展同样也是人类化的重要维度和层面。由于人类源于和生于自然界，必须通过自然资源获取物质生存资料，因此，自然生态和环境当然既是人类化的条件，也是人类化的重要维度和层面。此外，应对老龄社会必须走法治化道路，必须实施相应法律战略。最后，在全球范围内，人类作为一个整体，如何处理不同人类集团的互动关系，这是人类化的归宿问题，因而，国际领域也是人类化的重要维度或层面。这十个维度是今后人类化的基本维度，也是解决"活得长""活得好""活得有意义"问题的基本坐标。

从年轻社会转向老龄社会是一场全面而深刻的革命，给中国带来的转型性问题是系统性的、战略性的，必须着眼长远，从以下十个维度或层面统筹作出安排：一是树立长期适度稳定均衡人口观，实施适应老龄社会要求的人口战略。二是树立主动健康观，实施适应老龄社会要求的健康战略。三是树立人本经济观，实施适应老龄社会要求的经济战略。四是树立以人民为中心的执政理念，实施适应老龄社会要求的政治战略。五是树立社会主义文化价值观，实施适应老龄社会要求的文化战略。六是树立社会公平公正观和年龄平等观，实施适应老龄社会要求的社会战略。七是树立协调共济观，实施适应老龄社会要求的区域战略。八是树立生态文明观，实施适应老龄社会要求的生态战略。九是树立现代法治观，实施应对老龄社会的法律战略。十是树立命运共同体观，实施适应老龄社会要求的国际战略。

需要说明的是，以上十个维度构成积极应对老龄社会国家战略的基本框架,其中,人口战略和健康战略是两个前提性战略,经济战略是基础,政治战略是统领,文化战略是灵魂,社会战略是保障,区域战略是落地关键,生态战略是有效环境,法律战略是规则,国际战略是国内发展和国际参与的结合点,各项战略协同推进,确保应对老龄社会全球趋同过程中推进人类命运共同体的持续构建。

由于篇幅和研究基础所限,关于应对老龄社会的政治战略、法律战略和生态战略将不具体讨论。本书重点讨论其他七个领域的战略。

四、从国家战略到全球战略

从年轻社会迈向老龄社会,这不仅是中国未来发展要面对的基本国情,而且是全人类未来发展趋同的普遍世情,需要全人类共同努力。

1982 年,第一届世界老龄大会通过的《联合国维也纳老龄问题国际行动计划》,要求各个国家都要制定各自的国家战略。2002 年,第二届世界老龄大会通过的《联合国马德里老龄问题国际行动计划》,强调把老龄问题纳入全球议程的主流至为重要。

迄今为止,虽然 2000 年全球已经从统计学意义上迈入老龄社会,但从国别来看,目前迈入老龄社会的国家近 100 个。如何应对是这些国家的国家战略主题。其他国家尚处于年轻社会。例如,2021 年,非洲大陆 60 岁以上老年人口占比为 5.55%,总体上还处于年轻社会,预计 21 世纪末才会迈入老龄社会。如何完成年轻社会的任务是这些国家的战略主题。将来他们如何应对,这首先是这些国家自身的国家战略选择问题。从目前来看,所有步入老龄社会的国家都或多或少采取了相应政策举措;但从世界范围来看,宣告以实施国家战略来积极应对的国家寥寥无几。大多数国家把关切点集中在应对少子化、多老化和应对公民老年期的营养、保健、住房、闲暇、教育问题,以及应对老年期贫困、疾病和失能风险的社会保障制度和相关服务体系的建立、改革和完善上。长期来看,这不仅不能适应老龄社会结构性的内在要求,也和联合国关于制定实施国家战略的要求存在较大差距。

中国是负责任大国家,中国向全世界宣告,要实施积极应对人口老龄化和老龄社会的国家战略,这是人类历史上的重大事件,也是未来人类从战略上应对老龄社会的重大事件。我们相信,伴随中国国家战略的实施,未来人类应对老龄社会的全球战略必然出现新的格局,这是人类的希望所在,也是全人类的努力方向。

第三章 实施适应老龄社会要求的
国家人口战略

> "今天的人口问题,从最深刻的根本来说,是世界秩序问题。"
>
> ——[德]J.沃尔夫

基本判断:人口老龄化标志着发展主体整体自身发展的历史性转折。

重要提示:考量发展主体整体自身的发展战略问题是首要战略问题。

一、重新界定人口及其战略

(一) 传统人口观的终结

1. 传统人口概念的致命伤及其主流理论 。人口是伴随人类历史产生较早的重要概念,人口现象也是学科史中发展较早较成熟的学科领域。1776年亚当·斯密发表《国富论》是经济学诞生的标志,1798年马尔萨斯发表《人口原理》则是人口学诞生的标志。人口学比经济学仅仅晚22年,但马尔萨斯却是世界上第一个经济学教授,说明人口学在诞生之初虽然在学科上有其独立性,但人口基本上被看作是属于经济学这个大学科的重要范畴。

从人口学发展历史来看,人口概念中,虽然性别和年龄是其基本属性,但人口规模则是其最重要的特征,也是人口学研究的焦点问题。从某种意义上说,与出生、死亡和迁移相关的人口规模增长(缩减)一直是前人口学特别是人口学最重要的课题,至今不衰。至于人口质量和结构问题则是人口学理论的次级关切。

现代人口学产生以来,其主流话题是人口革命,其主流理论是人口转变理论。人口转变理论基于西欧、北美人口死亡率和生育率下降历史过程的描述阐释,进而形成系统性理论,也用来预测未来人口发展的基本趋势。人口转变被看作是高出生率、高死亡率、低增长率的传统人口再生产类型,经历高出生率、低死亡率、高增长率的类型,向低出生率、低死亡率、低增长率的现代人口再生产类型的转变,也被看作是现代化和人口再生产内生互动作用的结果。

人口转变理论的创始人是法国人口学家 A.兰德里。他认为人口理论的中心任务是阐明"人口转变"或称"人口革命",并把生产力看作是人口过程的主要因素。他把人口发展分为三个阶段:第一阶段是原始阶段,生产力水平低下,经济因素主要通过死亡率来影响人口发展,对生育率没有抑制作用;人口增长的限度决定于生活资料。第二阶段为中期阶段,为维持既得生活水平,人们往往较晚结婚,甚至终身不婚,从而降低了生育率和人口增长速度。经济因素对人口发展的影响是通过婚姻关系来实现的。第三阶段为现代阶段,较高的生活水准和伴随经济发展而来的社会心理变化,并逐步完成了人类生育观的重新塑造。人们通常自觉地限制家庭规模,生育率普遍降至较低水平。根据生育率普遍下降甚至低于更替水平的现象,他认为,在现代,马尔萨斯所说的人口过剩现象已不存在,新的问题则是人口不足。

美国人口学家 F.E.诺特斯坦是人口转变理论的集大成者。他把从农业社会向工业社会过渡的人口转变过程划分为四个阶段:第一阶段是前工业化时期,由于生产力水平极低,死亡率虽时有升降,却一直维持在高水平上。作为对高死亡率的补偿,出生率很高且稳定。人口自然增长率很低,但略有提高。第二阶段是初期工业化阶段,近代科技的发展使死亡率下降,但由于人口发展中的时滞作用,出生率仍保持在较高水平上,人口自然增长率逐步提高。第三阶段是进一步工业化阶段,工业化的初步成就使死亡率继续下降。随着时滞作用的终结,生育率也开始下降,但降速慢于死亡率,人口自然增长率达到最高水平。第四阶段是工业化阶段,经济发达和生活水平提升,促进了人类生育观的重塑和转变。人口出生率和死亡率都降到很低水平,人口自然增长率也大幅降低,甚至趋于零增长或负增长。

20世纪60—70年代,在经历了战后20多年"婴儿潮"即短期的人口增长以后,欧洲一些国家人口零增长和负增长现象的出现,促使人们思考人口负增长是否是人口转变的一个新阶段。实际上,诺特斯坦在40年代已经谈到人口负增长的可能性。他认为,由人口转变达到的人口平衡可能并不是人口演进的最后结局。布莱克认为,人口转变的第四个阶段将是一个暂时的阶段,由于出生率的持续降低,人口自然增长率的一个负增长阶段或早或晚终会到来,正是他把人口负增长看作为人口转变的第五个阶段。欧洲许多国家的人口学家根据人口负增长的事实来分析它作为一种普遍现象的可能性。在这种背景下,20世纪80年代中期以来,以V.D.卡(V.D.Kaa)为代表的学者们开始深入研究欧洲人口负增长的原因、特点及其普遍性。他们把发生在19世纪到第二次世界大战前的欧洲人口转变称为"第一次人口转变",发生在20世纪60年代后的人口转变称为"第二次人口转变"。

关于第一次人口转变的原因,人口学家、经济学家和社会学家已经有过广泛深入的研究,即认为人口转变的根本原因是工业革命后的社会经济发展和现代化进程的推进。诺特斯坦认为,科学技术特别是医疗科技的长足进步是死亡率下降的根本原因。他不赞同把现代避孕手段的出现和普及看成是出生率下降的重要因素。在他看来,只有用社会经济因素的变化来解释出生率下降才更加符合客观实际。这些因素包括:一是家庭职能的变化。传统的家庭生产职能在现代社会几乎完全丧失。家庭教育和消费的职能也严重弱化。二是儿童综合经济价值的降低。现代经济的要求使儿童抚育和新劳动力早期培养费用倍增,而他们对家庭的经济贡献大大下降(养老越来越不依靠子女)。三是妇女社会经济地位的提高。为改善自己的政治经济地位,妇女们越来越倾向于少生育、多就业。四是死亡率下降对生育的作用。与农业社会中以高出生弥补高死亡的情况形成鲜明对照,在现代,降低了或下降中的死亡率为降低生育创造了条件。他认为，上述四个方面的社会经济因素的共同作用才使"人口转变"得以实现。人口转变理论认为，全球大部分地区的人口剧增是这些地区现代化的主要障碍。诺特斯坦曾反复强调，为减轻经济发展的负荷，发展中国家只有不断努力降低出生率，别无选择。关于第二次人口转变，V.D.卡从社会结构、文化和技术三个维度的变迁作了分析。

从总体上来看，人口转变理论主要是研究人口从前现代社会的高生育率、高死亡率转变为现代社会的低生育率和低死亡率以及人口负增长的原因、特点及其在全球的普遍性，对人口发展研究具有重要推动作用。但对于人口转变的真正的革命性后果——人口老龄化标志的老龄社会的革命，人口转变理论没有系统性阐释，对人口转变后的人口发展以至整个人类整体自身发展的战略问题也没有相应理论建构。自人口转变理论提出以来，各种评论褒贬不一，"后人口转变理论"的提出就是明证。实际上，过度重视数量或规模的人口概念以及聚焦人口数量增减的思维框架是其致命缺陷。

2. 传统人口观的终结。老龄社会是一个高于年轻社会的新的社会形态，也是一场全面而深刻持久的革命。虽然人口老龄化是其外在表征，但老龄社会引发的革命远远超出人口学的理论视野，也远远超出作为人口学主流理论的人口转变理论的解释边界，更超出人口转变理论背后的人口观的思维框架。人口转变理论虽然提出"人口革命"的新理念，但囿于其狭隘人口观的桎梏，它难以看到"人口革命"背后更为深刻的人类经济、社会、文化等层面的革命性变迁所推动的人类社会形态的革命。

首先，从本体论来说，传统人口观存在站位问题。传统人口观始终站位于经济发展，认为考量人口增长或者人口多寡的坐标是经济发展。这种站位思维一直延续至今。迄今为止，人们讨论的核心问题仍然是人口是否有利于经济发展，涉及人口老龄化问题的时候，同样考量的问题依然是它是否有利于经济发展。换言之，人口学研究的站位始终不是人口而是经济发展。但是，问题的关键在于，人口问题本质上不仅仅是人口数量、规模和结构等问题，而是人类发展主体整体自身的发展问题。这是人类发展的本体论或者上位性的问题,而经济发展则属于下位性的问题。因此,反观人口学思想史,人口学的全部工作更多的是站位经济发展来研究人口应当如何发展。易言之,人口学思想史主要是站位下位性问题来研究上位性问题。因此,针对人口老龄化问题,人口学只是把年龄结构当作人口的一个属性来对待,看不到年龄结构不同于性别结构等其他人口属性的重大意义。事实上,人口年龄结构老龄化显现的表面上是传统人口学视野的一个具体变化,但本质上它恰恰反映的是发展主体整体内在巨变引发的人类发展上位性、转折性的重大问题,而下位性的经济发展对此只能适应,而不能削足适履,更不能为了经济发展反过来改变人口变动趋向,在实践上这也是行不通的。

自人口学诞生以来,主要有两种研究观念及其综合,一种是从人口增长与经济增长相互关系的视角来研究人口发展问题,一般称为总人口理论;另一种是从人口内在变量相互关系的视角来研究人口变动的理论,可称之为人口变动因素论。最后就是把两者综合起来进行考察的研究观念。说到底,这两种研究观念的根本就是以关注人口与发展的数量关系为核心。人口转变理论虽然致力于从人口转变与现代化的相互关系来说明"人口革命",但从其潜在的研究观念来看,仍然没有脱离上述两种研究观念的视域。一方面,人口转变理论的倡导者们纵然不是从增长而是从人口缩减的角度,不仅仅是从经济增长而是从现代化的角度来观察人口发展与现代化的关系,但他们依然局限于从数量关系上来研究人口与发展的关系问题。即使把人口增长转变为人口缩减,把经济增长置换为现代化,也难以抹去总人口理论以数量关系为核心的研究观念的深刻烙印。另一方面,至于人口变动因素论自然也是人口转变理论的基本研究观念,否则,离开人口变动的各因素,"人口革命"便无从得到说明。因此,从根本上来说,人口转变是一场革命,但人口转变理论的倡导者们借以阐释这场革命的研究观念却是陈旧的,缺乏理论上的创新,其结果当然只能对人口革命作出不彻底的理论说明,而留下一连串的问题难以回答。这说明,传统人口观已经不能正确揭示人口发展及其隐含的深刻变迁。也正是由于人口观上的站位问题,人口转变论看到了人口的重大变迁,甚至因此而提出

"人口革命"的重要概念,但狭隘的人口观框死了他们的观察视野,看不到"人口革命"之后真正的革命性后果,这就是人类已经告别年轻社会,迈入到了更高位阶的新的社会形态——老龄社会。

其次,在方法论上,传统人口观存在过分重视数量或者规模问题。过分关注人口与发展的数量关系的方法论根深蒂固。纵观人口学的发展历史,迄今为止,人口学似乎是一门刻板的学问,或者是限制创造性和想象力的典范学问。因为,在这门学科的既有文献中,科学的创造精神似乎比较淡漠。充耳盈目的是几个变量即生育率、死亡率和迁移三个要素的运演,或者是华丽公式外衣下对数学的滥用。它的枯燥倒不是满目的数据,而是收集、整理和分析数据的灵魂的空前枯竭。在人口学中,人,不是生产者,就是消费者,除此以外,人口学不知道人还有别的更为根本的意义。本质上来说,人口学的这种发展状况,其根子是以关注人口与发展的数量关系为核心的传统方法论和研究范式已经成为桎梏。自从马尔萨斯以来,这种研究规范根深蒂固,即使是在今天仍然能够看到它的踪影。不过,马尔萨斯确立的力图从人口演变的表象背后寻找作为"原理"的人口发展秩序的理论思维传统,仍然是研究者们的共同的理论追求。但是,过分关注人口与发展的数量关系的研究观念锁定了研究者们的观察视角,以致人口学的发展落后于人口发展的实际进程。人口转变理论就是一个突出的例子。按照这样的方法论,面对人口年龄结构的重大变迁,难以作出科学的阐释也是必然的。

再次,从思维方式上来说,传统人口观存在短寿时代思维和年轻社会思维的局限问题。如前所述,年轻社会或者短寿时代的背景是生产能力不足和经济不足的问题,其主题是解决人们"活下来"的问题,一切以此为要,相应的思维方式必然是围绕有利于确保解决"活下来"的经济发展问题。但是,人口标志的老龄社会或者长寿时代,面临的问题则是生产能力和经济相对过剩的问题,面对这一新的问题,人口学依然使用短寿时代和年轻社会旧有的思维方式,看不到社会形态变迁也是必然的。自成为一门正规科学以来,尤其是马尔萨斯以来,人口学的思维方式是以关注人口增长即人口量上的问题为主,而较少关注诸如人口结构和质量的问题。浩瀚渊深的人口学文献绝大多数是讨论人口量的增长及其与自然、环境、能源、经济、社会等方面关系的探讨。至于结构问题尤其是年龄结构问题仅仅是人口学中的次要问题，或者被人口学家当作人口发展中的局部性问题来对待。在人口发展的长远命运上，人口学家更多的是讨论人口增长的理想目标即稳定人口目标的实现，而关于在实现这一目标(如果可能的话)的长远过程中，即在假定的人口总量按照某种预期目标发展的"既定"过程中，人口内部的变迁尤其是年龄结构的变迁的长期命运及其深刻影响则没有引起应有的关切。

现代人口学主要关注人口量的增长问题，把结构问题当作次要和局部问题来对待。全球范围的人口膨胀几乎吸引了人口学家的全部注意力，而且耗费了大多数人口学家的主要精力。纵然结构问题已经有了上百年的历史，今天的人口学仍然在思维方式和分析框架上没有大的突破。倒是其他学科如社会学、经济学看到了结构的重要意义。人口学家往往关心有多少人口，而很少关注是什么样的人口，最多只是看到质量的重要性，至于结构特别是年龄结构则仅仅被看作一种次要的变量。这种封闭式的研究观念从根本上就框定了他们的研究方式。

这种思维模式没有回答人口老龄化现象的长期命运问题。人口转变完成或者人口出现老龄化以后，从长期命运来说，人口发展将会呈现一种什么样的模式和样态。人口转变理论的某些倡导者认为，人口将会出现暂时的负增长，但暂时的负增长之后呢？有些人则认为，人口负增长将会成为一种长期的现象，不过，他们没有提出全面系统的理论阐释，而且，这种"长期"将会维持多长时间，是一个世纪还是更长时间，都是未知数；还有些人认为，人口负增长将是一个普遍的现象，也就是说，任何国家的人口发展随着现代化的进程都要经历人口负增长阶段，但对此未能从理论上作出充分的论证。当然，更为流行的说法就是所谓零增长论，不过，同样，关于零增长的长期性和普遍性，迄今为止仍是一个理论悬案。整体来看，目前关于人口负增长现象的讨论还远远没有形成系统性理论。

最后,在价值观上,传统人口观存在发展价值缺失问题。如前所述,从微观上来说,老龄社会到来不仅意味着人们已经解决了"活下来"和"活得长"的问题,更迫切更重要的问题则是解决如何"活得好""活得有意义"的问题。从宏观上来说,老龄社会还要面对发展主体整体自身的发展理想问题,即在人口年龄结构老龄化不可逆转的情况下,如何实现人类整体自身持续发展的问题,这些问题不仅关联着经济和社会发展,更重要的是关联着文化发展,特别是核心价值观的诸多问题。从某种意义上说,今天的诸多人口问题如不婚不育、离婚率高、低欲望现象等,正是由于老龄社会已经到来,但我们的价值观却是年轻社会的那一套,这是老龄社会应有的价值观体系尚未建构起来所造成的。这也正是传统人口观的最大短板。一句话,传统人口观是年轻社会的产物,面对老龄社会,它事实上已经终结。

(二)老龄社会需要新的人口观

1. 关于老龄社会的认识和反思。自从 1948 年索维发表《西欧人口老龄化的社会经济后果》,特别是 1950 年国际老年学会成立以来,人口老龄化现象的研究逐步升温。1982 年联合国召开第一届世界老龄问题大会以后,人口老龄化现象开始引起世界范围内的关注,研究的热潮一浪高过一浪。迄今为止,有关的研究报告、专著、论文可谓卷帙浩繁,汗牛充栋。回顾这 70 多年的认识历史,人口老龄化及其标志的老龄社会的研究,从仅仅是少数学者关注的学术问题,已经演变成为学术界、大多数国家的政府、联合国组织、国际和许多国家民间组织以及企业界、金融界充分关注的国际性问题。

但是,值得注意的是,在对人口老龄化标志的老龄社会的长期研究和探索中,人们的关注焦点是作为现象层的人口老龄化进程及其带来的"挑战""影响""后果"(诸如养老问题、健康问题、长期照护问题、婴幼儿托育问题等"一老一小问题")等,至于对隐藏在这一现象背后的深层次的人口发展秩序和社会经济规律的探讨,几乎被充满数据的"实证分析"、漂亮的几何曲线和诸多具体问题头痛医头式的探究所掩埋,人们似乎已经忘记了理论思维。总而言之,从人口老龄化现象的研究来说,到目前为止,人们只是有了描述意义上的初步认识,至于它的内在逻辑秩序及其长期命运,进一步关于在深层次统摄它的人口——社会经济发展的底层逻辑,目前包括人口学在内的相关社会科学均未有充分的理解。因此,自从 19 世纪中期法国步入老龄社会到今天,人类在经历老龄社会的近一个半多世纪里,可以说同时也经历了一个对老龄社会没有充分理解的时代。

回顾 1948 年以来 70 多年关于人口老龄化标志的老龄社会的认识历程,所取得的成就是突出的,主要表现在:基本摸清了全球以及各个国家和地区未来人口老龄化的发展趋势;科学阐明了人口老龄化的含义、指标、原因、性质、模式和特点;初步描述了人口老龄化的多维后果,并就相应的问题提出了应对的措施。这些成就需要在未来的纵深研究中认真对待。但是,从对老龄社会的整体研究来说,主要问题是描述较多,理论建树较少。自从发现人口老龄化趋势的 70 多年以来,借用“后果”“影响”等模糊概念来表达对人口老龄化现象的认识也持续了 70 多年,一直到今天。这 70 多年中,人们从各种角度甚至多学科的综合视点出发,清理其具体的各种后果和影响以及这些后果和影响所经由发生的各种中间环节,并作出各自不同的基本估计,从而为今天进一步深化人口老龄化标志的老龄社会的认识奠定了数据、事实等方面的基础。

从研究的思路来说,人们在宏观理论上基本上是沿着同一个思维路径进行探讨的,这就是“趋势—影响—对策”的三部曲,即首先分析人口老龄化趋势的发展阶段、基本特点;其次描述人口老龄化趋势的社会经济影响或者带来的问题,一般主要从生育率提升、劳动力供应、抚养比变化、劳动参与的趋势、生产率、投资和储蓄的变化、政府财政(公共部门)的支出、代际关系、社会活力以及老年人的健康、养老、医疗、长期照护、精神慰藉、权益维护等方面进行分析;最后针对问题提出相应的对策,一般主要是从优化人口年龄结构、树立符合人口老龄化时代的观念和意识、改革或建立健全社会保障制度、调整经济结构等。这种三部曲的思维路径几十年来未有大的创新,最多是在定性分析的基础上加强了定量分析、在宏观分析的基础上加强了微观上的分析。从本

质上来说,这种思维模式主要是在现象层对人口老龄化进行研究,而没有深入到人口老龄化现象的深层,表现在以下几个方面:

第一,这种思维模式没有确定人口老龄化现象在整个人类发展史中的地位。人们主要是从影响、挑战或后果等意义上研究人口老龄化现象,至于"影响""挑战"或"后果"的含义是什么,至今也没有给出科学的界定。人口老龄化的普遍性已经取得广泛共识,但是,这种普遍性对于人类的生存和发展来说究竟意味着什么?三部曲的思维模式虽然也作出了回答,但在理论上仍然是模糊的。例如,影响是深刻的,但究竟深刻到什么程度?表现在哪些方面?正如 1991 年联合国从事老龄工作的协调机构——联合国社会发展和人道事务中心发表的《世界人口老龄化的现状》所说的,对这些问题我们还没有清晰的解答。实际上,换句话说,如果继续沿用这些含糊字眼,要弄清人口老龄化现象在整个人类社会历史中的意义和作用,是难以做到的。因为,"影响""挑战"或"后果"等提法,本质上是基于经验判断而不是理论和学理阐释,其局限性不言自明。这种状况表明,人们在人口老龄化现象的认识上还处于初级阶段。

第二,这种思维模式没有也很难在理论上廓清人口老龄化多元后果之间的关系。认识到人口老龄化多元后果之间的关联性是一种认知上的进步,但是,关于这些后果之间的具体关联是什么?这些相互关联的后果从总体上将怎样影响人类社会经济的发展进程?从某种意义上说,如果局限于研究"后果",要回答这些问题几乎是不可能的。因为运用"后果"这样的思维模式的背后就是"单线的因果关系"思维模式。自从牛顿时代以来,线性、简化论的思维方式在科学研究中占据支配地位。但是,人口老龄化后果中原因和结果相互缠绕、相互转换,各种因素也充满了不确定性。在一定条件下表现为原因,在另一条件下则是结果。因此,运用"因果关系"的思维模式已经不能厘清人口老龄化多元后果之间的关系。或者说,人口老龄化的后果的图景已经超出因果思维模式的边界。如果不跳出这种思维模式,那么,皓首穷经也难以得出清晰的结论。

第三，这种思维模式没有回答人口老龄化现象的长期命运问题。如前所述，人口转变完成或者人口出现老龄化以后，从长期命运来说，人口发展将会呈现一种什么样的模式和样态，这个问题依然悬而未决。

第四，结合发达国家的发展历史，这种思维模式没有回答相应的社会经济难题。例如，在发达国家尤其是高福利国家，人口老龄化的影响究竟到什么程度。有些经济学家认为，"英国病""瑞典病""日本低欲望社会"的发生与人口老龄化现象有深刻的关系。也有些人认为，20世纪70年代以来发达国家的滞胀与其人口老龄化有深刻的关系，那么实际上究竟如何？对发展中国家的深刻启示何在？2008年以来全球经济日益低迷，也有不少人认为，其中也有人口老龄化方面的原因，但具体影响机制是什么？至于从人口老龄化角度阐释当前中国国内经济下行的学理性探讨，也是尚付阙如。像这样一些有关人口老龄化的重要理论问题，三部曲的思维模式很难给出满意的解答。

第五，这种思维模式没有回答人口年龄结构与人类社会经济发展之间的内在关系问题，特别是没有阐释人口老龄化发生之前与之后的人类社会经济秩序、社会构成、经济构造、制度框架和文化价值观念导向等方面所发生的深刻变迁。

第六，在所谓"对策"上，这种思维模式缺乏整体思维。例如，这种思维模式往往是先罗列相关影响，针对这些影响开出相应的药方。至于这些药方或者对策在整体上将会发挥什么样的预期作用、发挥这些预期作用的维持条件等问题，没有作出进一步的回答。从发展中国家的研究来看，对策研究拿来较多，缺乏西方理论的本土化。最突出的问题是，这种思维方式几乎把研究的焦点局限在老年人的各种问题上，但问题是，即便把老年人的各种问题解决了，人口老龄化意味的社会经济结构的深刻变迁及其问题仍然得不到解决，比如人口老龄化或者老龄社会条件下，人类的经济应当如何组织？未来的经济发展方式应当作出哪些重大调整？或者不调整的后果将是什么？等等。

第七，从话语体系来说，几十年来研究的核心概念没有必要的创新。"影响""挑战""后果""机遇"等概念过于含糊，不能廓清、概括和表达已经达到的对人口老龄化现象的现有认知水平，而且框定了研究者的创造性思维。话语体系的不成熟充分说明，我们在人口老龄化现象的研究上还不够深入。

第八，在评价人口老龄化现象的观念上存在诸多问题。例如用"利弊观"考察人口老龄化现象过于简单，需要进一步认识它在方方面面表现出来的各种现象背后的本质，即决定各种现象之间的逻辑关系，以及决定人口老龄化现象的面貌、特征和发展方向。利弊观只能提供对人口老龄化现象的极其初步的认识，同时也常常会导致考察人口老龄化问题的谬误的思考方式。此外，人口老龄化现象的利弊是不断变化的，此时利彼时弊，利弊相互缠绕，复杂多变，利弊观无法表达人口老龄化问题的复杂性，或者它的复杂性远远超出利弊观这种思维框架的边界。

总之，目前关于人口老龄化标志的老龄社会的研究的总体状况，主要是描述和实证分析等经验层次的研究，没有形成一整套独立的、体系化的理论和话语体系。在理论上，大多数研究总体上仍然在别的学科理论后面亦步亦趋，诸如年龄分层理论、生命周期理论等。至于人口老龄化现象在整个人类问题的总体中的逻辑地位，没有系统化的研究范式。一句话，直到现在，我们还没有弄清人口老龄化背后的全部意义，至于说要达到对人口老龄化现象背后的规律性的认识，就更谈不上了。

为什么几十年来人们在人口老龄化现象上的认识没有深入其深层，或者说没有大的突破，严格来说是有其原因的，既有客观原因，又有主观原因，这两个层面相互交织，导致人们的认识深刻受限。一方面，从客观上来说，人口老龄化标志的老龄社会及其相关问题具有隐匿性，人们不易看到它的底层逻辑。具体来说，人口老龄化标志的老龄社会主要是一种人口内在结构上即年龄结构上的变化，和人口数量上的变化相比较而言，人们不易察觉。人们对人口数量上的变化更为敏感，原因很简单，人多了，就要考虑粮食够不够吃等重大的社会经济问题；人少了又要考虑人类自身种的延续问题。至于内在的，尤其是结构上的变化似乎无关痛痒。更何况，在人口老龄化发生发展的一个半多世纪里，尤其是后几十年里，人口数量问题依然是世界人口发展的第一位的问题。在"人口爆炸"这样一个背景下,人口内在结构的变化被数量压力问题掩盖起来了。同时,人口老龄化标志的老龄社会相关问题的显现具有远程性,即许多问题的暴露需要几十年甚至上百年时间。一般来说,人口数量上的重大变化,其后果在短期内就可以观察得到。至于结构上的重大变化则需要较长时间才能看到它的远程后果。总的来看,人口老龄化标志的老龄社会相关问题的这种隐匿性和远程性,决定了在客观上人们难以达到全面而深刻的认识。

另一方面,从主观上来说,由于人们研究人口老龄化标志的老龄社会的研究范式主要是受传统人口观左右,导致人们只看到现象,而看不到深层。因此,认识老龄社会,首先要做的工作就是扬弃传统人口观,重新建构适应老龄社会要求的新人口观。

2. 重新认识老龄社会需要人口观的创新。人口老龄化实质上是人类社会、经济、文化以及制度等多层革命显现在人口年龄结构上的聚合性产物,因而,它实质上就是一场深刻的革命。只不过,这种多层次革命映现到人口发展上滞后了一段时间,区别仅在于,有些国家或地区早一些,有些则晚一些。换句话说,对于人口老龄化现象,需要从更早一些历史时期里人类社会业已发生的社会、经济、文化以及制度等多层次的革命,来理解人口在年龄结构上所发生的革命性变迁。这就要求人们跳出传统人口观的框架,透过人口年龄结构革命所带来的诸多问题的现象层面,深入人口发展与整个人类社会、经济、文化以及制度等的互动发展中,寻找人口发展的内在秩序和底层逻辑。这样一来,就不得不扬弃现有所有有关人口老龄化现象的认识,从全新的意义上重新认识人口老龄化现象。进一步说,由人类社会、经济、文化以及制度等多层革命引发的人口年龄结构的革命,需要从革命性的新人口观来认识和把握,进一步还要在此基础上建立革新性的人口理论。

那么,究竟应当如何树立新的人口观?至少以下五个方面需要高度关注:

第一,观察角度和认识视域要有正确定位。要全面而深刻地把握人口老龄化现象,如何观察、从什么角度观察、把它放在一个什么样的认识视域来观察极为重要。具体来说,一是要认识到人口老龄化现象既是人口现象,也是社会现象、经济现象、文化现象以及制度现象等。要避免简单地从人口老龄化现象对社会、经济、文化以及制度等的影响这一单向的角度来认识人口老龄化现象。二是要掌握宏观与微观两种观察角度。当然，宏观与微观是相对而言的。从作为宏观的人类社会的整体来说，人口老龄化现象是微观。如果把人口老龄化现象当作宏观，那么，其内在的具体因素如人口高龄化现象便是微观。不过，更重要的是，要把宏观和微观结合起来，把人口老龄化现象放到人类社会整体发展的复杂巨系统中予以观察，以便揭示其与人类社会、经济、文化以及制度等之间的关系，进一步可以识别和确认人口老龄化现象在人类社会的整体发展中的地位。要避免就事论事，从人口老龄化现象来观察人口老龄化现象。三是既要观察原发地区或发达国家的人口老龄化现象，又要观察后发地区或发展中国家的人口老龄化现象，要把两种情况结合起来，找出差异，认清共性。需要强调的是，虽然观察原发地区或发达国家的人口老龄化现象，对于观察后发地区或发展中国家的人口老龄化现象有很大的帮助和启发，但是，要清醒地认识到，迄今为止，原发地区或发达国家人口老龄化现象所包含的矛盾还没有完全显现出来，或者说，人们目前还远未完全透彻地理解人口老龄化现象的内在秩序和底层逻辑。例如，西方某些发达国家的经济萎缩与其人口老龄化究竟是一种什么样的关系。因此，目前还很难从原发地区或发达国家的人口老龄化现象中完全推知后发地区或发展中国家的人口老龄化的具体表现。何况，由于国情的不同，后发地区或发展中国家的人口老龄化现象，不可能是原发地区或发达国家人口老龄化现象的再版。

第二，要重塑理论思维的权威。总结70多年来人们认识人口老龄化现象的历史，突出的特征就是描述性的理解占主流，即使是对人口老龄化现象的原因的理解，也是表面性的分析占主流，缺乏从深层次予以综合性的把握。之所以如此，最根本的原因就在于人们在大量的统计事实和统计数据面前淡忘了理论思维。人们在"定量分析"的旗帜下醉心于数据的运演，而淡漠了定性分析和理论思维的应有地位和作用。当然，应当说，这不是一个个别现象，实际上，近现代以来，在所有人口现象的认识上，东西方尤其是西方有一个观念偏误,这就是重视人口现象的"怎么样"(因而侧重描述)和"怎么办"(因而侧重对策的制定),但问题的关键是"为什么",人们恰恰在这个重要思维环节上疏于深虑,忽视了定性分析和理论思维。同样,在人口老龄现象的认识上,70多年来之所以没有大的突破和重要的理论建树,忽视理论思维是一个根本原因。今天,面临人口老龄化的全球化,我们不可能再满足于"怎么样"和"怎么办"的简单思维,而要从理论上有所建树,真正理解人口老龄化现象。为此,我们就必须重塑理论思维的权威,发挥理论思维的强大功能。

第三,要彻底澄清认识和观念误区。人口老龄化现象首先是作为人口统计事实从人口学角度提出来的。从人口学来说,人口老龄化现象主要是指人口年龄结构从成年型向老年型演变的趋势或过程。后来,人们发现,在人口年龄结构出现这种新的演变过程中,随之衍生出许许多多的社会经济问题,并统称为老龄问题,包括人口老龄化问题和老年人问题,其中在老年人问题中又包含衰老问题。对此,在长期的研究过程中,人们并未给出严密的界定,因而导致在许多问题上的认识模糊甚至是错误的观念。例如,人们把人口老龄化问题和老年人问题混为一谈。目前这种认识误区已经形成为一种偏见,这种偏见有一个著名的连环论证:老龄问题就是老年人问题,老年人问题就是健康养老问题,而养老问题就是经济来源问题……此外,由于人口老龄化的决定性因素是生育率大幅下降,因此,人们也把解决人口老龄化问题简单地理解为解决生育孩子的问题。人口老龄化问题的解决,其终极结果将有利于老年人问题的解决,但这并不是说可以把人口老龄化问题的解决消解在老年人问题的解决上。如果单方面解决老年人问题,如前所述,人口老龄化内在的结构性问题依旧存在。更深入地来说,从全生命周期来说,无论是解决当前老年人的问题,还是解决未来老年人的问题(或者为解决未来老年人问题做好各种准备),都不可能解决老龄社会带来的结构性问题。此外,即便解决了"一老一小"问题,同样还有很多老龄社会的结构性问题还没有解决。实事求是地说,产生这些认识和观念的误区有很多原因,但根本原因是,人们没有看到人口老龄化现象的实质。因此,需要在理论上澄清这些认识和观念的误区,进一步才有可能透彻理解人口老龄化标志的老龄社会到来以后出现的各种问题。

第四，从老年学走向老龄科学。自从发现人口老龄化现象以来，特别是20世纪末以来，人口学家、经济学家、社会学家、政治学家都对它极为关注。可以说，人口学、经济学、社会学等是研究人口老龄化现象的几个基本方向。在各学科纷纷关注人口老龄化现象的同时，逐渐兴起一个由一些分支学科诸如老年人口学、老年经济学、老年社会学、老年医学等组成的老年学学科群，这些分支学科纷纷把人口老龄化现象当作自己的作业点。但是，现在的问题是，老龄社会显现出来的各种问题，特别是老龄社会的内在演化逻辑和基本规律，已经远远超出老年学整个学科群的研究边界，并逐步显现为老龄科学的研究对象。如前所述，人口老龄化现象既是人口现象，也是社会现象、经济现象、文化现象以及制度现象等，即是一种系统性的人类现象。对它的研究既需要老年学学科群的努力，更需要打破学科壁垒，从整个人类学科体系的各分支学科科际整合的角度联合攻关。所谓科际整合的角度不是各分支学科的简单联合，而是在方法论的观念上相互渗透、相互卷入、相互缠绕基础上的整体观照。目前，对于人口老龄化和老龄社会的研究，从某种意义上说主要是缺乏科际整合的观念。如果要在研究上有一个突破，提升老年学的学科思维，树立科际整合的观念并建构老龄科学学科群极为重要。

第五，从局部对策走向系统性战略应对。人口老龄化和老龄社会的认识和研究，最终是要解决其间存在的矛盾和问题，科学研究最终的落脚点是要放在相关对策的制定上。但是，制定对策不是简单的开药方，而是一种系统工程。单单从人口老龄化现象本身出发，最多只能制定出一些局部的方面对策和方案。过去，人们制定的对策大多属于方面对策，很少有整体性的全面对策或者说综合治理的方案。实践经验已经表明，单靠某个方面对策是行不通的。因为，人口老龄化现象是一个复杂现象，我们已经进入老龄社会，必须从各国具体的国情出发，根据发展的战略目标，协调相关政策，从宏观上予以通盘考虑，并通过各部门相互协作，走综合治理的道路。这也是中国政府决定实施积极应对人口老龄化国家战略的根本依据。

当然,树立适应老龄社会要求的新人口观,我们还需要站位老龄社会,真正着眼于老龄社会的现实问题和未来端倪,并从中找到规律性的线索。

二、老龄社会条件下的新人口问题

(一)老龄社会初期阶段的新人口现象及其逻辑

1. 老龄社会初期阶段的新人口现象。和年轻社会不同,进入老龄社会初期阶段,与人口发展相关的问题呈现许多新特征,从表层来看,主要是少子化、大龄化、多老化、高龄化、女性化和负增长等趋同态势,但从深层次看,又呈现出许多新的样态,并在发达国家情况较为突出,在刚刚迈入老龄社会的发展中国家(如中国)也开始全面显现:一是单身化现象日益突出,既有难觅配偶的剩男剩女导致的被动单身,也有不愿意恋爱的自觉终生单身贵族,这两种情况对直接降低婚内生育率的影响都十分深刻。发达国家终身不婚人群数量一直呈现增长趋势,单身率超过40%的国家不在少数,终身不婚率在15%左右。日本终身未结婚者的比例高达1/4以上,其中许多人甚至终身不恋爱。二是初婚年龄升高现象愈演愈烈。2020年日本男性初婚年龄是31岁,相比1975年上升了4岁,女性初婚年龄29.4岁,相比1975年上升了4.7岁。2020年中国初婚平均年龄为28.67岁,比1990年的22.87岁推迟5.8岁。初婚年龄升高与最佳生育期的日益错位,对生育率及生育质量的影响是直接的。三是婚姻流动化和网络化现象越来越普遍。由于工作变动及信息化、数字化、智能化,家庭结构在时间空间上日益离散化,夫妻关系黏性降低、不确定性增加。四是离婚率居高不下。发达国家的高离婚率一直是全球媒体的热门话题,全球离婚率排行榜是媒体必选的报道素材。从1985年到2020年,中国离婚人数与结婚人数的比例(离结比)从1/18提高到1/2。五是婚而不育者即丁克族越来越多。六是同性恋文化得到更大宽容。美国、欧洲许多国家不仅有立法上的保障,法国甚至已经从立法上深入研究解决同性恋"配偶"的财产继承问题。中国、日本由于受东方文化的影响,隐蔽存在的同性恋者的数量不可忽视。七是性冷淡和性能力衰退现象引人关注。一方面,根据科学研究表明,全球男子精子活力正在显著下降;另一方面,女性生殖疾病患者大幅增长。八是智能性伴侣登堂入室,一些商家和媒体推波助澜,在解决少数人生理问题的同时,带来的深刻问题少有考量。九是宅文化风行中的二次元婚姻开始出现。十是男性女性化和女性男性化现象道魔争高。十一是人与人关系疏离化和人与宠物关系黏性深化。从小孩到成年人到老年人,养宠物成为日常生活的重要组成部分。十二是人们精神压力加剧现象前所未有,抑郁等精神疾病以及自杀低龄化现象十分突出,日本是老年人自杀率最高的国家之一。十三是青年人丧文化现象日益蔓延,"耻文化"日益淡化,甚至形成"下流文化",生理需求的表达更加直接。十四是跻身中产阶层希望渺茫、被动不求上进、只顾存钱不愿消费的现象开始呈现全球化蔓延态势。十五是空心化现象史无前例,青年人中生活无意义感者日益增多,越来越多的成年人对生活意义的负面体验日益加深,老年人精神孤独现象愈益突出。十六是老年人老后破产现象不断增多,年轻人对老后不安的焦虑预期增加。十七是中年人对子女的容忍和无奈态度前所未有。十八是啃老现象正在不断加深。十九是东亚文化圈中老年人对子女养老预期出现断崖式降低,年轻一代养活老年一代意愿不断降低,而老年人对子女婚育的干预态度正在转变,越来越多的老年人不愿意帮子女带孩子,年轻人无根意识开始滋生,对亲戚的感情出现普遍淡化态势。二十是传统人伦价值观已经深刻动摇,恋人关系、夫妻关系、代际关系等基本人伦互动模式已经今非昔比。以上诸多方面在老龄化水平较高的长寿国家日本体现得更加充分和直接,现在,许多欧美国家和中国的研究者十分担心出现全球性的日本化趋势。总体来看,这些现象的出现已经深刻表明,年轻社会已经远离我们而去,老龄社会不仅已经兵临城下,而且已经开始占据漫长短寿时代形成的人类关系和人类行为的主要支点,整个社会的低欲望化(佛系化)现象史无前例,有些现象已经触目惊心。

2. 低欲望化现象的深层逻辑。从人口发展上来说,上述诸多现象的共同指向就是生育率下降态势的难以逆转和平均预期寿命的不断延长,前者指向低生育率陷阱,后者指向过度老龄化陷阱,并推动人类从轻度老龄社会到中度老龄社会再到重度老龄社会(超老龄社会)演化。如果放任这些现象自发演变,其结果必然是人类陷入低生育率和过度老龄化的双重陷阱,并面临社会活力缺失、经济动力缺乏、文化激情丧失的悲观命运。从根本上来说,这样的老龄社会与其说是人类社会的进步,不如说是人类社会的直接倒退,既不符合规律,也不符合人类普遍愿望。一句话,这些现象暴露出来的问题,绝非人类告别年轻社会而迈入老龄社会之后将长期存续下去。

任何人类问题的产生都是有其逻辑的。目前,关于老龄社会初期阶段面临上述诸多现象和问题的分析研究才刚刚开始,尚未有系统化的理论来加以阐释。从已有的研究文献来看,概括起来主要有几种看法。一是现代化理论阐释,即认为上述现象是现代化推动的结果。换言之,这种阐释认为,伴随工业化和城市化特别是全球化、信息化、数字化和智能化的推进,尤其是伴随妇女劳参率提高、社会地位提升和经济独立,传统两性观念、恋爱观念、婚姻观念、家庭观念已经动摇,人们行为方式的主线是追求自我独立、自我价值实现。同时,伴随现代资本主义经济导致贫富悬殊矛盾更为突出,中产阶层重新跌入低收入乃至贫困阶层的风险不断加大,生活成本居高不下,从而导致出现上述现象。二是经济成本理论阐释,即认为工作压力和生活成本居高不下是最主要的原因。三是社会心理学理论阐释,即认为产生上述现象的根本原因在于人们对老年期生活缺乏安全感,一方面是老后破产之惨象不断增多,另一方面是跻身中等阶层希望不大。因此,降低欲望、降低诉求,奋斗激情似乎"完丧",更不用说谈恋爱、结婚生孩子了。总体来说,这些阐释各有其部分道理,但基本上离总道理的深层逻辑还十分遥远。

实际上,老龄社会初期阶段的上述诸多现象才刚刚上演,专门系统的研究还远远不够。当然,上述这些现象已经远远超出现有人口学的理论边界。事实上,包括日本、欧美等发达国家甚至中国在内,在迈入老龄社会的同时,人们本质上也已步入一个新的未知领域,这就是我们还十分陌生的老龄社会。我们已知的观念、分析框架和理论体系，基本上还是年轻社会的产物，看不清产生上述诸多现象的逻辑这是必然的。不过，可以肯定的是，从年轻社会迈向老龄社会是人类社会形态的一场全面而深刻持久的革命，上述诸多现象和问题不仅是年轻社会的观念、行为、发展方式以及制度体系乃至文化价值观等，不能适应老龄社会新要求的结果，更是老龄社会转型后新观念和新发展方式缺位的必然产物。因此，理解上述诸多现象，我们面临的困境在于三个方面：一是旧有的理论阐释不了老龄社会的新逻辑；二是老龄社会的新逻辑还没有充分显现；三是阐释新逻辑的理论尚未构建起来。从人口学和人口发展领域来说是如此，从其他理论体系和领域来说，道理也是如出一辙。

（二）深刻把握老龄社会人口发展的合规律性和合目的性

1. 人口发展的合规律性和合目的性问题。关于人口数量发展的规律，目前的研究文献可谓浩若瀚海。但是，老龄社会到来提出的人口问题，主要是人口年龄结构演化的基本规律问题。对此，人口学特别是现代人口学的研究还远远不够。

迄今为止，人口年龄结构主要分为三种形态，即年轻型、成年型和老年型。理论上把与之相对应的社会分别称为年轻社会、成年社会和老龄社会。由于成年型的人口年龄结构在历史上存在时间十分短暂（例如日本、中国的成年社会只有短短的 20 多年时间），因此，理论上从人口年龄结构上识别人类社会形态，主要分为两种即年轻社会和老龄社会。当然，和以往不同，从人口年龄结构来识别人类社会形态，这是一种新的划分社会形态的观念和方法。

现在，老龄社会和年轻社会的区分已经深入人心，但理论上还有许多问题没有完全解决。我们碰到的最重要的问题是，过去划分社会形态的一个主要依据是生产方式，如原始社会、农业社会、工业社会等的划分就是常用的划分方法。另一个划分社会形态的依据是生产资料所有制形式，如原始社会、奴隶社会、封建社会、资本主义社会、社会主义社会和共产主义社会等的划分方法。因此，从人口年龄结构形态来划分社会形态碰到的难题，并非划分方法创新依据是否站得住脚的问题,因为在思想自由的今天,人类社会形态的划分方法已经呈现多元化态势,例如信息社会、消费社会以至低欲望社会等的提法都是可以接受的。现在的主要难题是,为什么作为发展主体的人口的年龄结构会呈现年轻型和老年型等不同形态? 这是一个十分复杂且已超越现有人口学理论框架的重大理论和现实问题。

从人口学理论来说,在封闭人口条件下,人口年龄结构取决于生育率、死亡率两个重要因素。其中,在人口转变过程中,生育率降低是人口年龄结构变动的决定性因素,但在生育率基本稳定的情况下,死亡率降低也就是寿命的普遍延长,对人口年龄结构的影响将会变得越来越大。总体来说,只要不愿意多生育孩子,人人又普遍希望延长寿命,那么,人口年龄结构从年轻型转向老年型的必然性不可逆转。这就是人口发展的一条基本规律。但是,人类社会不是动物社会。如前所述,如果放任生育率和死亡率持续降低,其结果必然是人口年龄结构从年轻型转向老年型并推动老龄社会持续发展,进而从轻度老龄社会到重度老龄社会再到超老龄社会,直至跌入低生育率和过度老龄化双重陷阱,导致一些国家人口持续负增长,甚至出现民族和国家消亡风险。因此,考虑人口发展不能仅仅考虑合规律性问题,还要考虑合目的性问题。从人口的合目的性来说,死亡率的不断降低或者寿命的普遍延长,这是人类亘古以来的人生梦想,也是人类从原始社会演化到现代社会进而发展到未来社会的重大价值和意义旨归。因此,考虑人口发展的合目的性问题只能从生育率上做文章。总之,考察老龄社会条件下的人口发展问题,我们既要有合规律性思维,否则,违背人口发展规律,我们就会犯错甚至会付出惨重代价。同时,我们也要有合目的性思维,否则,人类就是被动的动物,人类社会就是无所作为任由本能支配的动物世界。

人口发展上的合目的性问题就是人口发展的理想模式问题。关于人口数量的理想模式,讨论了几百年,其基本结论就是人口数量与经济社会的均衡发展问题,具体的提法有“适度人口模型”等。但在人口年龄结构上,迄今尚未有新的系统化、理论化的创见,即究竟理想的人口年龄结构模型基础上的人口发展模式应当是什么？这个问题目前尚未有共识性的理论。现在最前沿的提法就是人口不能过度老龄化。

2. 老龄社会的人口发展模式。年轻社会条件下的人口发展模式基本上就是人口转变理论所揭示的模式，即从高生育率、高死亡率到高生育率、低死亡率再到低生育率、低死亡率的转变，从而实现人口模式从年轻社会到老龄社会的转变。但现在的问题是，低生育率和低死亡率就是今后老龄社会永恒的人口发展模式吗？这个问题需要我们作出回答。

首先，人口发展模式的根本是上位性的人类主体整体自身的发展战略问题。如前所述，全部人类发展问题无非"发展主体整体自身发展"的上位性问题和"发展什么""怎么发展"的下位性问题。但是，在"活下来"的问题尚未解决的年轻社会的情况下，我们是没有条件来讨论人类发展的上位性和下位性问题的。我们现在已经步入老龄社会，不仅"活下来"的问题解决了，而且"活得长"的问题也基本解决。更重要的是，关于"发展什么"和"怎么发展"的下位性问题，也面临生产能力相对过剩的困境。因此，上位性的问题正在成为主导性的问题。在这种新的社会历史条件下，考虑人口发展模式问题，不仅关乎人类自身发展，更重要的是还关联着解决生产能力相对过剩问题的需求及其结构问题。换言之，从年轻社会转向老龄社会，人口发展模式的转变也将从主要关注发展主体规模问题，转向关注发展主体规模和结构双层互动机制问题。这一问题解决不好，也就是老龄社会条件下的人口发展模式问题解决不好，其他问题将难以应对。本质上来说，综合考虑合规律性和合目的性，老龄社会条件下的人口发展模式这一上位性问题如果没有明确的发展逻辑和方向，那么，老龄社会条件下的其他问题诸如经济问题、社会问题、文化问题等将无从解决。一句话，老龄社会条件下，我们究竟应当要什么样的人口规模和结构？这是我们继续前行的前提性问题。

其次，人口发展模式的双层逻辑。从历史角度来看，人口发展呈现双层逻辑。第一，人口发展模式是浅层逻辑和深层逻辑的互动演化的过程。浅层逻辑即人口的整体演化是生育模式和死亡模式共同决定的发展过程，深层逻辑即生育模式和死亡模式受到经济发展方式和水平、社会结构和制度框架以及家庭结构、功能、婚育观念、生活方式、风俗习惯、时尚文化等构成的复杂经济—社会—文化机制的影响。因此,理解人口发展模式的关键在于顺藤摸瓜,从人口发展的浅层逻辑摸清其深层逻辑及其互动影响机制。第二,如前所述,人口发展模式也是合规律性逻辑与合目的性逻辑互动演化过程。合规律性逻辑即人口发展遵循独立的发展逻辑,例如,只要生育率降低、死亡率降低,人口年龄结构必然呈现老龄化的发展态势,如果听之任之,必然会陷入低生育率和过度老龄化双重陷阱。又如,如果生育率和死亡率居高不下,必然是人口缓慢增长和人口年龄结构的年轻型形态,等等。相反,合目的性逻辑即人口发展还遵循着人类能动性逻辑。例如死亡率可以不断降低,但生育率是可以调整控制的,从而人口年龄结构也可以控制在低生育率和过度老龄化警戒线之内。进一步来说,人类的健康状况也是可以改善的,即假定人口年龄结构稳定在过度老龄化警戒线之内,如果提高健康余寿,从源头上降低疾病和失能发生率并提高自理而终率(即寿终正寝),那么,这样的老龄社会就是理想的老龄社会。换言之,目前已经步入的老龄社会仅仅是老龄社会的初级阶段,其人口发展还不是综合考量老龄社会条件下人们多元化需要的理想人口发展模式,为此,必须从以上双层逻辑对未来长远人口发展模式作出统筹安排和设计。

再次,持续低死亡率是老龄社会条件下人口模式的合目的性诉求。这是过去、现在和未来人类社会发展的基本底线性诉求,更是人类社会繁衍至今少数恒久的价值诉求,符合人类整体和个体的价值判断,而且取得了历史性进步,人口平均预期寿命的普遍延长就是最重要的标志。需要强调的是,随着科学技术特别是医疗科技的进步,人类对于生命存续的认知已经从简单延长寿命和降低死亡率,正在向高质量和有意义的价值导向转变。特别是在医疗资本主义产业化影响下,人们对生命质量尤其是死亡质量问题已经取得新的共识。因此,面对老龄社会条件的长期命运看,人口发展模式的变迁必然是持续追求死亡率的降低,同时,提高死亡质量、提升生命意义将成为持续死亡率降低的重要合目的性价值导向。

又次,生育率水平的调节是老龄社会条件下人口发展模式的关键。目前的老龄社会仅仅是初级形态的老龄社会,当前面临的低欲望化诸多问题导致的少子化、大龄化、多老化、高龄化、女性化、负增长等诸多人口问题,只不过是人口发展深层逻辑和浅层逻辑互动演化在老龄社会初期阶段的具体表现。同时,我们要看到其中的合规律性问题,更要看到其中的合价值性问题。换言之,我们不能仅仅看到现有人口发展模式中的合规律性一面,而完全看不到人口发展模式中人类调整控制自身行为的合目的性一面,从而否定人类的能动性。从某种意义上说,迄今为止,凡是对老龄社会持悲观论调者,除年轻社会的旧观念作祟之外,一个更重要的认识误区在于,只看到人口发展模式中的合规律性,而看不到其中的合目的性,似乎未来的人口发展模式就是目前这种模式的持续。这是完全错误的思想。实际上,相对于未来长远发展来说,有文字记载的整个人类发展历史还十分短暂。其中的人口发展模式主要是 20 世纪 50 年代以前的盲目发展模式和之后的人口控制(计划生育)的发展模式。盲目发展阶段的人口发展模式是主要受生物规律控制的模式。人口控制的发展模式则标志着人类开始自主控制自身发展的新模式。但是,由于对人口发展模式还缺乏全面认知,特别是缺少对人口年龄结构及其深层逻辑的认知,这种强调控制的人口发展模式还不是全面、科学和兼顾合规律性、合目的性的模式。同时,由于人类经历老龄社会的历史还十分短暂,人类对理想人口发展模式的探索才刚刚开始。另外,半个多世纪以来,发达国家针对生育率提高的种种举措之所以难以奏效,根本原因也在于对人口发展模式的表面化认识,还没有真正触及深层逻辑。因此,从整体上来说,老龄社会条件下的人口发展模式的浅层逻辑,在于生育率水平的合规律性、合目的性能动控制,但关键在于背后的经济—社会—文化机制的重新安排。

最后,经济—社会—文化发展要服从发展主体的发展模式而不是相反。长期以来,我们常常讨论多大规模的人口有利于或不利于经济发展,老龄社会到来以后,我们又转而讨论什么样的人口年龄结构有利于或不利于经济发展。这种思维逻辑完全是解决"活下来"问题时代或者年轻社会的逻辑。"活下来"的问题解决不了,站位经济发展当然是第一要务。现在已经步入老龄社会,不仅"活下来"的问题解决了,"活得长"的问题也基本解决(非洲等发展中国家正在路上,而且解决这两大问题相对于漫长历史和长远未来来说可以忽略),现在要考量的问题当然是要提升认识、观念和思维位阶,解决更高层次的"活得好""活得有意义"等问题,这就必须站位发展主体整体自身的上位性要求,考量什么样的人口发展模式更有利于解决"活得好""活得有意义"的问题,在此基础上,进一步考量如何重新安排新的经济—社会—文化发展机制。否则,就是本末倒置。一句话,老龄社会条件下的人口发展模式问题关乎人类发展的上位性问题,也是人类发展的本体性问题,而经济—社会—文化发展方式及其机制无非是为发展主体整体自身发展服务的脚手架。

此外,过去的人口理论过分关注人口数量问题而忽视人口年龄结构问题,这是一个重大的历史性教训。今天,在老龄社会条件下,我们同样不能在过分关注人口年龄结构问题的同时而忽视人口数量问题。

三、树立适应理想老龄社会的新人口观

(一) 老龄社会是一个高于年轻社会的新的社会形态

1. 老龄社会是一个新的社会形态。现在人们大多局限于人口老龄化的表层而看不到老龄社会的本质。简言之,老龄社会是一场跨越年轻社会的革命,具体体现为:在人口领域,从青少年、中壮年人口多而老年人口少转变到青少年人口、中壮年人口和老年人口三分天下有其一,这是人类历史上社会主体结构的革命;在经济领域,社会主体结构的改变不仅改变经济组织方式,而且改变需求结构、产业结构以至整个经济体系,认为老龄社会条件下经济只会下行发展,那是经济思维还处在年轻社会的缘故;在社会领域,社会主体结构三分天下,不仅会改变利益格局,而且倒逼社会治理的深层次变革,欧洲的动荡不安,与老龄问题大有关系,而且是根子上的;在文化领域,人类现有文化都是

年轻社会的产物,适应老龄社会乃至超老龄社会的文化体系基本上还没有建立起来;在国际战略格局方面,发达国家针对老龄问题已经在积极想办法,其中就包括通过新兴市场来分散他们的老龄化压力。这中间的金融安全、新贸易战略问题、养老资源的全球化竞争战略问题、全球视野下的产业结构格局重塑问题等都需要高度关注。现在,各国都在重构本国的产业结构。中国究竟应当怎么办?这些都是重大的国际战略问题。需要强调的是,这些年关于全球迈入老龄社会格局下的国际战略问题,实际上这也是关系人类共同命运的重大问题,尚未引起足够的重视和关注,这更是未来人类社会最具革命性的重大议题之一。一句话,迈入老龄社会,机遇与挑战、乐观与悲观等这些二元思维方式已然过时。因为,不管我们持什么态度和思维方式,老龄社会的到来都不以人的意志为转移,这是一个正在生成的新的客观的社会形态和趋势。未来,人类将在解决从年轻社会迈向老龄社会重大社会转型阵痛问题的同时,按照新的社会理想塑造人们期望的老龄社会,从而越过阵痛期和初级阶段,不断向更高位阶的老龄社会迈进。因此,我们需要摆脱二元思维,站位人类命运共同体的高度来把握老龄社会,与时俱进,建设理想的老龄社会。而这,也正是我们今后实施应对老龄社会的国家人口战略的科学定位和应有起点。

2. 全球性人口发展困境是年轻社会观念破产的标志。从全球来看,一方面,世界人口规模性压力与日俱增,依然呈现快速增长态势。2022 年全世界总人口达到 80 亿人,预计到 2086 年迎来全球人口负增长的历史性拐点。另一方面,世界人口结构性压力开始显现。2000 年,世界人口年龄结构从成年型迈入老年型,60 岁以上老年人口占世界总人口的 10%,预计 2050 年和 2100 年达到 21.96% 和 29.80%。在这两方面的共同作用下,特别是在人口发展的经济—社会—文化机制等深层逻辑的作用下,目前全球人口发展面临的问题已经远远超出主攻人口数量与经济社会发展关系的传统人口观的框架,上述低欲望化等新人口现象不仅超出传统人口观的边界,更重要的是,迄今为止,如何破解这些新人口问题,传统人口观及其引领下的传统人口学理论也难以提出建设性、系统性建议。从本质上来说,现有人口发展观基本上还是年轻社会观念的产物,上述诸多新人口现象实际上正是传统人口观破产的重要标志。为了谋划老龄社会条件下的人口长远发展,我们必须首先要扬弃年轻社会的诸多观念,从老龄社会的新的世情出发,构建新的人口观。

(二) 人本主义人口观是老龄社会人口发展的总引领

1. 老龄社会观是把握老龄社会条件下人口发展问题的基本前提。年轻社会观念下的传统人口观已经破产,建构适应老龄社会要求的新人口观,首先需要树立老龄社会观。关于老龄社会观前面已经作了阐述,这里不再赘述。实际上从老龄社会观来考量人口问题,就是要破除年轻社会仅仅关注人口数量与经济社会发展关系的狭隘视野,从数量规模与年龄结构也就是社会主体数量与结构及其变动长远演化逻辑出发,来理解老龄社会的人口问题;就是要从老龄社会条件下的人口发展浅层逻辑出发,进而把握老龄社会条件下人口发展的深层逻辑,也即把握不同于年轻社会的经济—社会—文化逻辑。一句话,不是要从年轻社会形成的旧人口观念,而是要从老龄社会的新视野重新思考老龄社会条件下的所有人口问题。

2. 传统人口观的错误在于物本主义。从马尔萨斯到现代人口学,人口理论的站位是物本主义。西方主流经济学理论基本上是发财致富的学问,见物不见人成为人们诟病的最大致命伤。现代人口学理论虽然研究的是人,但人口学的站位却是经济发展,最关注的问题则是多大规模的人口数量有利于经济发展。至于人类整体自身应当如何发展进而调整经济社会发展的战略问题,则不属于现代人口学的重大议题。从某种意义上说,在年轻社会的短缺经济条件下,上述物本主义的人口观有其存在理由。但是,在生产能力相对消费能力过剩的老龄社会初期阶段,我们就要从作为发展主体的人的需要出发,来重新安排"发展什么"和"怎么发展"等物质生产、精神生产等问题。简言之,现代人口学虽然研究的是人,但站位却是物。这是年轻社会旧观念的产物,也是物本主义在人口学领域的具体体现。现在,面对老龄社会,我们需要站位人的发展,扬弃物本主义人口观,构建和高扬人本主义人口观,用人本主义的思想和精神引领整个人类发展。

3. 老龄社会条件下的人本主义人口观。从某种意义上说,老龄社会是倒逼人类扬弃物本主义和高扬人本主义发展观的重大历史性力量。在年轻社会条件下,站位经济发展,关于人口发展,人们更多的是关注人口数量或规模是否有利于经济发展的问题。人口发展的核心是数量或者规模增减的问题。但是,在老龄社会条件下,人口发展问题涉及的诸多复杂问题远远超过数量或规模的增减问题:一是人口老龄化特别是人口过度老龄化问题危及民族或者国家的消亡(如日本、韩国等);二是人口普遍长寿以后更容易使人类有条件超越生死存亡等"活下来"问题,而进一步考量生命的价值和意义问题,并考量整个人类整体自身应当如何发展的问题;三是人口结构问题比数量或规模问题更为复杂,更容易比人口数量或规模问题让人类思考更高位阶的人类整体自身发展的长期命运问题。简言之,如果说以短缺为特征的年轻社会条件下的人类发展问题主要受物质条件约束的话,那么,以相对过剩为特征的老龄社会条件下终于可以有条件真正思考人类整体自身发展的重大问题。换言之,人类才开始真正进入追求自身整体发展的时代,人类史才迎来真正的人类史的时代,这是人类发展的根本进步,也是人本主义超越物本主义的绝对性胜利。

基于以上认识,老龄社会条件下的人本主义人口观主要包括以下五个方面:(1)人本主义是人口发展的基本站位。人本主义要求我们不仅要针对物本主义而站位人的发展,而且站位人的发展即要站位绝大多数人的发展,也即一切以人民为中心。(2)人口发展问题是人类主体的发展问题,是人类发展的上位性问题,其他发展问题皆属下位性问题。在这一观念下,人口发展就不仅仅是人类发展的要素或前提或基础(这是站位经济发展视野下的观念),而是整个人类发展问题的首要主题。换言之,人类发展的第一主题就是人类自身如何发展的问题。(3)人口发展要扬弃年轻社会的观念,相关观念和发展方式都要从老龄社会的新需要出发,考虑人口发展的所有问题,都要有老龄社会的新思维。(4)人口发展的主题是人类自身整体发展的质量和意义。如果说在年轻社会条件下人类发展的主题是解决"活下来"和"活得长"的问题的话，那么，老龄社会条件下人类发展的主题就是解决"活得好""活得有意义"等问题，这是考量老龄社会条件下人口发展问题的核心命题。(5)人类自身发展这一上位性问题之外所有下位性问题都要围绕人类自身发展问题来谋划解决之道。例如经济发展，不能仅仅考虑产值、利润和成本等经济效益要求，更要考量有利于人类自身发展的健康效益、生态效益和社会效益等诉求。

(三) 老龄社会要有老龄社会的人口发展模式

1. 年轻社会人口发展模式的终结。从全球范围来看，年轻社会人口发展模式的走向就是人口转变理论揭示的从高出生率、高死亡率的转变，其中隐含的低生育率和过度老龄化双重陷阱风险表明，这种人口发展模式已经走到尽头。如果不作出系统性调整，那么，老龄社会先行的国家必然危机四伏，相应后进的国家必然也难以跳出这种发展循环。这就需要扬弃年轻社会的人口观，从老龄社会条件下人本主义的人口观出发，对未来人口发展模式作出合规律性和合目的性的新安排。

2. 老龄社会条件下的理想人口发展模式。如前所述，在封闭人口条件下，决定人口发展走向的关键要素主要是生育率和死亡率。但是，死亡率的持续降低，这是人类自身发展的硬杠杆，也是人类发展的基本诉求。因此，未来老龄社会条件下的人口发展模式关键在于人口生育率的把握。从历史来说，如前所述，人口发展已经走过盲目发展和控制人口发展的两个阶段。盲目发展阶段无需讨论。在控制人口发展阶段，人类的教训大于成功经验。一方面，全球人口总量控制虽然已经可以看到负增长的曙光，但人口规模的巨大压力已经给人类自身发展带来灾难性的后果；另一方面，无论是发达国家自主减少生育还是发展中国家采取计划生育方式，摁下葫芦浮起瓢，人口总量虽然得到控制，但低生育率和过度老龄化风险又浮现出来。这说明，人类在控制自身发展上还处在初级阶段。而且，客观地说，人类经历大规模控制生育的历史还不长。

基于以往人口发展的历史经验和深刻教训,未来老龄社会条件下的理想人口发展模式主要有以下特征:一是人口总量适度。即人口总量有利于人与自然之间的和谐发展。二是人口年龄结构呈现稳定的准静止人口,生育率控制在更替水平。三是人口终生健康水平普遍提高,疾病和失能发生率大幅降低。四是人口终生教育水平普遍提高。五是在开放人口的条件下,还要考量区域人口发展在总量、年龄结构上的相对平衡。

3. 老龄社会人口发展模式的核心在于生命质量和意义观念引领下的经济—社会—文化发展方式。如前所述,生育率和死亡率的变动仅仅是人口发展的浅层逻辑,要实现老龄社会条件下的理想人口发展模式的目标,还需要顺藤摸瓜,进一步理解和把握人口发展的深层逻辑,在看到不调整生育率必然面临低生育率和过度老龄化双重陷阱的规律性逻辑的同时,进一步考量人类自身发展能动性的合目的性逻辑,重新调整经济—社会—文化发展机制。例如,建构生育友好型经济发展方式、建构有利于生育的社会公共政策、建构人们自觉根据更替水平采取理性生育行为的文化价值等。相关具体内容在后面各章具体论述。这里不再赘述。

（四）人类命运共同体是应对老龄社会趋同发展的总框架

1. 人类命运共同体是人类整体自身上向发展的绝对命令。从非洲分散到世界各地,人类经历了隔离发展到部分区域融合式发展到今天的全球化发展,人类是同一个类别。往后看,从相互隔离到冲突融合;往前看,作为同一个类别,人类是一个日益休戚与共的命运共同体。往后看,在年轻社会条件下,人类迫于生存压力,发展受到物质条件的严苛约束;往前看,在趋同的老龄社会发展大势下,人类在物质束缚逐步得到解放的基础上,进而有条件追求更高层次的生活,这是人类社会发展的基本价值,也是人类社会发展的合规律性逻辑,更是人类社会发展的合目的性理想逻辑。否则,人类将会在物欲的泥潭中陷入恶性循环。因此,认同人类整体自身上向发展,也就是认同人类社会上向演化的基本信仰。在这一基本信仰之下,人类命运共同体就是未来人类社会发展的绝对命令。首先,种间持续斗争冲突要求人类必须结成命运共同体。人类虽然早已爬上食物链的顶端,不过,自 2019 年暴发的全球性新冠肺炎疫情已经向全人类表明,人类与其他物种的种间斗争还远未完结。这说明,为了在与其他物种的共同发展中立于主动地位,全人类特别是国家集团必须团结一致,使命运共同体的发展机制更加牢固。其次,全球化、现代化的文明发展模式造成人类同归于尽效应的风险日益加大,要求人类必须结成命运共同体。全球化、现代化的文明发展模式造成气候变暖、环境污染、不可再生资源耗尽等诸多灾难性后果,给人类带来的同归于尽风险与日俱增。为此,必须打破国家和民族狭隘利益界限,采取全球性行动,打造宜居地球,创造人类文明发展新模式,创造人类文明新形态。这一点正在取得广泛共识。最后,持续升级的人类种内斗争日益危及人类整体利益,要求人类必须结成命运共同体。当今世界最大的问题在于以国家为单位的人类集团之间的种内斗争,这也是未来人类社会发展持续面临的根源性问题。解决这一问题的唯一途径就是在人类命运共同体框架下倡导竞合思维,走共同发展与共和发展之路。

2. 人类应对老龄社会的趋同大势必须要有人类命运共同体思维。老龄社会的趋同发展大势是未来人类发展的常态。应对老龄社会不能就事论事,必须从人类命运共同体出发,对整个人类发展大势作出整合性战略考量。

首先,从种间斗争来说,应对老龄社会必须强化人类命运共同体机制。老龄社会同时也是长寿社会,持续不断的种间斗争同时也是老龄社会的一个外在威胁。这就要求全人类特别是国家集团之间加强合作,为理想老龄社会创造安全的种间共存互动演化发展的环境。其次,从种内斗争来说,国家集团之间的冲突不利于理想老龄社会的建设。老龄社会是人类趋同发展的大势,应对老龄社会需要更加紧密的全球合作。这就要求全人类特别是国家集团之间加强合作,为人类理想的老龄社会创造国际环境。最后,从终极目标来说,追求"活得好""活得有意义"是未来先后迈入老龄社会的所有人类的共同诉求。人类只有一个地球,人类是一个整体,任何国家都不可能偏安一隅,处理不好种间问题特别是种内斗争问题,建设理想老龄社会也同样是不可能的。

需要指出的是,着眼长远来看,种内斗争是人类发展的最大阻力,但追求"活得好""活得有意义"的老龄社会却是未来人类发展的强大倒逼性拉力。这两种力量将会持续存在,人类能否实现理想发展目标,需要全人类特别是各个国家政要和各个领域杰出人士的共同努力。

3. 人口发展模式的终极考量是人类命运与共。人类只有一个地球,人类是同一个物种,应对老龄社会趋同发展首先是一个全人类课题,也是一个人类模型,其次才是国家模型。因此,超越各个国家,从整个人类整体来看,在人口规模继续增长和结构不断老龄化的未来长远发展演化趋势上,结合人口发展的合规律性和合目的性,未来人口发展模式的终极考量必须从人类命运共同体出发,在继续地区差异化控制人口增长的同时,防止低生育率和过度老龄化陷阱是未来人口发展的长远战略观念和基本战略逻辑。

四、实施适应老龄社会要求的国家人口战略

(一) 战略目标和思路

1. 战略目标。到 2050 年,我国人口总量控制在 14 亿人左右,人口老龄化水平控制在 40%以下,总和生育率回归到 1.5 以上。到 2100 年,人口总量控制在 12 亿人左右,人口老龄化控制在 40%以下,总和生育率逼近 1.8 左右。

2. 战略思路。以 21 世纪末为长周期时间节点,以习近平新时代中国特色社会主义思想为指导,树立科学老龄社会观和人本主义新人口观,高度重视人类整体自身发展对于人类发展的上位性意义,把握人口发展的合规律性和合目的性,以防范低生育率和过度老龄化双重陷阱为着力点,深刻抓住人口发展的深层逻辑,重点从经济—社会—文化发展机制上采取根本举措,立足中国人口发展,兼顾全球人口发展,树立新的婚育观念,建构人口发展理想模式,确保老龄社会条件下实现社会主义现代化强国这一中华民族伟

大复兴宏伟目标,推动人类共同应对老龄社会趋同发展并创造良好的人口条件和环境。

(二) 战略任务

1. 加快制定实施人口发展长期战略(2025—2100 年)。目前,现有国家人口发展战略的时限仅限于 21 世纪中叶,且更多重视人口数量问题,对人口结构等尚未有明确的发展目标,迫切需要在对从现在到 21 世纪末的长时段预测研究的基础上,统筹谋划解决好人口数量、结构、素质、分布与社会主义现代化强国建设的关系,明确实现社会主义现代化和中华民族伟大复兴所要求的人口数量目标、结构目标等,确定从现在到 21 世纪末不同阶段的人口政策取向和主要任务。

2. 顺应老龄社会趋同大势建构理想人口发展新模式。一是广泛宣传顺应老龄社会的新人口观。老龄社会是高于年轻社会的新的社会形态。从人口发展来说,老龄社会的主要问题不仅仅是控制人口数量的问题,而是要从发展主体整体自身发展的要求出发,统筹解决好人口数量、结构、素质、分布的相关问题。老龄社会之所以高于年轻社会,在人口发展上就是不要把人口问题作为人类发展的一个因素来处理,而是要站位人的发展而不是站位经济发展,即以人民为中心,把人口发展作为整个人类发展的上位性问题来对待,"发展什么"和"怎么发展"的问题要服务服从于人类整体自身发展的需要。同时,要把合规律性和合目的性结合起来,既尊重人口发展规律,又使人口发展符合人们的理想愿望。换言之,要使老龄社会高于年轻社会,在人口发展上就是要提高人类统筹控制自身发展的能力。因此,应对老龄社会不仅仅是多生几个孩子的问题,而是要把新人口观贯穿到人口行为和人口政策的各个环节,做到人人能够统一思想,提高共识。更重要的是,要面向全社会宣传老龄社会的新人口发展模式的革命性和进步性,帮助全社会转变观念,扬弃年轻社会人口发展模式的旧理念,澄清各种认识误区,树立对老龄社会新人口发展模式的信心,祛除老龄社会心理恐惧症。从本质上来说,老龄社会心理恐惧症的根源在于用年轻社会人口发展模式的旧观念来看待老龄社会的新人口发展模式。如前所述,只有统筹解决各种人口问题,避免人口数量与结构摁下葫芦浮起瓢效应,防止低生育率和过度老龄化双重陷阱,总量适度结构稳定的人口发展模式才是理想的人口发展模式,不仅可以从根本上祛除社会心理恐惧症,而且能够真正实现自身发展高度自觉的进阶性发展目标。

二是树立老龄社会新生育观。老龄社会趋同发展的大势表明,决定老龄社会人口稳态发展的关键在于高度自觉的生育行为。而且,在老龄社会条件下,和年轻社会不同,人们的生育行为既是全人类模型,即人们的生育行为要考量人类自身发展的基本要求,这就是防止低生育率和过度老龄化双重陷阱;也是国家模型,即人们的生育行为绝非仅仅是个人行为,而且要满足防止低生育率和过度老龄化双重陷阱的底线要求,在此意义之上才能谈个人生育的自由问题;同时,更是家庭模型,即人们的生育行为绝非个人自由选择问题,而是要考量家庭永续发展的问题。解构家庭,这是现代化过程中的一个重大错误。中国文化作为唯一延续下来的文化的人类历史表明,保持家庭永续发展,这是人类社会得以永续发展的基石。一切基于现代化以来的个体主义、个人主义以及自由等价值观都需要重新审视。一句话,在老龄社会条件下,作为人类整体、作为国家整体、作为家庭整体,立足中国兼顾全球,实现总和生育率稳定的更替水平为核心、防止低生育率和过度老龄化双重陷阱,是应对老龄社会的底线生育要求。

三是按照新人口观的要求,转变以往人口发展中重视人口数量忽视人口结构的决策理念,针对低生育率和过度老龄化双重陷阱的长期风险,逐步把人口发展的主要矛盾转变到解决人口结构问题,特别是人口年龄结构问题上来。实践表明,中国人口爆炸的引线早已拆除,2022 年开始进入人口负增长时代,这意味着人口发展的主要矛盾将从人口数量问题转变为人口结构,特别是人口年龄结构问题。落实新的适度生育政策,慎重选择统筹解决人口数量和结构问题的长期合理生育水平,科学确定分阶段生育政策调整的时点、方式和步骤,确保人口既不能过多也不能过老,为实现社会主义现代化创造合理的人口条件。现有的研究表明,如果适度调整生育政策,使我国总和生育率水平逼近1.8左右,21世纪末的总人口将降至12亿人左右,老年人口规模达到4亿人左右,老龄化水平在过度老龄化警戒线以内,基本可以在实现人口总量控制目标的前提下,保持老龄化水平处于发达国家平均水平。

四是持续解决人口素质和性别结构问题。中国人口的国民健康和知识水平与发达国家尚有较大差距,但在发展中国家处于前列,而且发展势头良好,这是未来建设社会主义现代化强国的底气。但是,伴随多老化的深度发展,国民终生健康和知识水平的提高对任何国家都是一个巨大挑战。因此,抓好终生健康和终生教育事业产业、加大老年期健康和教育事业产业意义重大,这也是积极应对老龄社会的重大举措。在性别结构上,既要促进出生人口性别比恢复正常,但也要花大力气加大成年和老年男性健康干预力度,缓解老年期人口性别比失衡,这是从根本上解决女性化问题的关键一招。

五是高度重视统筹解决区域人口发展问题,调整区域人口发展战略,引导人口区域合理有序流动,防止区域低生育率和过度老龄化双重陷阱的长期风险。人口老龄化的历史表明,区域衰退甚至区域消亡是未来老龄社会条件下关系区域发展的重大人口问题。这就需要转变观念,在新人口观的引领下,加快建立区域人口发展统计监测体系,强化区域人口发展预警机制。同时,对于中国来说,要转变传统城市化旧观念,在实施乡村振兴战略中高度重视应对乡村过度老龄化风险问题,建立新型逆城市化发展模式,促进逆向城乡一体化发展。同时,统筹解决好留守人口的各种困难和问题。此外,还要研究老龄社会条件下的区域人口密度问题,关注关系国家边疆安全和民族融合的相关人口数量和结构问题。

3. 遵循人口发展的深层逻辑。人口发展的双重逻辑表明,人口发展的关键不在人口之内,而在人口之外。人口问题不过是经济—社会—文化发展机制出现问题在人口领域的具体表现。因此,统筹解决老龄社会的人口问题,需要顺藤摸瓜,抓住人口发展的深层逻辑,从经济—社会—文化发展机制采取战略性举措。相关内容在后面相关章节分别论述,这里不作讨论。

五、实施适应老龄社会要求的人口政策和国家工程

(一) 改革和健全适应老龄社会要求的人口政策体系

国家战略不仅仅是新理念、新思想,必须有相关配套政策体系予以具体化。

1. 完善人口国策。结合国家总体战略,落实适应老龄社会要求的国家人口战略,必须建立人口发展动态监测指标和预警体系,健全人口配套政策,逐步构建适应老龄社会要求的新型人口政策体系。计划生育国策主要是年轻社会条件下针对人口数量的政策。当前,中国人口发展正处于十字路口,人口数量依然庞大但人口爆炸的引信已经拆除,人口结构老龄化发展迅速并潜藏过度老龄化风险,人口素质亟待提高且任务艰巨,人口流动加快而区域分布不平衡,人口性别比失衡形势还比较严峻。在这种情况下,需要扬弃年轻社会的旧观念,尽快完善统筹解决好包括数量、结构、素质和分布问题在内的整个人口问题的人口国策,作出战略性的政策安排,防止人口又多又老,争取实现人口数量和年龄结构双适度的目标,严防低生育率和过度老龄化双重风险。这就需要结合实际,制定和出台包括生育政策、教育政策、健康政策、户籍政策在内的一系列适应老龄社会要求的配套人口政策体系。

2. 抓好重点政策的制定和持续落实。一是抓好生育政策的设计和落实工作。生育政策是大战略也是大战术,主要是根据人口发展规律和中国城乡居民生育意愿,注重保持生育政策的连续性和稳定性,实行接近更替生育水平的生育政策,根据各地区人口发展的特点和规律,因地制宜,分步骤、分区域、分城乡,落实好三孩生育政策。同时,制定实施有利于合理提升生育水平的利益导向配套措施以及相关有效工作方案,加强风险监测防控,争取到 2050 年实现总和生育率回归到 1.5 以上。二是实行出生准备支持政策。重点是以优生理念为中心,面向出生准备人群提供孕前准备、受孕管理、妊娠管理、生产管

理和产后管理等一条龙低成本、高效率、服务便捷的完善服务。大力支持适龄出生准备优惠政策。加强生育科技研发力度,为出生困难群体提供强大支撑。三是在人口性别比相关政策上,落实完善出生性别比恢复正常相关政策,将老年人口性别比纳入人口监测体系,建立老年性别监测预警机制。坚持男女平等基本国策,解决好妇女问题,加强对男性人口实施重点健康干预,实行有利于男性提高身心健康的政策,提高男性人口平均预期寿命,缓解老年人口性别比严重失衡的矛盾。四是在人口流动和分布上,完善相关社会保障、户籍和人口综合服务管理等政策,建立基本实现迁入老年人口与户籍人口均等享受公共服务保障机制,支持成年子女与年迈父母共居或近邻居住,促进迁入地人口年龄结构更加优化,避免迁出地出现区域人口过度老龄化,在实施乡村振兴战略的过程中,提升乡村经济发展动能,通过养老、医疗和长期照护服务等社会保障制度和相应配套政策,保障老年人的生活和服务需求。

3. 发挥各项政策的整合效应。实施适应老龄社会要求的国家人口战略,需要细分配套持续完善的人口政策。实践表明,人口政策涉及方方面面、各个部门和各个社会主体,往往伴随细分和体系化出现政策效能递减甚至政策冲突问题。因此,实施适应老龄社会的人口政策体系贵在顶层设计,但关键在于整合落实,这就需要发挥各职能部门和社会各方面、各主体的配合职能,需要强化强有力的上下贯通的组织体系,建立人口政策评估监测机制,确保应对政策冲突、避免效能递减等问题的出现。

（二）实施适应老龄社会要求的国家人口工程

实施适应老龄社会要求的国家人口战略,既需要细分配套持续完善的人口政策,也需要启动国家相关工程。

1. 启动全民新生育政策宣传工程。共识是共同行动的前提。当前,从年轻社会转向老龄社会正处在一个十分艰难的转型阶段,年轻社会的旧观念根深蒂固,现代化以来,人们在家庭、婚姻和生育行为等方方面面形成的观念,难以适应老龄社会要求并面临诸多矛盾,日本等发达国家低欲望化现象正在全球不断蔓延,中国相关现象也日益显现。从根本上来说,需要我们把握人口发展的深层逻辑,采取一系列长期举措,建构适应老龄社会条件下人口发展的新模式,发挥各类媒体的宣传教育作用至关重要。要统一思想,通过各类媒体宣传老龄社会条件下的新人口观、新生育观,树立老龄社会新预期和长寿时代新希望,祛除老龄社会心理恐惧症,帮助适龄人口排除各种生育观念障碍,提升人们自觉落实三孩政策的意识和自觉性,营造全社会支持落实三孩政策的强大舆论氛围。

2. 启动优生优育国家工程。一是建立适龄人口婚育登记制度,建立档案,提供跟踪式贴心咨询和服务。二是实施出生准备制度,为有出生准备的人口提供相关免费优质服务。三是为受孕人口提供一条龙免费咨询、检查和生产服务。四是为婴幼儿提供优惠看护托育服务。五是面向低收入适龄生育人口提供免费优生服务的保障。六是面向低收入的生育困难群体提供低成本抚育服务。

人口问题是关系社会发展主体整体自身发展的重大问题,也是历史性的严肃课题,容不得任何马虎和错误。在这一问题上,中国曾经和正在付出惨重代价。老龄社会是一个高于年轻社会的新的社会形态。许多人认为,人口老龄化不过是人口统计学的结果,认为老龄社会是统计学问题。因此,只要调高老年人口年龄起点标准、采取延迟退休政策和制度,人口老龄化和老龄社会的许多问题就可以迎刃而解。实际上,这些错误观念主要是用年轻社会的思维观察老龄社会的结果,不纠正将贻害深重,甚至要付出惨重代价。通过以上论述,人口老龄化绝非统计问题,人口老年期的年龄标准和退休年龄标准可以人为调整,但人口年龄结构金字塔揭示的正三角形态不可逆转地转为梯形形态,不会因为这一人为改变而改变。更为重要的是,人口老龄化只是老龄社会条件下人口演变的浅层逻辑,人口老龄化背后的深层逻辑更不会因为这一人为改变而改变。现在,要变的是相关一切,这就是实施国家战略的重大立意所在。

第四章　实施适应老龄社会要求的
国家健康战略

> "有时能治愈,常常是帮助,始终要安慰。"
>
> ——[美]T.L.特鲁多

基本判断:健康转型是老龄社会转型的重要标志。

重要提示:老龄社会需要更高位阶的新健康体系。

一、人类健康倒逼物本主义的终结

(一)年轻社会要经济不要健康的发展观的全面破产

1. 从新冠肺炎疫情反思人类健康现象。席卷全球的新冠肺炎疫情可以说是600多年以来史上牵动度最大、影响力最深远的重大人类事件,它警示全人类必须全面重新审视人类发展问题。回顾历史,1348—1352年欧洲黑死病疫情暴发产生的影响是历史性的。之后连续发生了改变人类历史的一系列重大事件,先是文艺复兴,后来是宗教改革,接着就是启蒙运动,不久之后就是英国光荣革命和法国大革命,而最深刻的就是后来席卷全球的工业革命。黑死病让人们认识到以往的文明发展模式,也就是中世纪神学统治下的整个发展模式日薄西山,从而开启影响至今的欧美以工业化和城市化为核心的现代化文明发展新模式。那么,如何认识当今席卷全球的新冠肺炎疫情及其长远影响,这是一个十分重要的人类议题。

从 600 多年的历史发展长河和未来人类发展的前景来看,此次新冠肺炎疫情的全球大暴发绝非简单的人类公共卫生事件。当然,如何从技术上应对新冠肺炎疫情涉及方方面面,如病毒来源何在? 病毒的演化和传播机制是什么? 成功应对的长期安排是什么? 这是医疗科学需要进一步深入研究的问题。但更重要的问题是,新冠肺炎疫情对人类发展的长远影响是什么? 它意味着什么? 同样,回答这些问题几乎涉及人类生活的方方面面,但最大的问题就是要全面重新反思,过去我们究竟在哪里做错了? 诚然,我们可以从诸多方面列出过去人类发展各领域的错误清单,但总体来看,正像黑死病敲响中世纪文明发展模式的丧钟一样,新冠肺炎疫情的全球大暴发则是近 600 年来形成的、以欧美为代表的现代化文明发展模式全面破产和人类社会治理方式全面调整的标志和象征。从圣西门到马克思再到斯宾格勒以至汤因比等伟大思想家的预言来看,西方文明发展模式的种种弊端在新冠肺炎疫情全球大暴发中似乎就是这些预言的系统性运演。跟随这些思想家,我们可以得出一个总的判断:人类需要重新思考欧美现代化为核心的文明发展模式,重新创造人类文明新形态。

实际上,新冠肺炎疫情提出来的人类问题很多,但其中的最高问题则是人类文明发展模式和人类文明形态问题。全球人都关注的一些国家对老年人的选择性治疗问题,可以说是此次新冠肺炎疫情全球大流行过程中最敏感、最恐怖,也是最黑暗的问题,也绝非是一个人类道德伦理层面的问题。人类文明经过 600 多年的发展,特别是工业革命的加速推进,在遇到重大问题时表现得和原始社会一样,不得不在年轻人和老年人之间作出生死抉择。这不能不让我们对西方文明形态及其发展模式的底线、能量和价值取向产生否定性怀疑。至少这是中国文化所绝不能容忍的。

如果从人类越过短寿时代走向长寿时代、从人类跨过年轻社会迈入老龄社会的未来发展趋势来看,对老年人进行选择性治疗则意味着,长寿时代将是一场人类噩梦,而老龄社会特别是超老龄社会注定将是一场人类悲剧。在这场新冠肺炎疫情全球大暴发过程中,让全球人最揪心、最焦虑的问题,不仅仅是对老年人进行选择性治疗的合道德性、合伦理性的问题,而是面向长寿时代、老龄社会乃至超老龄社会,大家都要活得很长寿,都要活到80—90岁以上,如果再次面临这样的情况,陷入不得不选择性地死亡的悲惨境地,那么,人类的未来和前景将十分黯淡而恐怖!因此,我们不得不思考,先进发达的西方文明发展模式为什么竟走到如此地步?!

2. 物本主义的终结。本质上来看,西方文明发展模式的根本是以物为本、以资为本的资本主义发展模式,眼花缭乱的工业化、日新月异的科学技术、翻江倒海的强大金融以至上天入地的军事操作,只不过是资本主义发展模式的载体、手段和工具。马克思曾经充分肯定过资本主义在人类历史上的重大贡献,今天需要作时代性的补充,即资本主义近晚期的发展也带来庞大中产阶级的崛起,引发长寿时代的到来。但是,资本主义在不断终结自身的同时,也终结了年轻社会。

站位资本家、以利润最大化为核心的物本主义,是西方文明发展模式的根本。只要能获取最大利润,只要能成本最小化,一切都要为此让路。西方文明发展模式最深刻的危机在于:一是造成人与自然关系的危机和紧张,只要经济不要人、见物不见人的经济发展,带来气候异常、环境破坏、污染严重,带来的疾病直线攀升,新冠肺炎疫情的全球大流行,只不过是西方文明发展造成人与自然关系危机的具体表现而已。人的寿命普遍延长了,但延长了的寿命却伴随着越来越多的慢性病和失能化。二是造成以国家为单位的人与人关系空前紧张和对峙,核危机、局部战争、金融战争、信息战争、贸易战争等种内斗争日趋激烈。实际上,资本主义也是造成以上诸多问题的总根子。三是造成人对待自我的迷失和人类精神危机日益深重,人类诸多疾病的背后除环境因素外,更重要的是加速运行的资本主义经济发展节奏,造成人类难以克服的巨大精神压力。工业化后期以来,在身体疾病不断严重的同时,精神疾病也呈现节节攀升的趋势。倒回来看,原始社会条件下十分罕见的人类自杀现象,到今天高度发达的文明阶段却愈演愈烈。总之,年轻社会后期资本主义的西方文明发展模式的所有弊端,通过新冠肺炎疫情的大流行而暴露无遗。更重要的是,站位少数人、以物为本、以追求利润最大化的西方文明发展模式,虽然催生了年轻社会的终结,推动人类迈入长寿时代和老龄社会,但是,如果继续维持这种发展模式,长寿时代和老龄社会的前景将是灰暗的,也是不可持续的。我们必须改弦更张,谋求新的适应长寿时代和老龄社会可持续发展的新的文明发展模式。

3. 健康是老龄社会条件下文明发展新模式的第一要义。在年轻社会条件下,物本主义占据发展观的顶层,只要经济不要健康的系统性、灾难性后果昭示,走到尽头的物本经济需要新的更高层次的顶层思维,需要我们把文明发展模式的关注焦点从物转向人,把经济发展方式从物本经济转向人本经济,即不能再本末倒置,把发展手段作为发展目的,而是要从发展目的出发,即以老龄社会条件下人的发展为根本目的。具体来说,在年轻社会后期初步解决人们“活下来”“活得长”问题的基础上,老龄社会的主题则主要是解决人们“活得好”“活得有趣”“活得有意义”的问题。换言之,年轻社会的经济是物本经济,而老龄社会的经济则要求人本经济。但是,要解决这些问题,或者实现从物本经济向人本经济的根本转变,第一要务就是要解决人们的健康问题。这一点无须过多论证,实践已经给出明确的回答。现在的问题是,要把健康作为维系老龄社会持续发展的文明发展新模式的第一要义绝非易事。换言之,从物本经济转向人本经济,理论上说得通,但在实践上要把健康作为人类文明发展新模式的第一要义,绝不能纸上谈兵。

首先,维系年轻社会的西方文明发展模式具有强大的历史惯性。西方文明发展模式经历采集狩猎经济到农业经济、工业经济一直到今天的信息经济、知识经济、智能经济、数字经济,一脉相承,这就是物本经济,而物本经济背后还有一个站位少数人的资本主义制度,它的惯性无须分析,一目了然。资本主义的文明发展模式惯性的极端,就是那个美籍日裔学者福山的“终结论”。我们相信,西方文明发展模式病症的真正症结在于,导致贫富悬殊矛盾的资本主义。即使是在西方发达国家,以全体人民的健康为中心作为执政纲领,也难以撼动资本主义这种文明发展模式背后的少数人既得利益格局,最终会导致绝大多数人的健康只能流于口号。

其次,构建适应老龄社会要求的文明发展新模式需要一个长期的过程。对于实行社会主义制度的中国来说,我们的文明发展模式经历采集狩猎经济到农业经济阶段,相当长历史时期保持超稳定结构,西方文明发展模式对我们的冲击,从1840年算起只有100多年时间。更重要的是,新中国成立以后,我们开始学习苏联模式,但发展至今已经形成中国特色的文明发展模式。但共性的问题在于,我们也是通过几十年的发展,解决了"活下来""活得长"的问题,迎来老龄社会的高阶进步,在现有发展模式的基础上进一步解决人们"活得好""活得有趣""活得有意义"的问题。我们的优势在于,我们的经济是以人民为中心的经济,也就是人本经济,我们的发展模式的站位是绝大多数人。但我们的问题在于,物本经济的影响还难以在短期内祛除。更重要的问题是,从某种意义上说,中国模式的成功主要归因于适应了中国式年轻社会的要求,但面向更高位阶的老龄社会的客观要求,中国模式还需要作出全面的战略性调整和系统性升级,在现有中国模式1.0基础上打造中国模式2.0。和西方文明发展模式相比,把健康作为新发展模式的第一要义不仅在理论上是题中应有之义,现在已经成为中国的国家战略,即健康中国战略,并已经成为中国式现代化的优先战略。我们的难题在于,如何处理健康与中国式现代化相关领域和新文明形态相关层面的相互关系问题。例如,既要健康又要发展,发展必须服从于健康,但面临的问题就是代价的偿付。关掉污染厂家好办,但有关的一系列后续问题都必须解决。

最后,健康悖论现象是老龄社会条件下的人类难题。在老龄社会条件下,人口年龄结构的老龄化是必然趋势,而且不可根本逆转。一方面,人口老龄化特别是高龄化越严峻,老年人口特别是高龄老年人口就会越多,这必然要求大力倡导人人全生命的健康生活方式,确保全人口老年期的幸福生活;但另一方面,人们越是崇尚终身健康生活方式,老年期就会越长,老年人口特别是高龄老年人口也会增多,人口老龄化就会越严峻。进一步来看,老龄社会条件下的悖论现象绝非仅仅这样一个健康悖论,还有科技应对人口老龄化的悖论问题,即一方面,人口老龄化越严峻,越要充分利用科技特别是医疗科技来解决老年人的疾病问题;但另一方面,科技特别是医疗科技越发达(科学家已找到精确关闭基因的方法,器官再生和癌症治疗也将只是时间问题),老年期就会越长,人口老龄化就会越严峻。此外,还有一个养老社会保障悖论,即人口老龄化越严峻,越是要发展养老社会保障制度;但另一方面,养老社会保障制度越完善,老年期就会越长,人们就更不愿意生孩子,人口老龄化就会越严峻。总体看,人口老龄化是经济社会发展的产物,经济社会越发展,人口老龄化越严峻,而人口老龄化越严峻,就越是要求经济社会发展以解决相应的问题。于是,经济社会与人口老龄化的互动关系便被锁定在悖论循环之中。实际上,除了这些悖论之外,人生也充满许多悖论色彩的烦恼。例如,要想善终就必须保持健康的生活方式,合理膳食、戒烟限酒、规律生活等,但一旦按部就班,生活的乏味和无聊就会涌上心头,那些激情澎湃、汪洋恣意、天马行空等人生绚烂就会荡然无存。那么,人生究竟应当怎么安排? 又例如,从个体来说,现在人们都不愿意生孩子又想"活得长",但从整体上说,人们又不情愿接受老龄化的结果。这又是一个心理学悖论。总之,人类历史过程充满许多"促进"与"促退"互相缠绕、"刹车"与"加油"同时运作等欲进还退、欲上却下、欲扬实抑的悖论结构,以上悖论仅仅是冰山一角。如何破解这些谜团般的悖论,前无古人可供后世师法,继续前行尚需我们努力。

(二) 现有年轻社会建构起来的健康体系的危机和转向

1. 年轻社会建构起来的健康体系及其危机。老龄社会的快速到来,对现有年轻社会建构起来的医疗保障制度的压力持续加大,也是深刻影响中国式现代化强国建设和共同富裕的严峻挑战,需要从根本上采取重大举措。医疗保障制度的根本是针对国民全生命特别是老年期的疾病风险,保障人们全生命身心健康和病有所医。现代健康体系和医疗保障制度缘起于人类应对疾病风险之需要,目前正伴随健康观念和疾病谱的转变而面临重大调整和改革。

从历史、现实和未来发展趋势来看，在老龄社会和长寿时代的持续冲击下，人类健康和疾病谱正在经历日益复杂化的深刻变迁，并具有以下四个显著特征：

一是从急性病转向慢性病，即过去漫长的年轻社会因饥饿、瘟疫、卫生条件落后引起的传染病等急性病，是人类健康的主要风险，现在，伴随老龄社会的到来、温饱问题的解决、卫生条件的改善和医疗科技水平的提高以及寿命的不断延长，由生产方式和生活方式引起的慢性疾病成为人类健康的主要风险。二是伴随人口老龄化特别是高龄化标志的老龄社会和超老龄社会的到来，与慢性病同步出现的中老年期身心功能受损和活动受限成为人类健康风险的新趋向。三是精神疾病引发身体疾病进而导致整体健康水平下降，成为人类健康风险的关键驱动因素。四是社会性关系失调引发身心疾病加剧和康复障碍加大，成为人类健康风险的重要因素。这四个方面的深刻变迁对以往漫长年轻社会形成的人类健康观念、卫生体系、医疗保障制度、公共财政、社会行动等构成的支持体系，带来巨大挑战。

众所周知，老年人口是慢性病多发和高发群体，随着人口老龄化特别是高龄化的快速发展，尤其是迈入超老龄社会，许多发达国家的健康和医疗保障制度正在面临深刻的持续冲击，而且已经演变成为一个世界性难题，根子就在于健康和疾病谱的转变超前于健康和医疗保障制度体系的现有安排，造成许多国家不堪重负，甚至面临医疗赤字引发财政赤字进而引发社会危机的巨大风险，需要作出战略性的调整。例如，针对个体生活中受病原菌的侵犯与都市环境不良卫生状况的影响，采取预防接种与提高卫生水平的公共卫生设施和政策虽然依然十分重要，但预防慢性疾病、慢性病急性发作以及失能等才是全生命健康政策的重点，既需要公共财政作出安排，也要依靠市场的共同努力，而且，依靠公共财政和市场运作的以开业医生为中心的健康供给体制是远远不能解决问题的，需要动员政府、市场、社会、家庭和个人五个健康主体的积极性，不仅要改变生产方式，走低碳、去污染的绿色发展道路，而且要改变人们的生活方式，并建立风险共担、责任边界清晰、合力运作的现代健康管理、医疗、长期照护的商业和社会保障体系。相应地，需要建立完善的覆盖全生命的健康管理机构、医疗、长期照护机构等构成的健康供给体系。其中,针对精神因素、社会关系失调因素引发身心疾病和身心失能的强干预需求趋势,现有心理医生、药物等的供给远远不够,需要作出新的重大安排。

中国是发展中国家,自 20 世纪末以来,借鉴国际经验,逐步建立起相应的医疗保障制度,保障了人们的基本医疗需求。同时,经过新中国 70 多年的努力,中国建立了相对完善的医疗卫生服务体系,包括医疗服务系统、基层医疗卫生服务系统和公共卫生服务系统,满足了人们的基本医疗卫生服务需求。但是,面向未来,由于人口平均健康水平相对较低,医疗保障和医疗卫生服务体系尚不健全,在人口快速老龄化的条件下,中国面临的挑战也是世界上独一无二的:一是带病老年人口大幅增长。如果同时考虑患病率和人口变动因素,据测算,2010 年,中国老年人口的两周患病例数为 8547 万例,预计到 2050 年将增长到 33871 万例,年均增长 3.5%,绝对数量将增加 3 倍。如果同时考虑患病率和人口变动因素,据测算,2010 年,中国老年人口的慢性患病例数为 11338 万例,预计到 2050 年将增长到 50693 万例,年均增长 3.8%,绝对数量将增加 3.5 倍。二是老年人口疾病就医费用负担日益沉重。研究表明,60 岁以上老年人口的医疗费用是 60 岁以下人口医疗费用的 3—5 倍。预测表明,如果考虑住院率的变化,归因于 60 岁以上老年人的疾病经济负担将显著增加,2011 年为 8935 亿元,预计 2050 年将增长到 247638 亿元,增加 27 倍。三是医疗保障制度面临持续冲击。中国的基本医疗保险实行现收现付制的筹资模式,在人口老龄化条件下,缴费人群不断减少,享受人群不断增多,不仅支付压力越来越大,关键是制度的可持续发展将面临直接挑战。四是医疗卫生服务体系面临巨大压力。随着老年人口的大幅增长,医疗服务系统、基层医疗卫生服务系统和公共卫生服务系统面临的服务人群将大幅增长。此外,从某种意义上说,随着经济社会发展和医疗科技不断进步,人口的健康素质将会不断提高,但在人口老龄化特别是高龄化的条件下,大规模带病老年人的增长,中国国民或者整体民族健康素质会出现下滑的态势。总体来说,中国的医疗卫生服务体系也基本上是按照年轻社会的理念设计的,如何应对人口年龄结构及其健康和疾病谱的重大转变,需要对现行健康、医疗卫生服务体系作出战略性调整。

　　值得强调的是,在温饱问题尚未解决的漫长年轻社会,物质匮乏问题是人们面临的核心问题,精神问题不是主要问题。同时,从疾病谱来看,在年轻社会,人们的疾病大多是身体疾病,即急性传染病、精神疾病的发病率极低。而且,从医学角度来看,传统中西医学都没有精神疾病的分科。从发达国家来看,工业革命以来特别是第二次世界大战以来,由于人类前所未有的经济社会特别是科技等加速发展效应的全球化,伴随生产能力相对过剩和温饱问题的基本解决,人们的深层次需求普遍得不到满足。同时,伴随寿命延长特别是疾病谱从急性传染病向慢性病的快速转变,在身体疾病发病率上升的同时,精神疾病的发生率出现前所未有的上升趋势。2020 年,世界卫生组织发布的数据显示,全球近 10 亿人患有精神障碍,每 40 秒就有 1 人死于自杀,但只有少数人可以获得优质的精神卫生服务,在中低收入国家,患有精神疾病、神经疾病和药物滥用障碍的人中,超过 75%的患者没有得到任何治疗。在众多精神疾病中,抑郁症是一种全球性常见病,世界卫生组织估计全世界有 3.8%的人口即 2.8 亿人患有不同程度的抑郁症。

　　从中国来看,情况更为复杂。2017 年,《中国精神障碍疾病负担及卫生服务利用的研究》显示,中国任何一种精神障碍(不含老年期痴呆)终生患病率为 16.57%,12 月患病率为 9.32%。从病种来看,构成精神障碍的五类主要疾病中,最高的为焦虑障碍(4.98%),其余依次为心境障碍(4.06%)、酒精药物使用障碍(1.94%)、精神分裂症及其他精神病性障碍(0.61%),65 岁老年期痴呆终生患病率为 5.56%。研究还显示,中国成人抑郁障碍终生患病率为 6.8%,而且,大多数抑郁障碍患者均存在明显社会功能损害,但卫生服务利用率却很低,很少获得充分治疗。根据《全球疾病负担研究》2019 年公布的研究报告,无论是在全球还是在中国,抑郁障碍在精神障碍中的疾病负担均居首位;在全球所有疾病的疾病负担中抑郁障碍排第 13 位,在中国排第 11 位。2021 年,《中国儿童青少年精神障碍流行病学调查》显示,6—16 岁在校学生中,精神障碍总患病率为17.5%,其中抑郁障碍占3%。最可怕的事情是,不少精神疾病如抑郁症疾病不仅容易导致自杀行为,而且,有些精神疾病难以逆转,甚至终生带病,对于个人终生生活、家庭幸福、社会和谐都会带来难以估量的影响。可以说,解决身体疾病几乎花费了整个人类的绝大部分精力,但面临精神疾病的历史才刚刚开始。也许,解决这一问题可能要花更长的时间,难度远远超过解决身体疾病的问题。这是我们必须引起全社会高度关注的新的人类问题。

从大尺度看,发达国家的历史表明,人类从年轻社会转向老龄社会、从金字塔型社会转向橄榄型社会、从温饱转向富裕、疾病谱从急性传染病和身体疾病转向慢性病和精神疾病等过程,在时间上大体是同步的,其间蕴含着诸多层面的复杂关系。对于中国来说,问题的特殊性是老龄社会到来超前于现代化(即工业化和城市化任务的完成)、超前于橄榄型社会的转变,也超前于中富化(中等收入群体的增多过程)进程,我们需要在继续加快现代化和中富化进程的同时,将国民精神健康问题纳入未来社会发展领域相应公共政策和制度安排的重要议题,加快建设精神疾病防治体系,确保人们迈入中富化的老龄社会人人身心健康,在享有物质繁荣的同时享有积极向上有意义的精神生活。

我们还要看到,现在,人工生育、器官移植、基因治疗等司空见惯,现代临床医学似乎已经无所不能,但为什么病却越治越多?人们的平均预期寿命不断延长,但为什么整体健康水平进展不大且带病期和失能期也在延长?为什么老年人余寿延长带来的是带病余寿的延长?健康余寿延长的根本何在?面对人口老龄化特别是高龄化的快速发展,人类整体健康水平将呈现什么样的趋势?长期以来,我们把健康寄托于现代临床医学,不行就住院、做手术、换器官。长远看,在老龄社会不可逆转的背景下,如果继续沿用现有健康观念,未来的人类健康和疾病挑战将会拖垮人类。因此,自20世纪以来,反思现代临床医学,重新思考人类健康问题的呼声越来越大。新冠肺炎疫情的全球大流行无疑给反思现代临床医学的声音加上一个新的放大器,而中医的成功介入更在反思中让我们对人类健康问题的认识上升到了一个新的境界。

健康问题贯穿人类历史的始终,但是,在不同历史阶段,人类健康的理念、内容、制度和行为各不相同。迄今为止,人类全部健康观念、知识体系和相关制度安排,都不过是年轻社会或者短寿社会的产物。它们是支撑人类从年轻社会迈向老龄社会、从短寿社会迈向长寿社会的知识和制度,但是,一旦人类全面告别短寿社会和年轻社会,人类就需要按照长寿社会和老龄社会的要求重新构建新的健康知识体系和相应制度安排。

第一,年轻社会没有人类普遍长寿的大规模经验,无论知识积累、技术支撑,还是制度安排都没有应对长寿社会的准备。发达国家是迈入老龄社会的先行国家,虽然从纯医疗科技上可以应对寿命延长的部分问题,但从制度安排特别是普遍长寿以后的经济社会环境等方面来看,准备还远远不足。

第二,应对老龄社会是全人类面临的一个新的重大课题。老龄社会是一个新的人类社会形态。发达国家面临老龄社会带来的诸多挑战,从应对上来说可谓已经捉襟见肘。迄今为止,还没有哪个发达国家有成功应对的先例。根本原因在于,已有的应对基础均源于年轻社会的积累,但这些积累只能适用年轻社会,无法应对老龄社会的问题。在健康领域,这些问题尤为突出。

第三,年轻社会条件下兴起的、应对急性病的西方医学知识体系无法应对老龄社会,无法应对慢性病在健康领域的新要求。健康转变的背后是社会转变。疾病谱的转变只不过是人类从年轻社会转向老龄社会在健康和疾病领域的具体表现,基于疾病特别是基于急性病,仅仅经历几百年发展起来的整个西方医学知识体系,只不过是短寿时代的知识凝结,它虽然是应对疾病谱转变背后的重大健康转变的重要基础,但还不是老龄社会或者长寿社会所要求的新的健康知识体系本身。面向未来,不仅基于生命个体的健康知识体系需要重建,基于普遍长寿以后关注国民结构性健康问题的相应知识体系也需要重建。

第四,现有健康领域的制度安排无法应对老龄社会的要求。包括社会保险、商业保险和医疗救助在内的现代医疗保障体系,本质上只不过是年轻社会的产物,这些制度安排特别是医疗社会保险制度,主要源于老年人少而年轻人多的年轻社会的构想,如何应对老龄社会特别是如何应对超老龄社会,现行医疗保障制度正在面临艰难转型性改革。迄今为止，还没有哪个处于老龄社会的国家的健康医疗保障体系是成功的，根本原因就在于基于年轻社会的相应制度设计无法适应老龄社会的要求，如何从技术上改革将是死路一条。着眼长远看，唯一的出路在于战略转换基础上的制度重建。

第五，基于生命整体的中国传统中医知识体系需要拓升。包括传统中医在内的整个传统文化是早熟的文化（梁漱溟语），也是短寿时代的产物。不过，中医所蕴含的诸多理念暗合长寿社会的要求。但是，在普遍长寿时代和老龄社会条件下，中医面临的困难和问题也值得充分考量，例如难以定量操作、有疗效但机理不清以及强调个体"长生久视"、缺乏普遍长寿所要求的社会医学安排等问题，需要在吸收西方现代医学的基础上，充分借鉴世界各民族健康医疗文化，按照老龄社会的要求，从知识体系上进行拓升。

第六，长寿社会的最高健康命题需要回答。毋庸置疑，健康是人类发展的基础和前提，健康本身也是人类发展的基本价值之一，这也是以往健康知识体系的命脉所在。但是，仅仅从健康一个维度来考量，或者就健康论健康，不仅应对不了老龄社会的健康问题，更重要的是，还要从个体全生命角度考量生命健康的意义问题。否则，健康学就是动物学，给人看病的医生就成了"兽医"。因此，健康如何成就生命的意义，这是老龄社会的新命题，也是最高命题，需要作出时代性回应。

总的来看，不仅支撑年轻社会的整个发展方式无法维持老龄社会和长寿时代的持续发展，年轻社会积累起来的一切健康体系也无法支撑老龄社会行稳致远，也难以保障长寿时代人类全生命生活质量的稳步提升。我们必须穿过繁茂芜杂的现有人类健康体系，去追寻背后健康观念上的真正症结，为构建适应老龄社会和长寿时代要求的新的更高层次的健康观奠定基础。

2. 现代西方医学体系背后的健康观批判。老龄社会是一个新的人类社会形态，也是一场全面深刻持久的革命，这一革命也体现在健康领域。在这一背景下，健康概念的基本含义及其引领下的现代西方医学体系也需要重新考量。

健康的基本含义是什么？目前的主流概念为："健康乃是一种在身体上，

心理上和社会上的完满状态,而不仅仅是没有疾病和虚弱的状态"。这一界定(以下简称"现行健康概念")出自1946年世界卫生组织成立时的宪章,隐含的生物—心理—社会模式给健康事业带来基石性的新观念,并沿用至今,其理论意义与现实价值值得充分肯定。但是,在老龄社会的背景下,面向未来,这一界定存在的问题日益凸显,需要重新考量。

第一,现行健康概念主要基于年轻社会,没有也不可能有老龄社会的考量。这一界定提出的年份是1946年。实际上,人口学家真正发现标志老龄社会的人口老龄化是在1940年左右,但也仅限于人口学家的小圈子,直到1982年联合国召开第一届世界老龄大会之后,人口老龄化才广为人知,甚至直到现在,人们还只是看到老龄社会的"标"即人口老龄化,而看不到老龄社会作为一种新的人类社会形态这一"本"。因此,在现行健康概念背后,既没有年轻社会与老龄社会的分野,更没有社会形态的思维。

第二,囿于个体,忽略结构。医学界对健康的理解历来是个体视角。的确,离开个体,健康无从谈起。但是,仅仅囿于个体视角,缺乏结构性视角,忽视人区别于动物的社会性考量,健康的社会治理也无从谈起。更何况,在普遍长寿目标实现以后,结构性健康问题日益突出。如何在老龄社会条件下实施健康领域的社会治理,仅仅基于年轻社会的个体健康视角无从应对。

第三,缺乏全生命周期从简单到复杂的演化理念。婴儿谈不上心理上和社会上的完满状态,不能因此而认为婴儿不健康;高龄老人实际上就是从健康峰值走向低谷即走向不完满的过程,不能因此而认为高龄老人不健康。从本质上来说,从出生到死亡就是一个健康状态从不完满到完满再到不完满的过程,用一把尺子衡量全生命的健康容易得出"小孩不健康"和"高龄老人不健康"的悖论。

第四,同质性假定,异质性考量不足。现行健康概念实际上是假定:每一个人在身体健康上具有同质性,例如基于工业化、标准化和产业化思维用来检查身体的统一标准,临床治疗疾病以及用药、康复等使用的统一标准,是必要的,也有其科学依据。但是,实践证明,人的健康即便按照现行健康概念也包括身体、心理和社会三个层面来理解，每一个人在健康行为上既有共同的一面，但个体的差异性也十分突出，也就是健康上的异质性也至关重要。这也是包括中医理论在内的世界上所有主张个体性治疗的民族医学理论，诟病现代西方医学为主导的健康体系（群体性治疗）的一个硬伤。

第五，强调静态分析，忽视动态整合。出于理论分析的方便，可以把健康分为身体、心理和社会三个层面、三个维度，但是，生命本身是一个"心"（指中国哲学使用的"心"的概念，不同于心理，是统摄身体、心理和社会三个层面或者三个维度的统领）引领下的整合过程。同时，现行健康概念强调"完满状态"，已经隐含动态视角，但整体来看，健康作为生命过程就是在不完满和完满之间的反复转换，而且，不完满是常态，完满是特例。"完满状态"的提法过于理想化，而且，健康、亚健康和疾病等之间的界限不好寻找和把握。按照这样的概念，我们最好什么也不要干，一天到晚关注完满指标就可以了（这样，其他什么事也干不成了），这可能也是人们认为"不能完全听大夫"的观念的缘由。

第六，强调多维度考量，忽视全方位的发生运行机制。从生物学模式转变到生物—心理—社会模式，这是健康概念的进阶，但是，这三个层面究竟谁是主要的，谁是次要的，其中内在的发生运作机制没有揭示出来，而且，还存在三个维度等量齐观的逻辑错误。但在实践操作中，身体仍然被当作最重要的维度，社会和心理层面常常被忽视。更看不到上述统摄性的"心"的关键作用，这是现代西方医学体系存在诸多问题的重要症结。

第七，纯理论演绎逻辑为主，缺乏归纳逻辑。现行健康概念主要是一种理论假定，而且主要是基于现代西方医学理论的设定。人们对健康的理解只能在此假定下进行推演。而且，现行健康概念背后的理论也是一个封闭系统，缺乏开放性，没有吸收包括中医在内的世界各民族健康医学文化。实际上，人类健康演化无论个体还是群体，都是一个日益复杂化的过程，比如当代人的健康和原始人的健康在位阶差异上是巨大的；人类健康也是一个开放的系统，复杂化的演化承载着越来越多的东西，这些不能用演绎逻辑来表达，更需要用归纳逻辑来凝练,借以映射日益复杂的人类健康行为。

第八,现行健康概念的界定及其指导下的现代西方医疗体系,是一个工业化时代标准化思维下的普适逻辑,用在什么情况下都是正确的,把它用在原始社会和发达的现代社会都同样适用,也可以用在年轻社会和老龄社会,或着也可以用在短寿时代和长寿时代,用在所有人身上都同样适用。而且,这一概念也无法证伪。从科学史来看,这样的概念实际上无法操作,普适的终极结果往往是大而无当,加上医疗利益的驱使,强调身体健康单维度的结果必然带来过度医疗。这也是当前在理论上健康研究很难整体性深入的一个重要原因。

第九,抓住健康的现象,远离健康的本质。现行健康概念目前面临的最大的问题是,无法解释疾病谱转变后急性病时代和慢性病时代这两种不健康的状态。从现行概念界定来看,健康与疾病、完满状态与不完满状态之间的关系难以界定。实际上,疾病谱的转变只不过是人类社会形态转变在健康领域的结果,人的健康虽然从理论上无非身体、心理和社会三个层面,但仅仅指出三个层面只是抓住了人的健康的现象,没有抓住人作为人的本质及其健康行为上的真正秘密。更重要的是,把健康界定为本质上只是特例的完满状态,这实际上既是近现代以来以纯粹理性假定为前提的抽象科学理论思维方式的必然推论,离人类健康的真相越来越远,也是过度医疗和医疗产业资本主义化的理论源头,给钻空子者留出巨大空间。

第十,强调局部,忽视整体。现行健康概念背后的逻辑及其指导下的现代西方医学体系是局部思维,忽视人作为自然之子的客观事实,就人谈人,就健康谈健康,就身体谈身体,头痛医头,脚疼医脚。总体上说,离开自然环境考量人的健康问题,这种理念缺乏整体思维。这是中医在学理上诟病现代西方医学的最重要的依据。的确,癌症治疗、慢病应对甚至常见病处理以至过度医疗等现代西方医疗体系的诸多弊病表明,现行健康概念及其指导下的现代医疗体系已经走到"破产"的边缘,也是高龄慢病老人真正破产的根源。简言之,按照现行健康概念支撑下的现代西方医疗体系,未来的老龄社会乃至超老龄社会将是一场灾难,这也是弥漫全球的人们普遍对老龄社会感到焦虑的根本原因之一。

总体来看,现行健康概念界定背后的理论立意在于扭转基于疾病的健康观,在于扬弃生物学模式,建树生物、心理和社会医学模式,在世界刚刚从"二战"中恢复和平的背景下,这一理论建树为此后人类健康事业作出的贡献不容抹杀。但是,这一概念及其背后的理论框架及其指导下的现代西方医疗体系,不仅难以应对老龄社会的健康挑战,也和人们日常的普遍经验相违背,例如"病主要是心病""健康主要在于心态"等。一句话,面对不可逆转的老龄社会,基于年轻社会的健康概念的界定及其背后的理论和方法,以至整个现代西方医疗体系,都需要重新审视。

需要强调的是,人类健康是一个不断发展变化的复杂现象,要想全面科学理解人类健康现象,需要不断深化认识。实际上,基于此,世界卫生组织与时俱进,一直致力于完善健康概念的科学内涵。1989 年,世界卫生组织提出:"健康不仅是没有疾病,而且包括躯体健康、心理健康、社会适应良好和道德健康",并从十个方面对健康作出细则性规定。2015 年,为了应对老龄社会,从老龄健康学的角度,世界卫生组织进一步作出新的界定,即强调"内在能力"和"功能发挥",提出"健康老化就是发展和维护老年健康生活所需的功能发挥的过程"(健康老化不能翻译为健康老龄化,老龄化特指年龄结构的变化)。在此基础上,世界卫生组织要求人们改变健康与老龄化的相关观念。但是,这些深化了的健康新界定依然没有解决前述健康概念背后的相关问题。这也说明,人类健康现象的确极其复杂,进入老龄社会之后就更为复杂,需要从理论上有一个新的顶层思维,而不能仅仅靠对健康概念的小修小补。

3. 建构适应长寿社会要求的老龄健康学势在必行。面向未来,人类健康事业正在发生一场全面深刻而重大的革命性转折。这就是,过去适应年轻社会的健康事业正在向适应老龄社会要求的方向转变。一般意义上的健康除了理论抽象外,都属于老龄健康、老龄健康事业产业和老龄健康学的范畴。这里的"老龄"(ageing)包含三个层次:一是指称对应老龄社会的含义,即老龄健康事业产业是指对应老龄社会的健康事业产业,而不是对应年轻社会的健康事业产业;二是指称向老而生、向死而生的全生命历程的含义,强调不能抛开全生命历程或割断生命阶段来抽象地讨论所谓一般意义上的健康问题;三是指称不断延长的老年期的含义,强调老年期健康的重要性及其对前老年期的高度依赖性。由此来说,未来一切人类健康事务都属于老龄健康的范畴,一切健康的制度安排及其服务体系都属于老龄健康的范畴,一切健康的知识及其体系都属于老龄健康学的范畴,一切健康产业及其体系都属于老龄健康的范畴,一切健康行为都属于老龄健康行为。从本质上来说,健康中国战略实际上也是老龄健康中国战略,否则,离开老龄社会的需要,离开长寿时代的全生命健康需要,健康中国战略将是抽象战略。

第一,老龄社会或者长寿社会既是人类健康事业的背景,又是未来人类健康事业的内容。在长寿时代,人类健康事业的主题在总体上只有一个,这就是助力建设理想的老龄社会。面向未来,离开老龄社会这个背景,离开理想老龄社会或者长寿社会这个内容,不再存在其他任何健康问题。这也是老龄社会或者长寿社会带给人类健康事业的革命性意义所在。至于一般意义上的健康理论和问题,这是简单的理论抽象,在现实中找不到它的独立存在。进一步说,离开老龄健康来谈人类健康事业、人类卫生事业,这无异于削足适履。这就要求我们彻底转换观念,把人类健康事业的立足、立意、眼光和落脚点放在助力建设理想老龄社会上来,扬弃一切抽象的健康概念和理论,把理论思维和实践落脚点转换到老龄健康事业上来。

第二,现行按照短寿时代建构起来的有关人类健康事业的制度安排,如医疗社会保险和商业保险制度等现行有关人类健康事业的服务体系,都需要作出重大战略调整,以适应人类迈入老龄社会和实现普遍长寿这一客观需要。目前,全球社会保障制度改革面临的最大难题不是制度技术性的,而是社会转型性的。也就是说,按照年轻社会要求建立起来的整个社会保障制度难以适应老龄社会的需要,这里要求的改革不是制度技术上的改良,而是制度本身从理念、基本构架及其运作方式,都需要作出重大转型性调整。值得强调的是,人们常常把长寿风险作为社会保障制度改革的一个技术性问题来处理,这是观念上的严重错误。随着老龄社会的到来并向超老龄社会的深度演进,长寿风险正在和已经演化成为人类面临的全局性风险,仅仅靠改革健康事业或者改革社会保障事业是远远不能应对的。这也是迄今为止步入老龄社会的国家在健康事业、社会保障事业改革上难以取得重大成就的根子。简言之,人类健康制度和服务体系以及社会保障体系,正在经历不适应老龄社会的转型性阵痛。出路只有一条,这就是在现有基础上建构适应老龄社会要求的新的健康制度及其服务体系。

第三,按照年轻社会或者短寿时代建构起来的健康知识体系,都需要按照老龄社会或者长寿社会的新要求进行全新全面的重建。否则,我们将会在应对老龄社会及其健康问题上付出惨痛代价。从健康实践来说,现有成熟的现代西方医疗体系的理论与实践都是基于年轻社会、短寿时代针对急性病而建构的,靠这一整套知识体系无法应对以慢性病和精神性疾病为特征的老龄社会的新需要。当前,现代西方医疗体系虽然没有终结,但它的诸多问题和弊端已经演变成为所有步入老龄社会的国家的重大社会问题、重大经济问题乃至重大政治问题,必须从适应老龄社会的要求上进行重新审视。现有成熟的中医理论与实践,虽然在应对以慢性病和精神性疾病为表征的老龄社会及其健康问题上有独特优势,但它的短板与硬伤也是毋庸置疑的。现在,人类已经迈入老龄社会,年轻社会建立起来的中西医医学体系这两大健康知识体系,加上其他民族的健康知识,都面临知识重建的问题。现在,既不是西医如何复兴、如何压倒中医的问题,如何继续保持在人类健康事业中的主导地位的问题,也不是简单的中医如何复兴、如何压倒西医的问题,如何重新占领人类健康事业主导地位的问题,也不是简单的中西医结合的问题(中西医结合的后果引发毛泽东主席亲自部署"西学中"工作)。在老龄社会带来重大转型性健康问题上,现有健康知识体系之间的竞争已经宣告失去意义,都面临按照新的时代要求进行知识体系重建的问题,这就是老龄健康学的提出,也是未来老龄社会条件下人类健康知识体系新的主攻方向。放下争论,在中西医之上建构老龄健康学及其学科体系,现在是时候了。

第四,现有健康产业及其体系主要是基于疾病的、基于年轻社会的理念。

面向未来,健康产业的导向是服务所有人类个体全生命终身健康的新的巨大产业。但是,现有健康产业的模式,无论从理念、体系设计、赢利模式、发展方向上,都难以适应老龄社会的需要。迄今为止,资本化、金融化的健康产业耗资巨大,已经成为未来应对老龄社会的一个财务无底洞,也是人们对老龄社会特别是超老龄社会感到深刻焦虑的重要根源。必须着眼未来进行彻底转型,发展适应老龄社会要求的、低成本的、以人为本的新的健康产业,即老龄健康产业。否则,现行高消费、非人化的健康产业将伴随老龄社会的演进会把人类引向医疗财务危机的深渊。一句话,只有按照老龄健康学的新要求,人类应对老龄社会在健康领域才能找到新的希望。

第五,健康是全生命的,也是倒过来进行管理的人类行为。从全生命周期来看,不断延长的老年期健康对前老年期的健康行为具有很强的依赖性。简言之,从普遍长寿的质量来说,只有终生健康的观念和行为才是高质量普遍长寿的根本。否则,仅仅长寿只会带来疾病和社会负担。因此,从构建理想老龄社会的目标出发,按照老龄社会条件下人类健康的新要求,确保人人健康长寿不仅是每一个人的目标,也是理想老龄社会的要求,这也是建立老龄健康学的新要求。

简言之,老龄健康学就是适应老龄社会的健康学,是区别于并高于年轻社会或者短寿时代健康知识体系的新的人类健康知识体系。但是,建构老龄健康学,不仅要批判以往的健康概念,更重要的是深入以往健康观的内部,发现其更深层次的问题症结,在此基础上,根据老龄社会和长寿时代的需要,建构新的健康观。

二、主动健康观是适应老龄社会的新主流健康理念

(一)"被动健康观"的理论反思

从理论上说,人类现状是行为的结果,更是人类观念的产物。分析人类行为及其现状并发现和解决其中问题,最重要的事情就是追踪行为找到引领性

的观念问题,并用新的高阶观念取而代之,以正确的观念来引领人的行为。从某种意义上说,人类健康现状是以往年轻社会或短寿时代健康观的产物。这种健康观概括起来就是"被动健康观"。

1."被动健康观"的具体表现。"被动健康观"体现在方方面面。第一,从大众的健康意识来看,主要是自我健康通识匮乏、自我健康预警技能缺失、自我预防和纠正健康问题的意识和能力薄弱、自觉健康管理意识淡薄,病后被迫就医成为常态。第二,从大众的健康投入来看,宁肯为住院治疗埋单,也不愿为"治未病"花钱。第三,从社会和个人健康注意力分配来看,日常行为中疾病预防多流于口头,临渴掘井式的疾病治疗才是关注焦点。第四,从公共卫生制度安排来看,以疾病治疗为中心,疾病预防缺乏刚性约束机制建构。第五,从公共财政投入来看,预防性公共卫生事业投入与疾病治疗事业投入畸重畸轻。第六,从市场化运作来看,疾病治疗类相关产业与疾病防控类相关产业("治未病"相关产业、亚健康干预相关产业)发展不均衡。第七,精神(心理)疾病发生率上升,但和身体疾病相比,仍难以引起政府、市场、家庭和个人的应有关注。这说明,人们的健康观、疾病观的重心仍集中在身体上。第八,社会性疾病即身体之外的社会关系和经济劳作引发的疾病尚未建构有效管理机制。第九,针对健康知行分离和健康惰性没有建构刚性管理机制。第十,老龄社会焦虑症。按照以往被动健康观,面对老龄社会特别是超老龄社会的到来,很多人认为活到高龄就是疾病缠身,老龄社会就是健康灾难社会。一言以蔽之,在"被动健康观"下,病越治越多,治疗费用直线攀升,疾病治疗成了财务无底洞,人类健康在老龄社会和超老龄社会的背景下将前景黯淡。

2. 对"被动健康观"的反思。换个角度看,"被动健康观"就是以医院、医生为主导而不是以个体自觉为主导的健康观。实际上,抛开病越治越多的医疗困境来说,从整个人类医疗事业产业历史来看,虽然两百年来西方医疗科技日新月异,人类寿命普遍得到大幅延长,但人类医疗科学的智慧正在与经历漫长演化形成的生命逻辑渐行渐远。从某种意义上说,就涉及精神、社会和身体三维一体有机结构的人类生命演化来说,我们在身体维度的探索已经走得很远,但对于精神和社会这两个维度的探索还远远不够,一些领域甚至尚未完全破题。即便对于身体,所有一流外科手术大夫的共同体验也不过是:演化了无数万年,经历了无数种间、种内斗争的生命是神奇的,医生只不过是延续神奇生命的助手,而绝非生命的创造者。否则,医生就是上帝,就是神。从这个意义上说,以往的"被动健康观"与其说是问题,毋宁说是人类对自身生命认知和控制有限性的具体表现。

现在的问题是,"被动健康观"是人类在漫长短寿时代和年轻社会条件下的认知成果,也是推动老龄社会到来的重要基础。对此,我们不能全盘否定。面临老龄社会和人类普遍长寿的客观趋势,"被动健康观"难以应对。我们需要一场健康观的革命,需要重新理解人类健康概念,建构更高版本的人类健康行为演化机制理论,创新人类健康观,借以重新审视未来老龄社会条件下的人类健康问题,并在健康干预机制和制度体系上作出新的设计和安排,推动老龄健康事业产业齐头并进,为人类理想老龄社会建设提供健康支撑。

(二) 正确理解人类健康行为

1. 人类生命的演化逻辑。大约 137 亿多年前,宇宙大爆炸。不久无机物产生。大约 38 亿年前,单细胞产生,此后有机物序列陆续出现。大约 5500 万年前,类人猿产生。大约 180 万年前,直立人诞生。大约 15 万年前,现代智人出现。可以看出,人类生命是一个经历漫长的演化过程和演化序列,从无机物到有机物,从单细胞生物到多细胞生物,一直到人类诞生,不仅过程漫长,而且复杂性递增。对此,不能简单理解,需要强化理解人类生命演化的大尺度思维。

第一,人类生命本身是最可敬畏的"自然"演化的过程和结果。自人类诞生以来,人类生命演化逻辑本质上遵循自然逻辑和人文逻辑的双重演化逻辑。这里的"自然"既指纯自然演化过程,也指人类文化要素介入健康行为的漫长"自然"过程。人类生命是最高级、最复杂的"自然"演化过程,人类自身只能通过生育来复制而不能创造生命,人类生命"自然"演化形成的自在生命力、自为恢复力和衰亡终结力构成的自组织复杂系统机能,是人类健康的基本原理。对此,人类只能从认识上不断逼近,但不可能超越。一切医疗科学及其干预行为都应当以此为限,既不能放任自流也不能过度干预。

第二,人类生命是进化和退化双层逻辑的演化过程,只研究进化逻辑而不研究退化逻辑,难以全面理解人类生命的真相。人类从诞生至今,有些功能例如语言功能、思维功能等进化了,但有些功能例如奔跑功能、御寒功能等退化了。因此,人类生命的健康状态需要结合进化和退化的双层逻辑来把握。

第三,人类生命演化过程始终伴随着种间斗争。一方面,在长期的演化过程中,人类登上了食物链顶端,赢得了大型生物物种种间斗争并确立了自己在物种中的霸主地位。但另一方面,人类始终面临着诸如病毒、细菌等微生物的严峻挑战,而且这种挑战不可能终结,将伴随人类生命的始终。这是理解人类健康状态演变的重要逻辑。

第四,人类生命是一个种内竞争与合作双层逻辑的演化过程。人类生命演化不仅遵循种间斗争的逻辑,更是种内竞争与合作双层逻辑演化的过程和结果。其中最突出的就是种内竞争的极端形式——阶级斗争。如果说健康在很大程度上是人对身体的使用状态,那么在阶级斗争普遍存在的情况下——例如在资本主义的原始积累阶段,工人持续工作18小时,他们的健康状态绝非是他们自己能够控制的。因此,种内竞争特别是种内制度性竞争乃至制度性斗争是影响人类健康状态的重要因素。随着劳工制度的完善,种内制度性斗争减弱了,但人类加速发展过程中种内竞争性压力却没有得到充分改善,这是研究人类健康状态问题需要关注的重要因素。

第五,从个体来看,人类生命是"心"引领下人的精神、社会、身体三维互动一体演化的漫长过程。这是人类生命健康状态的恒在结构,万变不离其宗。但是,对此三维一体统合构成人类生命健康状态的内涵及其互动演化机制尚需进一步深入研究。其中,精神维度绝非仅限于心理学意义,社会维度也绝非仅限于社会学意义。这是超越"被动健康观"从而建构新的健康观需要突破的重要问题。

第六，整体来看，人类健康状态是人类与自然环境、遗传、生产生活方式以及社会运行结构的互动过程和结果。从"被动健康观"角度看，影响人类健康的因素十分复杂，需要从多个层面加以分析。从新的健康观来看，人类之所以是高级生命，最根本的就是"心"在人类行为中的引领性、统合性作用。借此，人类健康行为的独立性、自主性、持续性和可改良性才有发展的空间。因此，研究人类健康行为，既要关注影响健康状态的多种因素，又要纲举目张，从"心"这一引领性要素出发，以一持万，借以统揽人类健康行为的整个过程。

第七，从物质演化来看，人类生命的基础是身体与自然能量的交换过程。同时，疾病史也表明，经济因素则是影响人类健康状况的重要因素。值得说明的是，富裕有利于疾病治疗也容易引发"富贵病"，收入提高不等于健康水平的提高。当然，贫穷也是影响健康的重要影响因素。此外，经济不公平对个体和社会整体健康水平的影响也不容低估。这说明，在经济与健康之间存在着十分复杂的互动关系。因此，我们不能继续坚持还原论，也不能坚守决定论，更不能局限于多因素论，而是需要强调个体生命健康的独立性，从生命演化复杂性的角度来重新理解经济因素与人类健康状态的互动关系。

第八，人类生命整体的健康状态既与所有个体有关，也与个体之外的物质条件、社会关系（如社会公平）和社会精神氛围有关，但所有人构成的社会主体结构本身的作用也日益突出。例如，在年轻社会，整个社会的健康状态主要就是年轻人的健康状态；但迈入老龄社会之后，年轻人不断减少，老年人不断增多，青少年人口、中壮年人口和老年人口三大年龄群体三分天下，整个社会的健康状态远比年轻社会更为复杂。因此，理解人类健康演化机制需要更高站位和视野。

过去，我们理解人类健康及其状态主要是着眼于个体的健康影响因素，观察对象主要是个体，观察站位是个体的身体要素，并由此向外延伸到个体的社会经济因素、精神心理因素直至宏观社会结构因素以及公共卫生事业状况等。具体做法就是，列出所有影响个体身体健康的因素清单，并最终将其归于身体各项指标的变化，以测度身体的健康状态，弄清健康问题，实施健康干预等。

从本质上看,这种多因素论的思维方式既是决定论也是还原论,难以真正解释人类的健康行为、健康状态及其演化的真相。目前,人类健康问题的重大挑战在于,我们没有建构起更高版本的人类健康行为演化机制理论,"被动健康观"引领下病越治越多等医疗陷阱现象愈演愈烈,加上全球范围内医疗过度商业化、产业化造成利益博弈机制的恶性循环,整体来看,现有健康医疗体系不但难以适应人类寿命普遍大幅延长的老龄社会的要求,而且,如果不从战略上作出重大调整,那么,未来引发全球性医疗灾难的系统性风险与日俱增。相对来说,解决医疗事业和产业发展模式选择问题比较容易,但构建更高版本的人类生命健康演化机制理论更为困难,也更为重要。它是选择医疗事业产业发展模式的基本依据。

2. 人类健康行为的演化机制。基于前述论证,这里尝试提出人类健康行为演化机制理论的基本线索。

第一,人类个体健康行为的演化结构和演化过程。在自然环境下,人类个体生命及其行为既是"心"引领下人的精神(心理)、社会和身体三维一体统合运作的恒在结构,也是一个从生命孕育到生命终结的复杂演化过程,即人类个体健康是一个从低级复杂系统向高级复杂系统不断演化直至生命终结的全过程。在这一全过程中,身体的演化保持在长期演化形成的生命阈限内,但从出生、成长、壮年、衰老直至生命终结,人类个体健康状态是一个复杂演化曲线,不能用单一一套指标来衡量。其中,对于人类生命自然演化形成的自在生命力、自为恢复力和衰亡终结力,人类的认识可以不断逼近,但干预不能超越其阈限。

第二,人类个体的健康行为和状态。人的健康状态有两个既定条件,一个是自然环境,另一个是社会条件。人的健康行为主要是在这两个既定条件下,在"心"的引领下,对身体的使用过程、对精神的调整过程和对社会关系的调适过程,而人的健康状态则是人出生以来在既定自然环境和社会条件下,人在"心"的引领下身体使用过程、精神演化过程和社会关系调适过程的积累性状态。一定时点人的健康状态是以往健康行为的积累,也是预测其后健康状态的重要依据。这里,人与自然的互动是健康的基本背景,不能离开人与自然的互动来考量人的健康问题;社会条件是健康过程和健康状态的既定条件,可以选择和自我调适但不能脱离;"心"既是人的精神活动(认知、判断、素养、知识结构等的过程和状态)的主人("心"虽然也参与上述精神活动但不是上述精神活动本身,且高于上述精神活动,不然,没有这个作为主体的"心"或者"我",术后自我调整心态的关键绝非仅仅认知等精神活动本身),也是统摄身体、精神和社会三维一体的健康行为的引领,是健康过程和健康状态的关键;身体只不过是健康过程和健康状态的基础、载体和指示器,精神状态和社会关系状态当然也是健康过程和健康状态的重要指示器。

第三,人类健康行为的基本逻辑。在生命行为中,个体生命是否健康遵循四层逻辑,即自然逻辑、精神逻辑、社会逻辑和身体逻辑。超越自然逻辑使用身体(如现代化过程中污染性生产方式就是突出表现),是现代社会人们普遍不健康的重要原因;越过身体逻辑使用身体(核心是经济劳作)是离开健康的外在表现,即《黄帝内经》所云"生病起于过用"。健康问题的中介性原因是社会关系网络方面的问题,不遵循精神逻辑(即认知规律、心理调适规律等)同样也会导致精神疾病,从而影响社会关系调适进一步酝酿身体疾病,但是,影响健康行为和状态的总根子在于"心"的问题。简单地说,健康行为和状态的总指挥是人的"心",过用、身心生病等只不过是"指挥失灵"的后果。"指挥失灵"的重要原因在大多数情况下主要是:对以上四个逻辑的知之不多,根植于人性深层的健康知行分离和健康惰性,及其自我内在控制力和外在刚性约束机制的缺失。

第四,人类健康行为的关键。"心"对于健康行为具有绝对的引领性。在同样的自然环境下,即便社会条件存在诸多问题,但个体"心"("我")通过精神层次和水平的提升来达到对身体使用具有自洽性把握的目的。简言之,"心"的强大完全可以在健康行为上做到"出淤泥而不染",即保持自己行为的独立性;否则,人就是自然环境、社会条件、身体和精神的奴隶,最终演变成"医生的奴隶"。这其实也是绝大多数健康问题的深层原因,所谓身病是心病的外在表现是也。人之所以往往难以真正成为健康的主人,根本是做不到身为心役使,反而是心为身所役使。因此,中国传统的健康文化历来注重"心"对于健康的统合作用,强调养生的关键在于养"心"(通过把控精神状态从而把控身体行为进而保持身体良好状态)。总之,强调"心"在人类健康行为中的统合作用,这是人类健康的最高原理。

第五,人类健康行为的主观惰性和客观积累性。"心"是人类健康行为的关键,但"心"最大的问题在于其惰性,其最突出的表现是健康知行分离现象:对于正向健康趋向知其应为而不为,对于负向健康趋向知其不可为而为之。但身体运作是客观的,"心"的惰性反向引领的行为最终会在身体层面形成累积效应。这是人类健康行为的难题,也是新的健康观的重要主攻方向。简言之,"被动健康观"的失败不仅是对健康知行分离和健康惰性的认知匮乏,而且是停留于健康行为倡导,没有相应刚性约束管理机制的建构,客观上被动应对健康知行分离和健康惰性,造成疾病积累性生长,形成被动逆健康恶性循环,加上全球性医疗过度商业化机制的深刻固化作用,病越治越多的现象愈演愈烈。需要指出的是,健康知行分离现象的存在,本质上是"心"与精神存在区别的明证。知道不健康的行为这是精神,但懒于去做,这是"心"的懒。不能不说,中国哲学确实更高一筹。前述"心"来把控精神状态也是"心"别于并高于精神状态、精神维度的另一明证。

第六,人类整体健康状态和社会主体结构健康状态。从人类整体生命角度来看,国民整体健康水平取决于自然环境友好状况、全体国民精神素质、社会经济条件、健康制度安排和健康服务体系等诸多方面。但是,导致系统性健康问题的原因在于自然环境和社会经济条件。简言之,个体不健康的原因主要在个体(除先天遗传性疾病外),在其"心";人们普遍不健康的原因,从身体层面来看,问题出在个人,病灶在个体身上,但病因既可能是"心",但更多还要观察个体之外的自然环境和社会条件。从社会主体结构来看,不能用年轻社会的观念来看待老龄社会的健康问题。面对老龄社会乃至超老龄社会,如何看待人类个体健康状态,需要从全生命健康行为演化机理的视野来把握。

同时,把握整体生命健康状态,还需要把健康行为演化机制与人类年龄结构类型结合起来。因此,应对老龄社会,在健康领域之内,除个体层面人人转变健康观念、人人共同行动外,还需要按照生命行为的内生性逻辑和外在性逻辑,建立适应老龄社会的健康事业产业体系;在健康领域之外,也需要按照生命四层逻辑,建设适合健康行为的自然环境和社会经济环境。

(三)"主动健康观"之要义

如前所述,对于身体和生命,人类不能创造,只能复制(通过生育)和修复(通过疾病预防和疾病治疗以及康复护理)。但是,和"被动健康观"不同,主动健康观认为,对于身体,我们在疾病预防上的空间很大。更重要的是,在精神和社会维度,人类对于健康行为的操作空间更大,但紧紧抓住个体的"心",则是关键的关键。一句话,主动健康观不是像"被动健康观"那样临渴掘井或者江心补漏,而是基于人类健康行为演化机制的一系列新的健康理念,其要义如下:

1. 关切结构和整体健康状态,而不是仅仅重点关注身体变化。主动健康观认为,人类个体终生健康行为是一个"心"引领下人的精神、社会和身体三维一体的有机结构,健康识别、健康干预的焦点既不是单看身体因素,也不是单看精神因素,更不是单看社会因素,而是关切个体人在精神、社会和身体三个维度共时历时的结构化演化状态。因此,观察人的健康状态需要建构精神、社会和身体三维一体的健康指标体系——精神维度亚指标体系、社会维度亚指标体系和身体维度亚指标体系。从预防、诊断、治疗、预后等角度看,也需要基于精神、社会和身体三维一体统合处置。例如诊断治疗处方应当是精神、社会和身体三方面的处方一体化出具。目前,身体维度还需要深入研究和改进,社会维度处方需要加强,精神处方更需要完善。关于"心"与精神指标和精神处方的关系下面讨论。

2. 以关切"心"为纲,高度关切整合性健康干预。人类高于动物的根本原因之一在于人类有高层次发达的"心"。从这一原理出发,主动健康观认为,人类健康行为可以用公式表示为：

健康＝自然环境［心×（精神健康＋身体健康＋社会健康）］

这一公式的含义包括以下十个方面：

（1）概念解读。个体整体健康状态是一定自然环境中"心"引领下人的精神健康、身体健康和社会健康一体化演化的复杂性函数。自然环境是否有利于健康是前提性的，不过，不利于健康的自然环境是可以修复的，但需要一个过程。"心"是个体健康的统帅，精神健康主要指个体在自我健康通识、自我健康预警技能、自我预防和纠正健康问题的意识和能力、主动预防性健康干预等方面显示出来的整体精神健康状态。身体健康主要指个体通过各项生物学指标和日常生活功能指标所显示出来的状态。社会健康主要指个体在与他人和社会组织的相互关系中显示出来的状态。整合性健康干预就是关切"心"统率精神健康、身体健康和社会健康三维一体化过程的系统性、协调性、持续性。

（2）"心"是整体健康状态之纲。假定"心"的数值为零，即使身体强壮，人际关系良好，拥有大学以上学历，这样的人整体上也是不健康的，也基本上是一个对社会没有用处的人。假定"心"的数值为负数（如哀莫大于"心"死者、躺平者），同样，即使身体强壮，人际关系良好，学历不低，这样的人整体上也是不健康的，是家庭和社会的负担。相反，只要"心"是健康的也就是正数，即便身体有问题，社会关系一般，文化程度不高，这样的人仍然可以通过治疗疾病、修复社会关系和提升精神素养，成为健康的人，并成为自我实现和贡献社会的有用之人。即便是高龄老年人身体衰老难以逆转，但只要"心"是健康的，神智正常，功能保持良好，仍然可以有所作为，并获得生命存续的价值和意义。总之，"心"是整体健康状态之纲，这也是个体作为健康的第一责任人的根本理论依据。

（3）"心"与精神健康的关系："心"是精神健康的上位，虽然精神层面的状态不是"心"本身，但"心"可以通过精神状态显现出来。一些"假"精神疾病患者对外宣称他（她）精神状态有问题，或者谎称自己心理上有问题，本质上是逃避"自我",他们的病根在"心",即无法面对自己。这说明,"心"与精神状态是两回事,而且不是同一层面的问题。不过,透过精神状态,可以观察"心"的状态。因此,前述精神健康指标和精神健康处方可以合并出具,但其中,要把"心"与精神状态在指标和处方中区分开来。

(4)"心"与身体健康的关系:简单来说,"心"是主人,身体是仆人,但两者需要通过精神健康这个环节发挥作用。

(5)精神健康与身体健康的关系:精神健康者不一定身体健康,身体健康者不一定精神健康。精神健康有利于身体健康,身体健康也有利于精神健康。一句话,这两者之间的关系十分复杂。身体不健康对精神健康进而对整体健康的影响是深刻的,但处于引领上位的"心"才是修复精神健康进而修复身体健康的终极关键。因此,精神健康处于次位,而身体健康始终处于下位。在疾病发生、发展、治疗、康复的整个过程中,"心"引领下的精神健康之作用贯穿始终。如果失去了"心"的引领,精神健康同时也出了问题,那么,在身体疾病治疗康复之前、之中、之后更需要关注"心"的回归,然后精神健康方法的介入当然也十分重要。"心"病不治,精神疾病和身体疾病是治不好的。在身体疾病导致失能且不可逆的情况下,"心"引领下精神健康的保持更为重要。当然,一旦出现精神疾病并陷入不可逆状态,如精神错乱,也就是说,"心"的引领也丧失了,那么,身体疾病的治疗不过是纯粹的人道主义帮助。

(6)"心"与社会健康的关系:社会关系状况是个体健康行为的既定条件,对健康的影响十分重要,但个体对于社会关系这一既定条件具有选择性、独立性和调适性(不能改变则自我调适)。更重要的是,个体整体健康的实现最终也需要个体"心"的主动自觉介入和应对。

(7)身体健康与社会健康的关系。没有"心"的引领和精神健康这个中介,身体健康与社会健康的关系便无从理解和把握。

(8)个体健康是"心"引领下精神、社会和身体三维一体历时性演化的动态过程。从全生命周期看,身体维度的演化是一个倒 U 形曲线,表明身体经历了从出生、成长到衰老和死亡的过程。这一过程本身的无疾病演化(无疾而老)是一个"自然"的健康过程,例如无疾病且能生活自理的高龄老人就是身体健康的老人。社会维度的演化从丰度看也是一个倒 U 形曲线,经历了从单一(父母、子女、兄弟姐妹等关系)到复杂再到老年期简化的人际关系过程。这一过程也是一个"自然"演化过程,例如一个人在人际关系上能够自如应对进退,即表明其社会维度的健康状态。是否社会健康的关键在于个体人的应对进退能力。精神维度的演化则是上坡形曲线,即从出生到死亡前精神状态保持向上且运作良好。如果精神健康曲线呈现波浪形或倒 U 形等其他曲线,则表明其在精神层面出现了健康问题,而且是严重的健康问题。总之,整体健康呈现三重曲线交错的特征。

(9)主动健康的核心要义是"心"对个体人的精神、社会和身体三维一体动态演化过程和健康状态的动态自主监控和应对过程,其中,自我预防、疾病识别、寻求健康救助和纠正不健康行为以及良好生活方式的维持是要务。从这个意义上说,为了健康,"心"是最累的,但更重要的是,"心"出现问题,最终也要"心"来解决,当然,精神层面的工具性中介也是须臾离不开的。

(10)健康是生命持续的完整过程,其测度需要运用精神、社会和身体三维一体联合指标构成的完整指标体系。这是主动健康观落地的关键和难点,需要扬弃多因素论思维、还原论思维和决定论思维,从复杂性理论及其方法来构建指标体系,并对其加以不断完善,为人们的主动健康行为提供操作性指引。其中,要在精神维度的指标中对"心"和"精神"作出区分,更要在联合指标体系中突出"心"的一以贯之的作用。

为了说明人类健康行为机制的特殊性,也就是"心"的重要引领作用,我们参照动物的健康行为,作出更进一步的阐释。实际上,低于人类的动物健康的公式可以表达为:

动物健康=自然环境[低等精神×(身体+社会)]

换言之,动物健康是一定自然环境动物身体本能与其社会关系网络、低等感性精神之间的复杂性函数。其中,最大区别在于没有人的"心"的引领作用。这样看来,"被动健康观"更接近动物健康公式。这正是主动健康观的革命性所在,即强调"心"作为人类高于动物的本质特征在健康行为中的引领作用。

世界卫生组织曾经对影响健康的因素作了深入研究并得出结论,认为气候因素占7%,社会因素占10%,遗传因素占15%,医疗因素占8%,生活方式因素占60%。实际上,这些说法也值得商榷,例如生产方式是污染的,即便人人自觉自律也同样会疾病缠身。应当说生产生活方式因素占60%可能更准确。实际上,我们还应当进一步研究个体终生健康演化过程中"心"引领下精神、社会和身体使用这三个方面导致亚健康,以至疾病发生及其演化的大体占比比值,用以指导人们的健康行为。这应当是一个意义重大而且具有可操作性的未来老龄健康学基础理论课题,将对健康事业和产业的升阶性发展产生重要而深远的意义,对人们的日常生活行为来说,可能将产生革命性的影响。

3. 关切个体独立性和能动性,而不是将医院、医生视为健康行为的主导。主动健康观的重中之重是强调个体在健康行为中的主体责任,把人类个体置于健康行为的首位。基于人类健康行为演化的机理在于以"心"为纲这个关键,主动健康观认为,个体是主导,医生是最后才出场的。相对于既定的自然环境和社会关系网络,个体虽然有其不可选择性,但其也具有可调适性(自我保全性和趋利避害性)。实际上,调适性是人类漫长演化过程中的法宝,是我们经过漫长演化历史反复验证的正确做法。这也是主动健康观把个体调适性(自我保全性和趋利避害性)重新纳入更重要位置的依据。社会关系无法选择,但我们可以为了健康努力作出调适,调适不了的则可以采取良性自保和回避措施。说到底,"心"在健康行为中的统帅作用主要取决于个体的自主性、自觉性。此外,健康行为中的预防性、持续性、惰性克服,特别是精神、社会、身体三个纬度的统合作用,最终只能通过具有独立性和主动性的个体在"心"的引领下才能落地。

4. 关切精神、社会和身体三维一体的有机综合功能,而不是仅仅关切身体功能指标。主动健康观认为,人的健康行为是人在"心"的引领下精神、社会和身体三维一体综合功能的优化和维持。这就需要从人的精神功能、社会关系功能和身体功能三个方面出发来观察、考量、预警和干预其健康状况,坚决反对单方面强调对身体层面的健康关切。

5. 关切系统安排,但同时高度重视生命个体行为的积极持续参与性。主动健康观认为,自然环境和社会关系网络对个体来说是既定的,但对整体来说也是可以持续改变的。因此,社会整体健康状况的改善要从自然环境和社会关系两个方面共同着力,但并不排斥个体的主动介入,而是要做到个体融入自然环境和社会关系格局的改善之中。重中之重是健康生产方式和生活方式的形成。

6. 关切生命演化形成的既定阀限,重在针对健康知行分离与健康惰性来加强健康机制的柔性和刚性约束双重管理。如前所述,人类生命自然演化形成的自在生命力、自为恢复力和衰亡终结力是人类健康的基本原理,人类对此既不能简单顺应也不能过度干预。但这并不意味着人类对于健康无所作为。主动健康观概括起来就是,高度重视"心"对宏观、微观健康因素以一持万的统领作用,强调人在健康行为中的主体作用和首要责任,扬弃"被动健康观",不超越自在生命力、自为恢复力和衰亡终结力构成的生命自组织复杂系统机能的阀限,不断探索健康未知领域,重中之重是在已知健康知识的基础上,建构健康自觉自律柔性约束和健康他律刚性约束双重机制,针对健康知行分离和健康惰性进行系统性、终生持续性干预。需要说明的是,"心"对健康行为只能是引领性作用,而不是绝对决定性和支配性作用。道理十分简单,我们只能在既定阀限内发挥"心"在健康行为中的作用,越过此阀限,无论呼吸、循环等"自然"生命的自组织复杂系统机能都不是我们能够控制的。简言之,生命"自然"演化逻辑的阀限,就是"心"引领人类健康行为的边界。

7. 关切生命质量,而不是刻意延长或缩短失能期。面对长寿时代和超老龄社会的来临,主动健康观不是强调刻意延长高龄阶段的失能期以及多种疾病导致的痛苦生命期,而是更加关注个体生命意愿,防止药物滥用和安乐死滥用,倡导生命按自然逻辑存续,最大限度减轻患者痛苦,保持生命尊严,推动生命无痛存续。

8. 关切终生价值,丰富个体长寿生命体验。主动健康观认为,未来所有人类都要进入老龄社会乃至超老龄社会,绝大多数人都将有幸活得更为长寿。因此,人类健康行为的主旨包括两个方面:一方面,通过个体和家庭自我努力、政府和社会支持倡导,来培育一代又一代的健康长寿人,从根本上降低健康成本,打好健康这个社会基础,确保人们在健康基础之上建设更有意义的高楼大厦,把节省出来的健康成本用于更有意义的事业产业,为人类作出更大的贡献;另一方面,面对比年轻社会更高位阶的老龄社会和长寿时代,通过人类健康行为使人们不仅丰衣足食,还可以拥有更丰富的精神生活,为拓宽、丰富和提升人们的长寿体验创造条件。

9. 关切终生曲线,而不是一把尺子量到底。主动健康观认为,人的终生健康行为是一个复杂的动态演化曲线,不能用一把包涵身体指标而排除精神指标和社会关系指标,更排除"心"的指标的静态尺子,从婴幼儿一直量到高龄期。这就需要分年龄段的健康指标体系以及干预体系。更重要的是,主动健康观的一个重要理念是,健康是全民行为,也是每一个人的终生行为。全民健康和终生健康是非常重要的两个健康关键词。

10. 关切将预防性健康事业产业做大做强,同时强调治疗性健康事业产业只能做强不能做大。主动健康观的核心目标是从源头上降低疾病和失能的发生率,强调预防性健康事业投入不断加大和预防性健康产业产值不断增大,从根本上缓解治疗性健康事业投入无底洞效应和遏制治疗性健康产业直线攀升态势。借此,从根本上扭转"被动健康观"及其背后的医疗产业利益绑架机制给人类可能造成的系统性健康风险,从整体上提升长寿时代和老龄社会条件下人们的生命健康品质和水平。

总之,就生命个体来说,从健康与外部发展如物质财富的关系来说,健康是1,其他为零,即其他如物质财富的多寡与意义由健康来决定,没有健康这个1,再多的零也没有意义;但是,从健康内部来说,"心"的赋值不能为零更不能为负,否则,人将不人。这是主动健康观的轴心。此外,人类个体健康的最大敌人是"心"懒导致的健康通识的缺失和健康行为的惰性。因此,主动健康观的针对性主要就是面向"心"懒及其导致的健康通识缺失和健康行为惰性开战。

就人类个体来说,我们面临长寿时代的客观趋势,顺应这一客观趋势的"主动健康观"的微观要义可以概括为五句话:第一,"心"是人类健康的首要引领因素;第二,健康通识是保持人类健康的基本前提;第三,顺应身体天然机能正确使用身体是人类健康的基础;第四,应对进退的社会能力是人类健康的重要关节;第五,克服惰性是人类持续健康的重要底基。

就人类生命群体或者人类整体来说,我们面临老龄社会的客观趋势,顺应这一客观趋势的"主动健康观"的宏观要义可以概括为五句话:第一,面向所有人增进全生命健康通识是确保人类整体健康的基本前提;第二,转变生产生活方式以修复农业革命和工业革命以来遭到破坏的自然环境,是保障人类整体健康的长期战略任务;第三,改善人类关系和完善社会制度以消解种内过度竞争压力,是保持人类整体健康的重要内容;第四,从根本上彻底改变绑架健康、绑架发展的基于疾病的现代西方医疗服务产业化、资本化、金融化模式,是提升人类整体健康水平的重中之重;第五,为人类个体健康失败者提供兜底性医疗康复服务是保持人类整体健康稳定的安全网。

人类已经告别短寿时代和年轻社会,正在长寿时代和老龄社会的道路上不断行进。短寿时代和年轻社会形成的"被动健康观"正在经历一场深刻革命。适应长寿时代和老龄社会的主动健康观正在酝酿生成。但是,人类健康观的革命需要从四个层面上进行探索:一是人类健康行为演化机制的哲学理论模型;二是人类健康行为演化机制的科学理论模型;三是人类健康行为演化机制的实证技术模型;四是指导人类日常健康行为的操作模型。以上讨论的内容仅是对第一个层面的线索性探究。建构成熟完善的人类新健康观即主动健康观还有很长的路要走。

三、实施适应老龄社会要求的国家健康战略

(一)战略目标和思路

1. 战略目标。到 2050 年,人口平均预期寿命达到 83 岁以上,全民终生

健康教育管理率达到 100%,全民健康产出大幅提高,老年期健康余寿不断提高,疾病、失能发生率不断降低,死亡质量显著提升。

2. 战略思路。以 21 世纪中叶为长周期时间节点,以习近平新时代中国特色社会主义思想为指导,转变"被动健康观",树立主动健康观,高度重视个体终生健康行为管理和全人口结构性健康问题,把握人类健康演化的合规律性和合目的性,以从根本上降低疾病发生率和失能发生率为着力点,立足中国,兼顾全球,建构主动健康发展模式,合理利用和创新西医健康技术,大力发展中医健康技术,走公平健康事业和低成本健康产业的发展道路,确保长寿条件下实现健康中国的伟大目标,建设适应老龄社会的健康体系,走出一条通过主动健康模式应对老龄社会的中国道路。

实际上,健康中国战略乃至健康人类战略,本质上就是中国和人类应对长寿时代和老龄社会的健康战略。否则,不考量应对长寿时代和老龄社会条件下的健康战略问题,健康中国战略乃至健康人类战略就是空话。实施健康中国战略和实施应对老龄社会的国家健康战略本质上是同义语。从某种意义上说,实施健康中国战略的最大难题就是扬弃漫长年轻社会形成的"被动健康观",树立主动健康观,发展适应长寿时代和老龄社会要求的健康事业和产业。

(二) 战略任务

1. 加快制定实施健康中国长远战略(2025—2050 年)。目前关于应对老龄社会的长远战略还存在许多空白,特别是全民对于普遍长寿的健康挑战的意识和相应准备还远远不足,进入 2040 年之后,高龄化浪潮中的健康负担、健康技术需求、服务体系构建、公共财政压力以及老龄社会带来的健康机遇等还需要深入研究,并作出统筹安排。因此,在现有健康战略基础之上,以主动健康观为引领,突出中国式健康现代化建设,特别是中医现代化建设的发展导向,要抓紧研究制定实施健康中国长远战略(2025—2050 年)。简言之,要在现有健康中国战略基础上,制定适应老龄社会要求、符合中国式健康现代化建设要求、对其他国家有借鉴意义的更高版本、更加细化的健康中国战略,并对未来不同阶段特别是高龄化阶段的健康目标、任务、重大制度、重大政策、重大工程作出新的部署。

2. 以主动健康观为引领大力发展老龄健康事业。主动健康观将引发一场健康观的革命。不过,如前所述,从年轻社会转向老龄社会,最难跨越的就是观念关和利益关。如何推动人们头脑中的"被动健康观"转向主动健康观,如何推动支撑"被动健康观"的公共财政体系转向主动健康观引领的新的公共财政体系,这需要一个长期过程。对于中国来说,需要打破现有健康事业格局,构建主动健康观为引领、老龄健康学理论为支撑的健康事业体系。

第一,转变发展观,落实绿色发展理念,恢复修复自然环境,到 21 世纪末持续推动健康生产方式为主流经济发展方式,实现天人合一,努力做到人与自然的和谐相处。这是长远战略,也是应对老龄社会的前提性战略,更是以主动健康为核心的老龄健康战略的前提。

第二,研究制定老龄健康事业中长期发展专项规划。要面向未来"两个十五年",盯准各代人群的不同需求,针对 21 世纪后 70 多年老龄社会的倒逼性健康要求,在"健康中国战略"的框架下,围绕主动健康观的核心理念,从关系人类健康的精神、社会和身体三维一体有机结构的统合发展要求出发,重构适应长寿时代和老龄社会要求的健康事业体系,制定分阶段发展目标和任务,落实国家和地方联动工程,为每一个人的健康长寿生活创造条件。

第三,改革和重构老龄健康事业发展体制机制。核心是以主动健康观为引领、以人民健康为中心,实现覆盖全生命老龄健康事业从疾病治疗为主转向预防为主,这是未来能否成功应对老龄社会乃至超老龄社会挑战的关键。否则,将会引发系统性健康风险乃至社会性风险。"预防胜于治疗",其根本是实施低成本应对老龄社会的健康战略,从源头上最大限度降低疾病和失能发生率,切实降低医疗保障制度和医疗卫生服务体系面临的压力。构建医疗保障制度和医疗卫生服务体系是解决国民疾病问题的出路,但这是被动的政策理念。针对人口老龄化的巨大压力,2002 年,在第二次世界老龄大会上,联合国把"积极老化"（active aging）确立为应对人口老龄化挑战的国际战略，即在人的一生中都要预防疾病和促进健康，实现让尽可能多的人尽可能长时间地享有尽可能好的生活质量的目标。中国目前还属于低中等收入国家，应对规模巨大的带病老年人口的医疗卫生服务能力还比较薄弱，如何应对，中国必须算大账，应当考虑低成本。在低成本应对人口老龄化的选择上，最有效的途径就是在改变不良生产方式前提下全民改变不良生活方式，按照主动健康观念的要求，走积极老化的道路，把疾病耗费医疗卫生服务资源的压力降低到最低点。同时，还可以大幅提高全民的生活水平和生活质量，对于经济社会发展具有十分积极的意义。当然，对于拥有"治未病"优秀传统文化的中国来说，积极老化的道理人人都能理解，但"知易行难"也是全社会公认的。不过，现在的问题是，面对世界上最大规模的人口老龄化和医疗卫生服务资源严重不足的国情，中国没有别的选择，需要在全社会共同行动，实现低成本应对人口老龄化的战略目标。

第四，改革和健全老龄健康保障体系。一是把应对人口老龄化作为重要导向纳入医药卫生体制改革，加强适应老龄社会要求的医疗保障制度和医疗卫生服务体系的顶层设计。从长远来看，在人口老龄化的背景下，国民的疾病问题可能比养老问题更为重要。前者涉及活命，后者只是个吃饭问题。吃饭的问题现在基本已经解决，但疾病问题才是人们最忧虑的。何况，如果说养老保障制度需要顶层设计，那么，医疗保障制度和医疗卫生服务体系更需要顶层设计。目前正在进行的医药卫生体制改革，主要解决的是两类问题：一个是医疗卫生事业回归公益性的基本问题，另一个是当前问题，即看病难、看病贵的问题。这是十分重要的，但目前的医改整体上还没有深刻涉及应对人口老龄化和高龄化这个长远问题，缺少改革的长远导向，需要在解决医疗卫生事业的基本定位和现实问题的同时，作出制度安排和制度储备，否则，在人口老龄化高峰特别是高龄化高峰到来（2042 年）之时，将会面临二次改革的风险。因此，要在 2042 年高龄化大潮到来之前，确保医疗保障制度具有承受人口老龄化的可持续发展力和韧性，确保医疗卫生服务体系具有承载庞大老年服务对象的能力。二是建立多层次的医疗保障制度,确保医疗保障资金收支的长期基本均衡。疾病治疗是一个无底洞,即使像美国这样一流的发达国家,医疗问题也没有解决好,更何况仍处于发展中国家的中国。从当前来说,提高基本医疗保险的统筹层次十分重要,盘子越大,分散疾病风险的功能越强大,社会保险的互济性才能真正体现出来。但从长远来说,夯实多层次的医疗保障制度更为重要,唯其如此,才能防止"鸡蛋放在一个篮子"的风险。其中,首先仍然要树立国民自己负责任的意识,提高个人的保障能力,只有这样,才能使积极老化战略落到个人头上,落到实处。否则,大家都躺在医疗保险的身上,再好的医疗保险也会垮台。其次是基本医疗保险要起到基本保障作用,确保国民基本医疗保障需求。再次是加大转移支付,逐步提高医疗救助水平,发挥兜底作用,预防国民因病致贫。最后是大力发展健康商业保险,鼓励国民成为健康商业保险的保民,整体提高每一个人抗疾病风险能力。总之,要紧盯未来人口老龄化和高龄化趋势不同阶段的公共老龄健康费用需求结构及其走势,重建多支柱的健康医疗保障体系,底线是确保满足人们的基本健康医疗需求,关键是建立制度内激励和惩罚机制,刺激和推动人人重建主动健康行为。

第五,对医疗卫生服务体系进行战略性调整。实现城乡医疗卫生服务均等化是中国医疗卫生公共政策的重要基石,但着眼长远来看,要在实现城乡医疗卫生服务均等化的过程中统筹安排,合理规划,面向越来越多的老年人口,大力发展老年医疗卫生服务。要在建设三级医疗卫生服务网络的同时,加强相应基础设施建设,增强其服务和承载带病老年人功能。逐步建设老年预防保健与老年病控制体系,大力发展以医疗为主兼有预防和健康干预功能的老年医疗服务组织,培养一大批老年病专家,加快相应服务队伍建设。总之,现行医疗服务系统、基层医疗卫生服务系统和公共卫生服务系统,要逐步把重点转移到应对人口老龄化上来,使之既能够服务于每一位国民的积极老化,又能够在疾病发生后提供有效的服务供给。

第六,重塑健康人才培养体系。没有各级各类源源不断的健康人才,无论采取什么体制机制也无济于事。这是若干年来医改成效打折扣的重要深层原因。简言之，只要没有足够的健康医疗人才，重点疾病全国只有几个一流大夫，无论什么体制机制也解决不了问题。因此，要针对未来人口老龄化特别是高龄化发展趋势，紧盯全生命不同阶段健康医疗需求，研究制定和实施老龄健康人才体系发展中长期专项规划。

第七，改革和重建中西医事业平等发展机制。要分阶段从公共财政投入、基础设施建设、人才培养、公共健康费用配置等方面，逐步建立中西医平等投入机制，坚定改革过度医疗的制度性顽疾。

第八，逐步重建老龄健康指标体系。现行健康医疗领域的指标体系基本上是"被动健康观"的产物，要逐步适应长寿时代和老龄社会要求，按照主动健康观的内在要求，从精神、社会和身体三维一体统合测度的要求出发，结合中西医双重标准，逐步构建新的覆盖全生命、针对多病种、关切不同生命阶段的功能要求的老龄健康指标体系。

第九，重点发展基层老龄健康事业。目前，所有健康医疗问题的根子在于基层健康医疗事业的薄弱和短板突出。未来，应对老龄社会和超老龄社会的健康挑战的重心在基层。因此，在现有健康医疗事业分层体系不断完善的过程中，用"两个十五年"时间，在基层社区打造满足人人全生命长寿生活的老龄健康服务网络。

目前，整体来看，落实"健康中国战略"，适应老龄社会和人人健康长寿要求，发展老龄健康事业产业，我们面临的最大问题是事业产业不分，政府和市场的界限不明，社会的作用发挥不出来。简言之，在全面应对老龄社会上，政府、市场、社会三大部门的作用发挥存在系统性改革严重滞后。这是未来构建老龄健康事业体系和产业体系的最大难点，也是未来的突破口。

中国已经迈入老龄社会，超老龄社会相关健康问题的系统性端倪已显。从某种意义上说，健康中国战略的本质是就是老龄健康中国战略。换言之，在老龄健康之外，不存在什么抽象的"健康中国战略"。或者说，健康中国战略是名，而老龄健康战略为实。否则，应对不了老龄社会的健康挑战，承载不了超老龄社会的医疗压力，健康中国战略就会落空。换个角度来说，健康中国战略也就是人人健康长寿战略,以人民健康为中心就是以人民健康长寿为中心。如果不能以主动健康观为引领,彻底扭转"被动健康观"及其引领的发展方式,彻底打破"被动健康观"背后的既得利益形成机制和格局,建构起适应老龄社会和长寿时代要求的老龄健康事业体系,等待我们的将是医疗卫生系统性灾难。这恰恰是主动健康观的立意所在。

3. 以主动健康观为引领大力发展老龄健康产业。简单来说,老龄健康产业就是老龄社会条件下面向全民提供全生命健康的产品和服务相关产业的总和。老龄健康产业不是在传统产业体系里占个小位子,而是在即将成为主流经济的老龄经济产业体系占据重要位置。老龄健康产业绝非是吸光人们财富、造成人们因长寿而破产的传统健康产业,它的总产出是全民全生命健康水平的维持和提高,是老龄经济的重要支柱,也是老龄社会和长寿时代行稳致远的重要根基。长远来看,在全球老龄化背景下,老龄健康产业是未来全球老龄经济的战略制高点。从产业分层来看,老龄健康产业可以分为预防性健康产业和医疗性健康产业。从发展战略上看,短期来说,预防性健康产业不是要和现有医疗性健康产业抢饭碗。客观来说,短期内也抢不过,但长远来说,预防性健康产业的终极目标就是要釜底抽薪,从源头上降低全民疾病和失能发生率,最终最大限度抑制传统健康医疗产业利益的膨胀态势。换言之,从全球经济特别是健康经济的未来竞争格局来看,老龄健康产业的发展战略就是,预防性健康产业对内对外既要做强又要做大,而医疗性健康产业对内只能做强不能做大,但对外则既要做强又要做大,以便为人类适应老龄社会的健康转型的挑战提供帮助。

当前和今后很长一段历史时期,发展老龄健康产业面临一系列问题,总的问题是老龄社会的健康需求结构与年轻社会建构起来的健康供给体系之间的错配矛盾。老龄健康产业的需求侧已经和正在发生重大转变,但供给侧跟不上来。具体问题包括全民健康观念、卫生观念、疾病观念深受"被动健康观"的影响难以转变,适应老龄社会的"主动健康观"还没有发育成熟,现有健康相关理论、技术以及相应健康卫生医疗服务体系基本上是短寿时代的产物,医疗保险体系特别是商业化医疗保险体系还没有发展壮大,应对大规模长寿时代的要求严重滞后,长期照护保障体系等尚在试点,健康人才特别是关键健康医疗人才极度匮乏,中医健康产业发展跟不上人们的现实要求等等。总体看,发展老龄健康产业面临诸多需要解决的矛盾和问题。

产业发展史告诉我们,空白越多、短板越多,则发展空间和发展潜力越大。整体来看,面对全球老龄化的发展态势,发展老龄健康产业的基本盘不是国家模型,而是全球模型,老龄健康产业不仅会重塑未来中国的健康经济形态,解决自身老龄社会的健康问题,而且,按照主动健康观的要求,建构中国特色的老龄健康学理论体系,发展中国式老龄健康产业体系,还将为人类在健康领域应对老龄社会提供中国智慧。未来的老龄健康产业前景,也就是老龄健康产业的需求侧发展趋势已经十分明朗且毋庸置疑,现在的问题是,作为供给侧,老龄健康产业应当提供什么?如何提供?这是决定 2050 年乃至 21 世纪后70 年人类经济结构和产业结构及其发展走向的关键之一。

第一,发展终生健康教育产业。健康教育产业本质上是健康知识的产业化运作,健康产品和服务的市场教育是其重点,但也包括非特定健康产品和服务的健康知识技能的教育。终生健康教育产业的潜在规模巨大无穷,但难点在于产业定位和产业模式问题。就内容来说,终生健康教育产业涉及广泛:一是伴随人口老龄化进程,人们的健康问题及其认知上的通识;二是主动健康观的基本通识和行动要点;三是全生命不同阶段健康状态演化规律和不同阶段健康风险因素的识别、控制和自我干预等;四是中医通识的主要内容;五是西医通识的主要内容等。这里,重点是要把全生命健康演化机制,特别是心理、社会和身体三维一体统合把握的具体知识和技能教给人们,培养人们自我健康的综合能力。

第二,发展终生健康管理产业。从覆盖人群和产业内容来说,健康管理产业是比医疗服务产业、医药制造产业、医药装备制造产业更大更复杂的巨大产业。但由于"被动健康观"的错误引导,而人群规模更为庞大的健康人群、亚健康人群的健康管理产业发展严重滞后。目前,走出医疗困境的突破口之一,就是大力发展健康管理事业和产业。其中,健康管理产业的未来远景、产业地位日显重要,也是我们面临老龄社会和长寿时代挑战必胜的根本依据之一。

健康管理产业内容广博而繁杂,涉及人类生活的方方面面,不仅涉及健康和亚健康人群,对于患病人群也十分重要。从一般意义上来看,健康管理产业主要包括健康指导、健康评估和健康干预三个过程性产业;从分人群来看,主要包括母婴健康管理产业、青年健康管理产业、中年健康管理产业、中低龄老年健康管理产业和高龄老年健康管理产业;分性别来看,主要包括女性终生健康管理产业和男性终生健康管理产业;从功能来看,可分为面向功能良好人群的健康管理产业和面向失能人群的健康管理产业;从内容来看,主要包括营养指导和配置、运动、睡眠、美容保健、精神(心理)、社会关系等细分健康管理产业;从医学模式来看,还可分为中医健康管理产业、西医健康管理产业和中西医结合健康管理产业;从产业具体定位来说,还可分为身体检查(如健康体检、疾病体检、体育意义上的体质检测、中医意义上的体质检测)、社会和心理测量(如精神诊断、心理诊断等)以及许多细分干预产业(如中医按摩、针灸,音乐疗法、舞蹈疗法等艺术疗法,非药物干预、话聊、心理咨询等)。值得强调的是,健康管理产业目前尚处于起步阶段,发达国家新兴的健康管理产业(如自然医学等带动的相关产业)也正在酝酿之中。可以说,健康管理产业要形成上下游贯通和成熟完善的细分产业体系,还有很长的路要走,发展空间值得期待。

第三,发展终生体育产业。从某种意义上说,在体育、健康管理、医疗、康复护理等应对老龄社会的具体实务来说,没有哪个重要哪个次要的位阶性排序之分;但长远来说,这几项实务却存在战略性先后次序问题,终生体育应当位列第一序列。总之,从应对老龄社会来说,有了全民终身体育不一定完全能够应对成功,但没有全民终身体育则肯定是不可能成功的。

终生体育产业包括方方面面,关联全民,涵盖人们运动管理的方方面面。目前,中国体育产业目录分类范围包括体育管理活动,体育竞赛表演活动,体育健身休闲活动,体育场地和设施管理,体育经纪与代理、广告与会展、表演与设计服务,体育教育与培训,体育传媒与信息服务,其他体育服务,体育用品及相关产品制造,体育用品及相关产品销售、出租与贸易代理,体育场地设施建设等 11 个大类、37 个中类和 71 个小类。其中,绝大多数都存在面向全民终生体育产业发展的空间。更为重要的是,未来产业发展的新趋势是跨行业融合发展态势。可以预见,未来这一产业体系还将随着终生体育产业创新形成更为庞大而丰富的细分体系。

第四,发展西医医疗服务产业。对于中国来说,从"主动健康观"来看,由于存在悠久的中医文化和中医服务体系,未来西医医疗服务产业的长远发展方向十分明确:一是伴随中医医疗服务产业的快速发展,西医医疗服务产业的发展态势是收敛的。目前正是西医医疗服务产业的顶峰时期,在延续一段时期之后,西医医疗服务产业将伴随中医医疗服务产业的复兴而逐步走出顶峰期,进入理性发展期,其产值扩张将受到多方面的限制,这也是未来发展的必然选择。否则,西医医疗产业将会在超老龄社会条件下拖垮中国的医疗卫生服务体系,乃至拖累经济社会发展的步伐。二是西医医疗服务产业将从以治病为中心转向以健康为中心。"主动健康观"取代"被动健康观"的终极目标,就是从"治已病"向"治未病"的转换,虽然面临全球医疗服务产业以及国内既得利益者的阻挠、医疗服务保障体系的漏洞、民众健康意识和能力的提升、医疗服务水平的快速提高以及医院、医药、医保三者的复杂互动关系处理等诸多困难,但健康中国战略的实施将着力釜底抽薪,从根本上扭转以治病为中心的恶性循环。在此背景下,未来医疗服务产业的发展空间在"治已病"领域越来越小,而在"治未病"领域越来越大。三是"过度医疗"态势的遏制将倒逼西医医疗服务产业走向理性发展轨道。四是慢性病不是西医医疗服务产业的主攻方向。五是西医医疗服务产业延伸到长期照护服务领域的发展空间小于预期。从西方发达国家的实践来看,西医医疗服务提供长期护理服务,不仅成本高到足以让千家万户倾家荡产,而且临床照料护理效果颇受质疑。更重要的是,在有中医医疗服务选择可能的中国,西医医疗服务产业进军长期照护服务领域需要冷静考量。

第五,发展西医药品产业、西医医疗器械和装备制造产业。这也是今后的重要发展方向,但针对健康管理、慢性病的向关细分产业会迎来更多发展机遇。

第六,发展中医产业。从长远来看,中医产业是应对老龄社会的主流健康产业,也是老龄健康产业的重中之重。大体来说,为适应老龄社会和长寿时代的要求,中医产业主要包括中医文化产业、中医健康管理产业、中医医疗服务产业、中医药品产业、中医医疗器械产业和中医长期照护服务产业六个板块。中医健康管理产业属于前述健康管理产业的一个重要组成部分,也是健康管理产业的重中之重,在现实中也可以按独立产业来运作,核心是把中医理念和方法贯彻到健康管理的方方面面,这是今后界定中国特色健康管理产业的重头戏。这就需要中医界提供系统的理论、教材和操作指南。关于中医药品产业和中医医疗器械产业,也是未来一个新的发展空间。还有一个领域就是中医长期照护产业,这是未来老龄服务的发展方向。这里需要讨论研究中医文化产业和中医医疗服务两个板块。

关于中医文化产业。从根本上来说,中医复兴的根本在人,在于中医文化武装人,在于人人都要有中医思维。否则,中医复兴将是皮之不存毛将焉附?但是,如此博大精深的中医文化如何才能深入人心,这是中医复兴面临的第一个问题。当务之急就是如何让中医文化之精髓作为通识,让人人易学易懂易操作,在较短的时间内普遍提升大众的中医文化意识和能力。对此,除了政府倡导、纳入公民教育、学校开展通识教育等之外,根本上还是要通过中医文化产业的持续运作才能做到。从产业运作来看,中医文化产业的重大意义不用论证,中医文化产业的市场前景也毋庸置疑,除政府、企事业单位等各种社会组织购买外,如果融入各种服务和产品当中,其市场潜力不可低估。因此,中医文化产业界的战略主攻方向就是:如何开发中医文化产品和服务。

从业态来说,中医是独立的文化体系,根据文化产业"内容为王"的基本原理,中医文化可以深入结合教育培训产业、文化创意产业、艺术产业、旅游休闲产业、文化制造产业、文化会展产业、文化市场研发与管理产业充分融合,完全可以生发出完善、成熟、成长性好的产品和服务体系，甚至打造相应文化综合体也是前景可期的。可以融入老龄宜居产业、老龄制造产业、老龄服务产业和老龄金融产业，加上信息化、智能化技术应用以及日常生活场景构建等，形成以中医文化产业引领的中国特色鲜明的老龄产业集群，也可以超越孔子学院的发展模式，在"一带一路"沿线国家甚至更多国家开办中医文化引领的产业园。这些都是今后的努力方向。

关于中医医疗服务产业。中医医疗服务除了"治未病"之外，也是应对慢性病和某些急性病的根本之道。在治病问题上，中西医之争的背后的利益之争已经充分说明，医学分歧被利益格局所绑架，被西方医学观念及其全球利益链条所绑架。复兴中医是未来应对老龄社会的战略选择。如何复兴中医，必须坚定地走中医产业化道路。目前，中国已实行100余种病种中医诊疗方案，已公布并推广百余种中医临床适宜技术，民间仍然还富藏诸多中医医疗技术，特别是一些少数民族医疗技术尚待挖掘。除政府推广外，今后发展的主攻方向就是中医如何规模化发展，实现中医医疗产业化。一是解放思想，搁置争议，以实践检验中西医应对老龄社会的长远效益。二是从医疗事业的公共财政投入和相关政策上逐步实现中西医医疗事业公平投入。三是在完善医疗社会保障制度的同时，建构中西医结构性支付机制。四是按照社会主义市场经济要求规范西医医疗服务产业发展，坚决遏制"过度医疗"。五是全面推进中医医疗服务产业化进程。六是从根本上提升中医医疗服务产业发展质量。七是倡导中医医疗服务理念。

第七，发展非药物健康产业。从目前全球发展现状和趋势来看，非医疗非药物产业涉及人们生活的方方面面，主要包括：(1)中医非药物疗法。涵盖针刺、灸类、刮痧、拔罐、推拿、砭石、敷熨熏浴、微创技术、正骨技术等多门类几百种疗法。这一疗法历史悠久，技术上已经成熟完善，并形成独立的非药物疗法体系，且适用范围广泛，在大众拥有深厚群众基础。韩国、日本在此基础上又进行了一些创新，但万变不离其宗。中医非药物疗法的产业前景毋庸置疑，但在国际市场上，韩国、日本的相关技术竞争力不容忽视。(2)饮食疗法。涵盖药膳、食量控制、禁食或饥饿疗法、营养配伍等，对常见病以至减肥、脱发、美容等具有良好效果，具体内容结合食材和需求来看包括方方面面，由于牵涉人们的日常生活，产业化前景值得关注。（3）身体功能疗法。主要是围绕人们日常生活起居、睡眠、减肥、通便、瘙痒防治等需求，通过芳香、催眠、花精、水果等技术改善功能。内容也十分庞杂，老百姓也喜闻乐见，开发空间较大。事实证明，越接近民生日用，产业才越会有生命力。从民生日用中的功能痛点发力，这是非药物疗法的一个重要方向。（4）自然类疗法。主要包括空气（负氧离子）、阳光、植物、森林、动物、温泉、泥浴、矿物质等自然物质、自然生命的手段来促进健康和缓解病痛。20 世纪 70 年代以来，西方一些国家兴起复兴西方传统医学，倡导"自然医学"或"替代医学"，即西医治疗以外的补充疗法，但和中医非药物疗法相比，西方传统医学底子浅薄，且传承中断。因此，自然医学或替代医学的发展前景在于传统医学保存较好的国家。当然，自然医学或者替代医学不等于自然疗法，已经引起发达国家医学界的高度重视，但目前还不成熟。许多国家人员来华学习可能是未来的一个重要商机。（5）物理疗法。物理疗法即理疗的历史悠久，主要是利用物理能量来保健疗病的重要方法，有电、磁、声、热、脉冲、冷冻等多种形式，适用范围广泛，有很好的效果，值得关注。（6）艺术治疗。兴起于 20 世纪的美国，目前在发达国家十分流行，在一些国家已经成为稳定而独立的社会职业。主要是通过绘画、音乐、舞蹈、园艺、工艺操作等方法释放亚健康或带病人群的负面情绪，培育正面情绪进而促进健康、缓解病痛，并广泛应用于学校、医院、监狱、养老院以及灾难或应激事件的目击者群体。在中国，艺术治疗正在兴起，如果做好本土化，其前景也是值得期待的。（7）心理疗法。主要包括心理分析、心理咨询、行为疗法等。心理疗法发源于国外，在中国已经成为一个独立的职业，其方法广泛应用于精神疾病领域。随着精神类疾病发生率不断上升，特别是强调精神在健康行为中的引领作用的"主动健康观"的普及，心理疗法中各种方法在应对老龄社会各人群精神疾病上的作用将日益凸显，是非药物疗法产业的重要板块。（8）宗教治疗。主要包括冥想、禅修、念经、清修、隐居等手段转移病痛。（9）新技术疗法。主要是运用高新科技诸如量子(量子医学)、3D(体颜矫形)、神经反射、干细胞等手段发挥缓解病痛和康复身心的作用,虽然前景看好但发展尚不成熟,还需要谨慎发展。(10)其他疗法。诸如笑疗、呼吸疗等。总体来说,非药物疗法品类多样,主要因其强调无毒副作用,加上紧贴人们民生日用生活,这意味着非药物健康产业将成为未来老龄健康产业中成长性较好的板块。但是,整体来看,非药物健康产业目前发展尚处于起步阶段,小、散、乱现象十分突出,行业细分标准缺失,从业人员培训不规范,离规模经济还有很大距离,还需要花大力气解决相关问题。

一是要对非药物健康产业作出正确产业定位。二是对基于中国特色又发展成熟的非药物健康产业细分板块,如中医非药物疗法,要从公共财政投入、产业政策、人才培养等方面加大扶持力度,培育其核心竞争力,以应对来自韩国、日本等国的国际竞争压力,为中医非药物健康产业国际化创造条件。三是对发达国家已经发展成熟的非药物疗法,如艺术治疗等产业,要加大本土化进程,确保适应中国国情,赢得更大发展空间。四是要鼓励非药物健康产业内部各细分行业整合,发挥其促进健康和缓解病痛的整合作用,为非药物健康产业规模化发展打造综合动能。五是要鼓励非药物健康产业与其他老龄产业细分行业(如老龄服务产业中的长期照护服务)跨界发展。六是扶持一批专业化、连锁化非药物健康产业集团企业。七是鼓励其他相邻老龄产业企业(如老龄服务机构)开展专业化的非药物健康产业服务项目。八是积极开拓海外市场。

第八,发展老龄健康金融产业。这是老龄社会条件下健康和金融两个产业融合发展的交叉产业,不仅需求和潜力巨大,也是今后发展老龄健康产业的一个重要着力点。

第九,推动老龄健康产业的数字化。信息化、智能化的本质在于数字化,但数字化技术形成的产业是中介性产业。离开作为载体的实体产业,数字化技术只能是屠龙术。反过来说,在数字化时代,作为实体性产业的老龄健康产业,如果不结合数字化技术同样也是寸步难行。前章讨论过的内容以及后面各章涉及的其他内容也是同样。数字化技术是一个无孔不入的技术,可以覆盖我们想象的所有领域。在老龄健康领域,数字化助推产业发展的空间十分广阔。这里主要强调以下几个方面:一是加强健康大数据开发工作。二是加快完善国家、地方、健康医疗机构以及分健康需求、分病种健康信息平台建设。三是加快健康服务数据共享。四是在畅通健康服务数字化进程中强调弥合代际鸿沟,促进年长一代共享健康智能技术。五是加大健康信息监管和国家健康信息安全。信息公开如同阳光,是解决一切阴暗问题,特别是健康阴暗问题的一把利剑。在老龄社会条件下,对于健康事业和产业各主体来说,没有任何特殊性,都需要充分发挥健康信息监管不可替代的作用,唯此方能确保老龄社会条件下健康事业,特别是健康产业本身的健康可持续发展。

四、实施适应老龄社会要求的
健康政策和国家健康工程

(一) 改革和健全适应老龄社会要求的健康政策体系

1. 完善健康政策体系。我们现行的健康政策体系基础作用巨大,但面向未来,其主要问题也十分突出:大多属于年轻社会被动健康观念的产物,难以适应老龄社会条件下新的主动健康观的内在要求,需要结合未来人口老龄化的长期趋势及其相应的诸多问题,重新作出战略性、系统性梳理,按照主动健康观的要求,制定完善的步骤、政策清单,通过长期努力使年轻社会建构起来的健康政策体系转变到适应老龄社会的需要上来。

2. 抓好重点政策的制定完善和持续落实。一是针对健康自觉行为引导和健康行为惰性约束,运用全生命连续性奖惩积累机制,从健康信用、保险给付、税收增减等多方面制定促进全民终生健康行为的配套政策。二是突出优生优育这个重中之重,着力从健康管理这一主线入手,在出生准备、孕产周期、产后母婴生活以及婴幼儿培育各个环节加大投入,完善政策,确保优生优育目标的实现。三是提高健康管理政策的可及性、有效性、共享性和整合性,突出全民健康管理需要,利用大数据智能技术,完善健康教育政策、健康评估数据跟踪政策、健康数据共享政策、健康干预政策,并提高一体化运作效率。四是调整中西医事业产业平等差异化发展格局,逐步转型建立长期适应老龄社会要求的医疗保障体系,并实施相应配套政策,强化医疗保障体系长期持续承载高龄化压力的制度韧性。五是根据调整中西医事业产业平等差异化发展格局的要求,完善中西医医疗服务体系平等发展政策。六是建立健全相关配套政策,建立独立于医疗保障制度、适应多老化和高龄化要求的中国特色长期照护保障制度,确保长期照护服务费用的长期可持续。七是探索建立健全中国特色的、以中医理念为主导的长期照护服务体系相关政策,提高生命质量,控制服务费用无底洞效应。八是建立健全生前遗嘱制度和政策,出台优死配套政策、完善安宁疗护政策,提高国民死亡质量。九是高度重视老龄社会条件下的健康挑战,制定应对老龄社会不同阶段的财务预算压力,完善相关预算政策。十是建立健全老龄健康产业政策体系,实施中西医平等差异化的细分配套产业政策。

(二) 实施适应老龄社会要求的国家健康工程

1. 实施全民终生主动健康工程。健康是立国之基。如果一个家庭拥有万贯财产,但家庭成员疾病缠身,这将是一个不幸的家庭。放大到一个国家,如果经济发达但国民健康水平普遍低下,这样的国家也是一个不幸的国家。同时,在全球人口老龄化的时代条件下,健康也是各老龄化经济体国际竞争的重要战略支点。如果各个国家都进入老龄社会,那些国民健康水平较高的国家将在国际竞争中占据有利地位,国民幸福指数也占据高位。更重要的是,从生命历程看,从出生到老年期,人的健康具有积累性,而且不可逆。简言之,老年期的健康水平取决于以往的健康状况。因此,应对人口老龄化挑战,建设理想老龄社会,全体国民就必须从战略上树立主动健康的新理念,把个人的终生健康作为利己利家、利国利民的大事来抓,积极参与全民终生健康行动工程,最大限度降低终生疾病发生率和失能发生率,为未来国家强盛和保持长期竞争优势赢得战略主动权。

实施全民终生主动健康工程,就是要在实施现有国家健康行动基础上更加关注以下几个方面:一是树立主动健康观,扬弃被动健康观,并把主动健康观贯彻落实到所有健康政策和所有国民的终生行为当中。二是全体国民要充分认识老龄社会条件下整体提高终生健康质量和水平的战略意义,以人的生命周期为主线,开展终生健康教育,提高终生自我健康管理能力。三是有效引导全民终生践行健康文明生活方式,利用信用、保险支付增减、税收增减等手段,建立全民终生健康生活方式利益导向机制,引导国民自觉参与和自发组织各类健康促进活动,逐步形成"精神愉悦向上、社会关系和谐、身体使用适度"的健康生活方式。四是广泛开展不同年龄起点人群的终生健康评估行动,结合国民健康体质检测,开展针对性健康风险预警和干预服务。依托社区卫生服务专业力量,针对老年人、妇女、儿童和流动人口、慢性病人等人群开展慢病综合防治管理、生命孕育健康管理、孕产妇全程追踪健康管理、重点人群健康管理、重症精神病救治管理等,并提供个性化健康服务。五是在综合考虑身份证、户籍、社会保障账号和健康档案合并统一管理的基础上,建立健全居民终生健康跟踪管理干预体系,明确不同责任主体及其工作职责边界,强化协同机制,为人们提供终生健康服务管理和服务。

2. 实施中国特色预防和应对慢病工程。预防和应对老年期慢病照料护理服务,是老龄社会条件下的重大挑战。应对这一挑战,除了现代西方医学理论和技术之外,中国各民族的医学理论特别是相关技术、产品和服务大有用武之地。相对于现代西方医学和护理理论及技术,我国56个民族中富有主动健康观念的预防医学和康复护理技术以及流传在民间数不胜数的偏方、验方、祖传秘方等技术,不仅成本低、效果好,而且中老年人认可度高,如果能够充分发挥其作用,不仅可以解决全球慢病预防难的问题,而且可以应对慢病人口规模大的难题。更重要的是,也可以为人类预防和应对慢病人口巨量增长严峻挑战,作出不可估量的贡献。因此,实施中国特色预防和应对慢病工程是低成本应对人口老龄化的战略举措。

实施中国特色预防和应对慢病工程,就是在中医振兴战略中,增强其适应老龄社会要求特别是对慢病的针对性,一是强调主动健康观的重要引领作用,并把慢病的预防和应对作为振兴中医的重中之重。二是系统整理并实施中医预防和应对慢病的普适性方案、分病种方案和个性化方案。三是结合健康管理,针对普遍、常见、易发的慢病预防和应对实施跟踪管理。四是针对已患慢病人群实施重点预警、干预管理,重点预防慢病急性发作及其并发的身体、精神失能风险。五是加强中医预防和应对慢病继承创新基地建设,建设一批研究基地和重点实验室。六是培养一大批中医和少数民族医疗预防和应对慢病的研究人员、医生、护理师。七是抓好相关临床应用研究和普适性技术的推广应用。八是开展联合攻关,针对重点慢病预防和应对,组织开展民族医疗护理特殊炮制技术和传统制剂技术研究创新、开发。九是推动中国特色预防和应对慢病理论、医药和技术国际化。

3. 实施全生命精神健康促进工程。主动健康观的精髓:"心"是人的全面终生健康的引领,也是个人和社会健康的国防部,其具体抓手就是精神健康。只要精神健康牢不可破,身体疾病的应对也充满机缘。因此,在老龄社会和长寿时代条件下,必须动员全社会,提高认识,统一行动,实施全民参与的全生命精神健康促进工程。一是树立主动健康观,在全社会广泛宣传精神健康在全面和全生命健康中的引领作用。身体健康是整个全生命健康的前提,精神健康是整个全生命健康的灵魂,心病重于身病,心疾重于身疾,心残重于身残,精神失能重于身体失能。身体罹患疾病失能犹可补,精神罹患疾病失能救治难上加难。这些观念应当成为整个全民健康的灵魂,也应当成为健康政策、健康制度、健康服务体系等各个环节一以贯之的主线。二是深入开展精神健康与身体健康的复杂演化和干预机制研究,重视药物和非药物干预的双重作用,为促进全民精神健康提供智力和技术支持。三是建立和完善精神健康政策,加大公共财政投入,建立国民精神健康预防监测体系。四是改变生产方式和生活方式,注重生产生活的经济效益、生态效益、健康效益和社会效益的平衡,从生产和生活两大层面上解除精神健康风险的习惯性、制度性"病灶"。五是高度重视全龄人群的精神健康行为,针对青少年、中年人和老年人开展不同年龄、形式多样、针对性强的精神健康管理活动,促进全生命连续性精神健康。六是充分发挥家庭、学校、精神健康管理组织的作用,加强合作,形成人人重视精神健康的自觉行为。七是改革疾病治疗模式,建立身体—精神—社会三方面协同治疗疾病的新模式,为患者开具综合身体、精神和社会三个维度的协同处方。八是充分发挥社会保障(如社会保险)和商业保障(如商业保险)的作用,建立保险交费、监管和赔付关联精神健康行为的模式,针对人们不重视精神健康的惰性,强化精神健康管理的制度刚性。九是充分发挥个人在保持终生精神健康中的主体作用和持续责任,建立相关奖惩机制。

第五章　实施适应老龄社会要求的
　　　　　国家经济战略

"甚爱必大费，多藏必厚亡。故知足不辱，知止不殆，可以
长久。"

——老子

基本判断：老龄经济在本质上是高于物本经济的人本经济。

重要提示：老龄经济的使命在于塑造和服务新生命经济人。

一、传统经济及其巨变

（一）传统经济观的终结

1. 经济中最活跃的因子是经济发展的主体即变化着的人。人是最活跃
的，是经济发展的主体，也是经济发展的目的。当然，人还是经济发展的手段。
但是，自经济学成为一门系统化、理论化的学科体系以来，作为经济发展主体
和目的的人被忽视了，人们主要是从人口数量以及生产者、消费者角度来观察
人的。不过，在传统和现代经济学理论滥觞、成长、成熟的过程中，作为经济发
展主体的人的最突出的问题是数量庞大，而且没有其他更多的变化趋势，或者
新的变化趋势没有引起经济学家们的注意。一句话，传统和现代经济学理论
认为，劳动力可以无限供给，作为发展主体的人没有太大变化。今天看来，以

往创建经济学理论的经济学家们似乎也是"正确的"。至少在经济学家们"看来",人除了数量变动之外似乎没有太大的变化,尽管在事实上,人这个经济发展的主体,不仅数量在变,一场深刻的结构性的革命也正在悄然行进。

但是,人是经济发展的目的,这一点的确被大多数经济学家们消弭了。人不仅成为经济发展的工具,成为资本家发财致富的手段,而且成为商品、货币、拜物教的奴仆,人作为经济发展的主体和目的反而陷入客体和工具的"异化"状态。这是自马克思以来人本经济学理论批判的主题。人虽然是最重要的,但是,在主流经济学中,土地、货币、资本、技术、工艺、利润才是主人、才是主题。这仍然是当代经济发展和经济学理论没有解决的最大难题。

2. 经济究竟是什么。从农业革命、工业革命至今,经济革命的标志主要被定格在生产工具、原材料、科学技术、工艺等方面,目前正在经历的老龄经济的革命中,这些方面依然是重要的标志,但它们已经不是老龄经济中最具革命性的方面。从整个人类历史和未来长远经济命运来说,目前是人类经济发展最具革命性的时代。

自有人类以来,迫于生存压力,人类把经济注意力主要是放在了能够确保吃饱、穿暖、住好、行便这些外部世界资源的利用上,经世济用和创造物质财富成为经济发展的大道。这也是旧经济最突出的特征。但是,当生产工具不断更新换代、科学技术日新月异、生产工艺日渐成熟,促成发达的、远远超过以往人类各代的现代经济,不仅改变了外部自然界,也彻底改变了发展经济的主体,人本身也发生了一场根本的、结构性的变化。同时,变化了的人组成的社会也发生了前所未有的改变。这些改变从人口学意义上说,就是人口革命。这场革命的最深层次的革命就是少子化和多老化交互演化的人口老龄化;从社会哲学意义上说,就是社会形态的革命,也就是人类已经告别年轻社会,迈入老龄社会,人类进入普遍长寿的新时代,这是不以人的意志为转移的未来人类社会长期发展的客观趋势。一句话,经济发展是长寿时代和老龄社会的革命的根本动因。

现在的问题是,经济发展催生了不可逆转的老龄社会和长寿时代,但老龄社会和长寿时代现在倒过来要求经济发展作出新的革命性转变。因为,老龄社会和长寿时代的客观态势不可逆转。简言之,经济发展只能适应社会发展,而不能是社会发展反过来适应经济发展。老龄社会和长寿时代,这种不以人的意志为转移的客观态势,现在倒过来逼迫我们把眼光从经济发展收回来转向人类自身,并站位人类自身重新审视我们面临的一切经济发展问题:经济究竟是什么? 在老龄社会和长寿时代条件下,是不是还可以一如既往地运用年轻社会和短寿时代既有的方式组织经济? 是不是一味地利用技术和资本发财致富? 既然发财致富是有极限的,那么,现有的经济发展方式能否应对老龄社会和长寿时代条件下人类的永续发展? 经济发展与人的发展以及社会的发展,它们的关系究竟应当如何处理? 这些问题都需要从根本上重新审视。

3. 经济学已滞后于经济主体及其结构的时代性变革。以往,经济学主要关注土地、资本、技术、产值、成本和利润等。现在,土地还是那些土地,资本、技术和利润等经济要素继续沉浮枯荣,但是,作为经济主体的人已经彻底改变。

在 18 世纪中后期工业革命以前,这个地球上的人的数量没有太大变化,生得多,死得也多。而且,不仅出生的婴幼儿死亡率高,中成年的死亡率也同样不低,活到老年期的人十分稀少,导致这个地球上的人口构成,也就是经济主体的构成基本上是年轻人口,老年人口少得可怜,基本上维持在总人口 4%以下。在这种经济主体结构下,人类的经济组织、发展方式主要是针对年轻人口的。这也是传统和现代经济学的基本前提。

工业革命以来特别是以工业化和城市化推动的现代化的快速推进,经济发展的主体结构发生了深刻变化,这就是前述所谓"人口革命",先是死亡率下降而出生率一如既往,导致人口膨胀,即所谓"人口炸弹"。后来是出生率下降,人口总量开始减少,以至演变成为今天所谓的"人口老龄化",生得少,死得也少,甚至出现人口负增长。1950 年,全球 0—14 岁少儿人口、15—59 岁劳动年龄人口和 60 岁以上老年人口占比分别是 34%、58%和

8%。2000 年,全球三大年龄人群的构成分别是 30%、60% 和 10%。预计2050 年,全球三大年龄人群的构成将分别是 21%、57% 和 22%,少儿人口和老年人口大体持平。预计 2100 年,全球三大年龄人群的构成将分别是17%、54% 和 29%。这说明,作为经济发展主体的人的年龄构成,正在发生史无前例的深刻历史性转变。

人口现象从来首先都是重大的经济现象。伴随普遍长寿时代的来临,人类的就业准备期和老年期两者同时都在不断延长。一方面,自从工业革命特别是实施正规教育制度以来,西方人的就业准备期一直在延长。过去中学毕业就可以就业了,再后来大学毕业之后才能就业,现在,硕士毕业生就业年龄已经到了 25 岁左右。如果是博士毕业生就业准备期就更长了。中国的情况也是同样。另一方面,老年期伴随寿命延长也在不断拉长。预计到 2100 年,目前最长寿的国家日本人口平均预期寿命将达到 93 岁以上。欧洲国家平均预期寿命也将达到 89 岁以上。发展中国家的差距快速缩减,到 2100 年,亚洲地区将达到 83 岁以上,非洲也将达到 78 岁以上,分别与欧洲只相差了 6 岁和10 岁左右。老年期超过就业准备期,这是和动物界显著区别的重大人类现象,也是人类追求幸福的一个必然逻辑,更是改变经济运行轨道的重要内在变量。

从经济学意义上说,以上人类组成结构、平均寿命等巨变的种种现象,既是重大的人口革命的结果,更是未来人类经济发展主体的结构性变革,不仅改变经济发展的方式,也将彻底改变传统和现代经济学理论的基本前提。实际上,西方主流经济学理论已经不能解释当前和未来的诸多经济现象,它们已经被人类自身的上述巨变远远地抛在了历史车轮的后方!想象一下,连非洲大陆的人普遍都要步入长寿社会,这不仅仅是人类的福祉,更是未来人类经济大变局的征兆。

也许,现在就是新经济学理论诞生的前夜!需要强调的是,人口决定论是错误的,但人口老龄化标志的老龄社会背后的新的结构性需求及其演变,它代表未来新经济的长远方向。

（二）老龄经济正在形成

1. 宏观经济大变局已经展开。

（1）新经济在旧经济放缓中生发。人们常常从重大经济事件来理解经济发展的脉络。经历第二次世界大战之后"黄金时代"的发展，从1973年"石油危机"开始，到2008年"金融海啸"至今，发达经济体周期性遭遇经济危机，经济艰难运行，老牌资本主义国家以及日本的经济难以摆脱在负增长边缘徘徊的困局，再回到20世纪中期"黄金时代"的可能性似乎已经决然"完丧"。总之，除了诸多因素之外，背后深层的原因之一就是经济主体结构即人口年龄结构的老龄化。不过，一谈到人口老龄化，特别是对于欧洲和日本来说，人们的分析几乎是众口一词。虽然经济学诺奖照常颁发，各种经济学论文著作层出不穷，但拯救发达经济体可行且见效的经济学方案似乎还没有出世。回想20世纪的"黄金时代"，发达国家的经济如日中天，现在只能顺着"复苏"谈论，遑论"雄起"，唯有美国还企图"再造"。实际上，发达国家面临的不仅仅是人口老龄化和过度的福利，发达国家早已迈入老龄社会，他们的经济已经进入新的运行轨道，但人们的经济治理思维却还停留在年轻社会。发展经济的观念还是年轻社会的那一套，但发展经济的基础却属于老龄社会的新的需求结构。在这种严重错位的情况下，想不出切实可行的战略方案就是理所当然的事情。无奈，他们只能在发展科技、智能、金融等已有优势上做文章。至于进入老龄社会的经济是什么样子，经济学家们基本上还没有概念。因此，发达国家的经济整体上的昏暗氛围日益浓厚，复兴经济的理论底气和实践底气双重不足。

实际上，昏暗是黎明的征兆，发达国家的新经济正在酝酿。对此问题后面会从多章节中论及。正像当年"工业革命"如火如荼却无人知晓，现在是发达经济体最困难的时期，也是转向新经济的准备期。对此，发达国家基本上是后知后觉，这也是今后发展中经济体主动参与全球经济竞争发展需要在思想上有所准备的。

回过头来看，大多数发展中国家尚处于年轻社会，加上现代化任务还没有完成,非洲大陆离老龄社会还有一段路要走,尽管不长。但是,对于老龄社会先行的发达国家的经济问题,发展中国家从现在开始就要从战略上未雨绸缪,争取在经济换轨上做好安排,主动发现和发展适应老龄社会的新经济也是必修的战略课题。

中国的情况十分特殊。一方面,现代化的任务还没有完成;另一方面,面临老龄社会的提前到来。如果说发达国家的老龄社会是与现代化同步实现的,那么,中国最突出的特征是老龄社会超前于现代化的实现。年轻社会的经济建设任务还没有完成,同时,又要面临建设适应老龄社会的新经济。

如果说发达国家尚且在老龄社会的新经济上后知后觉,那么,中国要从真正意义上认识、理解和建设老龄社会的新经济可能更为复杂和困难。现在,最令人扼腕的是,在中国社会,由于狭隘短视和年轻社会旧观念的影响,特别是由于对老龄社会的一知半解、偏误认知乃至无知,老龄社会的新经济还没有完全显现金身,但身上已经穿上不合体的"养老经济""养老产业""养老服务业""健康养老产业""康养产业"等外衣,似乎老龄社会就是老人社会,就是老年人的"健康养老"问题。这是迄今为止关于老龄社会、老龄社会的经济前景的最大误解!

老龄社会需要新的经济。目前,无论发达国家还是迈入老龄社会的发展中国家,要想让人们从年轻社会的旧经济思维转变到老龄社会的新经济思维,恐怕还要付出很大代价甚至血的代价。至于误解,这也是不可避免的。毕竟,从历史长河来说,老龄社会的历史才刚刚开始,我们都是学生! 不过,新经济正在不断显现!

(2)需求结构和层次的大变迁。在从年轻社会向老龄社会的转变过程中,随着经济发展主体及其结构的重大改变,人类经济也必然发生深刻的变革,集中体现在经济需求方面。

首先是需要结构的变迁。需求是经济动力的源泉。在年轻社会,经济需求的主体主要是年轻人口,老年人口的需求在经济大盘子中几乎可以忽略不计。19世纪以前,欧洲的老年人口在总人口中的占比还不足4%。中国也是同样。而且,历史上,特别是对于中国来说,满足老年人需求主要是家庭事务。即便到了 20 世纪前半叶,老年人的经济需求也还不是发达国家宏观经济考量的重要内容。进入老龄社会以后,随着人口老龄化的快速演进,伴随少儿人口的下降,老年人口比例快速上升,预计到 21 世纪中叶,发达国家老年人口比例将普遍形成三分天下的格局。在少子化和多老化的深度演化过程中,不断减少的年轻人口经济需求和庞大老年人口的经济需求,不仅会深刻影响宏观经济总量变动,更重要的是,这一改变,将彻底改变漫长人类年轻社会历史中经济需求的结构。从需求是经济发展动力源头上来说,经济需求结构的这一转变是全局性的,也是革命性的,不能从量变的角度去理解。

其次是需求层次的变迁。年轻社会往往是以温饱问题的基本解决为标志,老龄社会的到来往往是经济需求从生计性需求向发展性需求的重要转折,同时,意义性或价值性需求也普遍露出头角。其中的道理十分简单。在温饱问题基本解决之后,一方面,人们有了更多的条件去学习,追求更高层次的发展目标;另一方面,随着自我价值意识觉醒,伴随生育的减少,人们满足实现生命意义的需求有了更多精力。此外,随着寿命延长,人们有了更多闲暇等条件来实现更高层次的追求。客观地说,人们在经济需求层次上的这种改变在历史上一直存在。但在漫长的年轻社会,这只是少数人的事情。至少大多数人的短寿就限制了人们需求的转变。相反,只有到了老龄社会,人们的经济需求普遍从温饱型向发展型和意义型的转变才有了现实的可能性。当然,这一转变是根本性的,这也是人类文明进步新的重要标志。

再次是经济发展主导性的变迁。年轻社会的经济本质上是物质稀缺经济,从需求性质上来说,也是刚性经济。在生存问题尚未得到解决的情况下,人们的需求主要是刚性需求,物质稀缺更加放大了人们需求的刚性水平。在这种情况下,经济发展的主导性不在需求方,而在于供给方及其生产供给能力,经济呈现为供方经济,在市场运行上表现为卖方市场占据主导地位。到了老龄社会,人们需求的刚性水平逐步下降,弹性需求逐步提升,伴随生产能力的大幅提升,物质资源的稀缺性随着富裕水平的提升,逐步被非物质需求所替代,而且供给相对过剩成为常态。在这种情况下,经济的主导性逐步向需求方演变,经济也呈现为需方经济,在市场运行上表现为买方市场占据主导地位。这也是经济发展日益呈现复杂化特征、厂商感到生意难做、政府感到经济管理日益艰难的根本原因之一。

最后是经济本体性特征的变迁。现有经济形态从类别上看历史上都存在过,例如物质经济和非物质经济。比如高档工艺品生产消费从未绝迹,又如知识性消费从来都有。但是,在年轻社会,这些非物质经济仅仅是少数人的特权,对于绝大多数人来说,人们的主要需求还是物质形态的。因此,年轻社会的经济从经济本体上说,主要是物质经济。进入物质水平更高的老龄社会,追求非物质性的经济需求日益旺盛。而且,在物质经济不断繁荣特别是大多数人温饱问题基本解决的基础上,非物质性经济需求的满足逐渐向主流化和大众化方向转变。虽然短期来看,这一特征还不显著,但可以预见,随着老龄社会向超老龄社会深度演变,随着物质经济的进一步繁盛,非物质性经济需求主导整个经济将会成为未来经济中的突出特征,这也是经济从物质稀缺经济逐步演变为知识、智慧、技术、文化、健康、服务等资源稀缺经济,但根本是以相关人才稀缺为特征的新稀缺经济的原因。这一趋势将不仅改变了年轻社会条件下物质经济主导的经济,而且推动人类经济提升到一个新的位阶。从本质上来说,这就是经济本体性的转变。对此,我们需要扬弃以往所有以物质经济单一视角的主流经济学理论,从未来经济的新方向、新层次上重新把握正在发生巨变的人类经济。

(3)供给结构的大转变。一旦提到朝阳产业,应当想到的是夕阳产业。实际上,产业史就是朝阳产业不断替代夕阳产业的历史。对于企业家和经济决策者来说,看清经济大势,最终要落到三个问题上:夕阳产业还能干多久?夕阳产业转向朝阳产业如何能走上高速路?直接从事朝阳产业如何避免成为先驱?这是产业革命以来人们一直思考的问题。现在又到了新的路口,这就是,伴随老龄经济的到来,哪些是朝阳产业?正在运行的夕阳产业还能持续多久?如何应对未来产业格局的大腾挪?20世纪,在发达国家,随着汽车、飞机大众化进程的行进,围绕交通的铁路、马车、水运等交通工具的运输体系及其衍生的马车修理、旅馆、马厩、船舶修理等整个繁荣的服务体系快速衰落,取而代之的飞机场、汽车修理、汽车旅馆等整个体系快速建立起来,整个运输产业体系在朝阳和夕阳之间用了短短几十年就完成巨大转换。今天,中国的高铁改变了先前的运输格局。至于互联网、智能手机、淘宝、腾讯以及物流等变化带来供给格局的颠覆性变化更是近在眼前,进一步对就业格局的影响也十分深远。这些情况说明,在经济需求变革的同时,更要关注供给格局在结构上的嬗变。否则,我们无法把握新一轮老龄经济革命在供给格局上的变革。

目前,从主攻方向上来说,我们虽然应当顺着朝阳产业的老龄产业寻找老龄经济的突破口,但从全面研究作为新经济的老龄经济来说,首先还要看看哪些产业正在日薄西山及其背后的原因,以及还能维持多长时间。换言之,从整个经济格局的变动上把握老龄经济这种新经济,我们还要研究把握旧经济,否则,新经济发展不好,还把旧经济给弄丢了。对于从事老龄经济的企业家来说,就是要处理好新旧经济的转换节奏。从这个意义上说,那些在继续做传统产业又观望老龄产业的企业,他们是理性的。贸然大举进军肯定是错误的,不过,仅仅观望而不试水虽然不乏理性,但近乎消极,这也是迎接新经济的错误态度。因为,变化已经显现,先机正在呈现。未来的赛域虽然还远未收窄,但把握先机的重要性不言自明。

首先,要看到第一产业正在全面升级。现在的第一产业已经不是工业革命早中晚期的第一产业。无论农业林业还是牧业渔业,在未来经济中的基础性地位不可更改。但是,在旧经济当中,第一产业虽然是人们满足生存需要的产业,但考量第一产业的核心指标主要是产值。因此,它在旧经济当中的比例随着第二、三产业的变动基本上走的是下行路线。在美国,也只有4%的人从事第一产业。随着老龄社会的到来,特别是长寿时代的健康刚需,第一产业面临新的发展机遇,这也是未来老龄经济中的增长板块,更是未来经济可以有所作为的产业领域。简单来说,旧经济主要是产值经济,而新经济则是生命经济。因此,第一产业应当是未来经济中表征老龄经济这一生命经济的重要产业领域。换言之，在工业经济这一年轻社会形态下的旧经济当中，第一产业走下行路线的方向将会在未来经济中走上行路线，这是未来经济格局的第一大变局。当然，衡量上行的标准绝非产值这一个指标。像美国那样过度依赖化肥和除草剂并对土地造成深度戕害的农业发展方式，也确实不值得我们借鉴。我们要考量产值、成本这些表内收益，更要考量表外付出代价的长期后果。一句话，第一产业作为生命产业将大有作为。

其次，要关注第二产业正在全线革新。第二产业是工业革命的核心。和工业革命早期相比，目前的第二产业已经面目全非。仅仅从制造业来看，第二产业已经历经无数升级换代，并向智能制造和数字经济转换。随着信息化、智能化，特别是全球环境治理要求的绿色化和碳中和达标，第二产业未来的大变局势不可挡。目前，衡量第二产业的指标仍然是产值。据此，大多数经济学家、经济统计和决策者认为，第二产业的走向是下行路线，但着眼长远看，特别是从老龄社会的经济要求看，第二产业的未来走向难以用上行下行来测度。如果没有老龄社会的到来，仅仅技术革新也可能在产值上引发第二产业走上行路线，也有可能走下行路线，问题在于全球产业的变局如何把握。美国重新发展制造业就是一个典型。可以肯定的是，工业化没有完成的国家需要发展第二产业，但绝不是发达国家第二产业的再版。已经完成工业化的发达国家，他们的第二产业正在面临新的变局，但从总体来看，老龄经济作为人本经济虽然更符合人类的内生需要，但却必须建立在物质经济的基础上，第二产业未来的走向也值得我们重新看待。一句话，离开物质制造，人类将无以生存，更无法发展，寻找人作为人的独立价值和意义也是空中楼阁，无论人类在老龄社会的更高轨道上走多远，物质制造的基础作用不容否定。需要强调的是，现在从事老龄产业的人大多局限在服务、医疗、健康、文化等领域，对第二产业或者对老龄制造业十分陌生，传统制造业企业又不了解老龄经济，这是十分危险的。无论如何，没有制造，老龄经济就会缺乏真正的实体经济的支撑。

最后，要关切第三产业正在全域扩张并破除现有的产业思维和产业框架。关于第三产业，目前的争议最多，诸如"第三产业产值""应当从第三产业中把通讯产业划分为第四产业""第三产业就是服务业,可分为生产性服务和生活性服务"……一句话,现有关于第三产业的划分层出不穷,统计部门更新最快最多的统计口径也主要体现在第三产业。从现实看,如果从现有产业观来考察,第三产业似乎包罗万象,边界最为模糊。实际上,产业发展的现实发展变化太快也太大,现有产业框架已经无法包容。其中,非物质生产部门的经济日益凸显,不仅产值快速增长,关键是会颠覆许多具体行业的发展方式和存在形态。客观地说,仅仅技术革新就会造成第三产业结构内部级联式变迁,而且第三产业融入第一、二产业的趋势也势不可挡,更不用说作为产业源动力的老龄社会的强大需求带来的结构性转变。总之,第三产业的内生性变动走向,已经和正在打破现有的产业思维和产业框架。着眼长远看,仅仅老龄社会的新的经济需求也会彻底改变现有第三产业的基本供给格局。

事实上,人类经济产业供给格局一直在变并呈现加速发展的趋势。老实说,我们已经不可能还原 100 年前的人类产业供给格局。即便是发达国家,100 年前的产业供给格局早已面目全非。从现在开始到 100 年后,未来全球实质性进入老龄社会,其产业供给格局难以描画,但大翻盘、大转变的趋势不可逆转。这是考量未来经济产业供给格局问题的基本趋势性思维。

从某种意义上说,目前的经济产业供给格局已经让人眼花缭乱,而用来分析研究的原有产业划分理论的功能已经捉襟见肘。当前,关于产业划分的主流理论,最初是英国经济学家费希尔 1935 年提出的,虽然历经各种修修补补,目前已经难以描画现有产业供给的复杂格局,也难以引领未来经济产业供给格局的变动趋势。虽然这个划分理论还在广泛使用,但捉襟见肘的矛盾状态意味着它的终结。根本就在于这个曾经作出重大贡献的产业划分理论,主要站在物本经济的角度划分产业。严格来说,它是工业经济时代的产物,不仅难以囊括正在突飞猛进的非物质生产和服务部门的发展势能,而且与人本经济难以相融,更不符合老龄社会引发的产业供给格局变动的客观需要。对此,需要转变观念,在扬弃的基础上逐步建构适应老龄社会要求的新的产业划分理论及其指标体系。这件事,迟早要做,尽管现在似乎有些"不合时宜",但往往正是这种"不合时宜"蕴藏着变机。产业界应当做到胸中有数。当然,产经理论界现在就要着手研究。

(4)金融体系的大调整。从物本经济来看,金融是现代经济和现代产业体系的核心。从严格意义上说,现代金融的种子、胚胎及其发育虽然在前工业社会已经有了长足的发展,但现代意义上的金融主要是随着工业革命和工业经济成长起来的产业。不过,以银行为主导的短钱金融更为发达,以保险为主导的长钱金融相对滞后。这种情况大体上暗合年轻社会的逻辑。毕竟物本经济更加强调资本的效率,短钱金融更受青睐。保险等人本色彩的金融虽然属于长钱经济,但年轻社会条件下人的寿命不长,难以动员规模性的长钱资本。

随着年轻社会的终结和老龄社会的到来,人类也实现从短寿时代向长寿时代的跨越,发展长钱金融的条件日益成熟。在这方面,美国走在全球的前列。目前,美国第一、二、三支柱养老金高达 35 万亿美元,占 GDP 的 167%。这说明,美国金融体系已经远离年轻社会而更加接近老龄社会的要求。事实上,美国的金融基本上就是老龄金融,长钱金融是其核心。客观地说,美国的金融体系绝不是未来人类老龄社会最理想的金融体系的范本,但从投资金融角度来看,美国金融业是对未来老龄社会理想的金融体系的某种预演和实践。实际上,发达国家金融体系中长钱资本一直呈现增长趋势。这也从金融实践上表明,金融体系正在实现从短钱金融向长钱金融的深刻转变,这是金融产业适应老龄社会到来的具体表现。顺便说一句,金融是最敏感的产业,也是观察社会变迁的重要窗口。当人类社会形态面临从年轻社会向老龄社会进一步向超老龄社会的转变,金融产业的实践是最值得关注的。

那么,从理论上来说,无论年轻社会还是老龄社会,金融的必要性都是毋庸讳言的。但问题在于金融的形态。原始经济只能有原始金融,现代经济孕育的是现代金融。在年轻社会条件下,人们的寿命短暂,与此相适应的金融更主要的是短钱金融。相反,老龄社会条件下随着寿命的延长,长钱金融必然大行其道。对于中国来说,在年轻社会条件下,养儿防老实际上也是一种金融安排。但是,到了今天,养儿防老这种"金融安排"根基已经动摇。更重要的是,随着老龄社会的演进,中国人口平均预期寿命的不断延长,如何安排全生命的生活,既不能单单指望后代,也不能存鸡蛋粮食,更不能光靠房子,唯一的出路就是通过长钱金融,为越来越长的全生命周期做好金融准备,确保年轻时多存钱,年老时有钱花。这既是中国今后金融体系演进的总方向和总逻辑,其实也是全球迈向老龄社会进程中的不二选择。简言之,为了适应老龄社会甚至超老龄社会,金融产业从短钱中心正在向长钱中心转变,各个国家虽然各有特点,各有先后,未来的大方向是完全一致的。因此,着眼长远看,全球金融未来的主攻方向非常明确,这就是:全面发展适应长寿时代的老龄金融产业,进一步从战略上使金融体系适应老龄社会的客观要求。

从现实来看,中国金融体系中短钱远大于长钱。目前,中国第一、二、三支柱养老金为 10.2 万亿元,占 GDP 的 10%,而全球各类养老金占全球 GDP 比重高达 70%。这充分说明,我们的金融产业和整个金融体系基本上还是属于年轻社会的形态。但一些转变的端倪已经显现,保监会和银监会的合并,保险业、基金业的变数等都是值得关注的。着眼长远看,今后的发展方向就是发展老龄金融,逐步建构适应老龄社会进而适应超老龄社会的金融体系,这将是未来中国金融产业的最大变局,并对全球金融和全球经济产生深刻的影响。

如前所述,从物本经济特别是资本经济的角度看,金融是经济和产业的核心。但是,从人本经济角度来看,金融不过是配置资源的工具技术体系,如何融合实体经济谋求长远发展,才是未来金融产业也就是老龄金融产业的重中之重。道理十分简单,在老龄社会条件下,规模庞大的长钱资本池如果不融合实体经济,必然陷入长钱短做和金融体系内循环的风险,必然会给老龄社会带来系统性金融风险,这也是美国物本主义经济和资本主义经济引领下的金融产业的最大危机。我们必须走出一条老龄金融融合实体经济的发展之路。

总之,未来全球金融体系将发生深刻转变,一个是短钱金融向长钱金融的转变,也就是年轻社会的短钱金融体系向适应老龄社会的长钱金融体系(即老龄金融体系)的转变;另一个是金融从经济和产业核心向经济和产业的工具技术体系转变,换言之,以长钱为核心的老龄金融必须融合实体经济才能获得长期生命力。这将意味着未来全球金融产业将发生一场深刻的革命。

(5)公共财税结构的大改革。公共财税问题始终是治国理政的核心问题之一,也是关系现代国家宏观经济调控的重大问题,更是任何社会形态下的政府都必须面对的重大问题。发达国家自进入老龄社会以来,几乎所有国家的公共财税体系都面临重大挑战,一些国家甚至面临严重赤字,还有的引发主权债务问题以至政治危机和社会动荡。究其原因,背后的根本原因之一就是人口老龄化的巨大压力。在人口不断老龄化甚至高龄化的压力下,加上人口负增长的放大性重压,年轻人口的减少实质上也意味着纳税人口的减少,而老年人口的不断增多也意味着用税人口的增多,在宏观经济动力不足的情况下,这两方面的共同作用导致公共财税体系面临的挑战与日俱增。事实上,人口老龄化已经成为发达国家最棘手的问题之一。

发达国家公共财税体系之所以面临进退维谷的困局,根本在于年轻社会的公共财税体系难以支撑老龄社会的巨大压力。目前,发达国家的公共财税体系大体上仍然源于年轻社会的设计理念——纳税者多用税者少。特别是在20世纪50年代,"从摇篮到坟墓"的"福利国家"理念成为发达国家的普遍诉求。在和苏联等社会主义阵营的国际对抗的大背景下,携第二次世界大战胜利之激情冲动,英国、法国等国纷纷宣布成为"福利国家",许多国家紧随其后。其时,这些国家实际上已经迈入老龄社会,但这一人口和社会巨变并没有进入政治家们的视野。随着老龄社会的演进,特别是20世纪70年代"福利国家的危机"的爆发,可谓积重难返。目前,发达国家的社会福利制度虽然历经修修补补,但总体上难以改变年轻社会的设计与老龄社会的客观要求相悖的困局。一句话,发达国家的公共财税体系已经到了必须彻底变革的时候了。但是,由于错综复杂的政治经济原因,特别是由于竞选政治的影响,这一改革难以真正开展。甚至一些学者认为,发达国家要彻底改革财税体系从经济上十分必要,但从政治上几乎难能完成。无论如何,发达国家公共财税体系的未来前景堪忧,何时能够彻底改革,这只是一个时间问题,但现有体系的基本格局的大转变趋势已经不可逆转。

　　既然政府的财税来源已经捉襟见肘,那么,动用货币政策就成为各个发达国家的基本手段。实际上,无论量化宽松政策还是大印钞票以至利用国际利率,根子上的原因除了宏观经济运行困难之外,重要原因之一也是人口老龄化导致的公共财税体系的危机。令人奇怪的现象是,无论联合国、欧盟以及 G20等国际会议,老龄社会的议题虽然近年来不断升温,但没有像"气候变暖""国际贸易"等问题那么突出。常常有学者感叹,最难的问题主要是老龄社会的问题,而且,老龄社会的问题在发达国家更为严峻,大多数发展中国家老龄社会的问题虽然已现端倪,但主要还是未来问题。不过,这么重大的问题,为什么上不了国际组织特别是发达国家政要峰会的重要议程? 实际上,仔细深刻琢磨一下,这是可以理解的现象。背后的根本原因是,发达国家各自的老龄问题相关议题太大太难,涉及方方面面,政要们都心知肚明,但都没有好的整体性解决方案。因此,见面时只好讨论当下可以解决的问题。这就像癌症患者见面不讨论如何治疗癌症,只好就如何缓解当下的疼痛的方法和药物交流交流意见,倒更具有"建设性"。着眼长远看,这是未来全球老龄社会危机的重大隐患。发达国家如果不就各自的老龄问题采取根本性举措,不从根本上解决各自包括公共财税体系危机问题在内的相关一揽子问题,不仅不利于他们各自的宏观经济,而且会酝酿全球经济风险乃至引发世界范围内的系统性经济风险。正如瑞典前首相佩尔松在一次讲话中所言,作为政府首脑,他考虑最多的并不是如何发展经济、增加就业,而是怎样应对瑞典的老龄化。政客关注当前,政治家关切长远。这位领导人的确具有哲学家的眼光,看得更远,他不是政客,而是政治家!

　　当然,有人会认为,纳税人口减少不等于税收的减少,因为科技发展会带来更多税收。换句话说,税收来源很复杂,除了要有足够多的纳税人口,更重要的是提高劳动生产率,提高科技对经济的贡献率。这种说法是有道理的。问题在于:第一,纳税人口减少的效应不仅仅影响税收结构,更重要的是影响生产活力,没有足够的纳税人口或者说劳动力,再高级的科技也难以转换成经济收益,税收也难以形成。第二,即便从税源结构上可以采取措施来弥补纳税人口的减少,但科技水平和劳动生产率的提高无法逆转用税人口的强势增长。这才是任何国家公共财税体系要考量的真正问题所在。当然,这一问题不仅仅是公共财税问题,它涉及方方面面。无论如何,目前,发达国家公共财税体系所陷入的困局是后发老龄社会国家的前车之鉴。

对于中国来说,由于经济内生活力旺盛,老龄社会尚处于初级阶段,公共财税体系处理包括老龄社会初级阶段相关问题在内的诸多问题解决余地较大。但是,着眼长远来说,尚不完善的养老、医疗保障体系的财务压力正在显现,建立新的长期照护社会保障制度的潜在财务压力导致这项制度试水缓慢。从根本上来说,中国现有公共财税体系基本上也是按照适应年轻社会的要求设计的,如果不全面深刻改革,必然面临发达国家的困局。

一句话,从已经迈入老龄社会国家的实践看,如何构建适应老龄社会的公共财税体系,这是未来所有国家治国理政都要解决的重大问题,不仅影响各自国家的经济格局,其间隐含的国际风险问题也值得引起高度重视。自己搞不定,就需要出门找解决办法。自己日子不好过,就会从邻居那里下手。在天涯若比邻的地球村效应的情势下,这一隐含的风险可能没有地理区域作为物理屏障。一言以蔽之,公共财税问题既是经济问题,同时,也是政治问题。在全球化的背景下,它更是国际经济和国际政治问题。这可能是未来国际范围内影响世界稳定的重大风险之一。

需要强调的是,迄今为止,老龄社会引发的公共财税问题及其隐含的国际风险问题,不仅没有引起企业界、学界的高度重视,也没有引起相关部门高度关注,这是我们的一个短板。今天看不到,明天就可能是风险甚至危机。

2. 微观经济新变已近在眼前。

(1)个人全生命经济安排的迫切需要。个人全生命的生活问题主要是一个经济问题。但从现实来看,没有必要让每一个人都成为经济学家,这也是不可能的。但是,老龄社会颠覆了年轻社会的观念,每一个人都必须要有全生命周期的时间经济的概念。否则,漫长的人生,特别是未来日益加长的老年期人生将无从着落。

活得长必然事情就多而且越来越复杂,这是老龄社会带给我们的人生问题。在我们从小到大的成长过程中,我们接受的教育主要是立大志、有抱负、成大事、做贡献。从来没有人教我们要对自己的长寿人生作出安排,我们的课本、作业背后的教育理念里没有这样的考量。如果谁给小孩子说,你要立志长远,活得长还要活得好。孩子和家长都会认为这很荒谬,不合时宜。这是年轻社会的思维、观念和教育安排。现在不行了,我们得重新从年轻社会的短寿人生观转变到老龄社会的长寿人生观上来。

少数人长寿事情好办,事情多也不打紧。现在进入长寿时代,几乎人人普遍长寿。你活得长,他也活得长。你的事情多,他的事情可能比你还多。加在一起,就汇成年轻社会所没有、短寿时代不敢想的新景象。现在,许多年轻人想到自己长寿的父母、可能更长寿的自己以及还要更长寿的孩子,就会不寒而栗。实际上,事情没有那么可怕。许多年轻人并没有真正对此表示否定。因为,没有人愿意活得更短。否则,就是辜负了我们短寿的祖先们的憧憬。

从每一个人来说,年轻社会转向老龄社会、短寿时代转向长寿时代,我们面临的一切人生问题都是新的,许多也是前人所不敢想的。对此,许多社会学家、心理学家高度关注。而且,关注的取向不乏负面的焦虑和担忧。这当然是荒谬的。好事反而成了坏事!? 但是,令人扼腕的是,企业界对此反应平平。似乎人生问题特别是人人普遍长寿的问题主要是哲学问题,与经济无关。还有一些企业界人士认为,长寿带来的经济最多只是民生日用,经济总量有限,很难有大的经济作为。严格地讲,这些看法不能说没有一点道理,但问题就错在经济观念上。用年轻社会的经济观念看问题,这是他们的旧经济视角在作祟。问题是我们已经进入老龄社会,迈入长寿时代,用过去的观念和看法不仅落伍,而且错误,关键是十分有害。

从某种意义上说,人人长寿带来的长寿经济以至整个老龄经济,不是给原有年轻社会的经济增加一个新的板块,而是会格式化年轻社会的整个经济观念。人人都会长寿,人人都要从全生命考量自己的经济安排。对此,不仅企业界应当更新观念、重新审视,对于迈入老龄社会的所有国家政要来说,这些都是治国理政的重大议题,当然也是我们今天和今后考量微观经济的重要基点。

(2)家庭生命周期经济安排需要长远考量。我们的社会本质上是一个中青年文化主导的社会。实际上,"尊老爱幼"主要是说给中青壮年听的,也是要求他们有所担当。在年轻社会,孩子多,老人少,老人寿命也不长,虽然也需要有审慎的家庭计划,但毕竟现在完全不同了,孩子就业准备期在延长,职业不稳定大背景下就业后的继续教育需要也越来越迫切,尤其是老年人寿命不断延长,而且带病期的缩短缓慢而健康期延长也很缓慢。在几乎所有家庭都普遍迈入长寿时代的根本变化这一背景下,按照年轻社会下的家庭计划模式恐怕难以维系家庭的长远持续发展。

现在,在家庭中,尽管有失业、疾病、养老、长期照护等社会保障制度,但这些制度体系只能解决基本需求问题,而要有更高的生活品质,每个家庭都需要严格的经济安排作为长久之计。孩子要出生、看护、上学、结婚、就业甚至创业,中青年要工作,还要做好充分的老年期各项准备特别是金融准备,老年人已经有的钱要保值增值,最好还能有新的收入来源,关键是一旦患病、失能,还需要大笔费用。此外,家庭还要考虑住房及其价格走势,考量交通以及其他文化、旅游、时尚等方方面面的消费……这一漫长时间序列上,各位家庭成员的生命事件链条充满刚性,容不得像在年轻社会条件下那样的轻松。

这些消费是千家万户的需要,更是全部经济的根,也更是全部经济的动力所在。对于发展中国家来说,国家基础建设尚未完成,政府经济的发展空间巨大,家庭部门的经济作用还不是十分突出。但对于成熟的发达国家来说,家庭部门经济是全部经济之命脉。对于中国来说,我们也会有这一天,这是老龄社会条件下微观经济的宏观作用。对于企业来说,这是我们把握当前中国经济和未来全球经济竞争战略的重要基点。

(3)企业面临重大抉择。经济发展是有周期的。当前,全球经济结构正在深刻转换,经济下行压力巨大,除经济内在周期性逻辑之外,人类社会形态从年轻社会转向老龄社会、经济发展主体结构深刻转变、经济需求结构深刻调整、经济供给结构深刻转变等,进一步加大了经济下行的压力。那么,对于各国企业来说,除了少数行业之外,大多数行业都面临重新选择的难题。究竟目前所从事的行业还能持续多久?将来从事什么行业可以走上行路线?为此,企业应当做何战略调整和战略安排?这些几乎是所有企业都要考量的重大经营战略问题。

从中国企业来看,传统产业几乎都面临重新选择的难题。进入21世纪以来,除了高新技术领域外,几乎所有企业的战略投资方向都青睐健康、养老为重点的老龄产业。曾经获取过暴利的房地产企业大举进军养老地产,最热门的互联网企业也纷纷转向健康领域,其他私人企业也不甘落后,几乎所有国有企业也看好老龄产业。除了实体经济部门外,金融机构大举进军老龄产业也形成推动老龄产业投资热的重要力量……这些情况说明,在企业维持或者扩展传统业务的同时,他们已经认识到这些传统企业正在走下坡路,而老龄产业作为朝阳产业能否成为新的战略投资方向,这是企业家们的长远考量。

但是,产业转型不是一件容易的事情。自从老龄产业投资热以来,许多企业进来了,不少企业破产了,或者运营举步维艰。但还有更多企业高调涌入。不过,总体来看,发展前景不容置疑,但当下运作困难重重。这说明,进入新的投资领域不是简单的做买卖、做生意,这背后的选择需要多方面的考量。

许多业内人士认为,现在最大的问题之一是投资老龄产业的国外企业越来越成为十分难以对付的竞争对手。实际上,这些国外企业大多都是在老龄产业领域深耕多年。他们国内的传统产业同行日子很不好过。他们自己在国内发展,虽然资金、技术、管理都没有什么障碍,但市场潜力十分有限。因此,踏进中国这个世界上老龄产业潜力最大的热土,这是他们的明智选择。但是,进军中国市场绝非易事,不仅水土不服,关键在于,中国老龄产业市场本身才刚刚起步。如何走好当前第一步就十分困难,更不用说长远打算了。

无论如何,老龄经济伴随老龄社会的深度推进前景无须多言。现在的问题是,中国作为世界上第一老龄经济市场,也是全球老龄经济的第一大试验场,国内国外企业都认识到这个市场不仅是淘金第一重地,更重要的是通过战略运作和艰苦探索,可以走出一条占领老龄经济战略制高点的路子,借此,可以走向全球。毕竟，全球老龄化正在快速推进，全球全面迈入老龄社会带来的巨大老龄经济红利正在酝酿。

企业如何选择？传统企业如何转型？进入老龄经济轨道的新兴企业如何走好最关键的第一步？这些问题是悬在代表未来老龄经济主攻方向企业家头脑中的第一大战略课题，也是引领未来新经济的决策人士的最高关注点。

（三）人类经济的新未来

1. 旧经济思维已经破产。我们正处在人类经济的新的十字路口。历史往往是在错综复杂中前行的。虽然目前还有不少人口面临饥饿问题，但整体上，代表人类经济发展的方向已然天朗气清。这就是人类已经在物质经济的轨道上走过漫长的历史，非物质经济日益成为人类经济发展的更高层次的诉求。物质经济仍然是人类经济的基础，但非物质经济才是人类经济的未来方向。这表明，我们需要新的经济逻辑，同时也宣告旧经济逻辑正在破产的命运。

在物质经济的范围内，旧经济思维的价值不容否定。否则，人类经济发展就是空中楼阁。但是，直接把物质经济的逻辑套用到非物质经济领域，在理论上是说不通的，在实践上已经面临诸多难以解决的矛盾和问题。例如，稀松平常的物件经由名人使用后送到拍卖行何以会拍出天价？用劳动价值论无法解答。又如，对经济产业的划分漏洞百出，原因在于它的划分依据只有物质经济的单一逻辑，这种产业观已经无法指导未来产业发展的路向。更加棘手的问题在于，物质经济与非物质经济相互缠绕、相互生成、相互依存、相互作用，浑然一体，仅仅用物质经济的逻辑或者非物质经济的逻辑都难以科学把握。过去的做法就是省略非物质经济成分，仅仅用物质经济的逻辑进行经济分析，这在物质经济为主导的过去是行得通的，而且为人类经济发展作出了不可磨灭的历史贡献，但也带来物质化、异化、扭曲人的灾难性后果。这说明，未来需要在物质经济和非物质经济之上找到人类经济发展的新的更高的逻辑。这说明，旧经济思维的疆域正在缩减。在新的更高经济层次上，旧经济思维已然破产。这也许正是人们诟病主流经济学理论的重要原因。对主流经济学更加激进的评论是：以往经济学正在寿终正寝！

2. 新经济观正在诞生。如前所述，近500年来现代化的快速推进、温饱问题的基本解决、科学技术的繁荣昌盛、医疗科技的突飞猛进以及住房、交通经济等物质经济的高度发达，其后果不是物质经济进步本身，而是推动物质经济发展主体——人的现代化。现代化最深刻的后果就是人的发展，不仅生得少了，而且活得长了，结果生成了一个新的社会形态，生成了一个不同于年轻社会的老龄社会，这是整个现代化最深刻的后果，也是现代化最具革命性的后果，同时也是人类发展取得的最伟大的成就。否则，仅仅物质经济发展本身，如果没有人的发展和提升如寿命的普遍延长，就失去发展的价值和意义。一句话，物质经济发展的最高成就不是技术如何先进，而是人的发展，是老龄社会的到来，是全体人类人人普遍长寿梦想的变现，以及未来更加美好生活的可能。

但是，人类之所以是人类，就在于人类在动物需求之上有更高的人类自身的需求。物质经济的发达催生了老龄社会，但老龄社会的到来却给人类发展提出了更高的诉求，这就是：在物质需求或者动物性需求之上，应当从提升和塑造人上开拓新的疆域，这就是在物质经济之上发展非物质经济。唯此，人类才不致陷落于动物性生存，人类方能找到自己人作为人本身的价值和意义，例如快乐、尊严、幸福等。

如果说物质经济只是人类发展的基础，那么，非物质经济才是成就人作为人的上层建筑。一旦人类完成物质经济的基础性任务，人类才作为人类、作为高于动物界的人类走出物质经济束缚，迈出地下，走上地面，建设属于自己的非物质经济的高楼大厦。那么，越出物质经济，在非物质经济领域，进一步从统摄物质经济和非物质经济的更高层次，如何发展未来经济，这不是旧经济思维所能考量的问题，而是老龄社会条件下，人类进入长寿时代才有条件考量的新的重大经济问题。这也是不同于旧经济思维的新的经济观的方向，更是马克思所说的人类真正创造自己历史意义上的新的经济观念。

3. 重新规划人类经济的未来。回顾过去，人类的历史已经十分漫长，我们已经在物质经济的轨道取得了辉煌的成就,这就是我们有资格饱着肚子谈发展,有资格谈自己的发展而不单单是身体上的动物性需求问题。但是,展望未来,我们的路似乎更长。人类仿佛刚刚重生,通过物质经济发达找到了自己。虽然迈过了年轻社会,到达老龄社会,但人类仍然十分年轻,前面的路还很长,也更加令人期待。

老龄社会不是社会老了,更不是人类老了,它只不过是人类社会发展到达一个新的起点。没有人再愿意回到生得多、死得多、活得短的历史场景去。我们的新的理想当然应当是适度生育,活得更长,活得更有意义。于是,一系列新的问题就扑面而来,物质经济的适用范围正在缩小,那么,它的边界究竟应当有多大? 物质经济让我们有一个有保障的环境和条件,那么,在物质经济之外,如何发展非物质经济? 非物质经济究竟是什么? 在物质经济和非物质经济之上,有没有更高的统摄逻辑? 这一统摄性逻辑引领人类经济塑造人提升人的路径是什么? 这是从长远来看的更高层次的经济问题。

那么,从当下来看,虽然联合国 192 个国家(地区)中,有 96 个已经处于老龄社会,但还有另外 96 个尚处于年轻社会。那么,如何处理年轻社会的国家和老龄社会的国家之间、老龄社会的国家之间在物质经济上的矛盾? 从老龄社会的长远前景回到现实,国家间的争斗还远远没有结束。而且,国家间的经济斗争依然是主题。非物质经济的斗争是否正在升级? 未来的走向应当如何把握? 那么,如何处理这些国际经济问题所意蕴的真正意义上的作为种的人类经济问题,这是我们回避不了的一系列重大问题。

无论如何,迈向老龄社会是全人类的宿命。尽管国家集团的斗争还将持续,但这些斗争以及日益升级的国际合作都改变不了全人类和所有国家迈入老龄社会的共同命运。可以说,人类命运共同体在未来的一个宿命就是,无论任何国家都会迈入老龄社会的轨道。这是人类社会的基本规律,不以任何人的意志为转移。那么,作为经济命运来说,如何在老龄社会条件下发展老龄经济,这是所有国家都要面临的共同问题。

老龄经济,就其本质说,它是物质经济和非物质经济总和根基上人的经济,它的基础性任务是满足人的动物性需要,而人作为人的需要的满足才是老龄经济的主题。

我们已经在物质经济的轨道上积累了充分的经验和教训,但真正的、大规模的非物质经济的历史才刚开始。那么,如何从统摄物质经济和非物质经济之上,从新经济、从老龄经济上塑造人、提升人、发展人,这是未来经济的方向,归根结底,也就是人的经济。如果说物质经济已经耗费了人类的已有智慧,一路走来的道路曲折而艰难。但是,面向未来,非物质经济的层次更高,将需要也能激发更高的人类智慧。毕竟,创造才是人类最本质的特性,也是高于动物界的根本标志。

人的经济才刚刚开始,人类依然十分年轻,人类未来经济需要重新规划,这是人类经济发展走到普遍长寿时代潮头的新使命。

经济是充满活力的人的本质力量的显现,当我们对已有经济感到枯燥厌倦甚至丧失信心的时候,具有创造活力的人会发展出新的经济,这是经济发展的秘密,也是我们对未来经济充满希望的根本依据!

二、科学认识老龄经济的本质

(一) 人本经济是 21 世纪的主流经济

1. 人类经济的本位。严格来说,发展是人类的主题,这个说法从严格意义上说是有问题的,经不起深入推敲。从理论上说来,人类发展不可能是为了发展而发展,发展有其目的,这就是通过发展来实现人的目的,使人成为人,使低级人成为高级人,使动物人成为文化意义上的人。那么,经济发展的目的是什么? 是实体经济或者物质经济,即物质资料的生产、分配和消费? 是资本经济、金融经济,即用最少的资本投资获取更多的利润? 还是别的什么? 目前对经济的主流认识就是物质经济和资本经济这两项。关于资本经济,马克思已经说得不能再透了。资本经济带来的诸多问题已经把人类推向受资本奴役的异化境地,大众已然深恶痛绝。至于和人类相伴生的物质经济发展至今,物质财富奴役大众的状况同样令人奈何不得。经济是人搞出来的,但现在,人在经济面前沦落了,这个经济究竟是什么?应当是什么?经济的本位是什么?人和经济应当是什么关系?这些问题现在都需要重新审视。不过,有一点是肯定的:着眼未来,人类在老龄社会的道路上渐行渐远,每一个人的寿命还将继续延长,那么,未来的长寿人生,我们依然需要做经济的奴隶?假定果真如此,标志文明进步的老龄社会就没有什么值得期待的!这样奴隶般的长寿人生也实在没有价值!如果老龄经济只不过是把短寿奴隶变为长寿奴隶的话,那么,这样的经济就是反人类的经济!因此,在全球拜物、拜金思潮甚嚣尘上的今天,面向全人类都要迈向老龄社会的共同命运,我们也需要重新审视人类经济的历史、现状和未来,反省经济的本位,为未来社会塑造新的希望!

于是,第一个问题就是经济的主体——人——究竟是什么?简单来说,人是动物性存在、社会性存在和精神性存在的三位一体,但人作为万物之灵,就在于人是在精神引领下,通过协调人与自然、人与人的社会关系求得持续生存并追求自身价值和生命意义的特殊存在。据此,人的需求自然就包括三个层次:第一个层次就是身体持续的生物性需求,可称为低层需求;第二个层次就是人与人关系协调的需求,可称为中间需求;第三个层次就是自己的精神需求,核心是实现自身价值和生命意义的需求,可称为高层需求。如果人生存的全部努力在于满足低层需求,这样的人实际上就是动物人;如果人生存的全部努力在于满足低层和中间需求,在高层需求上无所作为,这样的人也不是完整意义上的人。完整的人就是在满足低层和中间需求之上,有条件满足高层需求,且以此为人生存和发展的核心价值。

但是,从人类历史来看,在整个年轻社会,由于生存问题的压迫,也就是人与自然关系上的生产力不足问题,加上社会压迫,也就是人与人的生产关系,人类作为精神性存在,即使认识到自己应当实现自身价值,但客观上人被迫成为非人。资本主义发展到高级阶段的最大贡献是,解决了人类的生存问题,人们不再为肚子问题而发愁,人类终于有条件追求高层需求,但资本主义从物质经济到资本经济的经济转换,却把人变成资本的奴隶。这是资本主义的矛盾。社会主义旨在解决大众的物质生活需求问题,但市场经济特别是资本经济的发展也有陷大众于被资本奴役的风险。因此,需要探索社会主义的市场经济,这是未来的方向。总的来看,在人类历史上,人类要么困于物质(和资本)的依赖或奴役,要么困于人的依赖或奴役,难以有实现自身价值和生命意义的条件。这也是年轻社会的历史真相。在人类迈过年轻社会进入老龄社会初期阶段,纯物质稀缺随着生产能力的提升(甚至过剩)问题已经得到基本解决,但资本奴役的问题依然存在。因此,未来的希望在于,努力把人从资本奴役下解放出来的同时,努力追求人自身的自由发展。正如马克思所说的,解决了生存问题,人类才能真正按照自己的意志来创造自己的历史。实际上,老龄社会的到来是人类从生存经济束缚下解放出来,进一步追求自身价值和生命意义的关节点。因此,老龄社会的主题就是人类追求自身的全面自由发展,这本质上也是老龄经济的核心议题。

由此看来,人类经济不是简单的物质财富的创造,仅此,人类还不成其为人类,人类经济也更不是目前弥漫东西方、拜金主义盛行的资本经济。不解决资本奴役问题,人类也不成其为人类。从本质上来说,人类经济的本位在于三项:一是持续发展物质经济,维持人类动物性生存需要,这是基础;二是整合治理人与人的利益关系,这是关键条件;三是大力发展精神经济,这是核心。

2. 人类经济的复归。实际上,资本主义经济的诸多问题,回归本源,根子就在理性经济人假定上,其他由此而来的古典经济学、新古典经济学理论一错再错,直至今天在理论上虽然破产了,但实践上贻害还在延续。理性经济人假定认为,人是理性的,精于判断和计算,唯一目标就是自身利益的最大化。后来的经济学家把这一假定进一步推演到所有经济组织上。

现在看来,《国富论》作者亚当·斯密的这一原典性经济理论的伟大时期早已终结。且不论从一个假定推演经济系统运行在经济逻辑上存在的荒谬性,也不论这一假定在经济实践上的错误以及整个资本主义演化出来的资本奴役对人类本性的戕害,只要承认物质资源的有限性,人人追求自身利益的最大化就是一个巨大泡影。何况,亚当·斯密是物质经济时代的经济学家,他的时代性局限导致他不可能看到物质经济之外更高层次的精神经济,他也不可能看到资本主义发展到今天存在的诸多深层次矛盾(亚当·斯密在那个时代的伟大贡献不容否定,不能苛求前人,但不能让渡怀疑思维和批判精神)。更重要的是,他虽然也出版了《道德情操论》,但他的经济人和道德人相互矛盾,经济学家如果缺失对人文特别是高层次人性的理解,其后果不堪设想。可以说,亚当·斯密的经济学及其建立在理性经济人假定之上的资本主义的根本问题是,对人的低层本性即贪得无厌的动物性的弘扬,至于人的中间本性和高层本性,他只是把它们放在了道德的层面。经济学家把经济学和伦理学分开来对待,把人的三个层次的本性割裂处置,这在理论上本身就是对人性的理论撕裂。简言之,理性经济人已经不是完整意义上的人,本质上把人假定为是理性动物人。因此,经济学研究,乃至一切社会科学研究,因为涉及人,都需要从完整意义上把握人及其本性。这表明,工业经济时代对待人的分析思维方式和思想已经破产,完全不能适应后工业时代多学科科际整合思维方式研究的需要,这也是复杂性经济学产生的重要时代背景。

实际上,人,这个经济的主体自从经济学产生以来一直被降格成为"物质""奴仆"和"工具"。现在和未来,经济及其经济学需要向人的本位复归。现在更为重要的是,和以往经济学家所处时代条件不同。现在,在人们生存问题基本解决以后,才有资格也有可能考量经济学的版本升级问题。实际上,人类经济的历史实践和前进方向也十分清晰,人类正走在越来越远离动物界进而追求生命尊严、生命价值和生命意义即全面自由发展的路上,漫长年轻社会的时代已经终结,物质经济至上的经济观念正在降格,而人本经济正在伴随着人类寿命延长不断升格,人类正在向高位阶行进,正在按照自己的意志创造新的经济奇迹。人本经济的未来在繁茂芜杂的物本经济中正在开启。

(二) 人本经济是什么

1. 新的经济事实。科学家霍金曾奉劝人类要在 200 年之内走出地球,到外星系找到我们新的定居点。霍金的预言信也好不信也罢,但无论如何,他的预言的最大启示应当是:已有的成就再大,但这些成就也暴露出人类自身的问题以及给地球造成的灾难,需要地球人重新思考未来的新思路。的确,物质的极大丰富,科学技术的日新月异,人的力量的过度发挥,造成地球存续面临全面爆表。同时,也促使人类反观自身,以往的路子走得对吗? 继续下去的后果是什么? 除了霍金,还有一大串名单的思想家们已经纷纷提出警告! 问题究竟出在哪里?

自然界的生物都是本能性发展,例如有些昆虫不断繁殖、规模不断庞大,导致食物中断,整体死亡,即系统塌陷。一旦遇到适当条件又会循环往复。人类经济发展的过程从某种意义上与此高度同构,甚至比这种情况更糟。因为人类有记忆还会复仇,争斗更加惨烈。因此,目前的发展方式难道真的配得上说是"人类"的发展方式吗? 抑或是被降格的动物式的发展方式?! 发展的意义又是什么?

天体运行的意义是什么? 这是一个伪命题。因为,意义只属于人类。如果仅仅追求物质经济、仅仅满足动物性需求,那么,一代一代按照本能行事,这显然不是人类的历史,至少不配称为"人类"的历史。实际上,物质经济时代,人类是被迫性的动物化生存,没有条件和资格谈得上高于动物性的需求。但是,人类存续至今最根本的不是单靠物质资料,而是延续不断的文化。在不断绵延成长的文化中,人类的集体记忆中始终有一个人类作为人类的更高追求,这就是人类作为人类的生命尊严、生命价值和生命意义。在被迫性的动物化生存的年轻社会,如果说人类抱有追求全面自由发展的理想的话,那么,迈过年轻社会,进入解决了基本生存问题之后,人类终于有资格有条件来讨论人作为人的发展问题了。其中,最基本的前提条件就是人类的普遍长寿。否则,一切无从谈起。毕竟,活下来、活得长才是硬道理,也才能讨论和思考相关问题。不然,从青少年开始懂事到刚刚对活着有点感觉,就很快离开人世,要谈什么"意义""价值",这不仅是奢侈的,也是荒谬的。从这个意义上说,老龄社会或者长寿时代的确是人类最辉煌的成就,更是继续前行的资格。在过去,这是奢望,现在,人人都可以有条件有资格对活着的"意义"和"价值"作更高版本的考量。

实际上,年轻社会终结的第一成果就是人类的普遍长寿,没有人类的普遍长寿,如何谈发展? 如何谈人的价值? 如何谈自由发展? 活不了几天就死了,这些问题只能交给别人。如前所述,从整个人类历史来看,人类普遍长寿梦想的实现,这才是人类历史,也才是人类社会历史上最伟大的成就,也是成就人类追求生命尊严、生命价值和生命意义的基本条件。同时,人类普遍长寿也是物质经济发达的重要标志,也是我们把物质经济降格,升格精神经济,进而探讨人本经济的基本前提。

但是,人本经济究竟是什么? 回答这个问题,既不能从宏观经济运行来谈,因为即使能有结论也难以运用到中观经济或者产业经济以及微观经济上;也不能从中观经济或者产业经济来谈,因为相应的结论也很难向上推演到宏观经济上、向下推演到微观经济中;更不能从微观经济来谈,因为同样相应的结论很难上推到中观和宏观经济上。最彻底的办法就是回到现实的经济事实中来。

可以肯定,人类的第一个经济事实是人口规律。人口是经济发展的前提,是未来经济发展的第一要素。从可以预见的未来看,人类的年龄结构也就是未来经济的主体结构呈现老龄化和高龄化态势不可逆转,回到年轻社会已经不可能了。从某种意义上说,福山所说的资本主义是人类社会的最后形式这一结论基本不靠谱,但人口年龄结构或者经济社会主体结构的老年型可能是人类人口发展的终结形态,变数只在于人口老龄化水平的高低变动,但这些变动根本不可能动摇老年型人口结构的总体态势。否则,任何大的根本变动都是灾难。这一点在理论上和实践上都不容置疑,除非真的发生灾难。例如霍金所预言的。不过,未来人口年龄结构老龄化的这一人类社会发展基本规律不能用年轻社会的眼光来对待,更不能从物本经济的视野来观照,而应当从新的老龄社会的视野来看待。简单来说,这是未来经济也是老龄经济或者人本经济的第一规律。

需要强调的是,许多人认为,人口老龄化不利于经济发展,这是十分荒唐错误的思维:首先,这种观点十分荒谬。人口老龄化是规律,不能回避不可逆转的规律来谈论经济发展,经济发展只能适应人口规律,而不能站位经济发展评论人口规律的利弊;其次,这里的经济发展说穿了,背后还是产值、GDP 增长,这是典型的物本经济观。只见经济不见人,只关注经济发展或者经济增长,即产值增长,而不关注人的发展。实际上,自从古典经济学到新古典经济学至今,主流经济学长期以来忽视人口问题。即使谈到人口问题,也只限于人口数量问题,从理论上对人口年龄结构历史性转变,即人口老龄化的发生及其对经济发展带来的深刻变革没有引起应有的重视,这可能是主流经济学理论的硬伤之一,也是物本经济思维的必然结果,需要彻底扬弃。

人类的第二个经济事实是经济发展回归以人为本的本位。经济发展的目的只有一个,这就是为人的全面自由发展创造经济基础,这里的经济基础不仅包括物质基础、人与人之间的经济交换关系和人与人、人与自身在精神发展上的经济条件。因此,经济发展的本位,终极来看是以人为本,在这中间,经济发展需要物质经济,但不能把发展的终极目的或者经济本位界定为以物为本。或者说,不能把经济发展仅仅等同于物质财富的积累、创造和增值。否则,不仅会偏离人的全面自由发展这一目标,而且,仅仅把经济发展界定在物质经济领域,不仅是狭隘的、动物化思维,而且限制了经济发展的多层次性和丰富性。这也正是资本主义的物本经济的根本弊端所在。需要强调的是,经济发展需要物质经济,但物质经济不能无限发展。否则,离开自然承载力谈论经济无限发展无异于理论空想,而且,造成物质主义泛滥,发展层次普遍降格为动物化生存。

不过,在经济发展中,人虽然是经济发展的主体、人的全面自由发展虽然是经济发展的终极目的和发展本位,但人也有其工具性的一面,人也是劳动力和生产者。问题的关键在于,人作为经济发展的工具不能成为人作为经济发展终极目标和发展本位的障碍,恰恰相反,人只有充分发挥劳动潜能才能真正找到人成为人的发展路径。因此,离开工具性劳动,不仅任何经济发展无从谈起,人的发展也是空话。这里的根本问题在于,在物本经济中,由于没有以人为本的考量,更没有以人为本的经济制度安排,人作为经济发展的终极目标被淹没在工具性生存中,这是未来经济、老龄经济和人本经济要避免的。

人类的第三个经济事实是经济发展的限度问题。人类经济发展历史的实践表明,物质经济没深度且有限度,而精神经济有深度但无限度。实际上,这个问题钱穆先生早有论述。钱穆先生是文化大家。虽然不是经济学家,但他的观点没有引起经济学界的应有重视。事实上,经济学失却文化视野是相当幼稚的。钱穆先生认为,物质生活虽然是必需的,但却是低层次的,囊括不尽人生之全部,而且也接不到人生之高处。在他看来,食色等生活没有深度,反而有递减效应(例如鸡汤好喝,但顿顿喝就容易腻味)。永远不能满足,又永远让人感到乏味。总之,物质生活特别是食色等并非高贵而有意义。相反,人的精神生活,无论是艺术的人生、科学的人生、文学的人生等求知、求善、求美的精神生活,深不见底、高不见端,追求精神生活永远达不到终极,也因此而成就人生不厌不倦、成就人类世界不断向高处演化。他认为,生命的意义和价值不能从物质生活中去寻找,不然,很快,人就会厌烦。因此,囿于物质经济,不懂得人的精神层面,仅仅在物质、货币、利润、资本等概念下发展经济,后果只能是动物经济。这也是物本经济转向人本经济的一个重要动因。

人类的第四个经济事实是人的需求层次问题。从人的需求来看,如前所述,人的需求包括生物性需求、社会性需求和精神性需求,这就决定了人类是生存性、社会性和精神性三位一体,并因此成就完整意义上的人。但是,问题出在生物性需求的无限膨胀上,也出在人与人关系的难以协调上,更出在人的精神性层次不高上。本质上,在物质经济条件下,人与人的关系主要还是利益之争问题。至于人本经济占主导地位的条件下,人与人之间的关系除物质利益外,还有其他关系,不过,这是另一个问题。所以,在人本经济还没有占据主导地位的情况下,人的需求问题归结起来,还是物质需求和精神需求的问题。但是,受制于物质条件的约束,实际上,精神需求的地位不高,人的需求问题常常就成为物质需求问题。因此,在理论上来说,人虽然是生存性、社会性和精神性三位一体的高级存在,但在物质条件约束的情况下,人常常被迫成为满足低层需求的生存性的人、物质意义上的人、生物学意义上的人。

需要强调的是,人的所有问题几乎都集中在有生物性需求的物质层面上。一方面,没有物质资料,人类无法生存;另一方面,本能性地过度发展物质财富,便会面临物质体系的塌陷。因此,在物质资料的生产或者物质财富的创造上,人和动物的第一个区别就是人类懂得劳动和创造,但更重要的是第二个区别,即人应当懂得在物质财富有限性前提下的节制控制的观念,以及落实节制控制的制度安排。否则,即使人在能够制造工具和劳动,并懂得创造物质财富上把自己从动物界超拔出来,又在贪婪于物质财富的攫取上把自己拉回动物界。这也是人类历史的重要真相。实际上,从某种意义上说,资本主义的贡献有两个:一个是把人类的生产能力提升到高度发达甚至产能过剩的程度;另一个是把人贪婪追求物质财富反人性的灾难性后果演化到无以复加的程度,并提供了历史性镜鉴。在此基础上,人类可以看清物本经济的问题,重新厘清未来的经济发展思路。因此,由古典经济学到福山宣称的“历史的终结”,他们论证资本主义的长久性、优越性、终结性,说到底就是关于人的动物经济学。这些理论连同整个物本经济学的所有观念、框架和思路都已终结。否则,在他们的视野下未来经济无外乎是动物性经济的花样翻新,也是少数人把大多数人作为敛财工具的经济,这是人本经济的反面。这样,人类发展也看不到希望!

人类的第五个经济事实是长寿时代的经济发展环境和条件问题。从年轻社会转向老龄社会,这是未来经济发展不可回避的根本环境和条件问题。以往的社会既是年轻社会也是短寿社会,未来社会既是老龄社会也是长寿社会。从未来经济发展的长远环境和条件来说,需要有新的经济思维,更要全面考量长寿时代人的发展特征。未来,人们活得越来越长,这是重大的经济事件,也是建构未来经济的重要维度。从人类全生命长寿生活来看,有两个重要现象值得关注:(1)青少年离动物界更近,老年期特别是高龄期离人更近;(2)青少年时期物质需求更多,而老年期特别是高龄期精神需求更多。那么,从整个人类历史来说,一方面,往后看,在越是久远的过去历史中,人类离动物界更近;另一方面,往前看,虽然会出现跌宕起伏,但历史的未来总趋势是,人越来越接近人。归根结底,历史本质上就是人向人的生成(马克思语)。否则,未来的发展前景就是越来越走近动物化生存,这不仅不符合历史发展规律,更不符合人类发展的理想。实际上,从人类发展的整体和人类个体发展的全生命来看,在越来越远离动物界和越来越走近人这一点上是高度同构的。实际上,这正是从物本经济走向人本经济的重要标志。这重要经济事实都是理解人本经济的重要线索。

人类的第六个经济事实是经济发展背后的动力机制。从成长过程来说,生命全程的人性发展是一个自展上向诉求为向上引力、动物性欲望为向下拉力、社会关系结构作为约束力的一个动态机制。(1)自展上向诉求就是人天生有一种向上追求的力量,这既是个体人之为人的根本力量,同时,也是人类历史发展到今天不断上向发展呈现定向进化态势的动力源头,更是未来人类发展的根本动力。在人类成长过程中,自展上向力是终极引力,引领个体整个生命历程的成长,也是引领整个人类代代相续并不断进阶的力量;(2)动物性欲望是人的正常需求,也是维持人类生存持续的基础,但一旦过度,便会演变成为对自展上向力的负拉动,从个体看会把人降格到动物层面,从整体来看把人类拉向底层需求的满足上,即拖向动物社会;(3)人与人的关系形成的结构是既定的,也是可以改变的,既有可能形成对人的自展上向的推力,也可能形成对人的自展上向的负拉动。这就是人类历史行为的事实,也是人类经济行为的事实。

人类的第七个经济事实是经济发展格局的历史性转折。人类经济发展实际上走的是一条从供给经济转向需求经济的逻辑。生产能力不足产生供给经济,生产能力相对过剩产生需求经济。供给经济即供方为主导,也就是卖方市场;需求经济即需方为主导,也就是买方市场。供给经济和需求经济在经济逻辑上是不同的,供给经济主要属于物质经济,需求经济既有低层次的物质经济,也有高层次的精神经济。人类经济的历史逻辑是先有供给经济后有需求经济,一旦从供给经济转变为需求经济,经济运行的逻辑就更为复杂,这也是企业家们感到企业越来越难做的原因,也是消费者常常陷入购买选择困境的缘故。但是,对于供给方来说,在需求经济下,虽然买方是主导,但供方可以作先导。同时,供给经济中的刚性需求是天然的,如吃饭、住宿等,而需求经济中精神经济的刚性需求则是可以培育建构的,如教育、培训等。这是未来经济的一个重要特征,也是把握人本经济的重要方面。

人类的第八个经济事实是经济发展的大众化问题。传统经济只关心经济本身,不关心人,或者更关心少数人(如资本家)的收益问题(在这种情况下,资本家本身已经成为资本的奴仆,这也是资本家年老以后往往愿意做慈善事业的原因,除了善心等外,根本的原因是,资本家希望通过慈善等活动摆脱作为资本的奴隶进而找到人的价值和尊严,回归人的状态)。在物本经济中,衡量经济发展的核心是产值和利润,因此,主流经济学往往把物本经济发展产生的贫富问题交给政治家和伦理学家。我们也要看到,即便在物本经济高度发展的过程中带来了中产阶级的崛起,但这不是物本经济的功劳,也不是资本主义经济的贡献,而是物本经济和资本主义经济之外的政治安排和社会安排的成就。实际上,物本经济本身就是贫富问题的根源。因为,物本经济不关心人的问题。那么,在人本经济中,经济发展的核心是大众生活水平和生活质量的普遍提高问题,避免贫富差异过度问题就成为经济发展内在的目标和安排,而不是交给政治家和伦理学家。但是,在人本经济中,随着物质经济的适度发展、精神经济的无限发展,未来又会产生精神贫富问题,这就是精神经济的大众化问题,这就需要我们作出新的考量和安排。

2. 人本经济的基本纲领。从以上八个经济事实,结合人类经济的发展历史、现实问题和未来理想,我们可以初步提出,和物本经济相对应,人本经济就是一个比物本经济更为复杂、位阶更高、演化逻辑更为多元、但终极意义上是一个实现人的全面自由发展的新的经济结构和经济体系,其基本纲领包括:

(1)基本原则:人本经济是人类社会生产能力达到一定阶段、完成生存经济并开始追求生命经济、实现年轻社会转向老龄社会的历史条件下的新的经济形态。具体包括:①人本经济的人口前提是人口年龄结构的老年型,并向高龄化发展。在人本经济中,经济发展要适应和遵循人口发展规律,而不是相反。当然,人口老龄化虽然是人类社会的基本规律,但人口老龄化水平在一定条件下是可控的,这就是人口过度老龄化可以预防,但不能改变人口老龄化的基本趋势。②在完成生存经济历史任务的条件下,人本经济的最高关切是人的全面自由发展,人与自然、人与人、人与自身的关系等维度产生的经济行为都要服从人的全面自由发展原则,否则,就会出现经济数量发展但质量倒退。③人本经济的重心是关注老龄社会条件下人类全生命长寿生活的经济安全,这就是一切经济的旨归乃是达成人人在身体上健康、在生活上富裕、在精神上丰富。一句话,人本经济就是为确保长寿时代人人过上终生有价值有意义的生活提供经济保障。④人本经济的观念就是无论物质经济还是非物质经济的生产、消费、分配和流通及其相应的经济制度安排,都要符合"健康、富足、快乐和有意义"的原则。⑤人本经济的中心任务是"健康、富足、快乐和有意义"长寿生活的大众化。⑥人本经济发展的宏观关键衡量指标是健康寿命、健康GDP 和精神生活水平。一句话,人本经济是和物本经济相对应的更高层次的经济。实际上,这也正是高于资本主义经济的社会主义经济的重要表现。

(2)本体论层面:人类经济分为四个层次,即物质经济、服务经济、精神经济和媒介经济。物质经济主要发生在人与自然之间,核心是通过技术、工具等获取人类得以持续生存的物质资源;服务经济主要发生在人与人之间,核心是通过体力和非体力劳务形态的交换,获取生产性、生活性服务,生产性服务确保生产的持续进行,生活性服务确保人的日常生活;精神经济主要发生在人与人之间、人与经济组织、经济组织与经济组织甚至经济组织与国家、国家与国家之间,核心是智力劳动的交换,以精神产品为交换媒介。中介经济主要是指交通、信息、数字、技术、金融等形成的媒介经济。媒介经济没有独立性,必须依托于以上三种经济。

从历史实践来看,迄今为止的人类经济可以分为物本经济和人本经济两种形态。在年轻社会,人类经济基本上是物本经济,所经历的原始经济、农业经济和早期工业经济是典型的物本经济,到了工业经济中后期,物本经济以币本经济为基本样态。在物本经济中,物质经济占据主导,核心是解决人的物质需求问题。在前工业社会,由于经济长期处于自足状态,分工不发达,服务经济尚在酝酿。到了工业社会,服务经济开始快速发展起来。但在整个年轻社会,精神经济在物本经济中只是附属经济。伴随老龄社会的到来,物本经济(货币经济)开始缩小范围,人类经济逐步向人本经济过渡。在未来的人本经济中,物质经济回归基础地位,服务经济不断发展升级,但主导经济是精神经济。同时,币本经济进一步演化为电子经济,并关联数字经济,未来还会随着科学技术的发展有新的样态,但交换媒介的经济最终要回归到媒介地位,而不是奴役人的主导经济。如前所述,金融是物本经济的核心,但最多只是人本经济中的媒介而已。

(3)认识论层面:人类经济是在人类经济认知水平不断提高过程中实现从低级到高级的一个复杂化过程。从本体论来说,或者说从本源上说,经济存在决定经济认知。但是,从认识论来说,经济认知引领经济行为。否则,人的经济行为就是纯粹的动物本能行为。从人类经济发展的未来命运来看,老龄社会和长寿时代的到来是未来最强大、最显著的经济趋势,超过了日新月异的科学技术的发展。实际上,老龄社会和长寿时代的到来之前的经济都可以看作是物本经济,即不关注人自身发展的经济。现在,已经迈入老龄社会和长寿时代的国家,人类经济不仅正在实现生存经济向生命经济的转变,人类终于有了资格来讨论自身发展的问题,而且人口老龄化和人类普遍长寿化本身的重大经济意义远远超过任何科学技术的突破,并提请人类从物本经济的发展中提升思维格局,转过来考量人类自身发展的问题。可以说,老龄社会和长寿时代的到来,既是人类社会发展进步的根本标志,更是人类发展未来经济、扬弃物本经济、发展人本经济的重大历史性提示,并要求重新清理现有所有经济观念、经济思维和经济理论,重新建构适应新趋势的经济话语体系。

具体包括:①人类经济不是像古典经济学、新古典经济学那样,从一个理性人假定推演出来的一个经济体系,而是一个从低级形态向高级形态演化的复杂化过程,运用还原论、机械论或者演绎逻辑来分析经济在过去是有贡献的,但作为已经破产了的经济理论都需要接受理论批判,要在最新的复杂性经济学理论引领下,扬弃年轻社会条件下形成的物本经济的观念和思维,建构新的适应老龄社会要求的人本经济的新观念和新思维。②人类经济遵循一个总逻辑和四个分逻辑,总的逻辑就是人的全面自由发展的逻辑,四个分逻辑分别是物质经济的逻辑、服务经济的逻辑、精神经济的逻辑和媒介经济的逻辑,其具体内容需要深入研究。③人本经济是需求经济,其需求刚性不同于物本经济。在人本经济中,物质经济、服务经济和精神经济中既有刚性,也有弹性。不过,从供给来说,刚性需求需要发现,但更需要引领。特别是与不断降格的物质经济相对而言,服务经济和精神经济的刚性构建和引领更为重要,谁能构建和引领新的服务经济的刚性和精神经济的刚性,谁就能在人本经济中占据市场上位。至于媒介经济则随所依附的物质经济、服务经济和精神经济而变动。但至关重要的是,媒介经济不能凌驾于人的需求之上。例如投机性金融、脱缰野马式的技术无限度发展等。④物质经济要适度,要有节制控制上的经济制度安排,但对于服务经济特别是精神经济要解放思想、放开手脚。说到底,人本经济是竞合经济,但竞争与合作的能力取决于精神经济的水平和层次。⑤在人本经济中,物质经济确保人的生物性适度需求,服务经济确保人的独立性及其尊严,而精神经济不仅引领人类积极向上,而且帮助人们从生物性需求、服务性需求中解脱出来,去实现超越动物性生存、人与人依赖性生存而迈入艺术性生存(诗意化生存)的全面自由发展的境界。⑥目前,人们头脑中的经济观念主要是年轻社会条件下形成的物本经济的观念,人本经济虽然正在酝酿但尚处于弱势地位,未来经济的总方向当然是人本经济,但在走向人本经济的路上,物本经济的观念会不断阻挠,这是不可避免的,但也是要坚决转变的。否则,我们将会远离人道,在物道上爬行。这是人本经济认识论的总警示,也是力图在未来经济中占据服务经济特别是精神经济战略制高点的总提示!⑦人类在物质经济上已经走得很远了,不仅走向了外太空,而且深入端粒层面,物质经济还需要发展,否则人类的存续就会成为问题。但是,在服务经济特别是精神经济层面上人类才刚刚起步,前面的路还很长远,离全面自由发展的境界还有更长的路要走。大众化物质生活水平的提高已经耗费了全部人类历史的精力,而大众化精神生活水平的提高面临的困难可能更多。实际上,这才是真正的人类问题。⑧人本经济的复杂化逻辑需要努力探索。不能简单地把物质经济的逻辑延伸推演到服务经济中来,特别是不能简单地推演到精神经济中来。对于物质经济的逻辑我们可以参照,但还需要不断探索实践,肯定会出现很多问题,经过不断试错实现不断改进。但是,服务经济和精神经济的逻辑应当有其独特性。这样,物质经济、服务经济和精神经济乃至媒介经济的逻辑是否遵循同一个逻辑,例如价值规律,或者各有特殊性,这些问题都需要纵深研究。从复杂性理论看,应当是不断演化进化的更为复杂的逻辑。对此,不能用过去的经济逻辑去考量。实际上,用元经济逻辑的思维也是不符合复杂性理论的。元经济逻辑认为,经济有一个元逻辑,在元逻辑基础上,经济有本体也有变体,但经济逻辑基本上遵循一个元逻辑。不过,现在看来,人类经济应当不是在一个基底上本体的变体,而是一个不断重构迭变的复杂化过程。因此,未来经济或者人本经济或者老龄经济,这三者其实是一回事,它们的发展逻辑已经超出目前已有的经济逻辑,需要我们在复杂性理论的引领下重新构建新的经济认识论。

　　(4)运行机制层面:人类经济运行历经几千年历史,其运行机制变得日益复杂化了。从历史上来说,人类经济运行机制可以分为三类:第一类是政府运行机制,如新中国成立以前历史上的官僚机制、苏联和新中国成立后的计划经济以及目前的各国的政府宏观调控机制;第二类是市场机制;第三类是公益机制。此外,还存在许许多多的经济机制,如实体经济的机制和金融经济或者资本经济的机制、家庭经济机制、合作经济的机制、互助经济的机制、代际转移经济机制等。那么,未来经济或者人本经济的机制是什么,这是一个迫切需要探讨的重大问题。目前来看,至少以下方面需要深入考量:①政府宏观调控机制、市场机制和公益机制三大机制还将存在,但这三大机制各有优缺点。其中,各自的优点毋庸赘言,但各自的缺点也就是政府失灵、市场失灵和公益失灵的问题需要统筹考量。如何解决这一问题,目前还没有像样的理论安排,经济实践中更是"铁匠没样、越打越像"的模式。但是,有一点是可以肯定的,社会主义市场经济也就是以人为本的市场是未来配置物质经济、服务经济、精神经济和媒介经济的基本机制,但仍然存在许多问题需要进一步解决。政府宏观调控的机制也需要完善,公益机制也需要加强。不过,这三个机制的总的共同方向是摆脱物本经济思维,努力探索物质经济、服务经济、精神经济和媒介经济实现人本经济目标的更好机制。②要解决人作为经济工具和经济目的的矛盾问题,避免把人的目标淹没在发展工具的使用中,避免回到物本经济的老路。③要研究发展方式和生活方式的关联对人的全面自由发展的影响问题。要避免发展方式仍然局限于物质经济甚至物本经济,真正确保人的自由全面发展体现在人本经济的生产、消费、分配和流通的各个环节。例如再不能过分强调经济增长速度导致环境污染、人们生活节奏过快,形成社会性和远程性的生命后期疾病的集中暴发,这种经济发展及其方式都需要作出重新调整。否则,离开健康、长寿等新的经济发展参数的考量,发展仍然会远离人本经济,就会回到物本经济的老路上去。④要从人本经济的新框架下研究实体经济和资本经济的均衡发展问题。从未来长寿条件下老龄经济特别是老龄金融的大发展来说,将要面临的最大问题是,规模日益庞大的老龄金融形成的资本经济如何与实体经济保持均衡发展,在此背景下要研究建构预防资本经济偏离实体经济的预警和调控机制。⑤要从根本上研究不同经济的收益效应,无论是物质经济还是服务经济抑或是精神经济以至媒介经济,它们的收益是递增还是递减效应,如何建构形成收益递增效应的机制。当然,这里的收益不光是物质上的,还包括服务上的、精神上的和媒介上的收益,但根本还是在生存经济和生命经济两个层面都有所收益。更重要的是,还要探索形成通过经济建构形成生命价值和生命意义的新机制,也就是要建构人本经济的社会评价机制。⑥要研究人本经济总框架下物质经济、服务经济、精神经济和媒介经济的非均衡发展的机制。复杂性经济学理论已经表明,古典经济学和新古典经济学关于经济均衡发展的经济思想是错误的,也不符合现实经济呈现非均衡发展常态的历史实践。未来经济或者人本经济的发展必然是非均衡经济,在物质经济上要走按照自然承载力原则和人为物质欲望适度限制的节制控制的路子,在服务经济上要走需求经济的路子,在精神经济上要走无限发展的路子,在媒介经济上要走适应所依托经济的需要的路子,这样形成的整体经济必然是一个非均衡发展的机制。那么,如何建立和调控这个非均衡机制,这是未来经济的一大难题。⑦要从根本上研究符合人本经济方向的一系列新的经济制度安排。现有的经济制度安排主要限于物质经济领域和媒介经济,甚至主要还是物本经济的制度安排,服务经济的制度安排有了一定探索,但精神经济的制度安排(例如智力人才、艺术人才等的制度安排)才刚刚萌芽。如何在未来发展人本经济,最根本的还是要研究相关的制度安排。这才是从根本上解决人本经济运行机制问题的保障。⑧要研究探索新的经济发展思路。尼泊尔提出的幸福 GDP,实际上就是人本经济的某种探索和创新,这些都需要我们认真总结。

总体来说,物本经济以物为本,在解决人的物质需求的同时又奴役人,使人离动物界更近,使人成为非人;人本经济以人为本,在解决人的物质需求过程中强调对物质欲望的节制控制,更加注重人的精神需求,并关切人性升格、生命经济品质和层次,从物质经济和非物质经济上实现人的全面自由发展。这是人类经济走合自然逻辑、合社会逻辑、合人性价值逻辑三者统一的必然趋势,既是 21 世纪人类经济的发展方向,更是未来人类经济长远发展的目标。

(三) 造就新生命经济人

1. 人是人类经济的出发点。宇宙中的变化无非是人类变化和外部世界变化两类,外部世界的变化属于自在变化,人类改造外部世界带来的变化,实际上不过是人类本质力量的外化,除改变了外部世界的样貌外,最深刻的变化就是改变了人类自身。换言之,外部世界是自在的,人类对外部世界的改造是伟大的,但人类自身的改变才是宇宙中最伟大的历史变迁。不过,在迄今为止的人类历史中,人类把精力和眼光主要投射到了外部世界,对于自身伟大转变的认知却远远滞后于对外部世界的把握。正如戴维·S.兰德斯所言:"我们吃亏于我们对大自然的知识与我们对人的知识二者不相对称,外在意识与自我无知二者不相对称。"这是以往历史最深刻的教训,也是当前面临各种问题的重大原因。面向未来,在继续改造外部世界的同时,我们要把更多精力回归到认识、把握和改造自身上来,这是人类发展特别是人类经济发展的第一要务。

如前所述,从人类自身发展历史来说,迄今为止最深刻、最本质的变化就是个体的普遍长寿和整体社会主体结构的老龄化,以及这两方面标志的老龄社会,将会改变年轻社会的结构,形成新的人类社会形态和新的社会样貌。从经济发展来说,将会改变年轻社会的经济结构,形成新的人类经济形态,这就是不断超越物本经济的人本经济。但是,人本经济的形成不是一蹴而就,而是一场艰难持久的对物本经济的革命。立新必须破旧,否则,人本经济的萌芽就很难成长,适应普遍长寿要求的老龄经济也很难形成。因此,如何破除物本经济就成为未来发展人本经济进而发展老龄经济的重要任务。

从理论和实践来说,经济发展的主体是人,物本经济涉及的所有物质财富只是客观实在,而物本经济的制度安排则主要是主体人根据相应观念设计的。由此来看,革物本经济的命,其重中之重主要是人的革命。换言之,扬弃物本经济,实现向人本经济或者老龄经济的转变,最主要的就是塑造发展人本经济或者发展老龄经济的主体——人。

那么,和发展物本经济的主体即理性经济人(实为工具人)相对应,发展人本经济或者老龄经济的主体应当是什么人? 这里,我们就触及经济学最重要的命题,即经济人问题。如前所述,古典经济学理论关于理性人假定的荒谬性已经昭然。这个假定不但不符合年轻社会的物本经济,更不符合老龄社会的人本经济。看来,需要建构新的经济人理想,以取代传统的理性经济人假定。

人是研究人类问题的出发点,也应当是研究人类经济问题的出发点。由于传统经济主要是物本经济,重心在物不在人。因此,常常是经济学家明白物本经济的道理,但不懂经济如何成就人之为人的价值,甚至塑造出许多发财致富的能手,但他们同时又常常是反人性的败类。换言之,物本经济即使在立意上是好的,但在后果上是把人降格为工具,物质、财富、资本、利润等凌驾于人之上。故而,人本经济的第一命题就是人,就是要把经济发展引向使人成为人的正确道路上来,而不是离开人的发展、单向地强调物的发展,或者离开人的更高层次的非物质层面,单向地强调人的动物性层面需求的满足,结果客观上把人从人的层面拉向层次更低的物的层面,这也是以往主流经济学和物本经济的最大硬伤。

如前所述,从哲学意义上说,和动物不同,人之所以为人,主要在于人是三个层面即身体层面、社会层面和精神层面三位一体。其中,身体是人生存发展的基础,社会即人与人的关系是人生存发展的架构,而精神则是人生存发展的引领。人之所以区别于动物,就在于人是靠精神引领、运用自己的身体,在社会架构下从自然界获取资源实现生存发展的,其中,精神引领是确保人性三层面三位一体化的关键,而动物则做不到。这里的三位是现实存在,但一体化则是人之所以为人的主线。当然,在现实生活中,一些人缺乏精神引领,虽具人形,实为动物,这种动物性生存的人实质上已经不同程度地异化了。简言之,新经济人理论需要建基于身体、社会、精神三位一体理论,或者建基于人性三重结构的基本理论。这是把握新经济人的一般理论分析。

但是,理论分析归理论分析,如果不结合现实,就是空泛论道。实际上,理性经济人假定的问题也就出在这里:第一,理性经济人假定关于"人是理性的,精于判断和计算,唯一目标就是自身利益的最大化"的这一假定,放在任何时代、任何社会、任何国家都是适用的。这是典型的空泛论道,是纯粹的理论抽象,是经济学上的形而上学。放之四海而皆准,其实到哪里都用不上。本质上来说,人是不断变化发展的,现代人不同于古代人,用一把尺子丈量古今人类,这是对人类进步的否定。因此,理论作为实践的先导并企图引领和指导实践,就必须落地,就必须结合时代、结合人类所处历史阶段,才能从灰色理论变成活生生的、可以引领和指导实践的科学理论。第二,理性经济人假定背后的假定是:人是追求物质利益的人,人虽然有精神,但精神不过是帮助人实现物质利益目的的工具。无须多言,这是地地道道的物本思维,把人当成满足动物性需求的低级人,这直接就是对人的否定,更是对作为万物之灵的人的更高层次的精神本性的否定。这也是亚当·斯密在作出理性经济人假定之后,又在《道德情操论》中抬出一个"道德人"假定的原因。在亚当·斯密那里,经济人和道德人被分开处理,这与其说是他个人的局限,而毋宁说是时代的局限。毕竟,在亚当·斯密那个年代,系统提出经济学理论本身就是一个重大难题,特别是在物质经济还不发达的情况下,亚当·斯密及其同时代人甚至后来人,都不可能在全面分析人及其人性的基础上,建立更加科学的经济学理论。现在看来,经济学需要哲学,需要在更加全面地把握人的基础上建立新的经济学。第三,理性经济人假定不关心生命价值,人的终生使命就是物质利益的最大化,除此,人就没有别的追求了。现在看来,以往的主流经济学把生命价值和人生意义留给哲学家和伦理学家甚至文学家了。他们只关心物质利益的最大化或者资本收入的最大化。复杂性经济学理论表明,以往经济学这种"攻其一点不及其余"的单向物质经济思维进而发展为单向的物本经济思维,已经远离时代、远离现实、远离人性,需要从人的全面自由发展这一视野下重建经济学的理论基石和理论大厦。

2. 新生命经济人理论。如前所述,当今世界和未来社会人类的最大、最稳定也是最确定的客观趋势,就是实现人人普遍长寿为标志的老龄社会的必然规律和发展态势,不仅不可逆转,而且标志着人类迈上发展的更高位阶。在这一时代背景下,一般意义上的经济人理论落地到现实当中就是新生命经济人理论。换言之,就是需要从人人越来越长寿的视野下重新审视人所面临的所有经济需求问题。具体来说,可以从以下几个方面来把握:

第一,从身体层面来看,人的全生命历程呈现为驼峰形的发展曲线,包括成长期、鼎盛期和衰退期,这是客观规律,不以人的意志为转移。在这一过程中,考虑到物质资源的有限性甚至稀缺性,考虑到对人的无穷物欲的节制控制的新观念,个体人的物质需求也呈现出驼峰形曲线。据此,理性经济人假定对人的规定就应当修正为:个人利益适度扩大化。没有适度的经济自律,人就会成为贪婪的野兽，即所谓最大化还有一个反噬力的问题，是亚当·斯密没有充分考量的。但是，如果没有扩大化，个人、组织甚至国家就会失去发展活力。不过，这里是扩大不是最大化。实际上，最大化是不可能的。如果从理论上反思，最大化到底应当如何界定？很难有一个服人的说法。此外，你最大化了，我怎么办？那么，在经济现实中，最终往往是扩大化。这才是经济发展的现实。

第二，从社会关系层面来看，人的全生命同样呈现为驼峰形的发展曲线，包括建立期、复杂丰富期和衰退期，这同样是客观规律，不以人的意志为转移。在这一过程中，考虑到人与人之间利益关系属于竞合关系，需要建构全生命人与人关系上的竞争观念和合作观念，把经济导入既有竞争拉动的活力又有合作推动的秩序的人本经济轨道上来。从全生命来看，生命早期和生命晚期的合作更多，而在生命中期，竞争虽然至为关键，但合作才是根基。从这个意义上说，人本经济不同于物本经济的重要特征，就是人人全生命的竞争合作关系。

第三，从精神层面来看，人的全生命呈现为坡形上升曲线，即从出生到死亡前（除精神失能外），人的精神发展包括越来越成熟的漫长人生阶段和死亡前较为短暂的衰落期。考虑到人的精神发展的无穷尽性、考虑到物质经济之上精神经济作为未来发展的新形态及其巨大发展空间，特别是考虑到人的精神成长的上向性，人生的意义特别是日益长寿的生命意义在物质经济之外，将会找到新的经济表达，这就是以往由哲学家、伦理学家和文学家等考虑的人生意义问题，都可以找到经济层面的处理。

从以上三个层面看，人生轨迹结构是两个驼峰形曲线和一个坡形曲线构成的复杂图谱。其中，精神层面最具成长性，也体现出人类作为文化动物的根本特征。在此基础上，新生命经济人理论的线索可以概括为"1+8"，1 即人生充满意义和价值，8 即生得优、长得壮、活得长、过得好、病得少、老得慢、走得快、后无忧。这不仅是今后人本经济发展的重要理论基石，有利于提升个体人的经济观念和行为。更重要的是，从经济发展上重新考量人的全面自由发展，自然可以在其他领域为实现人的全面自由发展奠定基础。不仅有利于破除物本经济思维,树立人本经济观念,更重要的是,它要求每一个人作为新生命经济人建构新的经济原则:

一是个人终生健康长寿是终生经济行为的前提,也是终生经济行为和其他行为的规划前提。否则,即使利益实现了最大化,但寿命短暂或者带病长寿就是悲剧。同时,健康长寿也是个人终生经济行为的规划指针和思维;二是个人生命意义和生命价值是终生经济行为的重要引领,这才是真正不同于、高于动物理性的人的经济理性。否则,金钱上腰缠万贯,生命意义上无异于动物;三是在物质财富的积累创造上坚持长远安排和适度节制性扩大化,否则,年轻时不积极努力创造和做好积累筹划,老来受穷的长寿生命会十分悲惨;四是广泛建立人与人的社会支持网络,不仅有利于全生命的经济行为,而且有利于人与人的和谐,为长寿生活创造条件;五是全生命持续追求精神生活的丰富和升维,从精神经济层面拓宽长寿生命,提高长寿生命的维度和位阶。

《大学》云:"大学之道,在明明德,在亲民(新民也)。"在长寿时代标志的老龄社会的条件下,从物本经济中超拔出来发展人本经济的关键,就是造就一代又一代新生命经济人,这既是国家和社会的希望,更是未来发展老龄经济的企业界的责任和空间。以此为方向,我们不仅能够较快实现物本经济转向人本经济的目标,而且会在世界人口大国蕴含的巨大潜在市场中,打造全球最强大的老龄经济。这是未来发展经济的企业"保持长久"的第一商道。简言之,在老龄社会条件下,发展经济的第一商道就是:造就"新生命经济人",为他们提供新的观念、新的产品和新的服务!这是区别于年轻社会又适应老龄社会需要的更高位阶的根本商道!

三、科学把握老龄经济的属性和巨大潜力

(一)老龄经济是复杂性经济

1. 老龄经济是长寿准备经济。老龄经济是长寿时代条件下的人本经济,

既需要发展物质经济,满足人们的生存需求,又需要发展服务经济,满足人们的多元需求,也需要发展精神经济,满足人们的价值和意义需求,还需要发展媒介经济,为物质经济、服务经济和精神经济的循环提供条件。不过,老龄经济的根本是在总体上坚持以人为本,站位大多数人的利益,引领人们在创造物质财富、服务财富、精神财富和媒介财富的过程中实现人性升华,体验长寿生命的意义。这是老龄经济作为长寿时代条件下的人本经济不同于短寿时代的物本经济的重要分界。

客观地说,无论是个体、大众还是经济决策者以及企业界精英,短寿时代的人们不可能也用不着考虑长寿生命条件下的长期经济问题。何况,短寿时代的经济属于物本经济,经济发展基本上不考虑人的包括寿命在内的全面自由发展问题。目前,人类正处于告别短寿时代进入长寿时代的初期阶段,人们普遍实现长寿的生活才刚刚开始,而我们的经济观念基本上还属于短寿时代的价值理念,并且根深蒂固,从总体来说,难以应对长寿条件下的长期经济需求。现在,普遍长寿的梦想已经变现,但人们更重视身体的长寿,也开始高度关注身心健康问题,健康诉求越来越成为人们的基本观念,但对于从经济上做好长寿的准备的观念相对薄弱。这是未来经济发展中一直都要面对的观念问题和现实问题。不过,人类才刚刚过上普遍长寿的日子,一切都需要重新学习,建立适应长寿时代的长期经济观念还需要一个过程,无论经济决策者还是企业界,都要花费巨大的力气来解决这个问题。

从长远来看,人类正在向百岁人生时代迈进,长期生命经济的曙光已经昭然显现。和短寿时代的短期生存经济不同,老龄经济或者说长寿时代的经济,本质上是全生命长期经济,也可以简称为长期生命经济。从个体来看,在过去的短寿时代,不可能也用不着让人们做 80 岁以上甚至百岁人生的经济打算。但是,现在,这个"不可能"和"用不着"翻转过来已经成为必需,并要求全体社会成员对从出生到死亡的整个全生命过程的经济问题,都必须作出长远安排。

从国家来看,更需要对国民普遍长寿这一重大国情作出长期经济和长期预算的战略安排。客观地说,在中国历史上,国家对少数长寿老人是有考量的,例如"千叟宴"、长寿者优待等。现在,这些沿袭下来的传统还在继续,如现实中的高龄津贴等。但这基本上和我们这里所说的从国民普遍长寿作出长期经济和长期预算安排是截然不同的两码事。实际上,西方发达国家社会保障体系危机中的"长寿风险"问题,从某种意义上,就是国家没有从国民普遍长寿作出长期经济和长期预算安排的结果。而且,西方发达国家的这个问题不仅是经济问题,在有些国家已经演变成为重大的政治风险问题。可见,包括全生命长期经济问题在内的老龄经济问题是长寿时代条件下的重大经济问题,同时也是政治问题。

整体来看,老龄经济不仅是传统上简单的生产、消费、流通和交换问题,而且也是国家针对国民以及国民针对自己大幅延寿以后的新的经济安排问题。从某种意义上说,这种新的经济安排正在突破传统年轻社会的经济框架,已经显现出新的要求和新的特征,也正在酝酿形成新的经济形态。这就是准备经济,或者说延时经济。从理论上来说,人类经济可以分为两类:一类是即时经济,也就是短期生产短期消费。无论年轻社会还是老龄社会,都离不开即时经济,但区别在于:年轻社会的即时经济主要满足人的生存需要,而老龄社会的即时经济则主要满足的是生命品质需要。简言之,在衣食住行等产品供给能力达到一定水平以后,即时经济虽然也需要满足当下需求,但更关注全生命的更高层次的要求,例如更关切产品的安全、健康和文化品位等。

另一类是准备经济,也叫延时经济,主要是指对即时经济中除掉即时消费后的剩余及其安排。实际上,无论年轻社会和老龄社会都离不开准备经济或者延时经济,但在年轻社会条件下,首先,经济剩余不足,准备经济总量有限,可以延时消费的经济空间相对狭小;其次,除少数长寿者外,普遍短寿的现实很难形成人们自觉做好长寿经济准备的动力;最后,金融理念和金融技术相对落后,即使少数长寿者既有实力又有需要,也缺乏可以长期配置经济资源的金融观念和金融技术。在这种情况下,人类个体虽然寿命短暂,但繁衍后代的基本经济行为便内生出一个久远的动力,这就是后代的需求,它既是年轻社会的原初发展动力,更是准备经济或者延时经济的源头和方向,一旦即时经济有了剩余,一切经济安排便指向后代的需求。这也是年轻社会条件下人们产生遗产动机的经济根源。在中国,这个传统(养儿防老虽然正面临动摇,但一切为了子女的传统还没有根本改变)依然盛行。在西方,虽然经历工业社会的长期洗礼,但目前也有回潮的趋势。同时,西方父母完全不管子女的情况虽然也不乏案例,但遗产动机并没有完衰,而且,还十分发达完备(例如相关遗产的实体法和程序法都十分完备)。总之,年轻社会的准备经济或者延时经济,主要是面向后代的生活安排和自己短暂的生命后期的用度。

在进入普遍长寿的老龄社会的过程中,长寿引发的微观经济的变动虽然是静悄悄的,但却是颠覆性的。首先,即时经济有了大量剩余,否则,人人长寿的梦想就不可能变现。在这种情况下,准备经济或者延时经济的发展空间越来越大,这也是现代经济的一个重要标志,当然更是老龄经济的一个重要特征。其次,大幅延长的寿命凸显出来的经济需求正在挤压有史以来的遗产冲动。当然,人们遗产于后的经济意愿同样存在,但现在的经济重心正在向为自己越来越长的寿命后期做好准备而转移。这是具有转折意义的重大经济事件,将对今后经济发展产生长远影响。换言之,在新的即时经济(如注重安全、健康、文化等全生命需要)发展的同时,准备经济或者延时经济正在演变成为一个新的经济形态——长寿准备经济。最后,金融观念的落地生根和金融技术的日新月异,也为长寿准备经济提供了可能。实际上,这正是后面将要探讨的老龄金融等相关重大经济问题。

但是,人人长寿以后究竟应当如何对待即时经济?人们应当做什么样的长寿经济准备?应当如何做准备?寿命延长幅度快速增长,远程延时经济靠不靠谱?其中涉及的最大问题就是金融的系统性风险问题。一旦发生金融危机,长寿准备经济就是一个危机准备经济。这些问题都已经超出年轻社会的经济所能解决问题的范围。实际上,长寿准备经济正在突破年轻社会的经济形态,正在演化为位阶更高而且更为复杂的新经济形态,并蕴藏着诸多新经济业态的巨大发展空间。

2. 老龄经济是生命友好型经济。每天吃一个鸡蛋,或者喝上一瓶牛奶,这是现代日常生活的必需。但是,有一天,一位物流界的元老级人物告诉我:"你吃的鸡蛋或者喝的牛奶都有问题"。他接着说:"牛奶从车间出来到您的冰箱应当是恒温运输、恒温储藏,但是,现在我们还做不到。"他说话的当口正值北京烈日炎炎,想到曾经吃过的鸡蛋和喝过的牛奶,我当场禁不住反胃,而且对目前的所谓合格产品都产生疑问。细细追究起来,从技术上生产合格产品没有问题,从物流上解决恒温运储的技术也不成问题,甚至建立全国性产品质量追溯体系的技术也没有障碍,但问题在于,为什么目前我们还做不到呢?除了资金、成本等之外,最大的问题在于我们目前的生产、流通体系还属于产值、利润、就业、税收友好体系,还不是真正的生命友好体系,也就是说,整个经济体系特别是实体经济体系的共同指向应当转过头来,指归每一个人的生命质量。更重要的问题是,作为经济主体的人,也就是作为消费者的人的消费主张、消费观念和消费能力,还没有提升到全面生命友好需求这一层次。你说不能吃剩饭剩菜,不仅老年人而且现在"70后""80后"随着年龄的增长,也加入到了剩余饭菜的享用者行列。因此,我们的经济体系存在的上述些问题,这不是哪个人哪个厂商的错,而是经济发展的基本面向问题。实际上,很多人在感叹我们的寿命大幅度延长了,但我们的疾病特别是慢性病也增多了。实际上,除了健康观念、健康生活方式之外,不健康的经济或者说不健康的生产、流通和消费方式才是主因之一,这也是年轻社会物本经济作为基本经济面向的产物。因此,面向生命友好,这才是老龄社会条件下新的经济面向,也是应对人人普遍长寿的经济导向。换言之,和年轻社会的物本经济不同,老龄社会条件下的经济或者说老龄经济的基本面向就是以人为本,关注人的生命质量,打造生命友好型的长寿经济。

实际上,在中国和发达国家,年轻社会已经终结,一切经济最终都将演化成为老龄社会条件下的经济,也就是老龄经济。有人可能会抬杠说,难道儿童经济也是老龄经济?单就儿童论儿童,说儿童经济就是老龄经济,这就等于说儿童也是退休人士。这是荒谬的。但是,如果从全生命看,儿童经济不仅是老龄经济,也是长寿经济。旧社会人们给满月婴儿最珍贵的礼物就是"长命

锁"。实际上,这就是老龄经济的萌芽和胚胎。只不过,我们祖祖辈辈没有
"长命"的福分。现在,老龄社会到来了,普遍长寿实现了,萌芽状态的老龄经
济或者长寿经济才真有了繁荣发展的条件。至于说妇女经济,当然也是老龄
经济,更应当是长寿经济。否则,当下时尚漂亮潇洒了,活到高龄时必然要承
受疾病之苦。至于男性用品市场也是同样的道理。老年人用的东西就更不必
多言。实际上,老龄社会条件下的经济在本质上都是人的经济,都需要从生命
友好的基本面向上来考量。我们的经济体系从研发、设计、生产、流通、销售和
消费以及善后处理等一切经济环节的主线,都应当贯穿生命友好的基本面向,
而我们从生命孕育到身后安排的处理等全生命历程中的连续性经济事件,其
经济主线也应当贯穿生命友好的基本面向。儿童、青少年、中壮年以及老年
人,无外乎都是生命的不同阶段,不能从经济上隔断为儿童经济、青年经济等。
女性和男性无非是生命的两种基本形态,也不能你是你我是我。一句话,老龄
社会条件下的经济,只要涉及人,从全生命看,当然都是老龄经济,也就是生命
增龄过程衍生出来的经济。除非有人说,老龄社会条件下我不想活到老年,这
当然不是老龄经济,而是英年早逝经济。实际上,从今以后,离开老龄社会和
长寿时代这个基本条件来谈经济发展,这些都属于抽象论道,或者就是人在老
龄社会,但脑子仍然在年轻社会,想的还是年轻社会的那一套,还依然是主流
经济学的已经破产过时了的经济抽象理论那一套。不然,我们也可以换个思
考方式,未来老龄社会条件下,除了老龄经济,还有其他什么样的经济? 估计
没有人能答得上来! 这也正是老龄社会在经济领域的革命性之所在。

　　3. 老龄经济是新的经济结构。除了微观上的个体全生命维度之外,老龄
经济还有更重要的另一面,这就是老龄经济是一种新的经济结构。

　　首先,老龄经济是位阶更高的新经济结构。从需求结构来说,与年轻社会
不同,老龄社会的需求结构更为复杂。年轻社会人们的需求以物质为重心,这
也是决定年轻社会的经济是物本经济的源头。在老龄社会条件下,人们的经
济需求除物质需求之外,服务需求占据越来越重要的地位,精神需求将占据引
领地位,甚至会反过来改变人们对物质需求的方向、方式和结构。如果说年轻

社会人们的经济需求是低度复杂性需求,即以物质需求为重心、其他需求为附属性需求,那么,老龄社会人们的需求则是更高位阶的复杂性需求,即不能简单用物质来满足人们的需求,最根本的是精神需求的满足从附属性升格为引领性地位,并贯穿于物质需求和服务需求的满足过程。同时,在年轻社会条件下,发展经济主要是满足年轻人口的需要,而老龄社会条件下发展经济则要考虑少儿、青壮年和老年人三大群体的新的结构性需要,还要从全生命角度考量人们在不同生命阶段的经济需要,特别是老年期的准备需要和即时需要。未来的经济发展既要分化更要整合,经济发展不再是物质、资本、劳动力等生产要素的简单运筹。建基于这样一种新的需求结构,老龄社会的产业结构就需要重新设计调整,产业结构、经济体系也将呈现新的框架和新的样态。

其次,老龄经济是促进年龄结构适度的友好经济。如前所述,老龄经济是人本经济,而不是物本经济,它会处处考量个体全生命的质量诉求,更要关切经济主体结构的生态。年龄结构的老年型,这是人类迈入老龄社会的必然趋势,但如前所述,年龄结构不能过度老龄化,需要不断调整人口结构,以防止人口滑入过度老龄化陷阱。从理论上说,老龄社会条件下理想的人口应当就是数量和年龄结构双重适度上的均衡发展,这样,在数量上不会对发展造成超载性影响,在年龄结构上可以把老龄化控制在适度阈限之内。不过,人口调整既要靠人口政策,更要靠经济驱动。日本就是一个显著的例子。

众所周知,日本的"少子化"现象十分严峻。其实,除了人口、婚育观念、时尚文化之外,日本"少子化"背后的经济取向是重要原因。从严格意义上说,日本经济正在陷入少育经济甚至绝育经济的陷阱,而绝非理想的老龄经济。日本经济不仅在取向上依然是物本经济,考量更多的还是产值、税收等等,而且是在"绝育"方向上越走越远。例如,企图通过 AI 创新制造"机器性伴侣"来提高产值,这无异于人口上"饮鸩"、经济上"止渴"。如果继续下去,谁还会婚育生子,人口不"少子化"才是怪事情。同时,年轻人口经济负担沉重,这是更为重要的原因。长远看,日本经济给全世界已经敲响警钟:在老龄社会条件下,我们究竟应当发展什么样的经济?应当如何发展经济?这些问题都需要重新审视。客观上讲,日本经济还不是理想的老龄经济。日本只是老龄经济的先行者,而且存在诸多问题和教训,这是所有国家都应当认真考量的。换句话说,要想确保年龄结构适度,我们更重要的是要从发展老龄经济上作出新的基本取向上的安排。

客观来说,人口问题永远是国家模型。人口与经济和技术互动发展非常复杂,有点像癌症治疗中的西医化疗,既消灭癌细胞,又损害健康细胞,难以处理。经济技术发展延长了寿命,让老年人多了起来,但也引起婚育观念和行为变化,小孩生的也越来越少了。如果放任下去,极而言之,经济技术就是在延寿的同时导向少生少育乃至绝生绝育。这样下去,老龄化必然加剧,滑入过度老龄化陷阱指日可待。所以,老龄化不能简单处理,不能仅仅当作人口、家庭或者个人事件来处理。这里主要强调,要从经济技术发展的基本面向上重新考量。实际上,控制年龄结构需要从经济发展上作出根本性的调整,不能仅仅追求利润最大化,需要超出物本经济的藩篱,考量老龄经济的新指向,即建立生育生命友好型经济,这也是老龄社会条件下发展经济的重要面向,也是老龄经济的一个关键原则。

最后,老龄经济是十分艰难的经济重构过程。老龄经济是一种新的经济结构。但是,从现有深深打上年轻社会烙印的经济转向老龄经济,这是一个十分艰难的转型过程。如何顺利渡过这一根本转型,这是所有国家都要面对的问题:过渡型经济安排应当如何考量? 转型后的经济安排应当如何设计? 这些问题,目前还没有完全明确的解决方案。此外,需要强调的是,老龄经济不等于仅仅一个长寿经济,它还必须考量许多因素,例如区域经济与区域经济之间、国家集团之间在老龄社会条件下的经济安排问题。所有这些问题,不仅迷离不明,更重要的是,还要进行新的结构化安排,问题很多,矛盾突出,过程将十分复杂而艰难。

4. 老龄经济是混合经济。幼儿园园长最清楚一个道理:要办好幼儿园,最根本的是要孩子有成就基础上的家长满意。同理,养老院院长更明白,要办好养老院,最重要的是要处理好与老人关系基础上处理好老人家庭和子女的关系。如果说幼儿园是产业的话,那么,这种少年经济的本质是家长经济;同理,养老院这种老年经济的本质是子女经济(当然,有人可能会说,老人自己有钱可以自己作主。但是,从文化上来说,法律意义上老年人名下的财产其实是子女的,除非没有子女。这是中国国情。当然,未来的情况可能会有新的重大变化。中老年人为自己花钱,子女花自己的钱,这是中国经济成熟的重要标志)。这两个案例说明,经济当中许多是混合的,很难界分彼此。实际上,老龄经济正是这样一种多要素相互缠绕的混合经济。这些年,许多人声称"做养老""为老年人提供服务",进入老龄产业之后不久便宣告失败乃至破产,其中一个重要原因就是破产之后才懂得:老龄经济是一种混合经济。满眼里只有老年人,没有认真深入分析这个消费群体的特性,尤其是不懂得老年人复杂的消费决策模型,满腔热忱但缺乏市场细分意识,更缺乏对客户的洞察,结果可想而知。

万事都有复杂性的一面,但做事必须做到大道至简。不过,商业上大道至简的前提是,先要弄清事物复杂性的一面,然后,条分缕析,抽出最关键的主线,才能构建至简的商业逻辑和商业模式。关于老龄产业、老龄经济,目前讨论最多的话题就是不能就事论事、不能就养老做养老、不能就老龄产业做老龄产业,必须跳出"老人圈"来谋事谋业。根本原因就在于老龄经济是一种新的复杂的混合经济。

(二) 老龄经济将引发新一轮黄金时代

1. 老龄经济潜力巨大。自从 21 世纪以来特别是近年来,从事老龄经济的人越来越多,虽然他们还不完全理解什么是老龄经济,但他们都知道这个市场很大。想想中国是世界上第一老年人口大国的情况就心知肚明。甚至连许多地下经济的非法人士也深谙这个道理:只要一个新骗术出来,甚至重复骗子的老套路,巨大的市场很容易就能使他们赚得盆满钵满。这叫市场的人口效应,而且,中国最典型。但是,老龄经济比我们现在所有的想象都要大得多。如果说老龄经济是海洋的话,那么,现在所谓的养老市场只不过是长江黄河而已。

谈到经济发展潜力和前景,有的人首先想到的是信息化和智能化以及层出不穷的新技术。实际上,这是比较渺小的,这种看法依然是供给经济的逻辑,忘记了现代经济和未来经济主要是需求经济,例如长寿化时代以后特别是40岁以上人口的经济需求形成的巨大老龄经济市场,在历史上可谓史无前例。从全局性上说,信息化和智能化的经济影响的全局性程度低、影响面窄,相反,老龄化的影响的全局性程度高、影响面宽很多。更重要的是,信息化和智能化发挥作用还需要从老龄化中找到动力和市场,找到自己的实现方式。否则,信息化智能化仅仅不过是工具而已。信息化和智能化不是经济的源头,仅工具而已,放大器而已。物质、服务、精神需求才是经济需求的源头,它们给信息化智能化这种媒介经济提出挑战,当然,也是信息化智能化这种媒介经济实现的天地。现在,全世界的企业家都知道,单从一个国家来说,中国是世界上也是人类历史上未曾有过的最大市场。随着年轻经济体向老龄经济体的深刻转变,中国将进一步演变成为世界上最大的老龄经济市场。如前所述,按照人口预测,从现在到21世纪80年代前后,中国是世界上老年人口最多的国家。之后,印度将成为新的世界第一老年人口大国。如果从40岁以上人口来测算老龄经济潜力,那么,从2021年到2050年,中国40岁以上和60岁以上人口的流量分别是12.66亿和9.86亿。从理论上来说,人口潜能变现为现实市场需求至少需要30年时间,据此可以推算,中国将是21世纪老年经济,也是老龄经济的第一大市场。进入第22个世纪,中国的老龄经济还将深度发展,印度要想成为新的老龄经济第一大市场,还需要做更多的努力。此外,未来非洲大陆作为人口第一大洲,其老龄经济潜能也不可估量。

2. 小老龄产业的潜能巨大。如前所述,老龄经济从产业角度看,如果仅仅考察老年期的市场潜在需求,这大体就是老年经济或者银发经济的潜在盘子,我们也可以叫作小老龄产业的潜在市场需求。目前,根据中国老龄科学研究中心预测,2020年,老年人的消费潜力大体上占GDP的5.77%,2030年占届时GDP的10.75%,2050年占届时GDP的20.74%。不过,这是从目前老年人的收入水平所作的匡算,考虑到中产阶层崛起背景下"60后""70后""80后""90后"(按60岁计算,"90后"2050年开始退休)这几个老年人队列收入水平的提高,考虑到他们的动产和不动产以及其他无形资产,这个匡算实际上相对比较保守。当然,也有很多人持相反的意见。比如,目前老年人的平均退休金水平大体只有不到3000元,农村老年人的收入水平更低。这些说法不能说没有道理。实际上,上述匡算已经充分考虑到这一情况。不过,持这些相反意见的人,其眼光与其说是仅仅着眼当下老年人的经济状况,而毋宁说他们实际上主要是着眼现实中"50后"特别是"40后"以前各代存活老年人的经济状况。显然,着眼未来,我们更要看到"60后"及以后各代老年人队列经济潜力的变动趋势。这是估量老龄经济未来潜在市场的重要原则,也是整体考察包括老年经济在内的整个老龄经济及其发展态势的重要原则。

3. 中老龄产业的潜能难以估量。中老龄产业实际上就是按照全生命周期对老龄经济从产业角度进行界定。如前所述,我们之所以广泛使用"老龄"而少用"老年"这个概念,主要基于老年期是从出生后的年轻期发展过来的另一段历程,用"老年""老年人"过于静态,不但不能体现生命增龄过程中的动态特征,而且容易造成割断老年期和年轻期的连续性,更重要的是不能体现老龄社会的新特征,而这正是年轻社会所没有的。此外,无论年轻社会还是老龄社会,老年人都是存在的。但老龄社会的老年人是无法从年轻社会的旧理念中得到深刻理解。当然,"老龄"包括老年人的所有事项,这个新概念是联合国老龄科学相关专家的界定。他们认为,用"ageing"表示"老龄",可以修饰诸多概念,如"ageing industry"指老龄产业(有人把它翻译为银色产业,这纯属误解,同时,也是文学思维在理性领域的不当使用),也指人口年龄结构的老龄化,而用"aging"指个体老化(衰老)。因此,"ageing"与"aging"只有一个字母"e"之差,区别大焉!毕竟,人口年龄结构的老龄化(ageing)绝非个体老化或者衰老(aging)。当然,把"ageing"翻译成养老或者把"养老"翻译成"ageing",这简直纯属外行操作。总之,当年联合国几位专家对"ageing"和"aging"的界分和界定,可谓立意高远。

　　从全生命历程角度来说,老龄经济当然也包括青少年阶段的经济行为,不过这实际上属于大老龄经济或者大老龄产业的范畴。这里,我们讲中老龄产业主要是指全生命过程中迈过成长鼎盛期进入生命衰老期、也就是中年以后所衍生的所有经济需求。对此,我们过去往往叫中老年经济,实际上也就是指我们这里所说的中老龄产业。只不过,中老年强调实体的人,而中老龄产业主要强调从衰老开始的连续化过程,其中不单关注生命历程的延续性(老年期的需要是与前老年期的行为高度关联的),而且关切不同于年轻社会的老龄社会的新背景(老龄社会的中老年人的经济行为绝非可以用年轻社会的观念来理解),更重要的是,从中要构建出新的适应老龄社会要求的新的庞大的产业链条。

　　据此可以明确推断,随着寿命的不断延长,从生命衰老开始到生命终结(含老年期)期间所产生的经济潜在需求难以估量,既有健康方面的,更有文化方面的;既有产品方面的,更有服务方面的;既有实体经济需求,更有金融经济需求;等等。对此,中国老龄科学研究中心曾经做过一个初步匡算:2030年老龄产业潜力将占到届时 GDP 的 1/5,2050 年将达到 1/3。实际上,在这一匡算中,测算方案除考虑中老年人的收入水平以及老年期的金融准备外,并没有考虑健康、文化等多方面的潜在需求。实际上,随着人们物质生活水平提高,特别是实现全面小康并进一步迈进基本实现现代化和实现民族伟大复兴来说,人们物质生存问题解决之后,健康、文化等新的服务经济、精神经济领域的新需求将逐步占据主导。因此,上述初步匡算的保守性也是确切无疑的。但是,由于数据的可得性问题,要作出精准的测算十分困难。但有一点十分确定,中老龄产业的市场潜力远远大于我们的想象。

　　4. 大老龄产业的潜能无法估量。自工业革命以来,人类社会历史发展呈现的一个突出特征就是"加速度发展现象",这一现象已经引起广泛关注,但没有得到应有的深入研究,更缺乏系统性的战略应对。一句话,就是"一切都是快快快",但在人们内心又深藏着"慢慢慢"的期冀。但是,人类历史的加速度发展态势似乎已经很难再慢下来。按照这一发展节奏,如前所述,我们已经看不到 100 年以前的产业样态。那么,到 2050 年,到 2100 年,人类产业框架、面貌究竟会怎样? 人类经济发展将会呈现什么样的样态? 这的确远远超出当代人的想象能力。除去科学技术的日新月异难以预测之外,更重要的是,未来全球范围内影响走向的重大历史事件也无法预料。但是,正如法国人口学家 A.索维所说:"在现代一切现象中,人口老龄化现象是最无可怀疑的,最易于衡量的,其后果是最有规律的,最易于在事前预测的,又是最有影响的。"从理论上说,当人类经济从供给经济逐步转向需求经济之后,需求才是界定经济的根本因素,供给只是经济发展的第二位的因素。因此,未来,长远来看,整个经济转向老龄经济的必然性无须论证,关键在于要抛开旧经济框框、旧经济的衡量标尺,用新经济框架、新经济标尺来看待老龄社会的经济及其产业潜能。如此,恐怕没有一个确定的结论,但唯一可以肯定的是,大到无法估量。因为,新经济潜能的把握不在精算,而在趋势和方向。

四、实施适应老龄社会要求的国家经济战略

(一) 战略目标和思路

1. 树立老龄经济产业新思维。从全球范围来看,特别是从已经步入老龄社会的发达国家的实践来看,在某种意义上说,大多数老龄问题都是转型性问题,即老龄社会的新需要和年轻社会的老底子之间的不适应问题。这一点,在经济领域的表现尤为突出,我们一方面正在经历伴随老龄社会转型下人类经济关系、经济发展观念、经济发展方式等的重大转变;但另一方面,我们拥有的绝大多数是以往经济发展的老底子。老底子与新要求之间的拉锯战现在才刚刚开始,今后还将维持相当长的历史时期。原因在于,需求是新的、问题是新的,但我们的头脑是旧的。在这种情况下,可以预见,未来人类经济发展中最大的难题就是经济发展观念的根本转变。回顾人类历史,所有社会历史转变要落地,最终需要通过观念转变这一环节。观念转变了,一切问题将迎刃而

解。从某种意义上说,人类历史巨变无数,但最彻底的转变不是有形的物理世界的转变,而是无形的观念的转变。从古到今,人类的经济发展样态虽然加速更迭,但深层次转变的根本还是经济观念的创新,但归根结底,年轻社会的经济观念向老龄社会要求的经济观念的转变,从普遍短寿时代的经济观念向普遍长寿时代要求的经济观念的转变是根本性的,关系人类经济活动的目的、意义和价值以及人类经济的命运。这就需要扬弃以往所有经济观念,扬弃以往经济发展的老底子,树立老龄经济产业新思维,为全面推进老龄经济产业、建设适应老龄社会的新的更高位阶的经济产业体系,做好思想理论准备。

具体来说,就是要实现六个转变:一是经济站位实现从少数人谋取高额利润的站位到绝大多数人经济共同富裕的站位的转变。主要是转变"经济就是发财致富的游戏"的错误观念,站位绝大多数人,从经济发展的各个环节、过程和结果上考量经济的人民性,而不是以增强经济动力为幌子,为少数人发财致富摇旗呐喊。唯此,方能走出一条摆脱贫富悬殊导致经济发展充满危机四伏的新路子。二是经济思维框架实现从适应年轻社会向适应老龄社会的转变。主要是从不同于年轻社会的新的老龄社会的经济主体结构、新的人类经济关系及其需求角度考量一切经济问题。三是经济发展的核心理念实现从物本经济到人本经济的转变。主要是考量经济发展的合理收入效益、健康效益和社会效益,避免经济产值大幅增长但表外负外部性猛增的恶性循环。四是经济发展定位实现从满足人的即时需要到满足每一个人向老而生的全生生命周期统筹安排需要的转变。主要是经济产业产品和服务要有全生命周期考量,而不是仅仅考虑当下需要,在发展即时经济的同时着力发展准备经济。五是经济运作实现从部门经济到综合经济、从行业分业经济到分业混业联合作战、从实体经济和金融经济分开运作到金融经济紧盯实体经济、从直接经济和间接经济分开运作到间接经济紧盯直接经济的新经济发展运行机制的转变。主要是打破政府权力配置经济管理的部门界限,在注重经济管理的部门职能基础上,更加注重部门联合作战模式的作用。在分业发展的基础上更加注重混业发展新模式的作用。在老龄金融体量急剧增长情况下坚守金融经济紧盯实体经济的基本原则,避免金融经济偏离实体经济、金融经济系统内部空转的问题。同时,防止间接经济背离直接经济,大力发展直接经济引领型间接经济。六是经济治理实现向超经济治理的系统性治理的转变。当前,世界经济的突出问题是经济发展与社会发展两张皮,经济发展制造问题,社会发展解决问题,这是一个恶性循环,是年轻社会的经济走向适应老龄社会的新经济必须解决的突出问题。这就需要走出经济发展的狭隘圈子,从超经济治理或者国家治理的高度重新考量经济发展的方向和路径、方式和方法。

老龄经济产业是社会主义经济产业,是以人民为中心经济产业,是人本经济产业、生命经济产业和意义经济产业,是具有高成长性的更高位阶的新的经济产业,必须融入地区和区域经济战略,融入国家双循环战略,融入全球经济发展战略全面推进。全面推进老龄经济产业意义重大,关系人类迈入老龄社会和长寿时代的根本支撑,关系老龄社会和长寿时代条件下中国经济的长远持续繁荣,也是人类迈入新阶段的不能回避的新的战略选择,是未来加强内循环促进外循环的新的经济战略主攻方向,有利于中国应对老龄社会的挑战,有利于走出一条适合中国国情的发展道路,为人类从经济产业上成功应对老龄社会提供中国方案、贡献中国智慧。

2. 战略目标和思路。到 2050 年,老龄经济产值占 GDP 1/3 以上,供给体系更加适应老龄社会的结构性需求,老龄产业体系框架成熟、业态丰富、模式多元。

以 21 世纪中叶为长周期时间节点,以习近平新时代中国特色社会主义思想为指导,以全面建设社会主义现代化强国为核心目标,树立老龄经济产业新思维,建设全国统一大市场,把发展老龄经济和老龄产业作为构建新发展格局的重要主攻方向,遵循社会主义市场经济的基本逻辑,努力探索中国式现代化框架下老龄经济和老龄产业的发展路子,优先发展老龄文化产业、老龄健康产业、老龄宜居产业、老龄制造产业、老龄服务产业、老龄金融产业,构建新发展方式,构建适应老龄社会要求的老龄经济产业体系,走出一条应对老龄社会的经济发展之路。

（二） 实施全面推进老龄经济产业发展的立体战略

全面推进老龄经济产业关系全局、关系长远、关系方方面面、关系每一个人，是当前实现经济解绑、打造未来加强内循环促进外循环的新的经济引擎，需要实施国家、区域、企业、社会组织、家庭和个人六层一体化立体战略。

1. 实施国家战略。一是把全面推进老龄经济产业作为重大主攻方向融入内循环战略，根据《国家应对人口老龄化中长期发展战略》，"十五五"期间要研究出台实施《国家全面推进老龄经济产业中长期发展纲要》。二是加快生育、教育、住房、就业、养老、医疗保障制度深度融合性配套改革，在试点基础上尽快全面推开长期照护保险制度，织就覆盖全民从出生前准备到身后事安排的社会保障体系和相应服务体系，引导全生命生活预期稳定，从根本上解除人们的后顾之忧，从制度上解除影响消费循环的深刻绑定，为强化持续内循环做大做强做活国内经济提供制度保障。三是研究出台一系列适应老龄社会要求的财政、收入分配政策，大幅提升人们的收入水平，最大限度扩大中产阶层规模。四是根据人口老龄化队列，重点研究"70后""80后""90后"人群老年期准备经济特别是金融准备经济的潜力，研究出台老龄金融政策，鼓励老龄金融产品和服务创新，做大老龄金融体量，解决内循环持续运行需要的融资问题，为投融资促进内循环提供强大长钱资产池。重点研究"40后""50后""60后""70后"先后迈入老年期带来的趋势性产业细分需求，在整合现有政策的基础上，针对老龄经济产业产品和服务的供给需求，研究出台体系化产业政策，解决内循环持续运行的投资和产业收益问题。一融一投，两端互动运作，为整体经济内循环注入强大的输入输出流量。五是根据当前影响老龄经济产业起步困难的土地、金融、国有资产有效利用以及部门不协调、资源不共享、国有企业和民营企业混合运作存在障碍等堵点难点问题，分领域制定出台相应政策举措，为老龄经济产业长期运行营造良好政策环境。

2. 实施区域战略。一是要把全面推进老龄经济产业作为重大战略主攻方向纳入区域发展战略，各地要在"十五五"期间作出战略安排。二是各地要研究地方发展老龄经济产业的优势和地情,研究探索建立独具特色的老龄文化产业、老龄健康产业、老龄宜居产业、老龄制造业、老龄服务业、老龄金融业基地和中心的配套政策措施,为构建老龄经济产业带奠定基础。三是突破行政区域限制,逐步破除税收行政区域性限制对跨域产业发展的障碍,依托现有产业条件,研究区域老龄经济产业互认共享系列化政策措施,打造跨省际老龄经济产业产品和服务交流中心,促进老龄经济产业跨区域循环,为全国性循环奠定坚实基础。四是出台城乡老龄经济产业资源流动措施,鼓励城镇老龄经济产业资源下乡,促进老龄经济产业在城乡间的循环。五是坚持改革开放,结合"一带一路"国际战略,研究老龄经济产业的双循环机遇,扩大国际经济技术交流合作,鼓励老龄经济产业企业走出去。

3. 实施企业战略。企业是发展老龄经济产业的主体,老龄经济产业也是未来企业经营战略的重大主攻方向,所有企业都应当参与进来,除专门从事老龄经济产业的企业之外,其他所有企业都应当适时设立老龄产业部门。具体战略包括:一是各类企业要研究老龄经济产业各业务板块的成长路线,研究实施各自参与老龄经济产业发展的中长期企业战略,明确长期经营战略定位,从硬件和软件两方面建设上做好步骤性安排。二是国有企业要发挥发展老龄经济产业的资源、体制优势,体现经济的社会主义性,根据现有条件,挖掘市场潜力,为迎接老龄经济产业黄金井喷期做好战略准备。三是民营企业要发挥发展老龄经济产业的灵活效率等优势,加强民营企业与民营企业间的行业联合、民营企业和国营企业的混合运作,加强品牌建设,扩大规模,提高质量,走集团化、连锁化发展道路。

4. 实施社会组织战略。社会组织是发展老龄经济产业的重要主体。一是老龄经济产业行业组织要制定行业发展规划,加强行业内研究、行业间交流合作,确保发挥培育企业、行业监管等作用。二是要研究出台社会组织以社会企业身份参与发展老龄经济产业的政策措施,在社会组织不断壮大的同时,鼓励已有社会组织和新建社会组织积极参与老龄经济产业的研究、咨询、宣传工作。三是发挥中老年人的积极作用,建立相应社会组织,充分发挥其组织中老年人参与老龄经济产业发展的主动性和能动性作用。

5. 实施家庭战略。在全面小康社会建设目标实现和人民寿命不断延长的情况下,家庭代际之间按照全生命事件安排家庭经济,这是发展老龄经济产业的源头。一是研究制定适应老龄社会要求、符合人人长寿生活实际需要的家庭建设政策,强力推动落实生育友好型政策,建立健全家庭福利制度,引导家庭成员从健康、金融、技能和资源等方面提高做好全生命准备的意识。二是家庭要有家庭成员长寿生活安排战略、家庭预算安排和家庭资产安排,确保家庭成员年轻时理性消费、老年时有钱可用,这是实现内循环战略长期可持续的根本。三是要普遍提高金融意识,学习关系老龄社会和长寿生活的金融基本知识。四是家庭要主动参与了解发展老龄经济产业相关企业和社会组织,相关企业也要主动宣传家庭,帮助家庭成员了解和解决相关老龄经济问题。五是家庭在收入增长的同时,要提高消费意识,破除年轻社会的陈旧养老观念,提高购买老龄经济产业服务和产品的长远效应的认识和成本认识。

6. 实施个人全生命战略。每一个人都是应对老龄社会和迎接长寿时代挑战的主体,也是发展老龄经济产业的终生主体。一是人人都要树立老龄经济产业新思维,把参与老龄经济产业作为终生的必修课。二是长寿时代条件下人人都要面临自己长寿的长辈和更加长寿的下辈,都要为自己的长辈和下辈的长寿生活从经济上做准备、做安排。三是人人都要为自己的终生长寿生活做好经济安排,重点从 40 岁起为自己做起,既可以为自己提供保障,也可以减少儿女和社会负担。从现在起算,"60 后""70 后""80 后"是重点,他们仍然处在窗口期,不可错过。

五、实施全面推进老龄经济和产业发展的行动计划

未来已来,按照平均预期寿命 78 岁起算,2098 年以前的老年人已经全部降生。今后,随着"60 后"相继退出劳动者行列,中国人口老龄化将迈上高速

发展轨道。在以上背景下,全面推进老龄经济产业不仅是未来加强内循环的重大战略主攻方向,更是迎接未来庞大老年人口流量和人口走向高龄化趋势这一人类重大成就的重大机遇。因此,全面推进老龄经济产业不仅有利于未来老龄社会条件下中国经济的长远发展,也是长寿时代我们每一个人过上长寿美好生活的预期稳定的国之大者。中国作为世界性人口大国即将面临的普遍长寿,既是人类进步事业取得辉煌成就的突出体现,也是未来人类实现普遍健康长寿的重大机遇,更是未来中国发展经济的长远国情。当前,抓住双循环战略的重大契机,盯准老龄经济产业这一未来内循环战略的重大主攻方向,作为未来经济的新增长极纳入中国式现代化产业体系的构建当中,实现老龄经济产业大发展,再造高更版本的中国模式和"中国奇迹",对于老龄社会条件下实现人人拥有健康长寿生活预期和实现中华民族伟大复兴的中国梦意义重大,也关系保持长寿时代中国经济发展的长远核心竞争优势。为此,需要按照"党委领导、政府负责、社会参与、全民行动"的方针,提早动手,久久为功,打造关系全民终生利益的系统工程。囿于篇幅,这里只能粗线条描述,相关详细设计和思路请参阅拙作《老龄经济》(中信出版集团 2022 年版)。

(一) 实施老龄经济产业市场教育计划

社会共识是共同行动的前提。一是在全社会广泛持续开展老龄社会国情通识教育,让每一个人了解老龄社会的到来是人类进步的重要标志,充满机遇但也充满挑战,人人需要增强应对老龄社会的主体意识、责任意识和担当意识。二是在全社会广泛持续开展老龄经济产业通识教育,让全体国民提高应对老龄社会的经济产业意识,增强参与老龄经济产业发展对于实现经济双循环,对于个人、家庭和社会重要性、紧迫性、有利性的自觉认识。三是分年龄开展不同重点的老龄经济产业市场宣传教育,培育各类细分市场。针对青少年开展全生命教育,帮助他们树立全生命经济准备意识。针对中壮年开展健康、抗衰老、老年期金融准备的相关产品和服务的宣传工作。针对老年期人群开展老龄经济产业产品和服务市场宣传工作。四是广泛开展老龄经济产业企业品牌和相关产品、服务推广工作,培育相关企业成长壮大,为建成庞大老龄经济产业产品和服务体系做好配合传播宣传工作。五是加强市场监管,建立曝光机制,打击不良企业,完善老龄经济产业市场运行监督机制,提高相关产品和服务质量。争取在"十五五"期间,培育一大批老龄经济产业企业,相关产品和服务品牌大量涌现。

(二) 实施老龄文化产业计划

老龄文化产业是指老龄社会条件下面向大众的文化产业,绝非老年文化产业,即绝非仅仅面向老年人群体的文化产业,而且是引领并渗透在整个老龄产业各细分产业的顶层经济。一是开发大龄劳动力教育培训产业、老龄产业分行业人才教育培训产业、老龄产业分行业客户教育产业、退前教育和老年教育产业等相关产业。二是开发适应老龄社会要求的出版、设计管理、传媒等文化创意产业。三是开发适应老龄社会要求的艺术产业。四是开发适应老龄社会要求的旅游休闲产业。五是开发中医文化产业。六是开发相关文化会展产业。七是开发老龄社会条件下的文化综合体产业。老龄文化是一个全新的领域,发展好老龄文化产业,需要老龄文化事业的强大支撑。但如何做好长远安排,我们不能头疼医头、脚疼医脚,还需要提升理论思维,建构中国特色的老龄文化学,以便对老龄社会条件下的重大文化问题建构相应的理论和话语体系。对于从事老龄经济产业的所有人士来说,最重要的就是要有老龄文化学的理论思维,这样才能确保老龄经济产业发展有一个不断向上的精神引领!

(三) 实施老龄宜居产业计划

老龄宜居产业是支撑未来老龄社会各种需求的硬件体系或者不动产体系,也是产业适应长寿时代的新的综合性业态,包括诸多细分行业。一是发展建筑设计管理产业。二是开发新型建筑材料产业。三是升级发展宜居建筑工程产业。四是开发装修装潢产业。五是发展居民住房交易产业。六是发展国有不动产租赁交易产业。七是开发宜居新基建产业。八是开发社区不动产综合服务产业。九是开发独立不动产综合服务产业(如康养地产)。建筑、硬件体系或者不动产体系是社会运行的载体,也从某种意义上决定社会运行的样态。建筑地产的革命曾经推动农业革命和工业革命快速发展,也必将推动理想老龄社会的建设,并使老龄社会呈现前所未有的新样态。可以预见,到2050年,老龄宜居产业将重塑未来老龄社会的外在形态。

(四) 实施老龄制造产业计划

老龄制造产业是传统产业基础上的全新产业领域,涵盖品类繁多,一是开发适应全生命健康长寿要求的食品加工和制造产业。二是开发相关酒、饮料和茶制造产业。三是转型发展新纺织、服装和制鞋产业。四是开发新型日用品制造产业。五是开发健康用品和体育用品制造产业。六是开发高质量多层次文化用品制造产业。七是开发相关电器和智能制造产业。八是开发中医药制造和中医器械设备产业。九是开发西医药制造产业和西医医疗器械装备制造产业。十是开发康复护理器材和辅助材料产业。十一是开发相关木材加工和家具制造产业。十二是开发建筑部品和建筑设备制造产业。十三是开发相关运输设备制造产业。当前,全球制造产业正在面临深刻调整,如何发展好老龄制造产业,需要关注未来产业的发展大势,要关注产业需求的结构性、方向性变动的大势,要关注制造产业理念演化的大势,要跳出制造产业边界关注产业融合发展的大势,在制造产业内部要关注产业一体化发展的大势。从全球范围来看,老龄制造产业才刚刚起步,目前只有先行者,还没有老龄制造产业单一强国。中国拥有未来老龄制造产业的最大需求市场,是老龄制造产业的最大实验场。中国需要从产业观念、产业政策、产业体制机制、产业组织、产业基金等多方面创造条件,通过老龄制造产业 1.0 并向更高端迈进,在满足自身需求的同时,打造完善成熟的老龄制造产品体系,推动新发展格局和全面建设社会主义现代化强国,为人类提供更好、更丰富、更多元的产品体系。

（五）实施老龄服务产业计划

老龄服务产业是一个庞大的产业体系,涵盖生活服务和生命服务两大领域的方方面面。从生活服务来说,未来的重点领域依然是家政、洗染、家电维修、住宿等家庭和公共日常生活细分行业。这些行业发展相对比较成熟,例如洗染行业比较独立完善,家电维修行业网点十分发达,而围绕住宿功能的宾馆酒店行业发展更是日臻成熟,但家政行业始终没有大的产业升级,发展相对落后,小、散、乱现象十分突出。同时,过去的生活服务产业主要是针对中青壮年人口的生活服务需求,面向婴幼儿和老年人的生活服务需求的供给相对较少。这是未来生活服务产业的新指向。从生命服务来说,未来的发展空间最大,一是开发适应健康长寿需要的餐饮产业。二是发展高质量美容美发产业。三是开发相关沐浴产业。四是开发优生和婴幼儿照护产业。五是开发成年人照护产业。六是开发专业性精神照护产业。七是发展安宁照护产业。八是发展家庭法律服务产业。目前,人们对老龄服务产业的认识主要局限于所谓养老服务、医养结合,这个认识框架有致命缺陷,背后的逻辑是把老龄社会的服务简单等同于为老年人提供服务,不仅把优生产业、婴幼儿照护产业置于脑后,更重要的是忽视了青中壮年人口的服务需求。而且,对老年人的服务需求的识别和划分也不清晰,但根本上是缺少对老龄社会转型后整个服务产业的结构性需求及其变动趋势的全局性把握。需要立足当前,放眼长远,厘清未来老龄服务产业的发展趋势,以便从战略上作出谋划和安排。

（六）实施老龄金融产业计划

面向未来,金融产业的战略主攻方向就是顺应长寿时代和老龄社会的要求,扬弃年轻社会相关金融观念、金融机制、金融模式,大力发展老龄金融产业,推动年轻社会形成的短钱快钱金融体系转型,建构适应老龄社会要求的长钱慢钱金融体系,为有幸活得长寿的人们提供多元化、多层次、可持续的金融保障。一是研究制定实施积极应对人口老龄化国家金融战略,重点解决40岁以上人群的养老金融、健康金融和照护金融需求问题。二是实施大力发展老龄金融产业的行动计划。三是高度重视研究老龄社会条件下的融资及其模式问题,银行、证券、保险、基金、信托等细分金融产业都必须因应老龄社会的新生需求,创新融资模式,并需要考量:银行产业如何在未来老龄金融业务中发挥领军产业的作用,保险产业如何在未来老龄金融产业中发挥中流砥柱的作用,证券产业、基金产业和信托产业如何在未来老龄金融产业中充分发挥投资功能强大的作用。四是充分发挥金融配置资源作用,在投资领域上大胆探索,开拓金融+新农林牧渔业、金融+制造产业、金融+宜居产业、金融+健康产业、金融+医疗产业、金融+老龄服务产业、金融+文化产业、金融+科技等老龄社会新的需求领域的投资空间。五是面向全民开展老龄金融通识教育,大幅提高全民老龄金融意识和素养。六是实施"4059 计划",面向 40—59 岁金融人口,开发银行、保险、基金、信托、证券类老年期金融产品,结合健康养生、旅居旅游、老年教育以及"CCRC"(综合性连续护理退休社区)、养老地产等市场动能开展跨业运作,创新服务模式,做大做强老龄金融体量。七是实施"60+金融计划",面向 60 岁以上老年金融人口,盯准保值增长核心目标,结合其他基础产业以及老年宜居产业、老年综合服务场景建设,开展老龄金融产品和服务创新,为老年人提供多元化、多层次的金融服务。八是实施金融支持老龄经济产业计划,国家和地方设立老龄经济产业引导基金。扩大政策性金融支持老龄经济产业,除老龄服务产业外,更加注重投资老龄健康产业和老龄制造产业。商业性金融支持老龄经济产业要探索新领域、新模式,支持老龄科技产品、智能化产品创新。九是探索政策性金融和商业金融、老龄金融和老龄宜居产业混业运作模式,针对全社会海量硬件建设适老化改造探索新的运作模式,通过金融模式培育老龄宜居产业市场。十是创新金融模式,针对大量闲置国有资产开展老龄经济产业多领域使用方式创新,发挥国有企业和民营企业混合运作模式的作用,在盘活闲置国有资产存量基础上发挥保值增值作用并提供多项目多功能的老龄经济产业,为消费群体提供产品和服务,推动国有资产在老龄社会条件下促进经济循环发挥更大作用。十一是实施老龄金融进社区计划,鼓励老龄金融机构扩大服务范围,采取多种金融产品联合服务,整合老龄金融和老龄文化、老龄健康、老龄宜居、老龄服务的混业运作模式,为居住在社区的老年人及其家庭提供混合服务。

（七）　实施老龄经济产业基础建设计划

一是在全社会开展数字化技术通识教育,重点面向中老年人开展数字化应用技术教育,促进各年龄人群与时俱进,尽最大可能消除数字鸿沟。二是实施老龄经济产业新基建计划。在新基建过程中,长远考量老龄社会带来的可持续经济产业海量需求,确保新基建能建设、高利用、长效能和可持续。重点建设老龄健康、老龄服务以及老龄文化、老龄金融等方面的基础数据库,服务市场和科技研发机构以及政府监管部门的需要。三是开展老龄经济产业会展经济行动。转型、改造、建设一批老龄经济产业产品和服务批发贸易、展览中心,充分利用互联网、智能手机和融媒体开展有组织的线上线下会展老龄经济。四是开展加强老龄经济产业行业管理行动。建设从中央到地方的老龄经济产业行业组织,加强其凝聚企业能力建设,研究行业发展问题,开展行业合作与交流。

（八）　实施老龄经济产业人才培养计划

发展老龄经济产业最大难题不是资金、土地等生产要素,而是人才要素。要针对人口老龄化发展进程和紧盯老龄经济产业阶段性需求变化,制定涵盖老龄文化、老龄健康、老龄宜居、老龄制造、老龄服务、老龄金融和老龄经济产业综合管理等多方面需要的人才培养中长期规划,确保强大需求到来之时有强大队伍去组织供给。

（九）　实施老龄经济产业技术研究开发计划

老龄经济产业涉及自然科学、社会科学和人文学科以及工程等方方面面,需要强大的老龄经济产业的基础科研成果和应用科技成果的支撑。鼓励现有相关研究机构转型研究老龄经济产业,建立国家级和地方老龄经济产业研究机构,在加强老龄科学基础理论研究的过程中,把老龄经济学和老龄产业经济学作为重点学科加强相关研究工作。建立一批老龄科技创业园区,集老龄科技研发、老龄制造和智造攻关、老龄用品推广和销售等为一体,形成全国性和地方性老龄科技和老龄用品的集散地。

第六章　实施适应老龄社会要求的
国家文化战略

"人活着不是单靠食物。"

圣经·申命记

基本判断：老龄社会在本质上主要是人类文化问题。

重要提示：应对老龄社会的文化战略关系人类长远。

一、老龄社会是重大的人类文化问题

从理论上说，经济问题关系人类兴衰，文化问题关系人类价值和意义。对于人类发展来说，发展是硬道理，但比发展更硬的道理是规律。不过，最硬的道理不是发展本身，而是发展的价值和意义。这就需要超拔于人类发展之上，对人类发展本身作出文化考量。毕竟，人类不仅是寻找食料和物质的动物，而且是追寻生命意义的文化物种。因此，应对人口老龄化标志的老龄社会，还需要从文化上深入研究相关问题并作出应对性安排。

（一）老龄社会引发的宏观文化问题

1. 人类整体自身如何发展的文化问题。人类发展第一层次的问题就是人类自身如何发展问题，并可分为个体、群体和整体三个维度。关于个体维度的人如何发展，如个体人生的意义是什么、怎样生活才有意义等，以及群体维度的人如何发展,如家族、种族、民族乃至国家如何延续发展等,这两个维度的问题一直是人类文化发展的核心问题。但是,关于人类整体自身如何发展的问题,是现代化推动的全球化以来才真正显现出来的。对此,历史上主要有两次大的认知上的飞跃:一是 1945 年联合国成立以后,面对全球人口膨胀对人类自身整体命运的整体考量,其核心对策是减少生育(family planning)。二是 1982 年第一届世界老龄大会以来,面对全球老龄化对人类自身整体命运的整体考量。前者更多的是考量人类主体的数量,而后者更多的是考量人类主体的结构。不过,迄今为止,这两种考量主要囿于人口学思维和站位经济发展来考虑问题。前者主要是考量人口数量与经济发展的关系,而后者主要是考量人口年龄结构与经济发展的关系,还较少考量超人口学思维并站位人类整体自身发展来探究相应终极文化问题。这是迄今为止对老龄社会革命性转型认识不到位的重要思想和思维方式的根源。需要转变观念,重新思考人口老龄化标志的老龄社会引发的人类整体自身如何发展的文化问题。

一是老龄社会倒逼人类整体文化自觉。无论发达国家还是发展中国家,人口老龄化是未来全球性的必然趋势。人们的生育意愿逐渐降低,寿命却不断延长,人口过度老龄化的风险日益加大。在这种情况下,正像 20 世纪罗马俱乐部担忧人口数量与地球承载能力的关系问题一样,人口学需要进一步考量的问题是,什么样的人口年龄结构才是理想的? 但文化上的考量则是,支撑理想人口年龄结构背后的价值观是什么? 究竟青少年、中壮年和老年人的何种比例关系在文化上更好? 过去,在人口膨胀的时候,人类整体自身发展的选择性究竟何在? 我们不能限制老年人口的增长,只能反过来从出生上着手解决人口总量问题。现在,老年人口不断增长,又发现不能一味减少出生人口,但人们的生育意愿却在不断降低,甚至出现不婚不育、离婚率上升、单身主义盛行甚至二次元婚姻、性机器人伴侣、低欲望化现象开始蔓延。那么,从人类整体自身来说,现在遇到的文化问题不是过去的人口多寡问题,而是结构性的问题。这种结构性问题牵涉的不是个人、家庭、民族和国家的问题,而是面对不可逆转的人口老龄化和高龄化所标志的老龄社会和超老龄社会,人类整体自身如何发展的问题。我们需要重新审视，并需要从文化自觉的高度，重新对待人类整体自身发展的问题。这是以往人类发展所没有考虑的问题，也是未来人类发展的新的重大问题，并需要从文化价值观念上作出新的回应。

二是老龄社会面临调控社会主体结构的文化难题。单从人口学来说，人口过度老龄化是可控的，实施更替水平的生育政策等可以优化人口年龄结构。但我们面临的文化上的难题是：人们都期望长寿而又不愿意多生，在这一背景下，实施调节性生育政策在文化上的依据是什么？如何对待不育观念和行为？如何提供系统性的文化依据引领人们的生育意愿进而实现人口年龄结构的优化？如何重新整顿整个恋爱婚姻家庭观念和相应制度安排？如何确保人类整体自身发展在结构上防止突破过度老龄化警戒线？如果说从国家的角度能够实现人口老龄化可控的目标，但在目前国家壁垒高筑和不同民族文化及其习惯、制度迥异的前提下，如何实现人类自身整体结构的可控？这些问题都是以往我们没有遇到过的难题，不仅是政治难题、经济难题，更是文化难题。

三是老龄社会趋同性对文化多样性的挑战。文化多样性是人类繁衍至今的重要秘密。但是，面对人口老龄化这一巨大人类趋同性态势，不同民族国家的文化多样性会不会受到巨大挑战？本质上来说，文化的根基源于人类自身发展，文化是人为的，也是为人的。既然人类整体自身将不可逆转地会走上趋同化的发展道路，那么，在这一趋同化过程中，应对共同的社会主体结构衍生出来的新的结构性需求，会不会出现文化的趋同化？抑或需要建构新的多元文化？这些都是需要认真思考的问题。

四是老龄社会引发人类整体自身发展进步性的全新思考。从年轻社会迈向老龄社会进一步迈向超老龄社会，从文化发展来说，这是人类发展的进步还是倒退？单单从生产工具、物质生产方式以及科学技术来说，人类似乎走的是上坡路，伴随信息化、数字化和智能化，人类还将创造出高于以往社会的高级物质文明。但从人类整体自身发展来说，老年型的人口年龄结构意味的社会主体结构中年轻人口不断减少、老年人口不断增多，造成世代更替也不断减慢，社会发展活力特别是老龄化先行的发达国家的社会发展活力不断衰减，这在文化发展上看走的是上坡路还是下坡路？从文化发展来说，这意味着什么？面对未来真正常态化的老龄社会和超老龄社会，我们从文化上如何应对？如何在社会主体高龄化下继续推动人类进步事业？这些问题都需要重新思考。

五是"老龄社会恐惧症"将长期影响未来人类文化发展。自发现人口老龄化标志的老龄社会以来，关于老龄社会的认识基本上走的是一条负面路线。认为老龄社会会拖垮经济、导致社会发展灾难（社会保障灾难、健康医疗灾难等）、引发社会活力丧失、加剧未来发展不确定性风险、影响人类终极发展等认知不断升温，甚至认为人类整体上已经迈过繁荣发展的历史性拐点正在走下坡路，虽然人类不会灭亡，但前景黯淡。一句话，"老龄社会恐惧症"正在蔓延成为未来人类发展过程中一个触及所有人内心深处最敏感神经的时代病，而且难以解锁。从文化发展上来说，这与其说是一个时代病，而毋宁说是一个文化病。换言之，虽然人人都更愿意长寿又不愿意多生，但我们从内心深处又无法接受老龄社会和超老龄社会这个宏观社会运行后果。这是我们必须要解决的一个重大文化课题。

2. 年轻社会的文化解决不了老龄社会的文化问题。目前，如前所述，出现许多前所未有的现象正在不断蔓延，诸如低生育陷阱、日本的佛系青年、躺平、啃老、不婚不育、单身主义等低欲望化现象，从某种意义上说，这些是老龄社会初期阶段诸多新文化现象的端倪性显现，并不能代表未来人类社会的发展走向，基本上也是年轻社会旧的文化价值体系不能适应老龄社会新要求的具体表现。但由于老龄社会相应的新的文化价值体系尚未建立，出现这些现象实际上已经表明，现有年轻社会的文化价值体系正在衰微，而且也难以应对老龄社会的新挑战。实际上，追根溯源，中国禅宗界有一个"自了汉"的概念，意思是无利他之念，唯图自身利益之不顾大局者。禅宗一般把只顾自己修行而丝毫不济世利人者称为"自了汉"。本质上"自了汉"主要是个体面对庞大社会机器回天无力的某种表现（遁入佛门本身就是一种个体的自我选择），是对社会发展的某种反省和回应，需要正确对待。中国历史上上层社会也有一个"独善其身"的概念，实际上也是个体难以适应庞大社会机器运作的某种自我保护,同样需要正确看待。无论对于当代的"自了汉"还是"独善其身"现象,我们都要从中找到走出个体无以应对困境的出路,这才是正确对待低欲望化现象的正道。从老龄社会先行的发达国家来看,由于欧美等国传统文化缺失,其现代文化是个体主义和青春至上的典型年轻社会的文化,既是老龄社会初期诸多新现象的文化源头,难以破圈,也找不到适应老龄社会的新文化价值导向。日本是一个东西方文化交错的社会,日本出现的各种文化问题及其内在逻辑底蕴,并不代表未来老龄社会的长远走向。如果听之任之,必然会把日本社会引向人口过度老龄化的陷阱,迫切需要文化大重建。

中国的情况非常特殊,东方文化底蕴深厚但遭遇老龄社会的深刻冲击。从全球来说,进入老龄社会以后,由于中国孝道文化的魅力,发达国家的有识之士把应对老龄社会的希望寄托在中国。但是,未来的人口老龄化态势使中国保持、弘扬孝道文化力不从心的担忧也日益深重。从某种意义上说,孝道文化是中国土生土长的优秀传统文化,中国人从一出生就耳濡目染,在文化基因里埋下了孝道的种子。而且,我们有理由相信,中华民族无论在什么情况下,都会是孝道文化的传承者、保护者。不过,在老年人越来越多、年轻人越来越少的情况下,特别是在"421"(四个老人、一对夫妇和一个孩子)甚至"420"(四个老人、一对夫妇和没有孩子)乃至"210"(两个老人、一个子女、没有配偶和孙子女)家庭结构的情况下,面对这么多老年人,上对祖父母、父母、岳父母及其父母,下对一个孩子,一对年轻夫妇哪怕两对年轻夫妇践行孝道也实在分身乏术,没有孩子甚至单身的情况就更加难以实现孝道的接续。因此,现在和未来,不是要不要孝道的问题,而是如何做到有心也有力。目前的老年人平均有不到3个子女,一旦一位老人病倒了,全家乱作一团,亲戚们轮流值班都感到心力交瘁。很难想象,未来只有一个孩子是何景象?在这种情况下,可以说,纵使子女们人人都是孔子学院毕业的博士,恐怕也难能应对。着眼长远,从文化上来说,这恐怕是未来中国应对老龄社会的一大难题。

伴随全球化进程特别是年轻一代学习掌握传统文化相对不足,深层文化心理结构深受西方现代年轻社会的文化熏染,以上欧美、日本等国出现的诸多文化现象,在中国年轻人中间已经开始出现,甚至老一辈也对年轻一代不婚不育行为越来越采取宽容态度,甚至许多长辈对帮子女照看小孩采取被动态度。这些都是值得关注的重要端倪性文化现象。

无论如何,从东方到西方,面对老龄社会的快速到来,现有年轻社会建构起来的文化价值体系难以应对,而且也是诸多新的文化问题的重要根源。更重要的是,现在中西方生命无意义感的思潮正在深层涌动。从本质上来说,这些都表明,年轻社会的文化价值体系正在动摇,必须引起高度重视。

3. 老龄社会条件下的美好生活需要新的文化作为。恩格斯曾经讲过,马克思一个振聋发聩的重大发现,即人们首先必须吃、喝、住、穿,然后才能从事科学、艺术、宗教等。从历史来说,人类在从农业社会迈入工业社会,从农村社会迈入城市社会的同时,也从青年社会经由成年社会迈入了老龄社会,其间的历史逻辑是一致的。目前,可以说,凡是进入老龄社会的发达国家,基本上都解决了吃、喝、住、穿等基本温饱问题,对于这些国家来说,要解决的问题,除资本主义私有制外,就是马克思在《共产党宣言》里所说的"全面自由发展"问题。中国已经处于老龄社会,而且解决了绝对贫困问题,全面小康目标已经实现,温饱问题得到解决,现在要解决的是共同富裕和进一步实现社会主义现代化强国和实现中华民族伟大复兴的问题。其中,在发展经济的基础上,如何满足人们的文化需求,并构建起支撑老龄社会健康可持续发展的新的文化生态,这既是一个重大机遇,也是一个重大挑战。

(二) 老龄社会引发的中观文化问题

1. 文化对峙和文化认同问题日益突出。人口老龄化从某种意义上说也是代际关系格局的深刻变革。晚近年轻社会条件下,社会基本上是年轻人的天下,老年人口不仅规模不大,而且在社会主体中占比很低,加上老年文化日益衰微,青年文化不断崛起,代际关系特别是代际利益格局相对比较简单。在老龄社会条件下,青少年、中壮年和老年人三分天下,而且,年轻人口还在不断减少,而老年人口还在不断增加,社会代际利益格局正在发生结构性转变。更重要的是,这种结构性转变的深层则是代际文化形成显著隔离和对峙的态势,代际文化沟通可能面临深刻矛盾,处理不好可能会出现文化认同危机,甚至会引发文化对抗。由于老年人和年轻人之间无可争辩地存在代沟,在基本观念、生活方式等诸多方面存在文化断层,导致社会代际文化沟通存在诸多困难。从家庭层面看,在亲情纽带的防护下,代沟引致的家庭内部意见分歧,演变成为冲突的可能性相对较低,但要形成代际共识却也十分困难。从社会层面看,代沟形成的文化裂缝,在社会资源分配存在代际矛盾冲突的情况下会进一步被放大,虽然有尊老爱幼等社会道德规范,但其防护作用远远低于家庭层面的亲情纽带,如果处理不当,发展成为文化冲突的可能性也会相对加大。从人类历史来说,代际文化认同一直是一个难以处理的问题。在工业革命前后,人类经历了代际文化主导地位从老年人向年轻人的转变,这说明,老少之间在文化上一直处于不平等状态,而老龄社会的到来,将会使这种不平等状态变得更为尖锐复杂。从文化发展上说,这是建设理想老龄社会面临的一个难题。

2. 年龄文化和年龄结构文化需要建构。现有的年龄文化基本上是年轻社会的产物,无法用来应对老龄社会的新生问题。究竟多少岁才算是老人,这是一个迄今为止也难以取得共识的问题。虽然科学技术特别是健康医疗科技十分发达,但对衰老机制的研究还有许多难点需要破题。在老龄社会条件下,我们究竟应当如何看待青少年、中壮年和老年?老年崇拜肯定是行不通的,但青春崇拜同样也是积弊深重。这些问题都需要重新思考。至于多大年龄应该退休、何时领取退休金借以缓解就业压力和养老压力等这些问题,更是东西方社会日益高度关注的重要大社会敏感问题。同时,迄今为止,年龄结构文化基本上还是一个空白,而且这一空白远远超出尊老爱幼、老少共融等理念的文化调整功能和边界。家庭、国家乃至整个人类的年龄结构借以支撑的核心文化价值应当是什么,这也是一个悬而未决的问题,迫切需要作出长远的文化考量。

3. 个体年轻化和整体老龄化的文化问题。一方面,人口老龄化快速深度演进,走向高龄化的态势不可逆转,这是人们忧心忡忡的宏观现象。但是,另一方面,伴随健康事业产业快速推进和寿命不断延长,个体越来越年轻化了,而且老年期的健康余寿还在不断延长,我们也都致力于缩短老年期的带病时长、失能时长。总体来看,个体微观上的年轻化和整体年龄结构的宏观老龄化将深刻叠加、相互镶入,产生的文化问题值得深入思考。文化上追求个体的年轻化是缓解宏观上老龄化压力的重要基础,但整体上的老龄化特别是过度老龄化风险,时刻给个体生活生命施加文化焦虑,如何从文化上处理这一关系,不仅需要重新考量乃至反思青春文化的根基,而且需要重新建构向老而生的新文化,但整体上更需要建构整体年龄结构的新的文化价值观,借以破解人们的文化焦虑,实现社会心理、社会情绪和社会预期的长远安顿。

(三) 老龄社会引发的微观文化问题

1. 生育文化问题。年轻社会基本上是多生多育文化,其进化论的依据是婴儿死亡率居高不下,种的延续需要和巨大生育潜能形成强势的生育冲动。但是,人类社会之所以是人类社会,和动物不同,人类社会发展和建构起完善的婚姻恋爱文化、家庭生育制度和继承制度等,并对人们的生育行为形成一整套的规则体系,其总的方向是多生多育的价值理念为统领。在中国还形成养儿防老的代际交换机制及其文化理念。伴随工业化和城市化为引擎的现代化以及科学技术、医疗卫生条件的改善,特别是中产阶级的形成、出生婴儿死亡率的降低和避孕技术的广泛采用,在人口不断膨胀的压力下,多生多育的文化价值理念已经从根本上动摇。其中,中产阶层首先开始减少生育,并引领其他阶层逐渐效法,少生少育的新价值观念逐步成为主流。进入年轻社会晚期阶段,少生少育的文化价值观甚至演化成为今天蔓延东西方的不婚不育文化现象,相应地,原来围绕多生多育价值理念支撑的婚姻家庭制度甚至出现深刻的解体现象。总的来看,人类历史上已经走过多生多育经过少生少育演化至今出现不婚不育的发展路线,相应的婚姻家庭制度也经历了牢固、动摇到离散的演化过程。这种生育文化的转变及其影响是深刻的和长远的。从人类历史演化的文化参照坐标来说,我们既不能说多生多育文化就是落后文化,也不能说少生少育就是先进文化,但不婚不育绝对不是什么先进文化或者高级文化,也不代表人类社会的发展方向。我们也不能说牢固的家庭制度所支撑的多生多育行为就是落后文化,也不能说功能日渐弱化的家庭(主要留下来的是生育功能,其他经济、社会支持和养老等功能日益衰微)所支撑的少生少育行为就是先进文化,但不断解体的家庭所必然造成的不婚不育行为绝对不是什么先进文化或者高级文化,而且也不能代表人类社会的发展方向。面向未来,着眼防止人口过度老龄化和人类整体自身的上向发展,回归到牢固家庭支撑的多生多育文化是不可能的,但风雨飘摇的家庭所引发的不婚不育文化也是不可持续的。因此,如何在重建两性恋爱婚姻文化和新家庭文化的基础上,探索适应老龄社会的新生育文化,这是一个新的具有长远意义的课题。也许,从牢固家庭支撑的多生多育文化,经历动荡家庭引发的不婚不育文化,走向和谐家庭支撑的适度生育文化,可能是一个新的选择。但是,这里尚有许多文化问题(如两性关系重建),更有许多经济社会问题(如家庭功能重建)亟待破解。

2. 全生命过程中的文化问题。个体人的全生命文化可以分为青少年文化、中壮年文化和老年文化三个大的亚文化。年轻社会特别是晚近年轻社会条件下,青少年和中壮年两个亚文化占据社会主流,这里不作过多分析。当然,进入老龄社会以后特别是未来迈向超老龄社会以后,这两大亚文化同样面临诸多问题,这是今后需要引起高度重视的。但是,老年亚文化特别是人的老年期的精神文化生活问题,将伴随老龄社会深度演化而日益突出和复杂。老年人是最复杂的社会类别。他们出生后,经历了生活的跌宕起伏,建构起迥异的发展背景,体验了人生的沉浮枯荣,到了老年以后,积淀了丰富的精神资源,但也面临许多精神文化问题。

一是老年期的精神适应问题。研究表明,在退休后的头两年,老年人的平均死亡率曲线有小幅上升趋势,这是退休综合症的极度体现。这说明,除其他因素外,难以适应退休后的生活是一个重要原因。虽然人人都要老,人人都要退休,许多人甚至提早就做了充分的准备,但临了在精神上仍然还是面临不好应对的难题。实际上,人们往往难以从精神上真正适应老年期生活,这是值得高度重视的。能否适应退休转变，关系性命，关系整个老年期的幸福。因此，面对不断延长的老年期，面对如此庞大的老年人群，不能采取过去的做法，即放手让他们每一个人自己去适应，需要建构相应的制度安排，例如大力发展退前教育、加强退后心理健康干预等，以帮助人们缩短适应期。否则，衍生的许多后续问题将难以应对。

二是老年人的家庭情感问题。从家庭来说，进入老年期，人的生活必然发生许多新的变化，在家庭的角色也会改变，即逐渐从过去抚养子女的角色转变为接受子女赡养的角色。如何处理和子女的亲情关系，现在越来越成为一个问题。一方面，如前所述，作为天下父母，他们对于子女过于"殷切"和"溺爱"，导致年轻一代在财务上迟迟难以断奶，不仅影响年轻一代，影响家庭发展，从某种意义上对民族精神也有一定的影响。试想，一个民族下一代的出息寄托在父母身上、置身于"襁褓"之中，让这些巨婴怀有"青云之志"的大担当精神，这无异于痴人说梦。令人不寒而栗的问题在于，有些"巨婴"的"啃老"行为目前已经发展到令人发指的程度。在这种情况下，老年人在子女对待自己的问题上，情感十分复杂。现在，全社会关于"子女是靠不住了"的普遍认知，在拥有孝道文化传统的中国历史上是前所未有的，这种现象是当代中国的重要文化现象，已经成为老年人情感世界中的"疼"，值得全社会全面反省。另一方面，未来的家庭小型化趋势难以逆转，站在老年人的角度考虑问题，中国老年人的最大优点就是不愿意给子女增加负担，一心只顾为儿女好，多个老人面对一个孙子女、一对年轻夫妻的局面，这在情感上是大多数老年人难以接受的。调查表明，今天的"60后""70后"中的独生子女一代，对未来他们进入老年后必然面临的这种状况深表忧虑。许多人认为，现在他们的子女在谁家过年已经成为影响双方家庭情感的普遍问题，随着时间的推移，到底应当怎么办，大多数人表示"不知所措"，子女甚至出现"拼婚"的新现象。从某种意义上说，过去是老人少孩子多，现在和未来是老人多孩子少，家庭的情感问题可能会发生重要转型，其中会出现什么问题，对老年人和年轻人之间的情感关系有何影响，各自应当秉持什么样的情感取向，如何处理相应的问题，家庭应当如何去适应这一转变,这些问题目前还研究不够。这也从侧面说明,我们目前即便是从微观上对老龄社会的认识还依然十分肤浅,需要进一步深入探索。

三是低龄健康老年人的精神文化生活问题。人口老龄化带来了规模庞大的老年群体,也带来了日益崛起的老年文化。老年人不同于年轻人,他们阅历丰富,有自己的价值观念,有自己的生活方式,有自己的理想追求,并形成不同于青年文化的新的亚文化。从发达国家到中国,老年文化的崛起之势显而易见,未来还将进一步繁荣昌盛。许多企业家关注到这一新的文化现象,纷纷利用广告、媒体等手段,吸引这一拥有独特文化的群体。在中国,人们深刻了解,大力发展老年文化有利于老年人身心健康。于是,建设老年文化设施、壮大老年文化组织、开展老年文化活动蔚然成风。从某种意义上说,现在中国基层文化中,老年文化不仅是一道美丽的风景线,而且已经成为各地文化活动的重要主力军。但是,和老年人的需求相比,现在的公共文化服务体系基本上主要还是面向年轻人的,远远不能满足老年人的需要。主要体现在老年教育事业、老年文化事业和老年体育事业发展相对滞后,文化创意产业的发展还没有关注到人口老龄化带来的巨大需求,适合老年人的精神文化产品十分匮乏,老年人的精神文化活动还没有引起应有的重视。随着人口快速老龄化的发展,调整公共文化资源的结构,建构适应老龄社会要求的公共文化服务体系还有很多事要做。

四是高龄失能老年人的精神慰藉问题。中国传统文化强调"养儿防老""养老送终"等理念,其中很重要的内容就是从精神上关爱老年人。低龄健康老年人在生理上是独立的,即便如此,仍然需要精神慰藉。高龄失能老年人在生理上已经难以独立,精神上自然也就成为依赖者,精神慰藉变得和空气之于呼吸一样重要,不可或缺。面对未来大规模高龄失能老年群体,特别是那些无子女老人,解决他们的精神慰藉问题不仅是家庭问题,在子女越来越少特别是没有子女的情况下,将是一个严峻的社会问题。需要强调的是,在这方面,我们还没有充分的经验,需要高度重视,认真对待。老年人特别是高龄失能老年人的精神慰藉问题是一个十分复杂的问题,涉及老年学、心理学、医学、护理学、神经学、精神病学以及社会工作等许多领域，解决这一问题需要子女、亲属、朋友的介入，更需要专业人员提供规范化的精神干预。在没有子女、亲属的情况下，如果没有专业人员的规范化服务，一般性的精神慰藉服务可能反而会制造精神问题。

五是老年人的自杀问题。荒诞派大师加缪曾经指出："自杀是唯一严肃的哲学问题。"莎士比亚在《哈姆雷特》中也曾写道："活着还是死去，这是个问题。"海德格尔说过："人对大多数事是没有控制力的，唯一能控制的就是如何结束自己的生命。"知识界的大师们历来高度重视自杀问题，因为它的背后是人类生命的价值和意义问题。如果是年轻人自杀，这可能比较简单，比如殉情。如果是壮年人自杀，这可能就比较复杂了。活到暮年，在死神临近之时的老年人选择自杀，这才是一个真正的严肃问题。纵观当代国际国内，伴随人口老龄化加快，老年人自杀事件与日俱增。世界卫生组织曾经指出，全球每天有3000人自杀，平均每30秒有一个人自杀，还有至少20人尝试自杀，其中多为老年人。国际防止自杀协会也发现，如果将所有年龄段的人考虑在内，那么，每10万人当中有17.1人自杀，而75岁至84岁的人群中每10万人有32人自杀，85岁至94岁为44人，95岁以上为38.3人（可能是实施自杀能力下降而导致95岁以上者自杀案例减少）。可见，85岁以上人群是自杀的高危人群。研究者认为，许多老年人感觉被蔑视，精力不再充沛之后的被社会抛弃感日益强烈，他们经常感到孤单，身体健康每况愈下，看不到其他出路。总体看，社会漠视是导致老年人自杀率居高不下的重要原因。研究者还发现，人们更关注青少年自杀，而对老年人自杀漠然视之。日本是地理小国、自杀大国，自杀率常常雄冠全球，其中，老年人是主力军。2021年，日本自杀者数量超过2.1万人，其中，老年自杀者为主。其他许多国家老年人自杀率上升的新闻也常常见诸报端。中国老年人自杀问题也值得关注。可以预见，随着人口老龄化的不断深化，老年人自杀问题将可能日益突出。自杀折射的是文明的缺陷，和年轻人自杀相比，老年人自杀可能会让我们更加清晰地看到文明缺陷的细部。在老龄社会这一长寿时代条件下，我们需要做的，恐怕不仅仅是进行心理危机干预,更需要预防老年人自杀,如何进一步提高老年人的生活生命质量,让他们找到生命的意义和价值。

六是孤独终老问题。"孤独终老"或者"孤独死"是动物界的普遍现象。少数动物在同类死去时也前来"吊唁",但大多数动物无动于衷,甚至"弃老""杀老"。不过,无论如何,它们不可能建立起一整套的死亡文化,如对待死者的各种规范、祭奠死者的各种仪式、埋葬死者的各种墓葬方式以及对生者的许多道德规制等。纵观人类史以来的所有文化现象,尽管丰富多彩甚至可以说博大精深,但它们有一个共同的底线,这就是不能够像动物那样,让老者孤独死去,中国文化中的"养老送终",就包括这个底线,不养老是不孝,不送终不仅不孝,而且意味着这样的人已和禽兽无异,从人道走向了兽道。

在没有进入老龄社会以前,特别是在远古时代,"孤独终老"的现象也是存在的。随着人类文明的进化发展,特别到了现代社会,"孤独终老"的现象日益受到广泛关注。在西方,即使老者单身,没有子女,教会以及政府举办的福利机构也会伸出援助之手,陪伴老者走完人生。在中国,对于那些没有子女的老人,政府建有完善的"五保供养"制度。但即使如此,各国仍然难以避免发生"孤独终老"现象,孤独死的事件时有发生。近年来,日本独居老人"孤独死"者连年超过3万人,以致日本政府内阁不得不成立"孤独孤立对策担当室"来应对。这些情况的发生,可谓现代文明社会最令人不寒而栗的丑闻。极端地想象一下,如果我们每一个人都将面临"孤独死"的境遇,那么,这个社会还算"人类社会"吗?但是,随着人口老龄化特别是高龄化的发展,这种挑战人类文化底线的事件恐怕防不胜防。

中国是世界上老年人口最多的国家,他们最终都要离开人世,如何确保他们每一个人有尊严地走完人生,这是一个巨大的挑战。如前所述,中国未来无子女老人数量巨大,仅仅保障这一批人避免"孤独终老"就是一个巨大的难题。如果再加上那些与子女异地而居的独生子女父母,这个数量更为惊人。从某种意义上说,"与老分居"是一种进步,因为人的自由独立意识提升了,但如果父母年迈,这种"与老分居"的生活方式,恐怕就值得我们重新反思所谓

"现代"的生活方式、所谓"现代"的生产方式、所谓人类"现代"文明的发展模式！难道人类生存发展、进化繁荣到现当代，必须以与老分居为代价吗？从中国未来的人口老龄化状况看，如果继续这种所谓"现代文明"，而不按照以人为本的理念进行创新发展，不仅老龄问题解决不好，恐怕发展本身的价值和意义问题也值得从深层次重新考量。因此，从某种意义上说，人口老龄化在文化上提出的问题更为深刻、更为根本，这就是，必须重建人类文明的发展理念和方式，创造人类文明的新形态。

3. 长寿文化和生命意义问题。长寿文化一般包含两个方面：一是如何实现长寿的问题，即传统文化中的"长生久视"，这是术的层面。二是什么样的长寿更有意义，这是道的层面，这才是长寿文化的魂。在老龄社会和超老龄社会的背景下，讨论长寿文化问题，从根本上主要讨论的不是生命的长度问题，而是质量、高度和宽度问题。现在，人的平均预期寿命不断延长，医疗科技发达昌明，但人的健康寿命却永远跟不上平均预期寿命的提高步伐。据世界卫生组织资料，2021 年，日本老年人口平均余寿为 26 年、全人口健康期望为 75 岁，而中国老年人口平均余寿为 21 年，比日本短 5 年，全人口健康期望寿命 68 岁，比日本少 7 年。这说明，中国老年人口长寿者越来越多，但带病期相当长，其中，许多人延长的是非健康寿命。这一数据也可以印证，许多人虽然重病缠身甚至多种疾病并发，但在医疗技术的支撑下仍然能够存活很长时间。诸如糖尿病晚期等病人在病榻上昏迷长达十几年者也不乏其人。讨论这个问题可能会触及社会最脆弱的神经，是让这些病人继续维持痛苦的生命，如对脑瘤患者进行手术，尽管有生还的可能，但病人将痛苦不堪，还有成为植物人的风险，还是向他们隐瞒真相，不采取医疗措施，按照医生所说"想吃什么就给做什么，想干什么就尽量满足"？对家属来说，暂且不论医疗费用，单单作出抉择便是千痛万苦。但对社会来说，需要我们认真思考的是：究竟什么样的生命才是有意义的？1989 年，弗朗西斯·福山以"历史的终结"的断言震惊思想界；10 年后，福山认为，科学面临的危险是毁灭我们现在所理解的人性，人类进入"无灵魂的长寿"时代。是的，人性和生命的意义，这恐怕才是人类的最高问题。

对于这个问题,在战争年代,我们曾经作出过回答,但在和平发展、经济繁荣、社会进步的今天,这个问题似乎很难回答。有人曾经激烈讨论"安乐死"(euthanasia)在中国立法的可能性,但着眼长远,恐怕既要从立法上作出安排,还要从文化上认真反省——人类个体老年期的生命价值何在? 从理论上说,讨论个体生命意义的问题,实际上就是在思考人类生命价值问题。之所以说它关涉社会最脆弱的神经,是因为这个问题已经把我们带入人类核心价值的心脏地带。世界文明历史表明,文明延续的根本法则是核心价值观的坚守、创新和延续。现在,人口老龄化给人类核心价值观带来冲击的问题已经提出,目前我们恐怕还找不到终极答案。我们需要铭记和思索:这是对人类文化智慧的一个新挑战! 尽管医疗科技尚在飞速发展,但技术代替不了文化,我们还需要探索老龄社会和长寿时代新的生命文化的勇气!

4. 死亡文化问题。人们常说,参加遗体告别有助于升华心灵。也有心理学家认为,活人制造假想的"濒死体验",这有利于人们正确对待死亡,更有助于人们更好地生活。现在,"模拟葬礼",也称为"生者葬礼"的报道也不鲜见,旨在帮助人们更好地理解生命,即通过假"死"来理解真生。人人都要死,这是生理学铁律,也不是"问题"。但如何对待死亡,这是人类必须面对的重大文化事项,而且是真正的"问题"。纵观历史,死亡文化现象是伴随人类始终的重大文化现象。在过去,人人虽然都要面对死亡这一铁律,但由于寿命短暂,人们根本来不及思索,加上对死亡的恐惧,特别是对死亡的无知,许多民族文化避之不及,讳莫如深。现在和未来,随着寿命的不断延长,特别是人们关于死亡知识的日益丰富,人人不仅有时间思考死亡问题,对死亡的恐惧心理也大大减弱了,但无论如何,人人终归是要死的。所不同的是,人口老龄化带来数量庞大的老年群体,也带来史无前例的同期死亡者数量巨大、体验死别的相关亲属数量相对减少的新现象;去者越来越多,生者越来越少,这是未来老龄社会的一个重要特征。因此,从文化上来说,如何对待死亡,这是横亘在每一个人面前的重大文化问题。

在死亡文化上,人类三大宗教各有衣钵。基督教追求极乐世界,佛教主张涅槃以脱离苦海,伊斯兰倡导以善为本皈依安拉以便后世复活进入乐园。在中国,也有两大文化体系,即儒家和道家。但是,儒家文化是关于生的文化,对于死亡几乎没有什么建树。孔夫子曾经说过:"不知生,焉知死。"道家倡导养生,追求长生不老,在死亡文化也是建树无多。在民间,老百姓面对死亡,基本上是朴素的祖先崇拜文化,即把死亡看作是去见自己的父母祖先。现在,绝大多数中国人不是任何宗教的教徒,中国人在死亡文化上无所皈依,这是一个重大难题。的确,我们需要建构符合老龄社会和长寿时代要求的新的死亡文化。

究竟我们应当建构什么样的死亡文化,目前还只是探索,但值得重视的是中国少数民族的死亡文化,如土家族葬礼文化,其中的"跳丧舞"可谓独树一帜。可以毫不夸张地说,土家族的葬礼是世界各民族葬礼中极富特色的文化现象,而"跳丧舞"则是世界舞蹈文化,乃至整个人类文化中极具个性的文化符号。土家族是中国55个少数民族之一,他们的文化十分独特,结婚大喜却哭哭啼啼,送葬大悲却欢欢喜喜。土家族的婚礼最具特色的是著名的"哭嫁歌",主要是新娘哭诉,向母亲表达养育之恩、向姐妹表达生离不舍的感情,整个婚礼气氛,让人感觉不到其他世界各民族婚礼上皆有的喜庆氛围,但其中渲染的主基调则是对父母的感恩,可谓鹤立鸡群。土家族的葬礼(仅指对寿终正寝者的葬礼,或者如汉族所谓的"喜丧")最具特色的"跳丧舞",是一种丧葬性的歌舞活动,丧歌相伴,舞之蹈之,唱词涉及歌颂亡灵、赞美爱心、历史典故、猜谜打趣、规劝世人、农桑渔猎、风土人情、男女爱情,内容十分丰富,歌舞通夜不息,气氛热烈。"欢欢喜喜办丧事,热热闹闹送亡人",这种"以歌为哭""以乐致哀"的葬礼,既告慰亡灵,又安慰生者,整个葬礼气氛,让人感受不到其他世界许多民族葬礼上皆有的悲哀氛围,反而渲染出死亡的极乐,可谓独步天下。实际上,中国彝族等藏缅语族的民族同样拥有哭嫁和跳丧的文化传统。中国文化真的可谓博大精深,不仅体现在汉族身上,少数民族的文化同样辉煌灿烂。从某种意义上说,跳丧舞所蕴含的死亡文化,这是土家族、彝族等少数民族对人类死亡文化的独树一帜的贡献,值得我们重新认识,以便建构适应老龄社会和长寿时代要求的死亡文化。

自 20 世纪末以来,国外死亡文化除了安乐死以外,出现了一系列新现象。例如,在瑞士,老年人害怕成为需要护理的病人,许多并未患上致命疾病的瑞士老年人,通过安乐死组织帮助自己结束自己的生命。研究发现,这些老年人被确诊患有多种疾病,如风湿性疾病或疼痛综合症导致"痛不欲生"等,但这些疾病并非绝症。又如,荷兰议会在 10 万人签名的支持下,被迫讨论允许健康高龄老人安乐死的议案。自 1973 年以来,荷兰具有影响力的"死的权利"运动十分活跃,不仅推动在 2002 年通过了人类第一部安乐死法案,仅仅 8 年之后,又进一步推动新的安乐死法案,该法案要求安乐死法不仅对永久性病人适用,主张还应当帮助那些厌倦生活的健康高龄老人实施安乐死。民意调查显示,大多数荷兰人支持这一新议案。

深入思考,这些新情况所隐含的不仅仅是死的文化,同时也是生的文化,但从终极意义上说,它们昭示,在老龄社会条件下,人类需要重新思考新的生死观。归根结底,我们每一个人是"哭着来"的,但如何能"笑着走",这是未来生死观的总方向。

(四) 一切都要重来

迄今为止,我们的整个文化价值体系都是漫长年轻社会建构起来的,并且适应年轻社会的需要,并对应着坚实的农耕文化和工商文化。那么,从整个人类文化大脉络和大坐标来看,人口老龄化即人类整体自身的结构性大转变必然意味着人类需求结构的巨变,适应年轻社会需要的现有文化价值体系难以应对,这也是产生诸多问题的重要根源。文化是人为的,也是为人的。老龄社会是人的变动,社会主体的结构性变动。从理论上来说,不应当是人要适应文化,而应当是文化要适应人。那么,未来适应老龄社会需要的文化价值体系是什么? 如何构建? 对应的农耕文化和工商文化应当如何全面深刻转型? 这些都是迫切需要解决的问题。

老龄社会给人类文化发展带来的影响是全面而深刻的,中国要在增强综合国力的同时,必须从文化复兴的高度,认真对待老龄社会给人类文化发展带来的挑战,为民族文化复兴创造良好的环境,不断增强和提升文化软实力,助力中国式现代化建设,实现中华民族伟大复兴的中国梦。

二、建构适应老龄社会要求的新文化

(一)何为文化

文化究竟是什么?由于这一概念十分宽泛,需要作出进一步的界定。从本质来说,文化就是人类化,既是人类化的过程,也是人类化的结果。具体来说,人类化就是从人类诞生以来以至遥远的未来从动物转变成为人的过程。从人类整体和一定区域(如国家)来看,人类化过程包括三个阶段:即动物人阶段,主要解决生存问题的阶段;社会人阶段,主要解决人类种内斗争问题,目前人类正处于这个阶段,以国家为单位的集团斗争、以阶层为单位的阶层斗争等这些种内斗争还将持续相当长历史时期;精神人阶段,即摆脱物质需求和种内斗争束缚进而迈入全面自由发展的境界。从人类个体来看,人类化也包括三个层次,即动物人、社会人和精神人这三个层次。从个体人生来看,困于或甘于仅仅追求物质需求的人就是动物人,种内斗争消解的人为社会人,而摆脱动物和种内斗争束缚的人即精神人。这是真正的幸福人,这样的社会就是真正的幸福社会,而我们追求的就是期望绝大多数人能够成为精神人,也就是全面自由发展的人。

那么,从人类化的过程来看,首先,摆脱动物式低层经济需求束缚的关键在于文化。一方面,人类必须依靠物质需求才能持续生存,但如前所述,满足这一物质需求需要文化的引领,也就是物质生产生活资料的生产消费过程都需要文化的引领。否则,人类吃穿住等行为将无法和动物区别开来。另一方面,人的物质需求必须要有限度。否则,无限度满足人类物质需求会受到自然资源的极限约束。如何做到有限度,这就需要文化。只有人类独有的文化才会教会自己把握好行动的阈限。其次,摆脱种内斗争束缚的关键也在于文化。只有文化才能教会人类明白,种内斗争的根本在于物质利益的斗争,而物质利益的追求是有限度的。简言之,所有人都成为钻石王老五的梦想是不切实际的,大多数人追求资本家那样的富裕生活是现代经济的幻想,未来也永远不可能。因此,在文化引领下,建构相应经济社会制度,确保大多数人体面的物质生活,解决贫富悬殊问题,推动人们和谐相处并追求更高层次非物质生活,才是正道。最后,在温饱无虞和种内斗争束缚解除之后追求精神人的阶段,文化则是正题。因此,这里的文化的含义十分清楚,它就是人类化过程的总引领,依靠文化,人类才成为人,人才能找到人作为人的价值和意义,即无论整体人类还是个体人类,通过文化这一人类独有的媒介,才能体验到人作为人的意味。简单地说,和动物不同,人活着最重要的是要体验到做人的味道和愉悦,而不是沉溺于仅仅感受物质需求的满足和快乐,全然不能体验真正开显人的高层本性的非物质愉悦。

但是,文化究竟是什么? 从以上理论来看,以往关于文化的理解都存在各自局限。我们必须超越现有所有关于文化的诸种界定来重新解读人类文化。狭义来说,文化的本质定义是指人类精神过程中内藏于最深层次的观念及其体系,因而文化是看不见摸不着的。凡能看得见摸得着的文化皆是文化的外显,它们只不过是观念形态的文化的载体。具体来说,人类文化或者人类精神分为四个维度,即信仰、道德、艺术和科学,对应于信、善或者意、美或者情、真或者知。文化的功能定义是指人类精神过程中观念及其体系对人的引领塑造作用,借由观念的形成、改变和层次提升,人类逐步实现人类化过程,从动物界超拔出来,并进一步从低层次迈向高层次、从动物人到社会人再到精神人的上向演化过程。简单来说,文化包括三个层面,即文化的深层结构、中层结构和表层结构。

从深层结构来看,文化就是使人成为人的无形观念体系,核心是与天之道对应的人之道,是人性中的最高层次的观念体系。文化的突出特征是以观念为存在形态,看不见摸不着但却无处不在。文化观念是人类精神中的核心。

如前所述,人类精神包含四个维度,即信仰、道德、艺术和科学,也就是对应于信、善或者意、美或者情、真或者知四个维度的观念。这四个维度包含着人类精神演化的历史逻辑,即信仰是最重要的,在人类历史开端,宗教观念先行发展起来便是明证;其次,从宗教观念中首先分化出来的观念便是善恶观念,道德学说往往是早期人类精神中比较发达的领域;再次,美丑等艺术审美观念也是人类精神的重要领域;最后,最晚但最发达的观念体系就是真假是非观念的科学领域。历史地看,以真假是非为主的科学观念体系最后出现,并不断挤占信仰观念、道德观念和艺术观念的空间。但是,从有人类历史以来,这四个维度的观念混融并存,并在不同历史阶段出现此消彼长的发展态势。贯穿并统领这四个维度的则是不断丰化成长的哲学观念。

具体来说,信仰观念是最古老的文化观念,在不同民族文化中形成其信仰体系,具体表现为宗教体系或类宗教体系(如中国的儒学观念),也是标志民族文化、国家文化差异的重要方面;道德观念也是历史悠久的文化观念,"善"(或者"意")则是人类精神中的价值层次,包括涉及善恶判断和约束行为的禁忌、习俗、习惯等,它们内涵的观念是人类精神的意志板块,是人类文化的基本构成,也是标志民族文化、国家文化差异的重要领域。艺术审美观念(即"美"或者"情")是人类精神中的感性板块,包括舞蹈、音乐、美术、文学、戏曲、曲艺、雕塑、建筑、书法、杂技等传统艺术,以及摄影、电影、电视以至电子艺术、智能艺术、融媒体等现代新兴艺术内涵的诸多审美理想、审美趣味和审美方式等观念。这些艺术形式内涵的艺术审美观念是人类文化的核心,也是标志民族文化、国家文化差异的核心特征。科学观念(即"真"或者"知")是人类精神中的理性层次,包括自然规律、社会规律和各种知识形态的认知要素、过程和结果,这些属于人类精神中的理性板块,它们也属于文化范畴。但天道一统,关于自然规律的"真"或者"知"是唯一的,这里没有民族、国家差异,当然,如何利用则存在严正的民族、国家差异。虽然在信仰、道德、审美领域存在突出的民族差异。不过,人类之所以为人类的共性则决定了,多元文化差异背后的一致性或者同构性。否则,超越人类文化同构性来强调其民族差异,就会出现越出人类范畴的理论悖论。这说明,人道在最深层次上是同构共通的,文化不过是一个脑袋两只胳膊两条腿的人运演出来的精华。隐含于上述四维文化观念背后的共同人性及其规定性是地地道道的人类独有的文化,在这一文化引领下衍生的诸种文化现象不过是人道的具体体现。在所有人道的各种规定中,最突出的基本观念就是,人要在把握好自然的基础上要更好地把握好自己,使自己成长为人,而不是非人。简单地说,要在顺应天之道的基础上行人之道。这就是人文,也就是最重要的文化。正如《易经》所说:"文明以止,人文也。"从经济与文化的关系上来说,经济的结果就是物质文明,但知道经济发展的限度,这才是真正的人道。这既是文化的基本含义,也是对未来文化发展方向的规定。当然,人文和文化的基本含义还不仅限于此。一句话,那些使人成为人而不是非人、使人体验到自己是人而不是动物的一切观念,才是真正的文化,也是人类化的关键和核心。由此来看,中国文化之所以绵延不断的重要原因正在于,中国人懂得"限度"、懂得"知止",而其他文化之所以灭绝、特别是西方现代文化面临危机,根本就在于他们不懂得"限度"、不懂得"知止",一味往前冲,以至于利用脱缰野马般的科技与经济,把地球开发到毁灭的边缘。

从中层结构来看,文化就是规塑人类行为并使人成为人的规则体系,既包括规范和形塑个体人类行为的道德、素养、修养等,也包括规范和形塑人类个体关系、人类群体关系的伦理、典章、制度、法律,以及规范和形塑民族关系、国家关系以至走向人类共同体的理念、理想、国际惯例等。中层结构是文化的外显部分,是深层结构中人道的衍生产物。这也属于人类文化,更是人类化过程中具有一定强制性的重要结构。否则,人类就是一团散沙。

从表层结构来看,文化就是实现使人成为人的产品和服务体系,包括一切体现人道和促进人类化观念的所有产品和服务。其中,既包括公共文化产品及其体系,如政府提供的公共艺术、娱乐、休闲文化产品,也包括私人文化产品或者市场文化商品及其产业体系。同时,既包括公共文化服务及其体系,也包括市场文化服务及其产业体系。从终极意义上说,文化虽然主要是观念形态的,但文化的发展一刻也离不开载体。因此,文化必须产品化、服务化和行为化。否则,脱离载体,文化无以演化发展。简言之,从表层结构来说,文化发展遵循的逻辑是内容为王,载体为后。

当然,文化虽然在根本上主要指观念,但文化最终要贯穿在人类社会实践和人们的日常生产生活中,这实际上就是行为文化或者实践形态的文化。综合以上来看,我们也可以把文化分为观念文化、制度文化、产品和服务文化以及行为文化这四个类别。

总之,文化既不仅仅是少数文化界人士的偏狭爱好或者技能,也不仅仅是一般科学知识,更不是人们劳作或者茶余饭后的消遣娱乐,而是那些使人成为人、使低层次人向高层次人生成的人道引领性观念体系、协调人与人关系的规则体系及其相关产品和服务体系,从思维方式来说,统领这一过程的则是哲学观念及其演化。

(二) 重新审视老龄社会条件下的文化

目前,我们正在经历的人类社会的历史性转变是多维的,但和经济转变、社会转变和文化转变相比,人类主体结构的转变即从年轻社会向老龄社会的转变影响更为深远。从本质上来看,这些转变是合一的,也是同步生成关系。换言之,它们都是人的转变也就是中产阶级崛起在经济和社会形态上的具体表现。从某种意义上说,中产阶级的崛起是现代化的最大成果之一,也是未来人类经济、社会和文化长远演化的重要源头。道理十分简单,吃饱喝足的物质经济显然已经难以满足中产阶级的需要,他们追求更高层次的生活才是现当代和未来经济的新方向。从某种意义上说,老龄社会在本质上就是中产阶级社会。在人类经济发展和科技进步特别是医疗事业的快速发展过程中,如果没有中产阶级的崛起,家庭、婚姻、生育观念以及生活方式就不会发生变化,人们普遍减少生育和寿命普遍大幅延长就不可能,老龄社会的到来就会延迟。当然,中国的情况比较特殊,成功实施计划生育政策是中国老龄社会提前到来的原因,但长期来看,中国老龄社会持续发展的背后有中产阶级不断崛起的这个巨大支撑。所以,中产阶级的崛起是理解现代化、理解人类社会、理解当前人类历史转向,以及理解人类社会形态从年轻社会转向老龄社会的一把钥匙。

从总体发展趋势来看,人类已经不可能再回到年轻社会,或者说,如果再度回到年轻人多、老年人少的年轻社会,这不仅不可能,而且如果可能,那将是一场真正的人类悲剧,这将意味着我们大家都活不太长。实际上,人类迈上更高位阶的新的老龄社会的趋势不可逆转。有关未来人类社会的一切,都必须从这一新的重大变迁中重新审视。本章的重点是老龄社会条件下的人类文化问题。那么,如何从老龄社会的角度重新审视人类文化,这是事关未来人类发展引领的重大课题,也是未来推动老龄社会走出一条高于年轻社会的发展道路的关键。

老龄社会高于年轻社会的重要特征之一,就是人们在具备物质经济基础之上,终于有条件可以追求更高层次的精神满足,这一重大转变对人类发展的影响是根本性的。一方面,继续沿袭年轻社会的发展理念、发展方式会遇到越来越大的转型压力,需要根据人们的新需求特别是中产阶级新的需求结构转变作出重大战略调整;另一方面,精神满足在某种意义上主要是引力,但这种引力所指向的新的空间亟待挖掘开发。在压力和引力这两方面的共同推动下,人类社会将日益抛离年轻社会,并构建起新的老龄社会。因此,我们需要重新审视老龄社会重大变迁过程中的文化,其核心是精神生活需求的满足。

(三) 老龄社会的新文化是什么

老龄社会是高于年轻社会的新的社会形态,其中,老龄社会的新文化也就是老龄文化,这是理解老龄社会的重要维度。那么,老龄文化是什么? 它和年轻社会的文化有何不同? 这是需要进一步深入探究的问题。

为了弄清老龄文化的含义,首先必须回答年轻社会的文化是什么的问题。从静态来说,文化是观念、制度、产品和服务三个层次;但从动态来看,文化又是一个贯穿人类历史始终的演化过程。如果按人口年龄结构来分,也可以划分为青年型社会的文化、成年型社会的文化和老年型社会的文化。由于成年型社会的历史十分短暂,甚至不能独立成为一个完整的社会形态,我们把它和青年型社会统称为年轻社会,而把老年型社会称为老龄社会。从历史发展来看,年轻社会的文化按生产方式划分,经历了原始文化、采集狩猎文化、工业文化直到今天的现代文化几个阶段和类型。从文化演进视角来看,文化发展的这几个阶段和类型是一个从简单到复杂、从低级到高级的演化过程。它们的演进关系表现为:一方面,复杂高级文化不是对简单低级文化的否定,而是版本升级。例如,"团结"这一重要文化观念包含在早期文化演化的各阶段、各类型中,我们不能说工业文化中的团结观念是对原始文化中团结观念的否定,而是团结观念的具体方式、制度框架等由于需要在新的社会历史条件下作出适应性的创新,表现为从简单低级到复杂高级的演进性。这是人类文化演化呈现创新性的重要逻辑。否则,人类进步特别是文化进步就难以理解。

另一方面,文化发展具有积累性,从复杂高级阶段的文化观念中,依然可以找到简单低级阶段的影子或雏形。例如现代社会善的观念的种子,在人类社会的早期阶段就存在了。尽管现代社会关于善的观念有诸多新的含义,但原初的基本含义并没有根本改变。这是人类文化演化呈现积累性的重要逻辑,也是确保人类文化延续性的根由。否则,人类文化就会成为非人类文化。以上两个方面是人类文化演化的双重逻辑。实际上,老龄文化也是年轻社会的文化的升级。两者的关系同样符合上述逻辑。

相对于老龄社会的文化或者简称为老龄文化来说,年轻社会的文化具有五个特点:一是迫于生存生计压力。年轻社会的主题是解决生存温饱问题,一切文化从源头到演进的各个环节都能找到解决人类生存生计问题的痕迹。例如高雅的传统舞蹈艺术,从起源上看,其动作、节奏和韵律往往与采集狩猎以及农业劳作紧密相关。现代芭蕾舞则是典型的标准化工业时代的产物。二是雅俗两分。年轻社会条件下,只有少数人专门从事职业化的文化事务,经过历史积淀逐渐形成所谓少数人为主的精英文化,也就是所谓雅文化。但是,普通大众虽迫于生存生计的压力无法专门从事文化事务,但他们作为高于动物的人,在劳作闲暇之余也从事各种歌舞文化活动,形成广泛参与的民间大众文化,也就是所谓俗文化。实际上精英文化和大众文化的这种两分状态一直伴随人类历史的始终。在人类早期社会,精英就是那些巫师,到后来的宫廷文化从业者以至今天那些文化事务的职业从业者,而民间大众文化也延续至今。本质上来说,雅俗两分的文化发展模式并非高下贵贱之分,而是年轻社会物质生产生活资料匮乏和贫富悬殊的产物。这是文化发展在年轻社会条件下的必然逻辑,但绝非未来的发展方向。事实上,历史过程中雅俗文化互动发展也是年轻社会的文化演进的一个重要基点。三是大众文化发展遇到各种约束。年轻社会条件下,虽然民间大众文化活动广泛存在,但大众文化向高层次发展受到物质生产生活资料稀缺的深刻制约,特别是由于教育水平落后,加上地理隔绝和信息难以互通,促进文化纵深发展的交流活动受限,大众民间文化只能流于地方化传统礼仪、传统艺术等的缓慢演化。四是文化指向的重点在人之外。年轻社会条件下,物质生产生活资料的生产能力低下,一直是困扰人类发展的重要原因,这就决定了人类的文化指向重点只能在外部世界。虽然文化的根本之一就是人类对自我的认识,但对外部世界的探索挤占了人类思索、建构和提升自己的时间、空间和精力。作为文化顶层的精英们,虽然一直也在思索人类自身的问题,但对大众来说,无力无暇思索自己则是历史常态。简单来说,年轻社会的文化主要是人类看待外部世界的文化,这是年轻社会条件下人类文化演化的突出特征。五是短寿时代活命文化突出而意义文化淡漠。年轻社会条件下,由于人类寿命普遍短暂,人们在文化领域的探索主要是如何活得更长,而常态是长寿生命的希望渺茫。从原始社会平均预期寿命 20 岁左右,到工业革命初中期才达到 40 岁左右。因此,如何能"活下来",而且如何能"活得长"一些,这是年轻社会条件下人类文化观念的重要主题。至于生命的意义这个真正的人类文化主题,绝非绝大多数人的问题,只有那些活得长寿并且具备物质条件的人才能触及。简单来说,年轻社会条件下,在物质稀缺条件和寿命短暂的情况下,需要绝大多数人卷入参与的真正的人类文化主题,也就是人类生命意义的大众化文化探索实践,还没有真正破题。总之,年轻社会的文化是人类迈入老龄社会发展更高层次文化的条件和根基。

由此来看,老龄文化绝非是在年轻社会的文化根基和框架之上,再加上一个老龄文化或者老年亚文化的新板块,也不是简单地在人类历史以来形成的总文化成果基础上,再增加一个老龄社会的新视角,或者再增加一个全生命历程(全龄)的新视角,或者再增加一个老年人的新视角。从年轻社会转向不可逆转的老龄社会历史趋势来说,人类文化发展面临新的重大历史转变,不是要在文化领域重启炉灶,而是要在以往人类文化成果基础上实现向高层次升级,建构适应老龄社会要求的新文化及其体系,以便从文化上引领老龄社会的健康永续发展。

那么,什么是老龄社会的文化,或者什么是老龄文化。简单来说,老龄文化就是老龄社会条件下的新文化及其体系。主要有六个特征:

第一,以"天人合一"框架下的人本主义观念为旨归。从万事万物混融一体的原始宗教观念发展到强调道德和艺术观念,再到工业革命以来科学观念形成人定胜天的人类文化观念总逻辑,经历原始经济、采集狩猎经济、农业经济、工业经济一直到今天,人类发展面临气候、环境、核战争等诸多发展困境,根本就在于年轻社会条件下人类没有从文化观念上处理好人与自然的关系。进入老龄社会以后,人类在生产能力得到极大提升和自身寿命普遍延长的条件下,需要重新从文化观念上作出高远安排,最重要的就是要处理好人与自然的关系:一是坚持天人合一的观念,扬弃人定胜天的观念,花大力气恢复自然,修正农业革命和工业革命给自然造成的极大危害,做到人与自然的和谐相处。二是树立人本主义文化观念,更加关注人自身的发展。扬弃以往文化指向重点向外的文化观念,在探索外部世界发展规律的基础上,更加关注人类自身发展的逻辑,彻底扭转重视向外发展而对人类自身发展关注不够造成文化失衡发展的格局,真正做到认识改造外部世界和自身世界的同步平衡。三是以人本主义精神引领和限定科学技术运用。科学技术是人类最重要的文化观念的产物之一,在以往年轻社会条件下,科学技术在取得重大成就的同时,也给人类带来许多现实和潜在灾难,背后的原因在于缺乏人本主义观念的限定。具体来说,科学技术发展的阈限在于人本主义的引领和控制。只要对绝大多数人不利，再先进的科学技术也要在运用上框死，努力做到人本主义逻辑控制科学技术的运用逻辑，而不能放任科学外衣下按照技术自身逻辑远离人本主义逻辑的轨道，当然制度和操作层面更为重要，但首先要给科学技术套上人本主义文化的笼子，彻底扭转科学技术至上主义的发展态势。这是老龄社会条件下建构新的老龄文化最难但也是最紧迫的任务问题之一。

　　第二，以解决人类种内斗争问题为核心的人类命运共同体意识。年轻社会条件下人类意识一直存在两大趋势：一个是从原始社会条件下人与人小范围协作和大范围广泛隔绝，发展到今天种内斗争愈演愈烈，形式方法不断升级翻新，其背后的原因主要是物质利益观念的扭曲，但也是人与人关系以民族、国家划分人类的文化观念问题。一句话，自有人类历史以来，人类从不同部落斗争进而演化为阶级斗争、阶层斗争以至民族斗争、国家斗争的总脉络表明，人类作为部分归属的家庭意识、组织意识、地区意识、民族意识、国家意识，远远强大于人类作为人类的类归属意识。这是当前和今后人类面临诸多矛盾问题的文化观念上的重要原因。另一个是从原始社会条件下人与人小范围协作和大范围广泛隔绝，发展到今天的种内合作不断密切，方式方法和范围也在不断升级翻新，其背后的原因主要是人类高于动物界的人类集团意识，最突出的就是人类大同的观念，虽然这一观念微弱但一直延续不辍。我们可以从历史大尺度来看，虽然存在着家庭、组织、地区、民族、国家的界分，但历史上的类意识观念也是清晰可辨的。而且，家庭、组织、地区、民族、国家之间的合作协作意识也呈现越走越强的发展态势。此外，工业革命以至全球化的正面成果之一，就是地球意识的凸显。可以说，迄今为止，超越上述部分归属意识而上升为类意识的人类共识就是自然环境意识，即"我们共有一个地球"的意识，而且，人类命运共同体的意识和观念现在正在全球范围内广泛形成。这是人类作为人类建构类意识的基本前提。但是，挡在人类建构类意识或者建构人类命运共同体文化观念的最大障碍，则是资本主义和社会主义的走向意识的重大分歧，也就是人类发展走向意识的重大分歧。我们当然坚持的是社会主义走向，但还有许多国家集团和我们不同，坚持资本主义的发展方向，这个方向的确是一条不归路。人类历史上罕见的堪比欧洲黑死病的"新冠肺炎疫情"的全球大流行,对此已经给出方向性答案。当然,人类建构类意识或者建构人类命运共同体文化观念还需要找到新的基点。实际上,无论走向社会主义还是许多国家坚持的资本主义,这还需要新的重大人类实践来回答。但走向老龄社会这是未来所有国家和全人类的共同归宿。这也是未来人类建构类意识和推动人类命运共同体文化观念的新的长远的发展基点。如何应对这一共同命运,我们如何解决种内斗争,促进种内合作交流与协作,这是一个可以推动人类携手发展的新方向,也是未来人类进步事业的新基点。

第三,在物质适度充裕基础上追求生存价值和生命意义的观念。如果说年轻社会条件下大多数人没有条件追求生存价值和生命意义,那么,这的确可以说有些简单粗暴,但基本上也是客观事实。困顿于生存生计加上寿命短暂,大众终其一生要追求生存价值和生命意义,这无疑是十分奢侈的。所以,季羡林先生说,大多数人的人生是没有意义的,说的就是这个意思。如果说有意义的话,那就是种的延续。迈过年轻社会,进入老龄社会,这是人类社会发展的重大历史转变,我们就需要从文化之根的观念上重新设计和界定。一方面,我们需要深刻长远地树立物质适度充裕的观念。在物质上强调多多益善,这是自古以来人类贪婪的优雅表达,深层是低阶的动物性需求。这始终是人类前进道路上也就是人类化上的一个恒存门槛。现在,作为全球人口老龄化水平最高的日本老龄社会,被人们喻为低欲望社会,似乎老龄社会就是低欲望社会。这是物欲视角看待日本老龄社会的偏误判断。日本的老龄社会十分复杂,需要专门研究。此外,日本也不是未来理想老龄社会的范例。不过,日本老龄社会发展历史虽然短暂,但引发人们普遍降低物质欲望的现象出现,这是史无前例的。实际上,从人类来说,物质是有限的,但欲望是无限的,大众如何处理物质欲望问题,这一直是人类历史以来的永恒课题,未来也要面对。我们过去的历史教训就是,人类没有机会、更没有条件在大众中树立真正的物质适度充裕观念。现在,迈入老龄社会的国家普遍面临生产能力过剩和消费动能乏力的经济病症,当然原因是复杂的,其中一个重要的契机在于,人类需要在物质财富追求上设置文化观念的限度,从而为进一步向高层次人类化演进准备条件。另一方面,树立生存价值和生命意义的意识。现在以至看不到头的未来,人人活得长寿是铁定的发展格局,和寿命短暂的年轻社会不同,大众人人都有条件有资格也有责任去思考自身生命的价值和意义问题。这是老龄社会的一个普遍性、大众性的文化课题。物质条件还不充裕的还要继续奋斗,但奋斗要有一个限度设定。不过,在设置一定物质限度之后,在此之上,我们究竟还想要什么? 应当要什么? 特别是迈过年轻期,到了漫长的老年期,生活应当如何度过? 回想年轻社会,特别是早期年轻社会,让大众去思考这些问题,本质上无异于痴人说梦! 我们不能不感叹我们时代的伟大,但伟大的时代也有伟大的困境和问题。

第四,树立向高层次演进的大众人类化的观念。年轻社会少数富人有钱了就堕落,发达国家中产阶级崛起,但又引发自杀、抑郁、精神分裂、社会焦虑等一系列社会问题。从某种意义上说,这些都是人类化过程中的深刻教训。实际上这是人类化观念的缺失。迈入老龄社会以后,从长远来说,就是要在大众中树立人类化意识。一是确立控制动物性需求的文化观念。人类区别于动物的第一条法则就是不能像动物那样,想干什么就干什么,走到哪吃到哪拉到哪。这似乎是老生常谈。但现实却是,我们的身体已经迈入更高级的老龄社会,但我们的精神却拖弋在年轻社会的诸种陈旧观念之中,如甘于做物质欲望的奴仆,这是人的非人化和动物化,也就是动物化生存。由此来看,我们要真正适应老龄社会,尚需经历漫长的历史。二是物质适度充裕之后,特别是中产阶级大幅崛起之后,应当追求新的发展领域和空间。简单来说,无非两个方面:一个是在人与人关系上如何才能远离种内斗争,在竞合关系下发展和谐的人类关系;另一个就是追求道德、艺术和科学。和追求物质财富有限度且无深度(钱穆语)不同,这些领域是没有天花板的,而且不像追求物质财富那样容易引起空虚无聊,追求道德、艺术和科学还充满意趣,这也许正是古往今来许多大师梦寐以求的大众生活。

第五,各类文化互动共融发展。文化雅俗两分实际上是年轻社会短缺经济条件下的无奈。但如前所述,历史上雅俗文化互动发展的现象也一直存在。例如民间音乐常常成为庙堂雅音,而庙堂之音也常常飞入寻常百姓家。但总体来看,以往文化的雅俗界限分明,俨然存在一条深刻宽阔的鸿沟。文化人往往看低下里巴人,雅文化难得流入民间;而大众也常常讽刺达官贵人附庸风雅的无病呻吟,大众文化难能有条件登大雅之堂。面对未来常态化的老龄社会,人类文化发展的走向目前正在出现新的动态。这就是雅俗文化的界限开始模糊,在信息化、数字化和智能化的推动下,特别是在经济条件大幅改善的情况下,各类文化互动共融发展的未来脉络十分清晰。不过,现在的问题是,文化是人的文化,科技、信息、数字和智能只不过是文化发展的手段。但十分遗憾的是,我们看到,手段常常成为主体,文化发展中的科技味、信息味、数字味和智能味在强化,而最重要的人味却在淡化。总的忧患是难以生产真正沁人心脾、打动人心的文化产品,依托科技、信息、数字和智能的文化发展似乎已经开始登上高原,但文化繁荣的高峰却似乎越来越远。这是未来老龄社会的一个深刻的文化课题。我们更熟悉年轻社会及其固化影响,对老龄社会还缺乏久远的经验和积累,我们还需要仰之弥高,在追求文化大众化基础上努力追求文化的高级化,即人化或者人类化。

第六,传承创新发展亘古以来年轻社会的一切优秀文化。一方面,我们需要保存和传承年轻社会的一切优秀文化。文化的一个突出特征是承传性。老龄社会再高级,也离不开年轻社会的文化根基。这是未来一切文化创新的来源。另一方面,文化的另一个突出特征就是创新性。比如达·芬奇的蒙娜丽莎再美,再复制一张就不是艺术。长城是文化奇观,我们再造一座长城,这就不是文化。老龄社会还需要老龄社会的文化,从观念、制度、产品和服务以及文化行为、文化实践上都需要推陈出新,这才是未来老龄社会发展文化的巨大空间。

把握以上老龄文化的特征,撇开制度、产品和服务以及实践行为等层面,从观念形态说,老龄文化主要分为三个层次:第一个层次即宏观层面,老龄文化主要是指相对于年轻社会人们对更高位阶的老龄社会的价值判断以及引领老龄社会持续发展的价值体系,包括老龄社会观、老龄社会的价值观、理想老龄社会的观念等。第二个层次即中观层面,老龄文化主要指对人类个体全生命的价值判断以及引领个体全生命生存发展的价值体系。第三个层次即微观层面,老龄文化主要指对人类个体生命老年期的价值判断以及引领个体生命老年期生存发展的价值体系。

(四) 发展老龄文化需要事业产业双轮驱动

老龄文化涵盖方方面面,但主要分为两大组成部分,一个是老龄文化事业,另一个是老龄文化产业。理解这两大部分的关系,是我们理解和把握老龄文化发展的前提。第一,老龄文化事业就是政府使用税收建构的老龄文化共公产品和公共服务的供给体系。政府在发展老龄文化事业上的职能主要包括:制定实施发展规划,建设老龄文化管理和服务体系,建设老龄文化公共设施,购买文化设备、产品和服务,培养老龄文化事业产业人才,制定老龄文化事业和产业相关细分行业标准,监督管理老龄文化产业市场等。但政府除主要提供以上中间产品和中间服务外,老龄文化事业的终端产品和服务是由政府从市场购买的。老龄文化产业则是由市场提供的老龄文化私人产品和私人服务的总和,其中一部分经由政府购买用于个人和公众,成为公共文化产品和服务。第二,从产业革命发展历史来看,产业发展的基本前提就是良好的事业发展。老龄文化产业的大发展大繁荣同样需要强大老龄文化事业的保障,但老龄文化事业的发展不能替代老龄文化产业的发展。第三,老龄文化事业主要是满足人们基本老龄文化产品和服务的需要,而老龄文化产业主要是满足人们更高层次的老龄文化产品和服务。总之,老龄文化事业和老龄文化产业两者相互补充、并行不悖,共同形成适应和引领老龄社会发展的文化体系。

从服务对象来说,老龄文化事业面向的是全体居民,而老龄文化产业面向的是有更高需求的消费者。不过,需要强调的是,无论老龄文化事业还是老龄文化产业,其享有者或者消费者绝非仅限于老年人,否则就成为老年文化事业和老年文化产业。从当前来看,现有文化事业和产业基本上是年轻社会的产物。长远来看,迈入老龄社会,一切文化事业和产业都需要面向人的全生命连续性文化需求作出战略性调整。从理论上来说,人的文化需求是分阶段的,不同人生阶段人的文化需求都有其特殊性,相应地便产生我们在现实中看到的婴幼儿文化、少年文化、青年文化、成壮年文化、老年文化这些亚文化。但人的文化需求又有深刻的连续性、积累性和成长性,形成终生深厚的文化需求偏好。例如,倒过来看,人生老年期的文化需求虽然不同于前老年期各阶段的特殊要求偏好,但却对前老年期各阶段文化需求的养成具有深刻的依赖性。年轻时喜欢弹钢琴到老也不会丢。老年之后的新爱好可能早已潜藏于年轻时的匮乏和无暇。所以,有人说老年人是一座图书馆,他的认知、经历、艰辛和欢乐来源于早年。不过,面对老年人,我们只看到他的今天,常常忘记了他们的过去。实际上,了解老年人的本质在于了解他的人生经历,就知道他曾经得到过什么,失去过什么,什么才是他最想要的。一句话,从全生命来说,掌握老龄文化,绝非简单了解老年人的现在,而是要连续起来,看到他的过往。了解今天的年轻人,我们也可以预知他未来老年后的渴望。换言之,我们要撇开年轻社会把全生命历程割裂开来的观念,也就是不能把人的文化发展当成铁路各管一段,仅仅抓住生命不同阶段各自文化需求的特殊性分裂发展亚文化,而是要面向老龄社会,从全生命历程的连续性来理解人的文化需求及其终生变迁,通过事业和产业双轮驱动,建设高于年轻社会、覆盖人的全生命过程的新的老龄文化。

那么,现在的问题是,使人成为人的文化能否当作经济来运作? 文化能不能产业化? 回答这一问题,不能仅仅靠理论论证,而必须回到现实中来寻找答案。

我们都知道,一部《西游记》在各种媒体中播放的次数无以统计,收看的人数更是天文数字,还有数量庞大的海外受众。过去,《西游记》小说只限于少数人的小圈子。即便到了电视普及以前,它的发行量和阅读量也相当有限。但是,自电视普及以后,《西游记》等经典作品可谓人人皆知。互联网和智能手机时代,欣赏这些文化名著名作更是唾手可得。我们也可以退一步思考,我们连自己民族的文化经典都不知道,如何谈文化? 更遑论文化复兴! 反观国际社会特别是发达国家,经典名作在文化产业化的推动下,不仅真正做到广为流传,而且成为高层次的经济支柱。可见,文化的产业化不仅可行,而且前景看好。因此,现在的问题不在于文化要不要产业化的问题,而在于要以什么样的产业化手段来发展文化产业。这是实践对文化产业或者文化经济作出的方向性指引。

那么,从理论上来说,目前发达国家发展文化产业的关键问题在于三个方面:第一,少数人站位。运用产业化手段发展文化产业本身无可厚非,关键在于发展文化产业的站位。发达国家发展文化产业的站位是少数人。虽然从客观上也带来大多数人文化素养等的提高,但其发展文化产业的主观站位是满足少数人利益为第一性的宗旨。这是许多东西方大思想家反对文化产业化的重要理由。第二,超额利润和垄断。文化作为产业不可能没有利润,否则就会破产。因此,文化产业化的可持续性在于利润的可持续性。但是,发达国家发展文化产业的根本是追求超额利润,其手段是文化的资本主义化甚至金融化,其后果就是追求超额利润成为文化产业发展的第一诉求,以至艺术、科学、道德乃至宗教等文化发展完全听命于资本。更可怕的是文化产业最终会走向垄断,这不仅会使文化铜臭化,而且使推动人类全面自由发展为使命的文化完全陷入金钱控制的恶性循环。第三,文化走向反面。文化的重要作用就是引领人类超越动物需求迈向更高层次的诉求。但资本主义化的文化产业及其发展方式,不仅强化了人的动物性,而且使人类超越动物需求迈向追求更高层次的文化发展设下难以逾越的屏障,从而使文化走向反面,文化堕落成为人类追求金钱利益的新领域、新手段和新方式。这是发达国家文化产业横遭诟病的重要原因。因此,我们面临的问题不是因噎废食,彻底否定文化产业化的可能性,而是扬弃其资本主义化的站位和方式。按社会主义也就是大多数人的要求,披荆斩棘,走出一条新的文化产业化道路。

文化产业的资本主义化是一条不归路,不仅是人类发展文化产业的失败经验,也是我们发展文化产业的反面借鉴。实际上,社会主义文化是最有前途的文化,统领社会主义文化的核心价值观之根就是人民性和大多数人站位,这是真正的人类化。文化产业如果坚持人民站位,按照供需利益合宜、利润合宜、超额利润为大多数人所用的原则,融断垄断机制,推动人类在适度追求物质利益并超越动物性需求,进而追求更高层次的自由发展,这才是未来发展文化产业的通途。

如果说人们满足物质需求的经济是基本经济的话,那么满足文化需求的经济才是高层经济,才是经济摆脱物质利益循环走向更高境界的根本方向。物质经济是第一性的,它决定人类发展的存续性;以文化产业为核心的精神经济虽然是第二性的,但它决定人类发展的向上性,也是人类经济的新希望。否则,在有限物质财富的种内斗争的狭小圈子,人类发展只能是动物化的生生不息,而不是人类化的欣欣向上。

(五) 发展老龄文化意义重大

立足中国,放眼全球,发展中国特色的老龄文化事业和产业意义重大。

第一,关系文化安全与合作。在短缺经济条件下,人类发展主要靠技术、金融、军事等硬实力;但在经济相对过剩条件下,转换方式继续发展硬实力不容否定,但文化软实力的引领作用更加重要。在全球异步同趋迈入老龄社会的背景下,人类主体结构的老龄化是有史以来最重大的人类文化现象。不仅文化主体结构自身正在深刻巨变,而且人类文化需求结构和方向也面临全面变革。如何发展适应老龄社会的新文化既是难题,更是挑战。单单从大规模普遍长寿的角度来说,人类尚没有从文化上拥有充分的历史经验。从苏格拉底到韦伯,从孔夫子到孙中山,人类现有文化都是年轻社会的理念,人类面临老龄社会的新文化应当是什么样子,我们从历史中难以找到画像或模板。从全球范围来看,发展适应老龄社会的新文化将是未来人类文化国际竞争和广泛合作的主战场。在此背景下,作为几千年来人类传统文化唯一延续至今的中国,发展自身特色的老龄文化事业和产业绝非仅仅是国内事务,既要面临其他国家特别是发达国家的文化竞争,更要为人类文化合作提供新的引领。

第二,事关社会主义制度优越性。中国是世界性人口大国,也是面临老龄社会挑战最严峻的国家之一,能否从文化上成功应对老龄社会的挑战,这是对社会主义核心价值体系和社会主义制度的严峻考验。目前,资本主义应对老龄社会的历史不长,但成功应对的经验乏善可陈。"新冠肺炎疫情"全球暴发过程中出现放弃老年人的做法,直接把人类社会拉回到了弃老杀老的原始社会,甚至西方有媒体调侃"新冠肺炎疫情"有缓解人口老龄化作用的文化倒退言论。相比而言,中国拥有深厚的人文传统,又是实行社会主义制度的国家。如何应对老龄社会的挑战拥有不可多得的文化优势,"新冠肺炎疫情"便是成功的验证。但是,中国刚刚步入老龄社会,我们应对的历史还比较短暂,相应的问题还没有充分暴露,在这种情况下,发展好老龄文化事业和产业,为成功应对老龄社会提供文化引领,这就不仅仅是我们的重要工作和任务,而是关系社会主义制度优越性的顶层关切。

第三,攸关文化强国战略的成功实施。对于中国来说,老龄社会已经来临,年轻社会已成过往。我们是文化大国,但还不是文化强国。更重要的是,未来老龄社会条件下文化强国战略实施的根本,就是要创造性地适应文化主体结构老龄化及其文化需求结构的深刻巨变和人人全生命文化需求的连续性发展要求。人类文化发展离不开漫长年轻社会的文化原点、文化传统和文化历史,但人类文化的本质要求是创造创新,没有适应老龄社会的文化创造创新,单单靠年轻社会的文化底蕴是远远不够的。在这种情况下,吸收借鉴已有的人类年轻社会的优秀文化,建构适应老龄社会的新文化,这是推进中国文化事业产业发展、落实文化强国战略的重要主攻方向。

第四,关涉人类发展模式。按照演化论来看,自然界自身演化非常缓慢。但自有史以来特别是农业革命、工业革命以来,人类发展却呈现加速发展态势,主要体现在人与自然互动上,也就是所谓改造外部世界上,其结果是我们人类的物质生活得到长足改善,人口平均预期寿命大幅延长。不过,自然也反过来"狠狠"地惩罚了人类,我们的寿命虽然延长了,但各种疾病以至"新冠肺炎疫情"的全球大流行也找上门来。这说明人类在年轻社会取得成就即迎来老龄社会的同时,也面临转变发展观、重塑发展模式、重建发展制度的挑战。简言之,年轻社会条件下一味追求物质层面的加速发展观念和模式,难以持续支撑老龄社会的长远持久运行,必须从老龄社会所要求的新文化上也就是老龄文化上进行新的战略性重建,以便找到新的人类发展模式,并创造人类文明新形态。

第五,关乎人类生活品质。年轻社会条件下,人类用了无数万年的时间和精力,不仅爬上食物链的顶层,而且解决了温饱问题,人类寿命得到普遍延长,这是年轻社会的辉煌功绩。但是,人类作为万物之灵不能满足于动物化生存,必须超越动物性需求,来追求大多数人的生活层次问题,即解决人类化高层次需求的满足问题,也就是要解决绝大多数人物质生活殷实基础上的精神需求和服务需求问题,这是老龄社会条件下人们活得更长条件下的新的重大经济和文化问题。物质生活的提高需要文化引领,服务生活的提高更需要文化引领,至于精神生活更需要新的文化引领。这些问题都有待老龄文化的发展来得到解决。有一点可以肯定的是,历史上或者年轻社会条件下的所有优秀文化成果,都是我们在老龄社会条件下谋求更高层次生活品质的基础,但这些基础还不是老龄社会的新文化本身。这就需要我们作出高于以往全部人类成就的文化努力。如何能让实现长寿化的绝大多数人在老龄社会条件下活得更好,最重要的是我们首先要弄清,究竟我们需要建构什么样的不同于前人的新的老龄文化。

第六,牵动人类命运与共。迈入老龄社会、实现普遍长寿化生存,这是未来人类社会发展的共同命运。在这一人类共同趋势下,仅仅靠物质层面的协调难以解决围绕物质利益的人类种内斗争问题。从全球范围来看,人类种内斗争问题对外是引发国际冲突的根源,对内是贫富悬殊问题的根源。无论是国际冲突(曾经是部落间斗争、民族间的斗争),还是贫富悬殊,都给人类发展带来巨大痛苦和灾难,都是人类种内斗争的产物。可以说,种内斗争一直是年轻社会条件下人类发展的最大梦魇。但也给我们带来新的希望。这就是,随着发展进程的加快,特别是经济信息全球化导致的"地球村"效应,种内斗争导致许多问题,诸如气候问题、环境问题、贫困问题,倒逼人类种内加强协作的国际共识日益凸显。当然,仅仅通过文化难以解决人类种内斗争问题,但在人类共同迈进老龄社会的共同趋势下,探索一种有利于解决种内斗争问题的新文化无疑是人类努力的新方向。值得关注的是,未来国际竞争乃至国际冲突的新的重要格局是:老龄社会的国家集团与年轻社会的国家集团之间的竞争将日趋激烈。如何解决这一问题,这也是建构人类命运与共的老龄文化的重大主题。

三、中国文化是人类应对老龄社会的宝贵资源

中国是文化大国,传统文化绵延不辍。不过,中国文化产业或者工业化的文化产业虽然成就斐然,但还不发达,中国目前只能算作文化产业大国,还算不上文化产业强国,不仅文化产业的经济贡献率不高,而且中国文化产业的国际影响力和对人类未来文化产业发展的引领力还远远不够。之所以如此,主要原因在于中国长期处于农业社会,基于血缘关系的传统文化重在形塑人们的人性品格,调整人们的行为方式。在这一传统文化延续发展中,不仅不能"利"字当头,而且文化的经济化恰恰是逆中国文化逻辑而动。进一步深究,中国传统文化分为精英文化即士大夫文化和老百姓的大众文化。中国的士大夫文化实际上仅限于狭小圈子,儒家统领的儒释道三维文化相互融合,而遍及千家万户的文化则是儒家孝道文化。但与西方贵族文化与平民文化不同,中国人从大众文化走向精英文化的通道自隋唐以后始终开启。即便是穷书生只要勤奋学习,照样可以"朝为田舍郎,暮登天子堂"。这说明,中国文化的重心在于政治仕途,而与经济产业发展相去甚远。虽然中国发明了印刷术,但中国文化没有走上产业化道路。当然,这背后的问题是中国与工业化无缘,文化的产业化更是南辕北辙。英国学者李约瑟终其一生就是要回答,中国为什么没有走向工商文明这一问题。其实,中国文化没有走上产业化的原因也是如出一辙。但是,自从新中国成立以来特别是改革开放以来以至今天,中国不仅在

现代化上取得发达国家几百年才取得的经济成就,文化产业发展也取得了长足的进步。目前,中国不仅认识到文化产业化的重要性,更把文化产业作为文化强国的国家战略的重要组成部分,中国走文化产业化的道路成为必然选择。

面向未来人类最久远的客观趋势之一,就是迈向不可逆转的老龄社会和长寿时代,在此背景下如何发展文化产业,中国面临和其他国家共同的文化难题,比如什么是适应老龄社会的文化及其产业?长寿时代的文化产业体系框架是什么?发展文化产业的时代性机制是什么?具体的逻辑进路是什么?未来的方向是什么?等等。但是,中国拥有独特的文化和政治优势,例如中国实行社会主义制度,文化产业化的发展站位是满足绝大多数人的文化需求,而不是追求利润的最大化。中国拥有几千年延续不断的优秀文化资源,尤其是中国文化中"天人合一""和而不同""各美其美、美美与共""过犹不及""文明以止"等理念不可多得。中国已经迈上征程,全面建设社会主义现代化强国,大众追求文化发展的潜能巨大,等等。这些都是中国应对老龄社会的文化根基,也是人类应对老龄社会的重大引领性文化资源。

费孝通先生晚年非常关心人类艺术研究。他认为:"我们现在讲科教兴国,但我们的下一代人,可能要迎来一个文艺的高潮,到那时可能要文艺兴国了,要再来一次文艺复兴。"的确,欧洲文艺复兴关注的是人,但欧洲人文主义的复兴最终却落在了人的世俗物质需求的满足上了,从而引发工业革命,推动资产阶级崛起,引领资本主义席卷全球,以至资本主义化的文化产业化,文化成为赚取最大利润的工具,这是文化产业化的一条绝路。

梁漱溟先生高度评价中国传统文化,认为中国文化是早熟文化,即在开发自然的物质文明还没有发达起来之前,就超越式地关注人自身、关切人的精神文化。换言之,梁漱溟先生的潜台词是:人类文化的逻辑应当是先物质文明后精神文明,而中国文化拿出来太早。现在西方追求物质文明已走到尽头,需要回过头来关注人自身的发展,关注人的精神世界,也就是费孝通先生讲的关切人的精神生活的文艺复兴,而不是欧洲文艺复兴发展到后来的关注人的世俗物质欲求。也正是在这个意义上,越来越多的大思想家把人类未来的希望寄托于中国文化。

近年来,逆现代化、逆工业化、逆城市化现象正在深刻酝酿,其本质是对以往发展历史的深刻反省。从更加深远的意义上说,我们思考老龄社会,实际上也就是思考人类发展命运问题。当我们这样思考的时候,有许多问题需要解决,但最重要的就是要寻找一种人类意识,即人作为类的意识。当今,欧美文化(技术—理性精神主导的文化,其核心是科学精神)和中国文化(以人伦为核心的人文精神主导的文化)是世界多极文化格局中的主流,这两种文化是当代人类意识摆脱信仰淡化、道德缺失、心灵沙化、精神空虚等工具理性占据统治地位的状态而获得归真(人的本真)的共同资源。叔本华说,"理性最多只是一种工具",它不能成为目的。还有一种说法颇有见地,即科学精神如同航船,人文精神如同航舵,而人则是舵手。由此说来,人类意识的新的发展希望在于以道御术,即把意义界定为发展的最高原则,由人文精神主导工具性的科学精神,从中我们可以找到建立理想老龄社会的方向和路径。

科学精神教人敬畏自然,人文精神使人慰藉自身,但科学精神没有人文精神的引领,有可能会把人类推向战争等灾难境地。故而,爱因斯坦逢人便谈道德的权威性,被称为世界的良心。他的心声穿越时代的分裂和混乱,昭示人们,科学精神须臾也不能离开人文精神。生于1900年的伽达默尔曾经预言,200年后大家都来学中文。他的话意蕴深焉。大思想家汤因比在1967年提出:"人类要解决21世纪的问题,必须要到中国的孔子思想和大乘佛教中汲取智慧。"汤因比还指出:"中国肩负着统合整个世界,为之带来和平的命运……在统合过程中,中国将起主导作用。"中国是诞生东方哲学的故土,也是人类哲学思维的源头之一。中国哲学贵在高扬"文明以止",强调人生智慧、意义和价值,关切人身处自然和社会世界如何应对进退之道与术,推崇"己所不欲、勿施于人"的平等理念,播扬"老吾老以及人之老"内涵的推己及人的生命思维,倡导"和而不同"的"和文化"软实力,这些观念穿透力巨大、感染力浑厚,可以对接后现代思潮复归人性的呼唤。也许,正如李泽厚先生所说的,"该中国哲学登场了"。换言之,该中国文化登场了!

年轻社会主要是解决"活下来、活得长"的问题,老龄社会则主要是在此基础上进而解决"活得好""活得有趣""活得有意义"的问题。这是未来的真正意义上的人类问题。如何解决这一问题,资本主义是死路一条,只有社会主义才有可能解决大多数人共同富裕基础上的"活得好""活得有趣""活得有意义"的问题。

老龄社会是人类的共同命运,适应老龄社会的文化产业化道路还有许多问题、风险和挑战,但以绝大多数人为基本站位,走中国特色的社会主义市场经济的基本路子,中国不仅会在文化产业化路上越走越宽,而且将对人类从文化上应对老龄社会作出引领性贡献。这既是中国文化自信的根基,也是文化产业界应对老龄社会、发展老龄文化经济、老龄文化产业的深厚基底!

老龄文化是一个全新的领域。发展好老龄文化,需要事业产业互动融合、相互支撑。如何做好长远安排,我们不能头疼医头、脚疼医脚,还需要提升理论思维,建构中国特色的老龄文化学,以便针对老龄社会条件下的重大文化问题建构相应的理论和话语体系。

四、实施适应老龄社会要求的国家文化战略

(一) 战略目标和思路

1. 战略目标。到 2050 年,适应老龄社会的文化价值体系全面建立,老龄文化事业发挥基础性作用,老龄文化产业强国目标实现,对自身发展作出巨大贡献,引领国际文化主流方向,促进经济社会发展充满活力,文化产品和服务体系健全发达,全社会应对老龄社会充满信心,人们的学习能力、发展能力、品享能力大幅提升,精神生活多元丰富,在殷实物质生活基础上,人们从物质化生存向更高层次的长寿化、健康化、艺术化生存迈进。

2. 战略思路。以 21 世纪中叶为战略周期重要时间节点,以习近平新时代中国特色社会主义思想为指导,充分借鉴中外年轻社会的优秀文化积淀,坚

持中国立场、世界眼光、人类情怀,坚持民族文化自信,复兴创新中华文化,高度重视年轻社会转向老龄社会引发的宏观、中观和微观上的文化问题,树立顺应老龄社会的社会主义文化观,科学把握老龄文化的发展逻辑,全面推进老龄文化事业,全力发展老龄文化产业,建设老龄文化产品和服务体系,并加快其信息化、数字化和智能化进程,按照五位一体总体布局要求,抓住人类化即人的全面自由发展这个一体,走出一条顺应老龄社会要求的文化发展的中国道路,为老龄社会条件下实现建成社会主义现代化强国奠定文化基础。

(二) 战略任务

实施应对人口老龄化和老龄社会的文化战略,关系中国和人类发展的灵魂。一是扬弃年轻社会的文化观,树立顺应老龄社会的文化观,建构适应老龄社会要求的社会主义核心价值体系。二是倡导年龄平等文化,树立新的生命观,实现人的全面发展和终生发展的有机统一。三是按照社会主义核心价值体系要求,顺应老龄社会需要,完善建构相应的文化制度。四是建构老龄文化事业发展体系,创新老龄文化管理体制机制,逐步调整公共文化服务体系,使之符合老龄社会的客观要求,搞活公共文化服务方式。五是建构老龄文化产业体系,培育老龄文化产业组织,开发老龄文化产业新业态,发展老龄文化创意产业。六是繁荣发展年龄文化,协同发展青少年、中壮年和老年亚文化,丰富全年龄人群精神文化生活,推进各亚文化与社会主流文化互动,推动文化融合。七是加快老龄文化事业产业信息化、数字化和智能化进程。八是提高全社会的道德意识,创新传统优秀孝道文化实现方式,建设适应老龄社会要求的新的文化生态。

五、实施适应老龄社会要求的
文化政策和国家文化工程

(一) 建构适应老龄社会要求的文化政策体系

要把全面发展老龄文化事业产业贯穿于相关政策的各个环节,逐步建立健全老龄文化政策体系。一是加大公共财政投入,完善建设面向各年龄不同需要和共同需要的文化基础设施体系,重点发展面向中老年人群的文化基础设施。二是大力培育从事老龄文化事业的社会组织,改革文化事业管理体制,完善机制,通过购买服务、第三次分配等手段,拓升老龄文化事业可持续运行活力,为不同年龄群提供基本公共文化服务。三是充分利用现有各级文化资源、盘活国有资产和闲置资产,建设基层公共文化服务网络,开展多样化文化服务。四是实施有效的财政、税收和金融政策,鼓励文化企业转型,面向日益增多的老年人口提供文化产品和文化服务。五是培育老龄文化企业,研究出台相关土地、税收、信贷政策,引导社会资本投入老龄文化产业,充分发挥市场配置资源的决定性作用,打造老龄文化创意产业。六是出台老龄文化用品支持政策,建立老龄文化用品政府购买目录,扶持一批设计先进、质量上乘、价格普惠、市场影响力强的老龄文化用品企业。七是创新老龄文化产业发展新模式,出台土地、税收、金融等政策,扶持一批老龄文化服务企业,建立老龄文化服务政府购买目录。八是探索国有、集体和民营企业竞争合作机制,探索共同开发老龄文化产业的新格局。九是研究出台老龄文化消费信贷、支持和补助政策,创新消费模式,大力推进老龄文化产品和服务的市场消费。十是借鉴国内外成功经验,汲取相应教训,探索建立老龄文化创意产业园,提升老龄文化的产业集中度、影响力。十一是健全完善老龄文化产品设计规范、产品生产标准,建立老龄文化服务管理规范。十二是实施配套激励政策,完善教育招生方向,建立老龄文化学专业,培养老龄文化人才。运用财政补贴等政策,鼓励大专院校开设老龄文化专业,培养一批老龄文化专业人才。探索建立吸收退休老年人参与老龄文化事业产业的支持鼓励政策。总之,要通过相关政策措施,构建适应老龄社会要求的公共文化产品和服务体系。

(二) 实施适应老龄社会要求的国家文化工程

1. 实施新健康长寿文化工程。年轻社会的长寿文化不同于老龄社会的长寿文化。年轻社会条件下虽然也有丰富的长寿文化,但社会没有实现普遍长寿,人们的寿命比较短暂,其核心主题是如何才能长寿。在老龄社会条件下,身处人人普遍长寿的时代,特别是在基本生存问题解决之后,如何能够使全生命长寿生活更有价值更有意义成为核心主题,并标志老龄社会高于年轻社会。为此,必须在年轻社会长寿文化积淀的基础上,建设适应老龄社会要求的新健康长寿文化,并实施相应行动计划。一是从个体视角树立"生得优、长得壮、活得长、过得好、病得少、老得慢、走得快、后无忧"的长寿人理想,通过新闻宣传、终生教育、相应政策举措、相关奖惩机制,造就一代一代自觉行动的新长寿人。这是建设适应老龄社会要求的文化理想的核心。二是从社会视角树立老龄社会高于年轻社会的新的文化预期。老龄社会是人类社会进步的重要标志,老龄社会初期的绝大多数问题根源于现有观念、制度体系和发展方式不能适应老龄社会的新要求。只要顺应客观趋势作出战略性调整,人类最终会在老龄社会的运行轨道上行稳致远。这是应对老龄社会应有的文化自信的根本依据,也是我们努力转变观念、调整发展方式、重新打造相应制度体系的文化引领。唯此,我们方能冲破"老龄社会恐惧症"的迷雾,建构起充满信心和充满活力的新文化预期,并对老龄社会充满期待。为此,需要以老龄社会新文化为引领,从宣传教育、政策制定、制度安排调整等方方面面作出长期努力,使一代又一代新长寿人充满对生活的价值感、对生命的意义感。三是针对老龄社会转型过程中错过生育期、低欲望、躺平、不愿意结婚、离婚率居高不下、老年期孤独、各年龄自杀特别是老年期自杀、安乐死等诸多问题,展开深入研究,开展针对性、细分性文化行动,并通过宣传教育、社会组织专业化干预、公共政策干预等诸多手段进行系统性、长期性干预。四是适时调整不符合老龄社会要求的文化政策、相关法律、法规,并巩固老龄社会新文化的引领地位,确保从文化战略制高点上引领老龄社会顺利转型,并在更高层次的新文化氛围中为人们提供意义引领。以上行动的落脚点是,在未来的老龄社会,要通过新健康长寿文化行动,确保人们"哭"着来到人间,但"笑"着离开这个世界。这是未来新长寿人的重要梦想。

2. 实施老龄文化创新工程。理想老龄社会的建设离不开文化建设,也需要符合人口老龄化时代的新型老龄文化的引领。目前,人类正在从人口学意义上的年轻社会向老龄社会转变,但在文化上尚处于年轻社会。对于中国来说,老龄社会的快速到来带来诸多文化震荡,迫切需要树立科学的老龄社会观,引领全社会成员正确适应老龄社会,并积极主动地投入到建设理想老龄社会的潮流中来。为此,迫切需要实施老龄文化创新工程,确保人类在文化上适应老龄社会的要求,并促进建设预期的新型社会。

　　实施老龄文化创新工程,一是充分认识老龄文化对于建设理想老龄社会重要性,把老龄文化创新纳入文化发展战略,根据需要和可能,出台有利于发展老龄文化的各项政策。二是开展老龄文化重大课题研究。加强老龄文化理论建设,加强老龄文化实证研究,加强老龄文化政策研究,为老龄文化建设提供理论支撑、数据支持和政策依据。制定老龄文化重大课题研究规划,确定老龄文化重大研究项目,建立定期研究和跟踪研究相结合的资助机制。三是大力扶持老龄文化创业。设立以财政资金为引导、广泛吸收社会资金注入、专业基金管理机构管理、市场化机制运营的老龄文化创业扶持基金,资助具有创意、市场前景和社会效益的老龄文化创业项目。做好文化创业项目的评审和辅导以及立项后的管理服务。充分发挥老年人文化底蕴深厚的优势,发掘老年人文化创业能力,为老年人参与文化生产、创造和创新提供机会。每年选择一批老年人的文化原创作品进行资助,评选奖励一批优秀优化原创作品。四是建设老龄文化创意平台。引导社会力量积极发挥创意才能,开展老龄文化创意活动,为老龄文化创意建设相应展示、交流和交易的平台,促进老龄文化产业和日常生活、和传统产业融合,为提升人们生活品质和生活质量贡献力量。动员社会围绕生活创意、艺术创意、设计创意、产品创意、建筑创意、低碳创意等领域,开展各种文化创意活动,定期举办网络涉老主题创意大赛和文化创意产品交易会,发布年度相关文化创意最佳成果。五是实施老龄文化品牌计划。推进文化企业兼并重组取得重要进展,力争形成一批从事老龄文化产品生产、跨地区跨行业经营、有较强市场竞争力、产值规模大的品牌文化企业和品牌企业集团。组织引导文化创意业、影视制作业、出版发行业、演艺业、动漫业、广告业,生产出一大批反映老龄社会以来的生活改变、老龄事业发展以及老年人精神生活风貌的文化精品。六是加快培养老龄文化人才,解决老龄文化建设人才队伍数量不足、素质不高的问题,为老龄文化建设提供人才保障。建立大学毕业生老年文化辅导员岗位计划,鼓励、支持和吸收大学毕业生从事老龄文化事业。鼓励和支持职业学校和高等学校开办老龄文化或基层文化管理人才专业,为基层文化建设或老龄文化建设培养专业管理人才。七是大力开展扶持老龄文化消费行动。加强文化消费观教育,提高人们特别是中老年人对文化消费重要性的认识,激发文化消费的潜能和积极性,培育文化消费习惯,改善文化生活严重失衡现象,丰富精神文化生活,促进社会文化的发展繁荣。建立老年人的文化消费补贴制度和财政转移支付制度。提高老年人文化欣赏水平。在各级各类学校中,增设文化艺术欣赏和文化艺术普及类课程。鼓励和支持艺术院团进入社区和养老机构,为老年人提供普及性演出。鼓励和支持老年人参与文化艺术评论,举办文化艺术欣赏活动,实现老年期生活诗意化、艺术化。

第七章　实施适应老龄社会要求的
国家社会战略

> "人类只有充分认识自己的过去和现在,才能够为沉浮与共的年长一辈和年轻一代找到光辉的未来。"
>
> ——[美]玛格丽特·米德

基本判断:面向未来人类社会发展的主轴是建设橄榄型社会。

重要提示:老龄社会倒逼橄榄型社会建设必须升维发展逻辑。

一、社会发展的主轴及逻辑

从年轻社会转向老龄社会带来的变迁是全领域的,本章主要讨论社会领域的变迁、问题和应对战略。自人们认识人口老龄化及其标志的老龄社会以来,讨论最多的就是相关人口领域的问题和社会领域的问题,而且,大多数论者几乎把老龄社会带来的所有问题都等同于社会问题、民生问题。这种认识相对比较偏狭,忽视了老龄社会转型带来的其他诸如经济问题、文化问题、区域问题以及国际问题等更为深刻的问题,这不仅在理论上是片面的,而且在实践上会带来短视和窄视并危及长远的严峻后果,需要引起高度警惕。

(一)社会发展是什么

本章讨论老龄社会转型过程中社会发展领域的深刻变迁及其问题。一般来说,社会发展这一概念的外延十分宽泛,既可以指整个人类社会发展,即广义社会发展,也可以指人类社会发展中除经济发展之外的其他人类事务,即中义社会发展,目前较普遍的界定是指狭义社会发展,也是本书的界定,即与人口、健康(把人口和健康领域从社会领域独立出来,这是迈入老龄社会和长寿时代的需要)、经济、政治和文化发展等相并列的相关发展问题。

就人类历史经历母系社会、父系社会到原始部落、城市、民族、国家以至当代来说,从人类化这一主题来看,狭义社会发展的具体含义从功能上来讲,主要包括以下五个方面:

一是建设社会主体,完善社会实体组织构架。即指维系人类种的延续的社会实体及其组织的建设。例如个人、家庭、氏族、部落、城市、民族、国家以至当代各类社会组织实体的建构。单个人是基础性社会主体和实体,没有单个的人,就谈不上社会,也无所谓社会发展,但组织性社会实体是更加重要的社会单位和社会主体。正是由人所构成的这些实体组织的演化发展,社会才为单个的人构筑起发展的构架。从这个意义上说,建构社会实体组织并形成构架体系,这是人类维系种的延续的第一社会发展需要。离开社会实体组织,个体人无从发展,种的延续也难以为继,更遑论发展了。人类发展到今天,家庭可谓社会发展的基本单位,政府和国家则是最强大的社会实体,其他各类社会组织更是多样形态的社会发展单位。正是这些社会发展单位的复杂互动演化,才为人的发展提供了系统化的构架体系。由此,人们把社会主体或者社会实体主要分为三个类别:政府类主体、市场类主体和社会类主体,这既是国家治理和公共管理的三大类主体,也是狭义社会发展的三大类主体。社会组织当然是社会发展的主体,但政府类和市场类主体同样具有狭义社会发展职能。因此,这里的社会主体建设或者社会实体建设,主要都是从狭义社会发展意义上来探讨。总之,社会主体建设主要是在社会发展层面为实现人类化提供基本组织构架,不仅为个体人的社会化提供网络支持,而且为组织起来的人提供分工、合作和竞争活动提供相应场域。

二是加强制度安排建设和调整社会结构,保障国民生活。现代社会条件下,主要是通过各项制度安排调整社会阶层结构,面向个体为其提供教育、就业、收入以及生老病死等基本生活保障。从传统社会条件下的家庭抚幼养老、家族和氏族提供帮助救济,发展到当代覆盖全生命生活的社会保障制度,其根本是为成员提供生活保障。这是社会发展的根本,即通过以制度安排来在社会发展层面为实现人类化提供物质基础,确保人们后顾无忧,充分发挥各自潜能,并兼顾弱者的保护救济,确保其生存和发展的尊严。

三是扩大社会空间,提供公共服务。主要是面向社会提供公共生活等制度安排和服务,如住房建设、城市建设、社会公共服务等。简言之,这一社会发展的重要功能就是通过提供公共条件在社会发展层面为实现人类化提供机会、机制和环境。

四是强化社会管理,完善社会发展规则体系。主要是为社会成员的分工和合作提供各种基本规则,如社会主体(即人或组织)在狭义社会发展领域(即公共生活空间)发生互动关系的相关规章、规约、规范、道德、法律、政策等。从某种意义上说,社会发展的本质也就是社会规则体系的建构,这些系统化的各类规则构成的社会发展规则体系,微观上旨在规范个体的互动行为,中观上旨在规制其他各种社会实体组织的互动行为,而在宏观上体现社会发展在演变上的阶段性。从某种意义上说,社会变迁的本质既是人的变迁,更是整个社会规则体系的演替。当然,社会规则体系的运行依靠的是社会管理的体制机制。一句话,这一社会发展的重要功能就是,通过社会规则体系和社会管理体制运行机制,在社会发展层面为实现人类化提供肯定性和否定性机制。

五是发挥社会主体作用,维护社会秩序。通过社会组织采取各种手段特别是社会发展手段(自治、协商、调解等)进行社会治理,解决社会成员矛盾冲突问题。同时,处理行为异常、自杀、犯罪等社会问题。总之,这一社会发展的重要功能就是,通过社会秩序的整顿在社会发展层面为实现人类化提供良好生态。

这五个方面正是目前我们关于社会建设概念的基本内容,也是国家治理理念和框架下的社会治理的主要内容。

但是,如果仅限于对社会发展作出上述功能意义上的规定,还会有许多问题难以回答。例如,人们常说,经济发展主要是解决"做蛋糕"问题,而社会发展主要是解决"分蛋糕"问题。那么,蛋糕做不大,自然就分不好。这显然是说,经济发展与社会发展是单向关系,即经济发展决定社会发展,而社会发展对经济发展的反向作用就被否定了。这显然不符合现实的发展逻辑。又如,经济发展主要是解决效率问题,而社会发展主要是解决公平问题,也就是解决市场失灵问题,即主要是解决市场竞争失败者的问题,或者说社会发展主要是解决"兜底"问题。但实际上,这无异于说,经济发展制造社会问题,而社会发展事后解决相应问题。按此逻辑,社会发展只能滞后于经济发展。按照这样的逻辑,解决相应社会发展问题便永无尽头。这里显然隐含着经济发展优先而社会发展善后的预定逻辑。照此逻辑,要解决一直困扰人类发展的贫富悬殊难题,就看不到希望。更重要的是,前述狭义社会发展仅仅从功能上阐明"是什么"等问题,但问题的关键在于"为什么"的问题。这说明,我们还需要进一步挖掘狭义社会发展的底层逻辑。

(二) 社会发展的主轴及底层逻辑

从本质上来说,人类发展的永恒主题是人类化,即人类通过发展构架和发展方式不断提升自己,把自己从动物界超拔出来,使人成为人、使低层次人成为高层次人的历史过程。由此来看,社会流动(主要指阶级或阶层流动,不是指地理流动)才是人类发展的主轴,而人类化则是人类发展的主轴逻辑,当然也应当是狭义社会发展的底层逻辑。

但是,在原始社会,人类发展处于蒙昧状态。进入父系社会特别是私有制和阶级社会以后,社会流动主要是少数人的事情(内部的平行流动和代际流动)。不仅统治者是少数,而且从大众流入上层更是微乎其微,社会结构主要呈现为"金字塔型"。更重要的是,在这种情况下,狭义社会发展的相关制度在本质上沦为少数人限制大多数人上向社会流动的构架、工具和手段。这是阶级社会条件下社会流动的主旋律,即反社会流动。从本质上来说,阶级社会条件下人类发展的根本是少数人的发展,不是严格意义上的人类发展,大多数人仅仅是少数人发展的工具,他们不仅时刻面临温饱问题,甚至随时面临生死问题。因此,进入阶级社会以来的历史基本上是少数人的人类化历史,绝大多数人的人类化问题被置于动物化生存的阈限之内,限制性、强制性的非社会流动成为狭义社会发展的意义上相关制度安排的主旨。

进入进现代社会以来,社会流动呈现新的发展趋势。在欧、美、日等资本主义国家,一方面,伴随资本主义经济进入成熟阶段,出于缓和经济社会矛盾的需要;另一方面,伴随苏联社会主义的胜利,站位工人阶级的工人党逐步走上执政舞台,英法德以及美国等国纷纷出台社会发展政策,建立"从摇篮到坟墓"的社会保障制度,并于第二次世界大战后纷纷宣布建设"福利国家"。经过战后"黄金时代"的快速发展,特别是知识经济、信息经济标志的后工业时代资本所有权和经营权的分离,这些国家在解决温饱问题的同时,社会流动出现史无前例的"中产化"现象。例如,经过战后黄金时代的发展,美国中产阶级在 20 世纪 60 年代末占总人口的比例就超过 70%,目前基本上维持在 80% 左右,其他发达国家也都出现相同趋势。整个发达国家的社会阶层结构日益显现出"橄榄型社会"的新形态。在中国,伴随新中国成立,特别是改革开放以来,截至 2021 年,不仅消灭了绝对贫困,建成了全面小康社会,而且中等收入群体占比达到 27.9%。未来,伴随"共同富裕"大战略的实施,走向"橄榄型社会"的趋势不可逆转。

总体来看,进入近现代社会以来,随着政治民主化、经济全球化进程,特别是教育等公共事业的发展、信息化的快速推进,大多数人有机会上向社会流动日益成为人类历史的大趋势,中产化现象快速发展,中产阶层家庭和人群规模大幅增长,并演化成为人类化和未来人类社会发展的重大社会现象,彻底改变了传统社会少数人高高在上、绝大多数人在生计线上艰难挣扎的"金字塔型社会"的阶层结构,人类发展在狭义社会发展层面呈现出史无前例的新格局,并逼近人类社会发展主轴的目标建构,这就是建设"橄榄型社会"。正是基于这一主轴,前述狭义社会发展五个方面的功能界定才有可能获得深层次的逻辑支撑。否则,离开人类化、离开上向社会流动、离开"橄榄型社会"建设,前述社会发展的五个功能界定将流于空泛论道。

值得深究的是,指出上向社会流动是未来社会发展的主轴,只是阐明了现象层面社会发展的大趋势和总格局,其背后的底层逻辑还有待进一步探究。

第一,以上向社会流动为主轴的社会发展的终极逻辑是人类化。主要包括:一是社会发展的站位逻辑,即社会发展的站位是服务大多数人,站位少数人不仅无所谓社会发展,更无所谓人类发展,社会发展的本质是使全体人类成为人,从低层次人提升为高层次人,即实现人类化。二是社会发展的目的逻辑,即社会发展的根本目的是服务每一个人的全面自由发展,实现人人人类化。三是社会发展的价值逻辑,即社会发展的终极价值是实现人人生命有意义、有价值。

第二,以上向社会流动为主轴的社会发展的基础逻辑是提供运行功能和机制保障。主要是通过社会主体建设、制度安排、公共条件、社会规则体系和社会秩序建构等,在社会发展层面为人们的人类化提供基本构架、网络支持、场域、物质生活基础保障、机会、机制和环境以至社会发展生态。

第三,以上向社会流动为主轴的社会发展的核心逻辑是调控社会主体或社会实体之间的互动行为。其根本是促进人的全面自由发展为主线:一是调控政府和个人、家庭、各类社会组织的关系。二是调控个人之间、家庭之间的关系。三是调控经济类社会组织(企业)与个人、家庭之间的关系。四是调控非经济类社会组织与个人、家庭之间的关系。五是调控经济类社会组织与非经济类社会组织的关系。严格来说,这属于近年来逐渐成为关注焦点的公共管理的范畴,根本是要通过调控社会主体或社会实体之间的互动行为,围绕上述社会发展五项功能,在发挥其促进人的全面自由发展上的主体性、能动性、主动性的基础上,最大限度避免政府失灵、市场失灵和社会失灵,旨在为人的生存、发展和上向社会流动创造良好条件。

大道至简,归根结底,人类化的根本就是"人往高处走"的永恒逻辑。因此,面向未来,狭义社会发展就是站位大多数人,为人们的上向社会流动提供上述五个方面的保障。在这样的基本理念下,狭义社会发展的根本就是为人的上向社会流动创造条件,其发展图式就是从"金字塔型社会"向"橄榄型社会"的根本转变。总之,弄清了社会发展的"为什么",就会对社会发展的"是什么"和"做什么"有更深刻的理解。但是,社会发展"怎么做"的问题还没有解决,更重要的是,在迈向"橄榄型社会"的同时,人类也正在迈入老龄社会。因此,社会发展"怎么做"的问题就更为复杂。

二、老龄社会和橄榄型社会的交叉转型

(一) 橄榄型社会与老龄社会

面向未来,在全面建设社会主义现代化强国的过程中,同步走向橄榄型社会和老龄社会,这是深刻影响人类发展的重大共生现象,需要从理论上进行系统分析,更要从实践上做好战略性的应对安排。一方面,从表层结构来看,人口老龄化标志的老龄社会转型在社会发展领域面临诸多问题;但另一方面,从深层结构来看,正是以中产化为标志的上向社会流动形成的橄榄型社会转型,才是导致人口年龄结构呈现老龄化格局的重要原因之一。这说明,橄榄型社会和老龄社会的同步化过程本质上是表里关系。因此,我们不能再简单地认为,人口老龄化标志的老龄社会将会给社会发展领域带来诸多问题。问题的根本则在于,包括社会发展领域的变迁在内的整个大社会变迁(包括经济变迁、文化变迁等)才是老龄社会产生的重要而直接的原因。当然,无论橄榄型社会还是老龄社会,以工业化和城市化为双引擎的现代化才是背后的终极原因。对此,无须赘言论证。现在的问题是,如何从理论上厘清橄榄型社会和老龄社会之间的关系,并进一步明确社会发展领域的相关问题。

就近 500 年来的人类历史来看,全球现代化是最强大的历史性力量。对此,人们已经从各个方面有了系统化的认知,并建立了许多理论模型和解释体系。但是,关于全球现代化过程中有关人的现代化并没有受到应有的重视,其

根本原因在于观察人类历史和现代化过程的视角上的物本主义思维,人们看到更多的是物质、技术、资本、工具、生产方式等方面的深刻变迁,而且,沿用物本主义思维,我们也很难厘清橄榄型社会和老龄社会的互动关系,需要超越物本主义思维,采取人本主义思维的全新理论坐标。从理论上来说,橄榄型社会与老龄社会的互动演化关系十分复杂。一是往后看,两者在发生学意义上的互动演化关系是怎样的,需要全面分析,系统回答这一问题不是本书的主题;二是往前看,两者在未来学意义上将会呈现什么样的互动演化走势及其在社会发展领域显现的主要问题,其中,重中之重是分析中产化和老龄化之间的深刻互动演化关系及其衍生出来的社会发展领域的相关问题。这是本书的一个重点。

需要说明的是,中产化、中产阶级、中产阶层和中等收入等概念不符合中国国情,而且,仅仅从物质、资产、收入等来界定社会阶层和描述橄榄型社会也很不全面,不仅物本主义思维深重,而且把精神、文化和价值等人类化高层次诉求排除在外。本书主要从物质富裕和精神富裕两个层面上来界定社会阶层,即从"共同富裕"的理念下把人分为上富阶层、中富阶层和未富阶层,并用中富化来代替中产化这一概念。这样,理想的橄榄型社会就是限制上富阶层的过度富裕,最大限度减少未富阶层的总量,最大限度扩大中富阶层的规模,最终形成橄榄型社会阶层结构。

(二) 中富化与老龄化

对于中国来说,我们迈入老龄社会的拐点已成历史(从 1999 年算起迄今已有 20 多年的历史),未来老龄社会的发展大势已不可逆转。同时,和发达国家不同,中国的中富化进程尚在上坡阶段,未富阶层占比较高,中富阶层占比较低,离 50% 尚有较大差距,更毋庸说 80% 以上的远期目标了。从理论上说,面向未来,中富化和老龄化的互动演化关系可以从以下几个方面来把握:

第一,主观上中富化是中国发展的根本目标,客观上适度老龄化是中国发展的必然要求。一方面,让大多数人拥有美好生活的中富化是现代和未来人类社会发展的根本目标,这也是各个国家治国理政必须顺势而为的历史潮流,当然也是中国全面建设社会主义现代化强国的核心目标。从某种意义上说,能否实现中富化,这也是中国崛起、建成社会主义现代化强国和实现伟大复兴的根本标志。但另一方面,从历史来看,发达国家的中富化和老龄化是同步发展的,橄榄型社会建设的同时引发老龄社会的根本转型,应对老龄社会拥有雄厚的经济社会文化基础。与发达国家不同,中国的老龄化超前于中富化,即在未富阶层占比较高的背景下便步入老龄社会,需要双面作战,既要建设橄榄型社会,又要应对老龄社会的挑战,经济社会文化基础相对薄弱。站位年轻社会看,老龄化标志的老龄社会是重大危机,但站位不可逆转的老龄社会看,老龄化标志的老龄社会则是更高级的社会形态,是人类社会进步的重要表征,也是人类社会发展的基本规律。问题的关键只在于老龄化不能过度发展。如果扬弃年轻社会的旧思维,树立适应老龄社会要求的新的发展观,调整中富化战略,实现建设橄榄型社会的目标,将面临诸多新的选择和可能。其中,最大的主动性在于,可以提早预防过度老龄化风险。这是发达国家建设橄榄型社会过程中的一个深刻历史教训。因此,要把建设橄榄型社会的人口底线建构在预防人口过度老龄化的阈限之内。目前,中国人口过度老龄化的风险正在不断加大。这说明,未来中国实现中富化和建设橄榄型社会,必须守住适度老龄化这一人口战略底线。

第二,中富化是波动的,老龄化是稳定的。从理论上说,上向社会流动的中富化是政治、经济、文化等多重因素互动演化的结果,其中,具有决定性作用的经济运行在本质上是波动的,这就决定了中富化的进程是非线性的,波动性是其重要特征。从实践上来说,工业革命以来特别是第二次世界大战后的中富化进程表明,进入中富阶层不是一劳永逸的,跌落中富阶层的风险一直是中富阶层最深刻的挑战。例如,20 世纪 90 年代,日本 80% 的国民普遍认为自己属于中富阶层,日本也以拥有 1 亿人口中等收入群体(总人口 1.26 亿)而自豪。但随后在所谓"失去的二十年"特别是 2008 年经济危机以来,到 2021 年底,日本中富阶层规模不断缩小,降低到 60% 左右。而且,根据调查,许多中富阶层人士抱怨"生活艰难","老后破产"的现象也不断增多。但是,由于人口发展具有强大的历史惯性,一旦迈入老龄化的运行轨道,要想逆转在实践上迄今尚没有先例。在理论上说,只要人们的寿命不断延长(这是不可逆转的主观愿望和客观趋势),只要人们减少生育,进一步说,只要不调整既定的现代化文明发展模式,老龄化的进程不仅是稳定的,而且已经演化成为人类发展的铁律。

第三,中富化必然老龄化,但老龄化会使持续中富化更为复杂。人口发展历史表明,以工业化和城市化为双引擎的现代化引发的中富化,必然带来数量不断增长的中富阶层。中富阶层的崛起是近现代社会以来最重大的人类现象之一,他们不仅规模日益增长,关键是对规模更加庞大的整个未富阶层具有深远的引领作用。在中富阶层的强大影响下,引发人们的婚姻、生育观念和生活方式的深刻变迁,人们更加注重自我生活质量和价值,生育行为更为理性,在避孕技术的普及和婴幼儿存活率大幅提高的情况下,整个社会的生育率经历从高到低的转变,并实现从高生育率社会向低生育率社会的根本转型。同时,现代化过程中伴随科学技术水平特别是医疗科学技术水平的提高,以及养老、医疗、长期照护等社会保障事业的全面推进,整个社会的死亡率也实现从高到低的转变,并实现从高死亡率社会向低死亡率社会的根本转型,在此基础上进而推动人口年龄结构从漫长的青年型经历短暂的成年型加速向老年型转变,并标志着人类从年轻社会迈向老龄社会的历史性转折。这说明,现代化是终极原因,但中富化是老龄化的直接原因,中富化和老龄化之间在发生学意义上具有必然联系。简言之,中富化必然老龄化。换言之,从社会形态的角度来说,中富化标志的橄榄型社会形成之时,同时也就是老龄社会形成之日。当然,中国的情况比较特殊,老龄化超前于中富化的直接原因是,不得已的计划生育政策的成功实施。

但是,一旦迈入老龄社会,要实现持续中富化进程情况十分复杂。一是过度老龄化肯定不利于整个社会的中富化进程。过度老龄化必然带来经济社会活力丧失,经济发展的波动性更强,跌出中富阶层重新回到未富阶层的风险日益加大。日本社会当前面临的诸多问题,本质上就是过度老龄化风险正在销蚀中富化的某种预演,未来的危机可能更加深重。二是已经迈入橄榄型社会的国家,如果不能从战略上正确应对老龄社会,调整相关人口、健康、经济、社会、文化发展战略,必然面临诸多老龄社会转型性问题,不仅难以维持持续中富化进程,甚至会引发经济社会乃至政治系统性风险。当今发达国家普遍面临各种深刻危机,其根本原因之一就是,他们仅仅针对日益增长的老年人口及其相关问题采取对策,而没有能够适时在应对老龄社会这一结构性转型上调整国家战略。未来的风险将会越来越多。三是在老龄化超前于中富化的情况下,由于经济社会发展水平特别是综合软硬国力还不雄厚,既要花大力气建设橄榄型社会,加快社会中富化进程,还要花大力气应对老龄社会的系统性风险。中国属于这种情况。值得关注的是,目前,由于社会建设滞后于经济建设,社会发展领域的问题日益突出,引发人口过度老龄化的风险正在深刻酝酿,需要在实施积极应对人口老龄化和老龄社会国家战略的同时,统筹考虑橄榄型社会建设的需要,实施新的社会发展战略。

三、老龄社会转型背景下的相关社会发展问题

如前所述,对于中国来说,在建设社会主义现代化强国的过程中,既要围绕橄榄型社会建设目标全面发力,又要适应老龄社会的深度演进,面临的社会发展问题十分复杂,需要全面分析。

(一) 社会主体和社会实体建设层面的问题

1. 人的建设问题。人是社会发展的主体,也是建设橄榄型社会和应对老龄社会的实体。离开人及其能力建设,一切便无从谈起。不过,从狭义社会发展的含义来说,人的能力建设涉及方方面面,包括从出生、教育、结婚、组建家庭、就业、退休和离世等整个全生命周期,涵盖人的全面自由发展所需要的综合能力,这是整个人类发展的核心。当然,这里不讨论个人烦恼等纯粹私人化

的问题,而是讨论带有普遍性、长期性的、公共化的社会问题,即讨论人的能力建设的狭义社会发展问题,主要包括两个层面:一是需要和怎样培育人的综合发展能力,包括诸多方面,但千条万条,归结起来无非包括人作为人的基本能力(如社会化)、生存能力、发展能力和创享能力四个层次,这是全部人类知识和智慧体系要解决的核心问题,本书和本章只能部分涉及(如家庭、教育、就业等节)。二是人的发展能力受阻后相应问题的社会性处理和安排问题,主要是保障性社会安排问题,这是针对人的能力建设从狭义社会发展领域着力的重中之重。当然,人的本质是其社会性,单个人无所谓人,人只能在群体中生活。因此,作为社会实体的人的能力建设问题,终究离不开作为社会实体的群体问题的深刻探究。但是,老龄社会在本质上是一种新型的社会主体结构,其最突出的特征是其特殊年龄结构。因此,当讨论人及其群体能力建设的相关问题,着眼年龄和年龄结构视角探讨社会群体的相关问题,就是题中应有之义。

面向未来,走向橄榄型社会的目标不可动摇,但在同步迈入老龄社会的大趋势下,人的能力建设可能面临的主要问题包括:

(1)性别及其相关问题。一是育龄女性的发展问题。这是应对人口老龄化和老龄社会的重要社会发展问题。从生育水平来说,作为社会进步象征的女性经济社会地位的提升,这是人们减少生育特别是育龄女性摆脱生育工具束缚的物质支撑,也是人口老龄化的重要原因。伴随育龄女性中富化进程加快,问题将变得日益复杂。一方面,从现实来说,越来越多的育龄女性成为中富阶层,减少生育的趋势将越来越显著;另一方面,如果未富育龄女性难以迈入中富阶层,甚至出现跌落中富阶层,强化减少生育的客观力量将越来越大。这说明,社会发展的相关制度安排需要做到育龄女性发展和理性生育之间的平衡。同时,育龄女性减少生育的重要原因之一,就是男性、家庭和社会服务在育后婴幼儿照护上的缺位。对此,需要在制度安排上加大男性特别是家庭和社会服务在婴幼儿照护上的服务力度。

二是两性寿命差异问题。从死亡水平来说,女性寿命长于男性,两者的差异即女性比男性多活的年数。如前所述,2021 年,全球两性平均预期寿命相差 5.37 岁,预计 2050 年和 2100 年,两者相差分别为 5.04 岁和 4.46 岁。2020 年,中国两性平均预期寿命相差 5.51 岁,预计 2050 年和 2100 年,两者相差 3.64 岁和 3.25 岁。研究和实践表明,女性早衰但命长,男人晚衰却短寿。一方面,从男性来说,应对人口老龄化的"太太战略"绝非插科打诨,而是一项重要人生战略,年轻时男性更多的付出将有机会在高龄期享有太太的周到照护。所以,花前月下、七年之痒、漫长平淡婚姻生活中隐含着这一战略诉求,这是亘古以来追求白头到老的智慧指示。一句话,不要不把太太当回事。另一方面,从女性来说,高龄期落单生活面临诸多问题。因此,婚前对男性的考验、婚后对丈夫的尊重,不仅可以提高婚姻生活质量,而且可以延长男性的寿命,尽可能缩短落单期。因此,相敬如宾绝非简单的婚姻殿堂的道德招贴,而是亘古以来两性婚姻生活的恒久智慧。一句话,要把先生当回事。当然,除两性作出努力之外,相应社会发展领域也需要根据老龄社会的新要求,并从制度安排上提供相应社会支持。

三是性别歧视问题。从人类历史来看,年轻社会条件下经历了母系社会和父系社会。母系社会是人类发展的原始阶段,人类不可能再回归到母系社会。但是,父系社会以来,女性经济社会地位变迁史充满了血腥,女性付出了沉重的代价。女性的抗争特别是近现代以来女权运动的兴起,带来社会发展领域以及婚姻、生育、就业、退休等相关制度安排的深刻变迁,但从根本上来说,男权社会的本质和格局迄今没有根本转变,性别歧视依然是社会歧视中最深刻最突出的一个侧面。实际上,女性选择不婚不育造成生育水平下降,也是某种程度上对潜藏在各个方面性别歧视现象的反抗。长远来说,面向老龄社会特别是人人都有机会活到 80 岁以上高龄期的长寿时代,两性平等合作是一项重要选择。因此,经历了年轻社会条件下母系社会的落后和父系社会的惨烈经验,迈入老龄社会,基于性别平等,实现父母平权社会或者男女平权社会,这就不是简单的消除性别歧视的道德口号,而是未来人类社会发展战略特别是社会政策的重要制度安排和努力方向。

（2）年龄及其相关问题。一是年龄观问题。年龄和性别一样都是人的基本属性，但同样，年龄既有自然属性又有社会属性。而且，基于自然属性上的社会属性才是年龄的本质属性。否则，就无法区别人类和动物界。实际上，年龄不仅仅是数字和岁月，它是人的实体属性，承载着人的发展能力、潜势和积淀，是社会发展政策的重要价值原点。换言之，尊重年龄就是尊重人、就是尊重人的历史和价值。如何看待年龄问题，建构什么样的年龄观，这是衡量社会发展阶段和水平的重要尺度。在年轻社会条件下，由于生产能力不足和经济短缺，劳动成为社会的中心。能够从事劳动的年龄的人成为社会的关注焦点。相反，不能从事劳动的人则会成为社会的负担人口。之所以青少年得到重视，是因为他们是劳动后备军。老年人之所以遭受漠视，是因为他们不再有能力从事劳动特别是体力劳动了。这种以劳动为中心价值取向的年龄观，成为年轻社会的重要特征。在进入生产能力发达和经济相对过剩的老龄社会，以劳动为中心价值取向的年龄观必然面临诸多问题，如终生劳动到老年期却不能跻身中富阶层甚至跌落中富阶层，深陷未富阶层又面临诸多教育、就业再就业以及退休后孤立无援等问题，又如漫长老年期面临精神孤独问题等。因此，面对老龄社会，新的年龄观应当是全生命年龄观，建立全生命多元价值体系，即全生命劳动是底层价值诉求，提升中富化消费能力是中层价值诉求，顶层价值诉求则是人的能力的终生发挥和自我实现。其中，青少年是以后劳动的准备期，老年期劳动的底线是力所能及且摆脱生计性劳动（劳动是快乐的源泉）。相应社会政策以及社会发展领域的制度安排应当以此为价值坐标。同时，社会发展领域的制度安排不仅要有性别视角，更要有年龄视角，相关社会政策要有分年龄的细化考量。如资源配置、社会工程投入以及公共财政、税收结构等，既要通盘安排，又要充分考虑不同年龄群体特别是青少年、中壮年人和老年人三大人群各自不同的需求，防止谁的问题突出解决谁的问题的被动局面。

二是代际关系问题。代际关系分为家庭代际关系和社会代际关系。这里主要讨论社会代际关系问题，家庭代际关系在后面讨论。从狭义社会发展意义上说，老龄社会的问题主要是代际利益矛盾问题，而且正在演变成为未来老龄社会诸多问题的深刻根源。一方面,在少子化和多老化的老龄社会背景下,年轻一代和老年一辈在社会资源分配上存在严峻冲突。在欧洲,由于实行高福利的社会保障制度,老年人的晚年生活体面而富足,但年轻一代的税负相当沉重,这已经成为影响欧洲许多国家经济发展缓慢、社会矛盾加剧乃至政治动荡的重要根源。为此,欧洲国家纷纷改革社会保障制度,借以缓解人口老龄化和高水平社会保障制度的压力。从实践来看,无论出台什么样的改革方案,无非是在增加年轻人口税负和降低老年人待遇之间作出选择,本质上就是从社会财富分配上在年轻一代和老年一辈之间寻找新的平衡。自1973年"福利国家的危机"以来,这些改革常常引发罢工、游行示威、社会动荡以至执政党下台。美国和日本的情况同样不容乐观。实际上,根子上的问题在于,老龄社会条件下新的代际利益诉求与年轻社会条件下设计建构的社会保障制度之间的严重错配,加上社会保障和社会福利具有坚挺刚性,很难在年轻一代和老年一辈之间找到合理的利益平衡点。事实上,能否迈过社会代际矛盾这个坎,这是所有发达国家政要今后始终都要面临的棘手难题。另一方面,发达国家中富阶层规模较大,面对波动性的经济运行,跌落中富阶层的风险日益加剧,既是年轻一代的深刻焦虑,更是年老一代的普遍忧患。此外,处理不好代际利益矛盾,甚至会引发年轻一代纳税人与使用税收的年老一代人之间的社会怨恨,加剧"老龄社会恐惧症"的深刻蔓延,加深代际对峙乃至代际对抗。简言之,发达国家的社会代际关系正在经历严峻的考验,这是一个深刻的历史性教训。着眼长远看,如果我们不提早谋划,西方发达国家日益尖锐的社会代际矛盾,有可能就是未来中国社会代际矛盾的某种预演。

从中国来看,目前的社会代际关系还相对比较稳定。但是,随着人口老龄化的快速发展,特别是在"60后"这一人类史上最大人口群体进入老年期以后,中国的代际矛盾将会变得越来越错综复杂。老年人越来越多,需要年轻一代提供更多的社会资源;年轻一代数量逐渐减少,可以提供社会财富的人口相对减少,社会代际矛盾将日益凸显。和发达国家普遍面临的跌落中富阶层风险不同,摆在我们面前的任务更加复杂艰巨,既要在越来越少的年轻一代和越来越多的老年一辈之间,寻找合理的利益平衡机制,更要解决大多数人特别是劳动能力逐渐丧失的老年人群的中富化问题。需要指出的是,现在我们已经迈入所谓数字时代。老少两代人之间由于知识、文化以及工作、生活方式的差异形成的代沟,正在被数字时代所放大,造成老少两代人之间的信息鸿沟、数据鸿沟日益扩大,甚至形成两个世界。老一辈被数字信息技术边缘化了,而年轻一代在数字化的虚拟世界越走越深,两代人在数字鸿沟扩大的两个世界渐行渐远,引发许多隐性问题也值得深刻反省。这些都是社会发展政策需要考量的问题。

三是年龄歧视问题。从历史来看,年龄歧视问题有一个发展变化的复杂过程。在前工业社会,老年人由于知识、经验、智慧、权威等因素占据主导社会地位,用玛格丽特·米德的话说,充分体现了"前喻文化"(即老年人是智慧、知识的象征)的所有特点,甚至出现"老年崇拜"的现象。年轻一代由于知识、经验和智慧的劣势,遭遇压抑和歧视也是在所难免。今天,年龄稍大的人都有小时候老年人讲话年轻人不敢插话的记忆。工业革命特别是晚近工业革命以来,崇尚年轻的价值观念逐渐形成和广为传播。青年运动风起云涌,"青春崇拜"日益泛滥,即玛格丽特·米德所谓的"后喻文化"(即青年人是新知识的代表)日益成为社会的主流文化。年老一代和年轻一代之间的代沟日益凸显。随着信息社会、知识经济时代和数字时代的到来,年老一代甚至中壮年人在知识、智慧和经验上的优势彻底崩溃,老年歧视甚至中年歧视愈演愈烈,并弥漫在家庭、职场、时尚文化等社会生活的方方面面。反观历史,从"老年崇拜"到"青春崇拜",从"前喻文化"到"后喻文化",年龄歧视的重心对象也从年轻一代转换到年老一代。这一过程虽然有其必然性,但都在年龄观念上打上了不平等的深刻印记,带来诸多社会发展问题,并成为深刻的两个前车之鉴。

在远古时代甚至在现代文明的前夜,特别是在落后的部落,杀老、弃老也是一种"文化"。在野蛮时代,由于生产条件十分落后,为了种族的繁衍,人们不得不选择以牺牲老年人的生命为代价,这是最古老的年龄歧视。到了现代,年龄歧视虽然抛弃了杀老、弃老这些极端形式,但其现代形式依然故我,甚至演变成为一种"社会排斥",并渗透在制度安排、立法、国民权利以及国民就业、收入、教育、医疗卫生、社会保障、社会治理等社会生活的方方面面,集中表现就是以牺牲老年人的利益为发展的代价。

问题的关键在于,在未来老龄社会向超老龄社会的深度演化过程中,老年人口特别是高龄老年人口的大幅增长将成为不可逆转的必然趋势,而且,大多数人最终都会成为局中人和当事者。特别是在中富化和老龄化双重叠加效应下,尤其是在经济发展波动甚至全球性经济危机的背景下,年龄歧视特别是老年歧视问题将会出现不断升级的态势。这就需要我们在年龄平等观念的引领下,提前做好社会发展政策的长远安排。需要强调的是,我们不是要仅仅作老年人利益的代言人,而是要在全社会建树年龄平等文化,建构玛格丽特·米德所谓的"互喻文化"(即各年龄人群的文化认同)。在这一文化的引领下,老年人受到尊敬,而其他群体也受到尊重。在这个意义上,我们既是关注今天的老年人,也是关注未来的老年人,而在本质上,我们关注的是所有人。确切地说,我们关注的是全人类,关注的是努力消除一切年龄歧视现象。

(3)少年社会化障碍问题。少年是人类的花朵。发达国家中产化的历史表明,为少年提供完善的教育并促进其社会化进程是中产化的一个重要标志。一方面,中产阶层有条件为少年提供良好的教育和社会化环境;另一方面,少年是未来迈入中产阶层的后备军。由此形成中产化良性循环的滚雪球效应。未来,对于中国来说,面向少年人口提供完善的教育和社会化环境,这是我们实现中富化目标的重要方面,更是社会发展政策和相应制度安排的关键之一。这里不从如何实现这一目标展开讨论,只讨论存在的相应问题。

一是和谐家庭建设问题。这里主要讨论产生问题少年的家庭干预问题,其他相关内容放在后面讨论。许多问题少年的产生,家庭教育和亲情缺失是重要原因。从农村来说,过去的城市化进程不仅吸走了年轻人,留下小孩和老人,留守少年的问题特别是缺少父母陪伴和亲情缺失的问题十分突出。从城市来说,父母关注事业和忽视少年教育也是问题少年产生的重要原因。总起来看,问题家庭正在呈现不断增多的态势。这一点仅从离婚率的攀高趋势中可以验证。这是需要关切的重要问题。否则，仅仅只是抓好学前教育和基础教育，不从家庭政策上发力，将无法解决少年社会化障碍问题。

二是学前教育、基础教育和隔代养育问题。目前，少年儿童教育环境中教师性别结构严重失调问题十分突出，男教师的严重缺失可能是广为关注的"女汉子""娘炮"以及职场入门考试中男性能力普遍下降的重要原因。从生理学上说，女性相对早熟而男性相对晚熟是自然的正常现象，但目前学前教育和基础教育中教师性别结构失衡是放大这一效应的重要原因。长期来看，需要引起高度重视。否则，少年社会化障碍的影响是全生命的，不仅牵绊家庭发展，也不利于社会发展。换言之，如果社会化存在障碍的问题少年数量不断增长，他们长大之后要顺利实现中富化目标必然面临许多难题。此外，父母撒手不管的隔代养育既不利于少年社会化，也给老年人带来沉重负担。实际上，老年人是少年社会化的重要角色，但把孩子完全交给老年人，这是不公平的。同时，值得关注的是，把老年人排斥在少年社会化进程之外的做法也是值得商榷的，这可能也是现在不少青年成为无根青年（只和父母来往，不愿意和祖父母外祖父母以及其他亲属来往）的重要原因。这些都是家庭发展和相应社会政策创制过程中需要高度重视的问题。

三是少年教育成本和方式问题。目前，少年教育成本越来越高已经成为一个高度关切的问题，上学难上学贵的问题依然十分突出。虽然正在努力解决，但还没有找到更好的长期有效的办法。但总的方向是坚定走义务教育路线，确保少年社会化特别是少年教育的低成本化。现在，少年教育的方式也存在诸多问题，例如，现在的父母过于"殷切"，把孩子逼得太紧，知识技能教育挤掉了最重要的生命快乐。又如，年轻父母本身还是孩子，由于住房和经济能力导致普遍的与老人分居状态，老年人又不在身边，传统的多代协同助力少年社会化的格局彻底改变。究竟应当如何教育少年，到底要给少年教些什么，在学校和家庭的教育之间还存在很多真空，加上孩子又少，许多问题尚待深入研究并全面应对。

四是问题少年的干预机构很不发达。近年来，问题少年呈现增长趋势。

除了妇联、少年法庭之外,针对问题少年的社会工作还比较落后。2021年,中国社会工作者共计73.7万名,从事面向问题少年的社会工作者还不能适应需要。这是今后需要加强的重要方面。同时,我们还要看到,解决以上问题,实现少年无障碍社会化,让人们感到养育孩子不仅没有压力,而且充满生命乐趣和价值,不仅有利于中国中富化进程,而且有利于培育新型生育观念,对未来防止过度老龄化具有不可低估的平抑作用。这也是应对人口老龄化和老龄社会要从娃娃抓起的重要含义。

(4)青年问题。青年是人类的未来。青年既是中富化的关键,也是控制和防止过度老龄化的关键。伴随老龄社会的到来,面临的相应问题也日益突出。

一是晚熟问题。和许多动物没有"就业"准备期(一出生就可以自己谋生)不同,人类的就业准备期较长,而且,在人类平均预期寿命不断延长的同时,人们的就业准备期也在不断延长。与此同时,人们的老年期也在不断延长。如果不相应推迟老年期的年龄起点,就业准备期的延长将会缩短劳动力的总劳动期限。对于青年人来说,就业准备期延长有利于提高知识能力,为将来不依赖家庭实现自主跻身中富阶层甚至富裕阶层奠定基础。但同时又会延长婚育行为,并造成错过最佳生育年龄进而导致生育质量不高甚至不育的风险,结果就是加剧了人口面临过度老龄化的风险。此外,就业准备期的延长还造成社会性断奶时点的推迟,影响青年经济社会独立甚至心理健康,并给父母、家庭和社会造成额外的负担。在此,中富化和老龄化相互交织,造成的问题十分复杂,需要重新审视以往工业社会形成的教育学制,建构适应老龄社会要求并有利于实现中富化目标的教育制度。

二是就业问题。首先,全社会特别是青年一代的劳动观问题十分突出。近些年来,在全球化和金融化的背景下,社会的劳动观受到极大冲击,劳动致富观念的倒塌,不仅不利于青年人的成长,甚至影响社会的中富化进程,迫切需要系统性纠正。其次,经济发展的终极诉求与造就更多就业岗位之间的矛盾日益突出,甚至可以说,追求利润最大化和产值最大化的经济正在演变成为排斥就业的经济。一味追求高科技高利润而不顾就业的旺盛需求,是难以持续的。这就需要重新定位经济发展的终极目标。否则,利润最大化了,产值也提高了,但就业岗位却减少了,未富阶层迈入中富阶层的希望就更渺茫了,贫富悬殊矛盾也就更加难以解决了。最后,在现代社会经济发展越来越依靠科技进步的时代条件下,科技化和智能化给人们带来前所未有的福利,但也给就业机会的结构性变动带来深刻影响,如传统产业就业机会迅速减少、新兴产业大多不是劳动密集型产业,而且还呈现就业人才需求低龄化趋势,大龄青年甚至中壮年人的就业稳定性面临深刻挑战,导致青年人特别是中壮年人的中富化进路日益收窄。这说明,在未来的发展过程中,中富化、老龄化、科技化和智能化相互交织,产生的问题需要全盘综合考虑。

三是恋爱婚姻问题。恋爱婚姻问题是青年的重大问题,是人类演化过程中的重大文化现象。但是,自20世纪后半叶以来,伴随全球化和信息化特别是人类经济社会和科技、智能联动的加速发展,社会观念特别是恋爱婚姻观念发生了一场深刻的革命。传统恋爱婚姻观念受到挑战,各种新的恋爱婚姻现象层出不穷,乱象丛生,如前所述,单身主义的不恋不婚者日益增多,离婚率呈现攀升趋势,同性恋合法化进程已经开启,同居现象日益普遍,甚至性伴侣产业登上大雅之堂,二次元婚姻也露出头角……目前,发达国家的所有恋爱婚姻现象都可以在中国找到痕迹。可以说,这种状况是中国史无前例的。更为突出的问题是,这些现象中又夹杂着中国传统恋爱婚姻文化的强大压力,持守这些传统文化的父母以及家庭给年轻人的恋爱婚姻行为带来复杂的影响,加上中国发展所处特殊的爬坡阶段,恋爱婚姻成本居高不下,如何处理这些问题,已经成为年轻一代和年老一代乃至整个社会难以应对的重大问题,对未来的中富化和老龄化的影响十分复杂,值得认真对待。

四是生活成本问题。总体来看,全社会生活成本呈现攀升态势,对青年人及其父母、家庭带来巨大压力。从某种意义上说,中富化的趋势就是父母一代跻身中富阶层,其中一个重要目标就是为后代教育、就业创造良好条件。在此基础上,青年人站在父母肩上可以飞得更高。从历史上来看,压力是青年发展的动力,青年发展必须经历各种压力特别是生活成本的基础性压力才能成长。不过,这些压力有一个承受力的阀限。在此阀限之内,压力往往容易转换为动力。超过甚至远远超过这一阀限,容易造成压力变动力转换机制的巨大屏蔽效应。从现实来看,中国的情况十分复杂,不仅城乡二元结构难以短期改变,海量农村青年只能白手起家,城市未富阶层也是数量众多,加上城市优先发展、社会发展滞后于经济发展,青年生活成本压力在某种程度上超过了压力转换为动力的阀限,特别是在少数腐败分子、官二代、富二代拼爹现象的不良影响下,不仅滋生社会怨恨,而且严重碾压青年人压力变动力的转换机制。这是需要引起高度重视的重要社会问题,也是今后应对人口老龄化和实现中富化目标必须从社会政策上强力改变的重要问题。

五是社会干预问题。近年来,心理脆弱、能力与年龄不匹配、畸形恋爱婚姻观等问题青年数量呈现增长趋势,迫切需要强力社会干预。但是,如前所述,专门面向年轻人的社会干预机构很不发达,除团组织、妇女组织、工会组织之外,相应专业化的社会工作机构比较缺乏。这也是社会发展政策的重要努力方向。

(5)中壮年问题。中壮年是人类的中流砥柱。中壮年倒了,这个社会就塌了。从某种意义上说,如前所述,我们的社会实际上就是中壮年社会。人们常常讲尊老爱幼,话语对象虽然是全体社会成员,但主体却是中壮年人。

一是发展能力后劲问题。在加速度发展的当代学习型社会,很少有吃一辈子的单项生存技能,"富无经业"(司马迁语)几乎可以说是永恒职业定律,必须终生学习。对于中壮年人来说,面对经济社会巨变带来的产业职业巨变,如何与时俱进更新生存发展技能始终是最大难题。同时,如前所述,大龄劳动力如何融入新兴产业,这可能是未来老龄化过程中的一个重大难题。解决这一问题仅靠个人、仅靠失业保险制度是无能为力的,必须将其纳入社会发展政策的重要位置来作出全面长远安排。这也是确保中壮年人跻身并保持中富阶层地位的重要举措。

二是两头负担问题。古今中外,人类历史上,"两头吃中间",这是天经地义的。但是，人类社会进步的铁律却是"两头吃中间"必须有剩余，否则，就会压垮中间，导致社会发展陷入恶性循环。目前，从家庭来说，站位中壮年人看，一方面，老的一头的生活、医疗、照护等压力正在快速加大，未来的压力将会伴随老龄化和高龄化而有增无减；另一方面，少的一头的教育、住房、就业、婚育等压力过大，甚至对老的一头和中壮年自身的消费产生深刻的挤出效应。这种状况是不可持续的发展方式，也是老龄社会条件下社会发展政策着力的重中之重。从整个社会来说，站位中壮年人看，过去，由于中国所处发展阶段的特殊性，即必须优先发展经济，整体实现全面小康的目标之后才能谋划更高层次的发展。因此，社会发展相对滞后，家庭和社会政策必然存在诸多短板，面向青少年和老年人这两头的看护、教育、就业、医疗、康复护理等诸多问题的公共服务体系还很不完善，必然造成中壮年人压力巨大。从国家来说，中国尚处于社会主义初级阶段，面对日益复杂的国际国内矛盾，工业化和城市化任务尚未完成，必须把资源用在许多基本建设上面。现在正处于开始中国式现代化建设的起点期和重大调整期，此前中壮年作出的贡献不可磨灭，但面向未来，必须逐步全面补课，这也是今后减轻中壮年负担、进而推动中壮年家庭跻身和保持中富阶层需要解决的重要问题。

三是老后准备问题。中壮年期既是人生最辉煌的时期，也是着手未来漫长老年期生活的关键准备期。除了健康、知识技能、社会网络资源等外，重中之重是要充分做好老年期生活的金融准备。过去，由于寿命短暂，人们特别是40岁以上人的口头禅就是"一切为了下一代"，竭尽所能遗产于后成为大多数中壮年人的人生终极目标。现在已经步入人人普遍可以活到80岁甚至更高年岁，传统的遗产动机和遗产安排特别是遗产技术支持（如金融工具）等已经发生重大转变。理论上说，中壮年人要准备多少金融资产才能支撑自己活到高龄而终，这是他们必须面临的重大人生战略问题。但现实的情况是，青年一代晚熟，生活观念过于超前，再加上寅吃卯粮等金融投机机制的推波助澜，不仅抵押了青年人自己的未来，也挤占了中壮年一代的未来。因此，未来的社会发展政策乃至经济发展政策的重大安排之一，就是要扭转这一被动困局，让人们特别是青年人的生活成本更低,让中壮年人在适当帮助子女的同时,做到能力有余并为自己的未来老年期做好充分的金融准备。从历史和现实来说,40岁往往是人们做好老年期金融准备的最佳年龄起点(当然起点越早越好)。在40岁以后,子女和自己的大多数家庭重大生活安排(住房、婚姻、教育等)已经基本完成,储蓄池有条件开始储蓄。据此,未来的社会政策和制度安排就需要充分利用这一年龄起点,防止错过或者一错再错,导致老来准备成本更高的风险发生。从本质上来说,中壮年人的老年期金融准备是未来老龄社会条件下实现中富化战略目标的重要组成部分,也是未来人们跻身中富阶层的硬性指标。

(6)老年人问题。老年人是人类的后盾。进入老年期的人的问题十分复杂,比处在前老年期的人的问题都复杂。一方面,往后看,经历前半生积淀丰富而深厚;另一方面,往前看,老年期超过就业准备期的态势还在不断深化。在老龄化超越中富化的背景下,相应问题十分突出。

一是退前和老年期初期的适应问题。全生命来看,前半生是走上坡路,后半段身体上走下坡路但精神上应当仍然是走上坡路线,这是一项基本规律。如何应对,这是人到老年期的共同课题。和青少年社会化研究和干预受到广泛重视不同,老年期的再社会化研究和干预没有得到应有的广泛关切。如前所述,进入老年期前后人们死亡率的小幅上升和相应牵连性疾病上升和加剧,就是明证。因此,退前教育和老年期适应教育需要加强。

二是老年期能力提升和教育问题。终生来看,综合能力是人的全生命生存所必需的,但不同阶段,这一综合能力的重点是不同的。到了老年期,人的综合能力提升面临诸多问题。例如,自我独立生活能力、社会生活能力、经济生活能力、融入科技时代的能力等。如何解决这些问题是老年教育的核心。从某种意义上说,抓好老年教育是应对老龄社会的一个重要战略选择。如同多办一所大学就可以少办一所监狱有异曲同工之妙一样,多办一所老年大学就可以少办一所医院、养老院或者护理院。目前,整体来看,与基础教育、高等教育和职业教育相比,中国老年教育的发展现状和世界第一老年人口大国的地位很不相称,需要从基础设施、教师队伍、教材教法、运行体制机制、投入方式等方方面面花大力气解决相应问题。

三是健康和疾病问题。任何人和任何人生阶段,个人都是健康的第一责任人,也是应对疾病的主体。除了医疗卫生制度、医疗社会保障制度及其相应服务体系之外,个人如何应对老年期的健康和疾病挑战,这是一个迫切需要解决的现实问题。目前,中国老年人的分病种患病率几乎都高于发达国家,这和我们所处经济社会发展阶段和人口基数的国情紧密相关,但也暴露出老年人群中健康观念(如前述的"被动健康观念")、生活方式等方方面面存在诸多问题。这些问题需要在前述"主动健康观"的引领下采取系统性举措加以解决。

四是休闲和精神文化生活问题。这一问题已在前章讨论过,这里不再重复。老年人是时间的富翁,有充分条件从事休闲和精神文化生活。但是,虽然中国已经迈入老龄社会,并有了20多年的发展历史,但现有社会的休闲和精神文化生活安排,从理念、设施、内容、项目等方方面面都是年轻社会的那一套,基本上没有针对广大老年人的系统性设计和安排。目前围绕老年广场舞的是是非非,说到底是我们的休闲和精神文化生活体系没有为老年人做好准备的具体体现。文化是人类的灵魂,更是人在老年期的灵魂。因此,以"内容为王",建设适应老龄社会要求的休闲和精神文化体系,为老年人提供更丰富的休闲和精神文化产品及服务体系,就是一项十分重要的社会发展任务。

五是失能和长期照护服务问题。这一问题目前已经引起中国政府和社会各界的广泛重视,而且从硬件基础设施建设、软件服务体系建构、相应支付体系设计、服务模式创新、人才队伍建设等方方面面正在采取系列举措,随着时间的推移,形成完善的中国特色的长期照护服务体系是可以预期的。现在最大的问题主要有三个:失能预防体系问题;长期照护服务保障体系问题;长期照护服务体系建设问题。在此不论,后面具体论证。

六是遗产安排问题。实践表明,老年人的身后事务必须生前来办。全面而长远来看,大众普遍的长寿化现象是重大的人类历史现象,不仅对人类发展、经济社会长远稳定繁荣影响深刻,而且从整体上将变革人们的遗产观念、全生命资产配置制度、家庭生命事件安排方式,对于越来越长寿的老年人来说,都需要重新考量,并在社会发展政策的帮助下提前作出安排,确保后顾无忧。例如,"一切为了后代"这种短寿时代的观念恐怕需要认真反思,自己的资产准备首先够不够支撑到高龄阶段,恐怕比"遗产有没有的问题"更为重要。此外还有一个"人家要不要的问题",即跻身中富阶层的年轻一代未来不一定都指望着父母的遗产活着(也许除少数富翁子女外)。又如,适应老龄社会的遗产制度应当如何构建,近些年越来越多的老夫少妻现象常常出现少妻虐待高龄老夫并谋财乃至害命的案件日益增多,现有法律解决不了这些问题。这些问题都需要解决。总体来看,中富化的一个重要目标就是,让老中青各自花各自的钱的基础上适当互相帮助,剩余才是遗产的标的。

(7)各年龄群体之间的利益格局和协调问题。总的来看,我们现在解决了温饱问题,但是,小孩的问题还没有完全解决好,青年人的问题还十分突出,老人的问题也越来越多,中年人颇有些"焦头烂额",而且中壮年人自身的问题也还没有很好地解决。同时,中间还夹杂性别利益和互动关系的日益复杂化问题。总体来看,各种问题堆积如山,似乎比过去主要解决肚子问题更难以应对,形成一种前所未有的发展艰难感。实际上,这种体验是现实的,但却是需要正确对待的。过去,在温饱问题尚未解决的情况下,我们如同身处水中,在温饱问题刚刚解决的瞬间,我们感到日子好过了。但是,人类生存发展的复杂性正在于此。在吃不饱肚子的时候,所有人只想一件事,那就是如何填饱肚子。不过,一旦填饱肚子,人们的想法就会越来越多,与饥饿状态下的所思所想比较起来可谓云泥之别。似乎到处都是问题,到处都需要补课,人们体验到的困顿感也较之刚刚吃饱肚子的瞬间快感更为深刻,其困顿感体验是饥饿状态下的单一性肚子问题不可比拟。从本质上来说,这是人类发展和社会进步的正常体验。这是走上坡路的困顿感,爬坡的艰难和饥饿的困苦不可等量齐观。退一步说,中国搞社会主义才探索了几十年还不到100年。我们需要在日常的体验上超越现实,从历史发展长河中认识我们的问题和我们的目标,这样才不会失去方向。

面向未来,从本质上来说,人口老龄化也是代际利益格局和冲突问题。未成年人、成年人和老年人三大年龄群体的结构性变动,将会冲击年轻社会资源配置重心集中于年轻人口身上的格局,不仅加剧原有的社会矛盾,而且还会带来诸多新的问题。蛋糕如何在三大年龄群体之间进行分配,这正在成为老龄社会诸多社会矛盾的重要根源,也是建构适应老龄社会要求的社会发展政策和相应制度的重要焦点问题,更是未来实现中富化目标和应对人口老龄化的关键节点之一,不仅关系经济持续发展,而且关乎社会稳定,长远来看攸关政治稳定,需要我们高度关切。

(8)精神问题,已在第四章做过讨论。

(9)特殊弱势群体问题。无论在任何地方、任何时代,由于各种原因,人类社会不可避免地面临身心残疾人、无家可归者、穷人、鳏寡孤独等特殊弱势群体。他们同样是社会的主体。在老龄社会,这些特殊弱势群体仍然存在,但其数量、类别以及具体境遇会有大的变化。更重要的是,伴随中富化目标的实现,原有的特殊弱势群体面临的物质匮乏问题将会得到解决,但相应社会关爱和精神问题又会变得比较突出。同时,伴随向超老龄社会的演进,特殊弱势群体中的老年人问题会变得日益突出,而且,除在物质维度面临问题外,精神关爱和社会公共服务特别是老龄服务的问题将会成为一大难题。这就需要在健全社会救助、社会保险、商业保险以及社会互助等制度体系,应对生育、就业、养老、疾病和失能风险为核心的社会保障制度的同时,大力发展老龄文化、老龄服务事业和产业,为他们提供相应服务。

(10)死亡和安乐死问题。这是重大的人类问题。在漫长的年轻社会,由于对生命秘密的无知,特别是由于迫于生计、寿命短暂、生产能力低下、科学技术尤其是医疗科技相对落后,人们更关注生的问题,死的问题成为次要问题。简言之,年轻社会条件下生境问题远远比死境问题更为重要。迈入老龄社会之后,人类生境问题发生天翻地覆的变化,人类终于有条件来探求死境问题。

首先,人死问题是全人类的问题,人人都要面对。

其次,人死观问题。人死观就是人类如何面对自己死亡和他人死亡的看法问题。研究表明,动物不知道自己会死,它们没有死亡观念,唯有人类是确知自己是要死的高级物种。人类知道自己的宿命,有深切的死亡意识,因而十分痛苦,从而不断思索生命的意义。但是,千百年来,中国人高度重视人生观,忽视甚至淡漠人死观。可以说,忽视死亡观教育是中国传统文化和现代教育内容的一大缺失。目前,死亡观教育尚未列入正规教育内容,基础教育、中等教育和高等教育中的死亡观教育内容,与人生观教育极不平衡。在现有的老年教育中,在有关死亡的话题上,人们往往是讳莫如深。在死亡观教育问题上,我们还存在许多触及人性最敏感神经的难题。例如,对于植物人应如何对待? 如果我们的父母不幸成为植物人,我们应当如何对待? 我们的亲人特别是年轻和年老亲人罹患癌症,究竟应当如何对待? 可以预见,随着人口老龄化特别是高龄化的快速发展,在越来越多的人跻身富裕阶层以后,面临这种死亡困境的人会越来越多。

再次,死亡管理问题。在短寿时代,人们更多的是考虑"如何生"的问题,死亡是人生忌讳的重大话题。现在,我们已经步入长寿时代,活得长的可能性已经开始倒逼人们在考虑"如何生"的问题的同时,进一步考量"如何死"的问题。而且,由于长期忌讳死亡的文化积淀深厚,对"如何死"的问题存在诸多观念、制度安排以及具体安排的缺失,造成死亡管理难题日益凸显,如究竟是死在家里还是医院? 究竟是火葬还是土葬? 骨灰应当如何安排?"死得起"还是"死不起"? 或者干脆死后哪管他洪水滔天等。总之,过去"如何死"这一人们普遍忌讳的话题现在已经全然浮出水面,成为人们日益焦虑且可以摆上桌面的重大话题。长寿时代的到来,要求我们不仅要考虑怎样生,更要考量怎样死。人们不仅要考虑怎样老,还要考量如何终。客观地说,自新中国成立以来,我们逐渐建树起一整套殡葬事业体系,并取得重要成就,但面向未来,总体上还难以应对即将到来的死亡人口的增长浪潮。截至 2021 年底,全国共有殡葬服务机构 4530 个,其中殡仪馆 1821 个,殡葬管理机构 1127 个。民政部门管理的公墓 1567 个。殡葬服务机构职工共有 8.4 万人,其中殡仪馆职工 4.7万人。火化炉 6063 台,火化遗体 459.5 万具。火化率 47.1%,比上年增加

0.1个百分点。但是,面对未来的人口老龄化形势,目前的殡葬事业格局恐怕难以胜任。一是管理协同不够。2021年,全国死亡1014万人,管理机构涉及民政、公安、人社、土地等诸多部门,各管一摊,需要协调。有的地方出现的情况是民政部门处理火化了,公安部门那里的户籍还没有注销,结果人社部门的养老金还照常发放,阳界吃阴间的现象难以根除。二是火化率不高。火化技术落后。环保型殡葬业务开拓不够。三是殡葬服务供不应求,每年的清明节已经成为管理难点节日。更重要的是,许多农村村民不愿意火葬,农村墓地占据有限耕地面积问题日益突出;城市的焦点问题在于土地紧张,造成墓地价格飞涨,老百姓惊呼:"死不起!"人口老龄化既是老年人口大幅增长的过程,同时也是死亡人口的大幅增长过程。2022年之后,中国在进入人口负增长阶段的同时,也开始迈入死亡人口较快增长的阶段。面对这一严峻形势,包括墓地以及连带一系列殡葬服务的死亡价格问题日益凸显,牵动人心,并考验我们的大规模应对死亡潮的能力。一句话,现有的殡葬制度体系还是年轻社会的旧观念,如果不彻底改革,处理不好,关系社会长期稳定。

最后,安乐死应当成为一种重大制度安排。"死亡质量"关系每一个人内心深处的最大隐忧,这就是死亡疼痛。具体来说,它主要是衡量一个国家或地区可以为临终前患者提供缓解死亡痛苦的医疗护理安排水平。广义地讲,这种医疗护理安排也包括对患者亲人的精神慰藉。当然,衡量"死亡质量"还需要具体的量化指标。其中,最核心的理念是对死亡前疼痛的基本管理,它的终极目标是"无痛死亡"。这样看来,死亡质量这个新范畴不仅符合人性,关切每一个人的死亡疼痛状况,而且凸显人文关怀,关切每一个人亲人离别时不能替代的疼痛。可以说,无痛死亡是未来老龄社会的基本底线要求。2015年10月,具有全球影响力的经济学人智库(EIU)发布了《2015年度死亡质量指数》报告,该报告对全球80个国家和地区"死亡质量指数"进行了调查并排名,其中,中国排名第71位。值得关注的是,目前,全国专门从事安宁疗护的机构数量凤毛麟角,从业人员更是十分匮乏。对于一个世界上第一老年人口的大国来说,这个数据太寒碜了。痛哭着来但绝不能剧疼着走!辛辛苦苦一辈子,承受了生活的苦难,绝不能在我们最脆弱的时候再承受加总式的巨大疼痛,甚至疼死!对此,我们应当直接面对,积极作为,从法律体系、专业化服务体系上有所准备,确保我们人人能够无痛登仙。

安乐死的理论和实践都有很长久的历史。斯巴达人为了保持健康与活力,直接处死那些先天病态的儿童。亚里士多德曾在其著作中表示支持这种做法。在《理想国》一书中,柏拉图赞成把自杀作为解除无法治疗的痛苦的一种办法。毕达哥拉斯等许多哲人、学者、政治家都认为,在道德上对老人与虚弱者实施自愿的安乐死是合理的。目前,全球只有荷兰、比利时、瑞士和美国的一些州等少数国家或地区通过了安乐死法案。在大多数国家,安乐死还没有合法化,但从全球范围看,人们对给予病情危重而又无法治愈的病人以死的权利和自由的做法,越来越多地采取同情的态度。因此,值得关注的是,虽然非法实施安乐死是犯罪行为,但在民间,支持实行合法安乐死的人数正在不断增加。

现在,实施安乐死的必要性,特别是如何对待无治疗价值和无意义生存,人们的社会认知已经逐渐趋同,问题在于技术层面,即如何制定严格的法律和科学的操作规程以及刚性的监管机制,才能确保实施真正有需要的安乐死,预防故意杀人。解决任何问题,无非道和术两个层面。对于实施安乐死,今后恐怕要做的工作首先是培育社会共识,但重点是技术层面。需要强调的是,我们不能以技术层面的疑难和操作层面的复杂,而失去对真正有需要者的生命尊严的尊重!更不能以非痛者的其他伪善理由置痛者的痛苦于不顾,并从痛者身上渔利!

我们社会中有很多议题永恒争议,例如贫富差异等,但这些问题一般不触及生命。不过,安乐死不同,可以说,安乐死是近年来社会话题中最触及灵魂的问题。因为,是否有必要、如何实施安乐死以及实施后果如何等问题,涉及的不仅仅是道德、伦理、法律等问题,而是从根本上涉及人类共同的全部生存发展的综合底线问题。

以上十个问题是关于作为社会主体的人及其群体的相关问题。贫困问题特别是贫富悬殊问题也是重要问题,我们放在后面讨论收入问题、分配问题时再作分析。自杀、犯罪等社会异端问题放在后面讨论社会秩序时再研究。

2. 家庭建设问题。在中富化和老龄化的交叉演化过程中,家庭的作用及其机理问题目前在学术界尚无统一定论。说老龄化导致家庭小型化和功能弱化的人有之,也有人认为家庭小型化和功能弱化导致了老龄化,还有人认为中富化的前提是家庭小型化,否则,大家庭结构很难实现中富化目标。看来,家庭在中富化、老龄化交叉演化过程中的作用机制十分复杂,不能简单对待。但无论如何,作为社会和人类演化的基本单位,家庭既是人类演化至今生生不息的重要秘密,也是中华文化和中华文明绵延不辍的根本依托,更是未来构建橄榄型社会和理想老龄社会的重要基石。从理论上来说,工业化和城市化作为现代化的两大引擎,不仅从宏观上推动人类从农业社会走向工业社会进而走向后工业社会和后现代社会,从乡村社会走向城市社会,而且从微观上导致家庭发生了一系列深刻的结构和功能革命。面向未来,在中富化和老龄化过程中,家庭革命将日益复杂,带来的问题是系统性的,不仅摇荡其根基,也深刻影响个人和社会的预期,是关系未来社会发展领域基本走向的重大问题,需要引起高度重视。

首先,家庭小型化趋势将加剧社会碎片化,带来的问题十分复杂而深刻。从某种意义上说,家庭发展史就是家庭小型化的历史,发达国家家庭小型化已走向新的分叉,甚至出现去家庭化的现象。和以家庭文化为根基的历史相比,中国家庭的小型化趋势也是惊人的。一是家庭规模不断缩小。2010 年,中国的家庭规模为 3.09 人,2021 年已跌破 3 人,为 2.6 人。和发达国家不同,中国的特殊性在于独生子女家庭规模庞大,为 1.5 亿,占家庭总户数的 1/3。家庭规模缩小特别是一对夫妇和一个子女(甚至不足一个子女)的人口结构,不但不能满足家庭的世代更替,而且,一旦子女夭折、患病或者出现其他意外,父母年老时就不可能依赖子女,只能转而依赖社会,家庭问题将不可避免地外化为社会压力,从而加重社会的负担。

二是亲属关系和社会支持网络的巨变。人口老龄化过程中,人类有文明史以来建立起来的亲属关系、社会网络以及相应的基本理念、价值和伦理规范将发生根本转变。最突出的就是大量不生育人口的亲属关系,特别是直系亲属关系以及旁系亲属关系将日趋简单。不仅堂兄弟姐妹、伯伯叔叔、伯娘婶子、侄子侄女等称谓,而且舅舅舅妈、姑姑姑父、外甥外甥女以至姐夫、小姨子等亲属称谓将成为词典中的概念。亲属关系是人类有文明史以来建立的第一个社会网络,血缘基础上的亲情以及稳固的交往关系,充分体现了人类的社会性,使人类能够区别于动物界。同时,依靠根深叶茂的亲属网络,人类得以征服自然、征服来自其他亲属网络的压力。在漫长的人类文明史中,到现代以前,亲属网络的作用不可替代。在某种意义上,人和人的竞争实际上就是亲属网络之间的较量。现在,亲属网络日趋萎缩,亲属关系的功能也日渐削弱,人们把这些功能转移到了其他方面,例如同学、朋友、同事、老领导、老部下等社会网络。这个转变是十分深刻的。值得关注的是,中华文化之所以成为唯一延续至今不辍的人类文化,根本就在于它扎根于古老的亲属关系,由此建构起一整套包括父子、兄弟、夫妻等伦理关系的文化纲常,成为支撑中华民族文化的重要核心价值。现在,人们认为儒家传统文化面临前所未有的挑战,感到社会发展越来越失去人间温情,原因就在于产生儒家文化的基础之一——亲属关系发生了深刻的变化。至于"00后"一代成为无根一代(不关心亲属)已经引起方方面面的高度关切。实际上,他们不仅不关心亲属,甚至邻里之间也不打招呼,邻里关系也日益淡化。这说明,在家庭小型化的后面是人的原子化。这种现象值得关注。

三是离巢和空巢现象日益普遍。现在是全球化时代,社会流动性不断加快,拜信息化、数字化和智能化所赐,人们之间的社会距离不断拉近,但人们特别是家庭成员之间的物理距离越来越大。一方面,年轻人离巢居住的"与老分居"现象十分普遍。伴随城市化进程,特别是房地产业的迅猛扩张,青年人与老分居现象日益普遍。另一方面,老年人"与小分居"的空巢现象也司空见惯,越来越多的老年人不愿意与子女共同居住。根据中国老龄科学研究中心调查,2015年,超过半数的老年人愿意和子女同住,农村高于城镇。2021年,这一比例依然不到六成。居住安排是家庭生活的重要方面,共同居住也是家庭关系和功能的重要条件,更是现代人不同年龄群体人的生活方式的重要因素。离巢现象和空巢现象的交相变动对现代人的影响尚未得到充分研究,也是产生诸多家庭问题甚至外溢为社会问题的重要原因。从某种意义上说,离巢家庭和空巢家庭的出现是社会文明进步的表现,说明无论父母还是子女,他们的独立性不断增强,但这是有条件的,即如果父母身心健康,这样的空巢家庭无疑不是问题家庭。但如果父母身心健康出现问题,子女又离巢而居,甚至异地而居或异国而居,这样的空巢家庭当然就是问题家庭,不可避免地就会越出家庭范围,转化为社会问题。同时,离巢而居的年轻人往往由于缺少父母的指导和照顾,年轻人也面临离婚率提高等诸多问题。另外,值得重视的是,家庭内部夫妻分开居住的现象也越来越普遍,这也是研究家庭小型化问题的重要现象。

产生上述家庭小型化现象背后的原因是复杂的,既有现代化即工业化和城市化等宏观方面的原因,也有发展水平提升带来不同年龄段人群经济社会能力提升的原因,还有冲破集体主义文化氛围的个体主义等文化以及西方生活方式、时尚等方面的原因,实际上,今天的老年一代也已经今非昔比,他们在价值观念、生活方式等方面的变化也是巨大的。面向未来,家庭小型化对中富化趋势的影响具有两面性。家庭小型化趋势不可逆转,回到大家庭甚至大家族时代是不可能的。但是,一方面,家庭小型化可能有利于中富化目标的实现,船小好调头,提高人均收入空间大;另一方面,家庭小型化可能不利于中富化进程。如果处在未富阶层,人们之间的相互帮助将会因为家庭小型化算计而失去根基,从而不利于共同富裕机制的建立,加剧共同贫穷的恶性循环。同时,家庭小型化对老龄化的影响也比较复杂。一方面,家庭小型化甚至碎片化,离巢化和空巢化不断深化发展,加大社会离心力,各顾各家,生育新一代压力加大,不仅会提升老龄化水平,甚至会引发人口过度老龄化风险;另一方面,老年一代照顾年轻一代面临诸多难题,年轻一代照护年老一代也面临诸多艰难选择,甚至不得不付出辞职、迁移的代价。总体来说,我们现在的社会发展政策对家庭小型化趋势,还缺乏长远的设计和安排。

其次,家庭的稳定性受到挑战,巩固家庭作用困难重重。一是婚姻关系的稳定性不断减弱。现代化不仅改变了人们的生产方式,生活方式的改变也是革命性的,不仅颠覆了传统的两性关系,而且颠覆了传统的婚姻关系。20世纪60年代以来,伴随女性经济社会独立性增强,性解放运动的广泛蔓延,发达国家离婚率一直呈现不断上升趋势,对婚姻关系的稳定性形成前所未有的冲击。中国的情况也不容乐观。令人担忧的是,农村地区离婚率也有了前所未有的提升。离婚率的提高、婚姻关系稳定性的降低带来风险的长期性影响值得关注。如果高离婚率没有一个高再婚率作为补偿,必然会使家庭规模进一步缩小。同时,还会增加单亲家庭数量。二是低生育率深刻削弱家庭的稳定性。生育后代是稳定婚姻关系进而形塑家庭结构、完善家庭功能的重要底层逻辑。但是,不愿意生育后代已经成为全球性蔓延的当代社会病。没有后代奉养的牵绊,婚姻的长期稳定性将面临风险敞口。三是养老功能的日益外化不断弱化家庭的稳定性。西方家庭稳定性之所以不如中国,重要原因之一在于西方家庭不像中国家庭那样,在养老功能上有强大的文化整合力。家庭在养老功能上的设定,不仅在于实现家庭代际资源交换,而且关键在于家庭稳定性的功能建构,在年轻一代和年老一代之间建立起坚强的代际扶持预期,形成家庭稳定性增强的老少资源互动的交换闭环。但是,伴随生产生活方式的革命性变迁,传统家庭的养老功能日益外化,人们在老年期不仅拥有养老、医疗和长期照护保障制度,还有日益丰富完善的老龄服务。不过,在老年人能够从家外得到的相应资源和服务的同时,家庭的养老功能便面临逐步被掏空的境地。四是经济功能的弱化将影响家庭稳定性的根基。从发达国家来看,现代化使人们成为工资赚取者,同时,覆盖全生命的社会保障制度等也促进个人的经济独立性显著增强,家庭已经从经济单位成为非经济单位。从中国的情况来看,家庭作为统一蓄水池的功能受到冲击,这是家庭稳定性降低的重要经济原因。五是孝道文化的动摇从深层次销蚀家庭的稳定性。产生儒家孝道文化的土壤即农耕文化已经失去,家庭结构小型化特别是核心家庭各自为政的原子化效应,使孝道文化的整合力严峻受挫。现在,对年轻一代有所指望的老人越来越少,心甘情愿为子女带孩子的老人也在不断减少,真正有条件有实力有资源(如时间资源)有精力(长寿时代条件下照顾高龄老人的中低龄老人的精力不足)长期照护父母的年轻一代压力越来越大,这些现实性的矛盾使孝道文化落地生根困难重重。

最后,风险家庭越来越多,家庭社会政策捉襟见肘。我们正处在一个十分怪异的时代。未婚同居日益普遍,独身主义愈益盛行,同性恋越来越公开甚至要求同性结婚,离婚率居高不下,丁克家庭随处可见,传统的生育观念彻底改变,甚至出现某种变态的倾向,对传统家庭的基本结构和功能产生的解构性影响十分深刻。可以预见,随着时间的推移,这些人群进入老年期必然是问题老人,造成的负担只能由社会来承担。同时,如前所述,独生子女家庭规模十分庞大,并逐步迈入老年。据中国老龄科学研究中心调查,2015年,在全国老年人口中,独居老人占比为13.1%,仅与配偶同住的老年人占比为38.2%。2021年,以上比例分别提高到14.2%和45.5%。总之,各类风险家庭都有增加的趋势。需要关注的是,由于社会发展滞后于经济发展,面向家庭的公共政策还存在许多短板。一是家庭公共政策理念需要从减少生育向增加生育转变,从年轻社会的家庭观向老龄社会的家庭观的转变。二是面向未成年人、成年人和老年人年龄平等的家庭政策体系还存在不少空白,例如托育支持政策、促进适龄青年结婚的家庭政策、居家养老政策、促进社会性断乳的防"啃老"政策等,还有很大的补课空间。三是支持家庭的公共财政政策特别是面向居民重要生命事件的补贴津贴政策等,还需要进一步完善。

家庭结构的深刻改变,从根本上动摇了人类延续几千年传统的家庭功能,不仅经济功能空前弱化,而且社会功能今非昔比,养老功能也面临危机,唯有抚育后代的功能还相对比较坚挺。总体来看,家庭从结构到功能的革命给未来中富化和老龄化带来的挑战正在日益增多,需要高度重视,统筹考量。回到大家庭时代已不可能。但是,作为人类演化和中国文化绵延不辍的根基在家庭,当前面临的诸多家庭问题,本质上是我们没有适应老龄社会新时代需要建构相应的家庭模式。面向未来,家庭仍然是社会的基本单位,也是未来中富化和老龄化过程中的基础性结构。家庭既是中富化的主体,也是应对跌落中富阶层风险的承担者。老龄社会的诸多问题需要各类主体协同解决,但家庭的作用不可替代。因此,一方面要加快社会建设,应对家庭面临的各种风险;另一方面要重构家庭政策体系,巩固家庭的基础性作用,从源头上减少风险家庭,进而为更多人实现中富化梦想和防止过度老龄化创造良好的家庭根基。

3. 政府建设问题。狭义社会发展是政府的根基性职能,关系政府执政的合法性、连续性和长期性。现代政治学理论表明,政府虽然不是万能的,但政府肩负全社会对内对外的公共管理职能。简言之,现代国家发展都面临政府失灵、市场失灵、公益失灵和家庭失灵、个人失灵的情况。解决这些失灵问题唯有靠制度安排。其中,政府扮演的角色就是公共管理职能,核心是建构完善的制度体系,并通过法治化做好长期化良性运行的保障。从狭义社会发展来说,就发达国家来看,由于他们属于现代化先行国家,有条件全面解决社会发展领域的许多关键问题,并在许多方面建立起相对完善的政策、制度和法律体系,其社会发展职能的履行有较长的历史。中富化和老龄化的先行到来就是明证。不可否认,也存在诸多根本性的难题。例如,少数人站位的资本主义化对大多数人利益的挤占乃至剥夺问题、贫富悬殊问题等日益尖锐。就中国来说,我们尚处于社会主义初级阶段,经济发展是优先要解决的问题,社会发展相对滞后是一种无奈的必然选择。我们正式把社会发展纳入五位一体总体格局是 2012 年才开始的。因此,政府在社会发展领域的问题目前看比较突出,这是有历史原因,也是阶段性的。

目前,从政府职能建设来说,着眼全面建设社会主义现代化强国目标所要求的中富化目标和无法回避的老龄化挑战,面临的社会发展问题主要包括:一是理念问题。现有的社会发展理念不仅与经济发展理念不匹配,而且总体上还属于年轻社会的理念,缺少老龄社会的新思维,缺乏年龄结构视角。如何构建适应老龄社会和长寿时代要求的社会发展政策和制度体系,还需要转变观念,从社会发展理念上作出系统性创新。二是体制机制问题。在建设党委领导、政府负责、社会协同、公众参与和法治保障的社会治理体制上，还存在部门条块分割、社会力量弱小、公众参与机制不畅等问题。三是政策体系问题。相关社会发展政策、制度和法律体系建设，在分人群特殊政策、家庭政策、社会组织政策、覆盖国民全生命连续性政策以及区域社会发展政策方面，存在着缺少一体化安排等问题。四是社会发展公共财政投入机制问题。据测算，目前，社会发展公共财政投入占 GDP 的比重在 20% 左右（焦长权、董磊明，2022），与发达国家还有较大的差距。五是社会发展组织建设滞后问题。不仅数量不足，许多社会组织发挥作用不充分。六是社会发展人才缺乏问题十分突出。

总体来看，从各级政府来说，其发展经济的能力相对较强，如何发展经济，例如招商引资、区域开发、科技创新等，许多地方政府都可以找到自己的路径，已经形成行之有效的发展路子，这也是改革开放以来经济发展取得举世瞩目成就的重要原因。但相对来说，如何推进社会建设，许多地方政府不仅没有思路，甚至认为社会发展主要就是花钱，这也是不少地方社会发展水平跟不上经济发展步伐的重要原因。面向未来，各级政府如何树立适应长寿时代要求的新理念，制定相应实现中富化目标和应对老龄社会的社会发展战略，出台配套政策措施，提高社会治理能力，整体上走出一条像发展经济那样成熟的社会发展新路子。这是各级政府面临的一项重大而紧迫的长期任务。

4. 企业建设问题。狭义社会发展不仅是政府的重要职能，也是企业的重要职能。换言之，企业也是社会发展的重要主体。一般来说，企业是市场的主体，"企业不能办社会"，这是正确的。但是，企业如果只顾发财致富，不考虑社会发展职能，这样的企业就是资本主义企业，而不是社会主义企业。这样的市场主体也是资本主义市场经济的企业主体，而不是社会主义市场经济的主体。中国的本土企业，无论国有企业还是民营企业，都属于社会主义市场经济的企业，纯粹的外资企业在中国发展也需要承担其社会发展职能。否则，不回应中国消费者的需求，他们也很难在中国立足。在国外特别是资本主义发达国家从事经济发展的中国企业，不仅要回应发达国家消费者的需要，更要为国内社会发展作出贡献。总之，中国的企业家不是利欲熏心的资本家，中国的企业不是只顾发财致富不顾社会发展职能的资本主义企业。实际上,从发达国家的成熟企业来看,凡是能长期立于不败之地的,基本上都是发挥社会发展职能较好的企业。道理十分简单。如果只顾发财致富而不顾社会发展要求,任何企业都会失去消费者,任何企业的品牌都很难持续,倒闭破产是必然的。

中国的企业正在不断成熟。但是,目前,中国企业发挥社会发展职能还面临许多突出问题。一是理念问题。许多企业把企业发挥社会发展职能局限在做好人好事和树立良好社会形象的狭隘思维上,没有真正从发展经济的路子的背后,找到发展经济的底层逻辑,需要企业从社会发展层面作出长远考量。合理的利他主义才是最好的合理利己主义。你的产品和服务不考虑消费者的真实需要,消费者就不会买你的账。没有这一支撑,一切品牌战略都是谎言。二是企业和政府的关系问题。企业特别是成熟企业往往都有发挥社会发展职能的自觉性。但是,长期以来,由于我们在政府和市场、政府和企业的关系处理上存在诸多漏洞,一方面,缺乏企业发挥社会发展职能的完善顺畅的渠道、机制和政策,如公开透明的慈善免税政策体系。另一方面,一些地方政府少数官员贪污腐败,盘剥企业,挫伤了企业发挥社会发展职能的积极性。从根子上来说,最大的问题就在于政府要淡化经济发展职能,强化社会发展职能,通过制度安排,真正让企业成为经济主体,培育其发挥社会发展职能的自觉性,为他们建立公开透明的渠道和机制,促进企业在发挥社会发展职能中得到经济发展的强大底层持续支撑。三是企业和行业组织的关系。工业革命以来,行业组织对于企业发展的作用可谓举足轻重,不仅有利于实现行业管理目标,也为企业成长特别是企业发展社会职能起到重要作用。现实中,中国的行业组织还不发达,作用发挥很不充分,甚至存在少数企业垄断行业组织的现象,这是必须要解决的一个大问题。四是企业和其他社会组织的关系问题。社会组织是企业的战略伙伴,企业也是社会组织的战略伙伴。但是,由于社会组织建设相对滞后,企业与社会组织的机制性互动发展还有很长的路要走。

面向未来,无论中富化目标的实现,还是老龄化的深度演化,未来的需求和消费结构将会发生一场深刻的革命,如何厘清政府和市场、政府和企业的关系,如何建立公开透明的多元渠道和长效机制,使企业通过 ESG 体系在充分发挥社会发展职能的过程中实施品牌战略,赢得中富经济和老龄经济的更大市场份额,这是摆在所有企业面前的一个重要战略课题,也是未来社会主义新型企业的重大机遇。

5. 社会组织建设问题。社会组织是非政府、非营利的公益组织,也是社会的重要主体,可以解决政府失灵和市场失灵造成的许多社会问题。从理论上说,现代国家治理体系的发展方向是实现政府组织、市场组织和社会组织均衡运行,并发挥好各自的作用。唯此,家庭和个人发展才能得到充分保障。从现实来看,目前各国的国家治理可以依此作出分类。第一类是政府组织强大、市场组织强大、社会组织也强大的国家。第二类是政府组织强大、市场组织强大但社会组织弱小的国家。第三类是政府组织强大、市场组织和社会组织都弱小的国家。对于中国来说,我们基本上从新中国成立以来,经历了一个国家治理体系不断演化进步的过程。从新中国成立到改革开放时期,我们的国家治理体系属于第三类情况,政府组织强大,市场组织力量得到飞跃性发展,社会组织力量还相对比较弱小。2012 年以来,我们明确提出,社会建设作为中国特色社会主义五位一体总体布局的重要组成部分,提升社会组织治理能力成为今后的努力方向。事实表明,社会组织越发达,可以弥补政府失灵和市场失灵的功能缺失,更为重要的是,通过社会治理特别是社会组织的运作,既可以有效解决个人、家庭、社区的诸多矛盾和问题,形成国家治理的底层应对社会风险的坚强防线,又可以为个人、家庭和社区提供多元化公共服务,满足人们的多层次需求,实现国家治理促进人的全面自由发展的终极目标。

近年来,中国社会组织建设取得了长足发展,并呈现新的发展态势:一是总量快速增长。根据民政部统计,截至 2021 年底,全国社会组织总量为 90.2 万个,比 2011 年的 46.2 万个增加 54 万个。二是社会组织的服务不断扩展。从人道救助、志愿服务、公益慈善、妇女儿童救助、防灾减灾救灾和应急救援、行业协会商会等传统领域不断扩展到民间智库、社区服务、乡村振兴、养老服务、社会心理服务、安宁疗护以及国家标准和国际标准制定等新领域。全国性社会组织参与制定 3.3 万项国家标准、2100 多项国际标准。三是政府支持社会组织力度不断加大。中央设立支持社会组织参与社会服务项目,累计投入资金 15.8 亿元,直接受益对象 1300 多万人次,地方政府和企业支持社会组织的投入力度也逐渐加大。各类社会组织广泛参与脱贫攻坚项目超过 9.2 万个,投入各类资金 1245 亿元。四是综合实力和吸纳就业能力不断增强,2021 年底,全国社会组织固定资产 4785.5 亿元,吸纳就业 1061.8 万人。五是社会组织建设模式不断创新。目前,已建成 1400 余家社会组织孵化器,2012 年不到 50 个。六是走出国门积极参与全球治理。社会组织依托"一带一路"等重要国家发展规划,积极参与全球抗疫行动,对外捐赠大批医疗物资,设立专项基金,搭建在线医疗平台,开展跨国志愿服务,树立中国社会组织的全球形象。

面向未来,在老龄社会不断深度演化的背景下,实现中富化目标,面临的任务复杂而艰巨,既要政府组织的强力主导,也要市场组织唱好主角,更要社会组织发挥不可替代的作用。但总体来说,目前中国社会组织建设还存在政府、市场和社会之间,政策界限模糊、缺乏中长期发展顶层设计、立法体系不完善、创新和可持续能力较弱、资金来源缺乏制度性机制、人才队伍建设乏力、社会认同度有待大力提升、监管体制机制需要加强以及跨国能力建设薄弱等诸多问题,难以承接未来实现中富化和应对老龄化过程中衍生出来大规模社会公共服务需求。需要立足当前,放眼长远,花大力气,全面推动社会组织建设走高质量发展路线,使之成为应对老龄社会和实现中富化目标的重要主体。

(二) 国民生活保障层面的问题

现有的社会发展制度也就是国民生活保障制度体系,基本上都是漫长年轻社会的产物,难以适应老龄社会的新要求。因此,围绕国民生活生命质量,建构覆盖从出生准备到身后事安排的全生命连续性制度体系,这是老龄社会条件下社会发展领域的根本任务。但是,面对老龄社会的全面而长远的要求,在建设橄榄型社会的过程中,建设新的社会发展制度体系面临诸多挑战,需要扬弃年轻社会的旧思维,站位老龄社会的新思维,锚定橄榄型社会的高要求,借鉴老龄社会先行发达国家的成功经验特别是深刻教训,改革创新,作出长远战略性准备和安排。

1. 生育制度面临的问题和着力方向。这一问题在人口战略部分已作过讨论,核心在于按照生育友好型社会要求建设适度老龄化的生育制度,最大限度防止过度老龄化。目前仅仅强调生育友好型的理念还不全面,根子上的理念则是,要以全国模型为基本坐标,确保人口适度老龄化为警戒线。这里主要强调,未来生育制度的建设除需要在人口战略上有所考量之外,更要考虑中富化目标的实现。

什么样的生育制度既有利于适度老龄化,又有利于中富化,这是一个十分困难的问题,将会长期考验中国乃至整个人类社会发展的治理智慧和能力。适度老龄化关系人类自身如何发展的问题,这也是未来人类发展的不二选择。这不是个体自我选择的意愿问题,而是国家和民族的整体发展问题,其中的底层逻辑是国家模型。现在的问题是如何在实现中富化过程中,进一步使这一国家模型下的人口长期战略目标达到人口过度老龄化警戒线以上,逐步使生育水平向更替水平 1.8 左右逼近。

从理论上说,就家庭来讲,生育孩子的多寡是否有利于跻身或者保持中富阶层,无论从短期还是长期来看,都难以有明确的定论,既取决于经济发展的波动情况,也取决于生育成本。经济衰退或者生育成本超越正常水平,不要说跻身或者保持中富阶层的诉求,减少生育是人们的必然选择,对人口年龄结构的影响也是自然而然的。更为重要的是,一方面,生育孩子的多寡既是人们的意愿选择,但更关乎国家和民族的整体发展。否则,你多生,他少生,或者索性都少生甚至不生,人们放任生育行为,民族和国家乃至人类整体发展必然面临重大的人口问题。这也是目前全球面临人口老龄化压力的重要根源;另一方面,是否能够实现中富化目标,这既是绝大多数人的共同心愿,但更需要人们在包括生育行为在内的所有行为上建立共识、共同行动。总之,在生育行为上,既要考量人口的民族和国家整体模型的要求,个人和家庭要服从民族和国家发展逻辑,又要站位所有人的实际需求,充分考量经济波动性的应对需要,全面降低和控制生育成本。

2. 教育制度面临的结构性转变及长远安排。现在,我们经常讲发展教育事业,虽然也倡导终身教育和老年教育,但重心仍然是基础教育、初等教育和高等教育以及青壮年的继续教育,但整体上看,目前的教育体制、教育结构、教育制度等基本上还是按照年轻社会的要求设计的。随着人口老龄化从轻度到中度再到重度水平的发展,特别是伴随橄榄型社会建设进程的加快,教育事业将面临结构性调整,教育制度也将面临新的变动趋势。

一是受教育人口将发生复杂变化。从 20 世纪 80 年代到 21 世纪中叶,中国受教育人口的变动值得高度关注。(1)普通小学在校人数将大幅减少。从 1985 年开始,中国普通小学在校人数开始减少,由 1985 年的 1.46 亿人到 2010 年跌破 1 亿人大关,减少到 9941 万人。2021 年,恢复到 1.08 亿人。同时,普通小学数量和小学教学点数量缓慢减少。未来,伴随生育制度和政策的调整,普通小学在校人口将会出现新的变数,需要做好规模增加的准备。这一复杂变化直接影响中国普通小学的办学规模。这意味着,从现在开始就需要对中国普通小学教育做好结构性调整的战略准备。(2)初等教育在校人数同样将发生巨大变化。2004 年,中国普通中学在校人数达到历史峰值,为 8695 万人,到 2010 年减少到 7703 万人,净减少近 1000 万人。2021 年为 7623 万人。未来,随着生育制度和政策的调整,普通中学人口也会相应出现新的变数,同样需要做好规模回升的准备。这一复杂变化对初等教育办学规模的影响是深刻的。这也意味着,从现在开始就需要对中国初等教育做好结构性调整的战略准备。(3)中等职业学校在校人数变化复杂。2000 年,中等职业教育学校在校人数为 1295 万人,2021 年为 1311 万人。伴随大力发展制造业所需要的中等职业教育的大发展,未来中等职业教育在校人口总体上是增长趋势,这就需要作出新的系统性准备。(4)高等教育在校人数的变化比较复杂。考大学一直是全社会关注的热点难点问题,从 1978 年到 2010 年,普通高等学校在校人数一直呈上升趋势,从 85.6 万人增长到 2232 万人。2021 年全国各种形式的高等教育在学总规模 4430 万人,普通高等学校潜在在校人数还将进一步增长,中国发展高等教育需要对这一变化作出战略安排。总体来看,2022年中国人口开始迈入负增长阶段,未来的变数是复杂的,总体上要做好相应安排。

二是教育重心的调整。从现在到 21 世纪中叶,由于经济结构调整、发展方式转变和产业结构优化升级的客观要求,中国的发展将需要一大批相应的人才。除了对新增人口加强素质教育和创新教育之外,教育事业的重心将是职业技术教育、职业继续教育,特别是针对大龄劳动力和从农村转移出来的劳动力的职业培训。如前所述,今后,中国 45 岁以上大龄劳动力人口将不断增长,这是中国未来教育事业的新的发展空间,也是未来经济保持长期优势的关键。

三是老年教育方兴未艾。20 世纪 80 年代,联合国一直倡导发展老年教育,目的不仅仅是要让老年人老有所学、自娱自乐、保持身心健康,更重要的立意在于,在全球老龄化和高龄化十分严峻的形势下,把老年人特别是庞大的低龄健康老年人口转变为人力资本,既可以促进老年人自身的全面发展,又可以发挥老年人对经济社会发展的作用,从而在根本上实现低成本应对人口老龄化的战略目标。换句话说,发挥老年人的作用,就是让老年人从坐车人变成某种程度上的拉车人,这样,经济这驾车的负担才能降低,老龄化的压力才能得到真正缓解。那么,如何开发和利用老年人力资源,变负担人口为人力资本,最根本的就是发展老年教育。这是老龄社会条件下全球教育事业发展的新课题,也是中国教育发展的新方向。据测算,中国低龄健康老年人始终保持在老年总人口的 61%(2021 年)—41%(2050 年)这一区间。随着生活水平的提高、健康生活方式的普及,这些老年人不仅身心更加健康,参与社会的意愿也更为强烈,发挥他们的作用不仅可能,而且势在必行。需要强调的是,在全球进入老龄化时代,各个国家和地区都十分重视发挥老年人的作用。中国是世界上老年人口最多的国家,发挥好中国老年人的作用,意义重大,不仅仅在于通过发展老年教育促进老年人为中国发展作出贡献,而且还在于为其他国家特别是发展中国家提供应对老龄化的经验。

四是教育理念、学制安排、教学内容和教学形式等都面临深刻变迁。老龄社会的到来,大幅延长了人们的平均预期寿命,老年期长于就业准备教育期将成为不可逆转的客观趋势,也深刻改变了人口的基本构成,青少年、青壮年和老年三大年龄群体三分天下,劳动力结构性短缺将成为普遍现象,其直接影响就是对目前学制安排提出新的调整要求。同时,老龄社会新的需求结构和建设橄榄型社会新的要求,必然带来全新的终身教育安排要求,教育内容的深刻调整和新的生命阶段性教育学习安排也是大势所趋。与此相应,教育观念、教育形式、教育体制等面临诸多改革,从整体上要求目前适应年轻社会的教育体系转型为适应老龄社会并有利于建设橄榄型社会要求的教育体系。

需要清醒地看到,教育是任何时代任何社会的永久性短缺资源。百年大计,教育为本,面对全球最大规模的人口老龄化严峻形势和建设橄榄型社会的宏伟目标,中国的教育事业如何从战略上进行应对,为确保实现老龄社会条件下繁荣发展的目标,这是一个巨大、复杂而深刻的挑战。客观地说,调整教育结构是一个巨大的复杂系统工程,不仅仅涉及教育基础设施的建设、完善和适应性改造,更重要的是涉及庞大教师队伍的理念、结构和职业适应性调整,也涉及未来教育的规划、体制机制和各项政策。如何在人口老龄化下升级基础教育和高等教育、走内涵式发展道路,如何发展职业继续教育、扩大老年教育,这是一系列新的重大课题。从某种意义上说,适应老龄社会的教育体系和教育制度应当是什么,或者说,如何在老龄社会条件下办教育,还要使教育服务于橄榄型社会建设,这本身就是一个全新的课题。目前老龄社会先行国家还没有一个成功的范例,需要各个国家根据国情努力探索。

3. 就业制度面临复杂严峻形势。就业制度是年轻社会的重大议题,更是老龄社会的重大难题,也是建设橄榄型社会的根本。目前,现有就业制度基本上还是适应年轻社会的要求来设计的。未来面临一系列新的重大变迁:一是25岁到30岁年轻劳动力逐渐减少,大龄劳动力不断增加。这一状况将从整体上消减中国人力资源年轻的比较优势。二是少子老龄化现象十分突出,如前所述,候补人力资源减少迅速。三是46—59岁大龄劳动力体质水平相对较低,接受教育和培训的能力相对下降。通过调整产业结构和转变发展方式,可以抵偿大龄劳动力体质相对下降带来的问题,但他们的知识结构和文化水平提高空间相对较小,转变为适应高科技生产的人才越来越困难。到 2030 年,45 岁以上的大龄劳动力大体上就是 1971 年到 1985 年出生的人口,这些人目前都是 29 岁以上的人,除少数人外,他们基本过了高等教育年限。根据 2010 年第六次全国人口普查数据测算,在这群人中间,具有大学本科以上学历的人只有 2174.45 万人,占这群人口 3.44 亿的 6.3%。如果不加强继续教育,他们就是未来就业市场上的老大难问题。随着经济结构调整和发展方式快速转变,特别是随着城镇化进程的不断加快,许多大龄劳动力特别是从农村转移出来的劳动力,难以胜任就业市场的需求,这样的人口如果大量堆积必然深刻影响社会和谐稳定。在这个意义上说,我们的城镇化进程应当适度,而经济结构调整和发展方式的转变,也需要充分考虑这一具体情况,做到稳健适度。否则,一味发展技术密集型、资本密集型产业,将会减少就业机会,增加社会不稳定因素。四是大幅增加的老年人口需要大量公共财政资金,对投入人力资源开发形成强大的资源挤占效应。老年人的养老、医疗、服务等问题是民生问题,尽管相应的制度安排会越来越完善,但公共财政转移支付的需求规模也是相当大的。即使是发达的美国,公共财政中 40% 左右用于老年人。在这种情况下,投入老年人还是投入人力资源开发将是十分艰难的抉择。五是低龄健康老年人口转变为人力资源,投入产出效益低,发展空间相对有限。现在,各方面已经认识到日益膨胀的老年人口中,低龄健康老年人是可以开发的人力资源,这些老年人身体康健、充满人生智慧、拥有大量人脉资源,制度化地让他们急流勇退实属无奈,但社会不用他们又是极大的浪费。当然,除少数老科学家、老知识分子、老干部之外,大多数低龄健康老年人的知识结构和文化水平不高,难以适应经济结构调整和转变发展方式的需要,但这种状况在一代人之后将会改变。更重要的是,浪费不是这些低龄老年人的问题,而是我们这个社会的组织和安排问题。从某种意义上说,老年人力资源的浪费问题将会愈演愈烈,值得我们从制度上作出战略性安排。

　　以上变化带来的就业矛盾十分突出。20世纪末一直到就业矛盾依然白热化的今天,一谈到老年人再就业,就会遭到来自各方面的批评,原因是当时劳动力过剩,每年几乎有千万左右新生劳动力进入就业市场。经济下行压力下年轻人找不到工作,越来越成为全社会最头痛的问题。如果要给老年人再就业创造条件,这当然无异于火上浇油。现在,中国迈入老龄社会已经有20多年了,老龄化水平刚刚迈过中度拐点。与西方发达国家不同,中国人口老龄化超前于劳动力老化。也就是说,在发达国家特别是欧洲国家,人口老龄化往往伴随劳动力的减少,且劳动力内部也同步老化,虽然失业率居高不下,但年轻劳动力短缺是不争的事实。中国的情况迥然不同,虽然总人口已经老龄化了,劳动力在2011年达到峰值,目前已进入负增长阶段,但劳动力总量十分庞大,今后一个时期每年有2400万城镇劳动力进入就业市场,其中包括每年有千万左右大中专毕业生走出校门,在当前经济发展相对放缓的背景下,就业压力仍然十分严峻。可以预计,准确地说,在"60后"和"70后"也就是1962年至1982年出生的人口退出就业市场、进入退休人员行列的2032年之后,中国的就业压力才能得到根本缓解。当然,这还要看未来经济复苏的情况。在此之前,随着城镇化进程的加快,特别是教育事业的快速发展培养出越来越多的大学毕业生,中国始终处于就业压力白热化阶段。不过,和20世纪不同的是,人们已经认识到,在就业市场上,老年人和年轻人并不是必然的竞争关系。当前,促进年轻人优先就业是当务之急,但着眼未来,还需要作出长远考量,包括延迟退休年龄政策的渐进实施。

　　作为调节就业压力和养老压力的政策工具,延迟退休年龄是老龄社会条件下社会治理的敏感重器,目前也是发达国家应对老龄化的通行做法,目的是在劳动力短缺背景下,增加就业人口,相对减少领取养老金的人数,借此缓解养老社会保障制度的巨大压力。但是,中国只能实施渐进式政策,既要在宏观上确保缓解养老社会保障制度压力,又要缓解白热化状态的就业压力。原因除了中国不具备劳动力短缺这一政策背景外,中国较低的实际退休年龄,不仅扭曲地增加了养老社会保障制度的压力,而且在名义上缓解了就业压力的同时,也造成劳动力资源的浪费。大量 50 多岁的人无所事事,女的只好在广场跳舞,引来各界不满;男的在路边下棋度日。《中国人力资源发展报告(2011—2020)》表明,目前,中国城市人口平均退休年龄为 56.1 岁。这意味着领取养老金的人中间尚有许多人并非 60 岁以上老年人。在这种情况下,加上官员阶层偏向延长权力寿命、体力劳动者偏向缩短劳动期等背景,讨论延迟退休年龄问题往往引发舆论对抗。总之,在当下中国,就业和养老的矛盾本身相互缠绕,又牵动改革进入攻坚期、深水区的诸多矛盾,启动延迟退休年龄政策这一政策重器,必须立意高远,拓宽视野,摒弃就事论事,着眼老龄化长远趋势的客观要求,统筹考虑延迟退休年龄的诸多配套政策要件,特别是要在培育实施这一政策必然性的社会共识的基础上,采取人口、就业、收入分配等诸多有效配套政策措施,切实增强社会各方面执行这一政策的积极性和承受力。正是基于这一背景,中国政府适时出台了渐进式延迟退休年龄政策。

需要强调的是,现在,许多专家和社会各界已经十分担心的是,中国目前的就业市场已经开始出现劳动力结构性短缺,现实中"用工荒""保姆荒"等现象将愈演愈烈。更重要的问题是,在 2022 年总人口进入负增长时代之后,中国的就业市场将面临矛盾:结构性短缺矛盾更加突出。届时,中国经济结构调整和产业结构升级进入关键阶段,劳动力总量相对宽裕,但知识型、技术型人才可能供不应求。某些行业,例如老龄服务业从业人员可能十分短缺。就业市场将可能存在大量高不成低不就的待业人员。现在,即使是像北京的大型三甲医院护士队伍已经十分短缺,更不用说老龄服务机构的从业人员紧张了。有人可能认为,这不是问题,提高从业人员待遇似乎就可以迎刃而解。但是,发达国家的实践证明,即使从业人员待遇问题解决了,但老龄服务业从业人员仍然高度不稳定。情况往往是,经济衰退时容易找到服务人员,一旦经济复苏,从业人员退出的流动性就会加大。实际上,这是一条规律。原因在于,人们的就业取向从来都是向更高层次流动。何况,对于中国来说,现在家家只有一个孩子,哪个父母愿意让自家的孩子从事服务行业。届时,父母们可能宁可让他们的"宝贝"啃老,也不愿意让他们进入服务行业。对此,我们要给予充分的关注。

客观地说,年轻社会条件下,就业制度一直是一个难以解决的重大社会发展问题和经济问题。那么,在老龄社会条件下,如何扬弃年轻人多和老年人少的就业制度设计理念,本着就业稳定增长的目标,确保橄榄型社会建设要求的人人有工作的基本前提,重新设计就业制度,这是不能回避的重大社会发展问题。总体来看,健全适应老龄社会和橄榄型社会建设要求的就业制度,除做好宏观经济调控外,最根本的就是要在青少年、青壮年和老年三大年龄群体之间,在教育制度、就业制度和退休制度之间作出平衡、平等、公平的战略安排。

4. 收入分配制度面临新的压力。经济学理论有一个耐人寻味的思想实验。在现实社会中,财富分配不均是常态,但实验假定,将所有人的财富集中起来再重新平均分配,可以实现财富均分的目标。但假定经济运行方式是完全的市场经济,经过一段时期,财富的大多数又会流入到少数人手里,收入分配格局又进入分配不均的常态。这个思想实验说明,收入分配格局问题背后隐藏着经济秘密,但老龄社会的到来还将使这一经济秘密更为复杂。同时,国民收入的普遍提升和中富阶层的规模化,既是橄榄型社会建成的重要标志,也是持续中富化进程的根本。一方面,老年人口规模增长迅速,确保他们迈入或维持中富阶层生活水平压力巨大;另一方面,中等收入人口从目前的不足30%提升到50%以上压力更大。因此,在老龄社会条件下,实现橄榄型社会建设目标,收入分配制度的改革和创新是最艰巨的社会发展任务。

客观地说,现有收入分配制度基本上还是年轻社会的产物。具体来看,无论是初次分配还是二次分配,收入分配制度基本上不考虑年龄因素,至少不会从少儿人群、青壮年人群和老年人群三大群体的利益平衡来考虑问题。迄今为止,财政部门还很难遵循年龄原则编制预算。我们也无从知道,公共财政究竟为三大年龄群体各自花了多少钱。随着老龄社会从初期阶段向高级阶段演变,这种状况需要逐步转变。当然,在人口年龄结构还比较年轻、老年人口较少的情况下,收入分配制度考虑年龄因素的宏观意义也确实不大。但是,在人口快速老龄化的情况下,特别是老年人口数量众多、占比超过1/3的情况下,按照年轻社会的理念建构起来的收入分配格局,就需要作出重大调整。从本质上来说,老龄社会带来的深刻变迁之一就是三大年龄群体利益结构和格局,也即全社会的利害格局的重新洗牌,关系每一个人的全生命过程。同时,橄榄型社会要求的人们收入水平的普遍提升、中富阶层的规模化及其可持续等必然面临这种重新洗牌的考验,需要从根本上按照老龄化和中富化的交互演化逻辑,健全和创新收入分配制度。

从初次分配来说,由于必须确保效率,不可能考虑年龄平等,即不可能照顾到老年人群与青壮年人群在收入上的平等问题,但从二次分配来说,由于必须考虑公平,就必须充分考虑庞大老年人群的需要,保障他们体面尊严的生活水平。否则,不仅会造成社会不公,而且有可能引发社会风险。发达国家的经验表明,公共财政对老年群体的投入比较高。例如美国大体上是 30%—40%,北欧更高,个别国家甚至高达 60%—70%。这说明,发达国家的收入分配、特别是二次分配,已经充分考虑到了人口老龄化的要求。需要强调的是,目前,福利国家公共财政已经不堪老龄化之重负,容易引发财政赤字和债务危机问题,正面临改革的困境,原因主要是难以支撑越来越多的老年人口。对此,中国必须从国情出发,既要考虑人口老龄化的客观要求,更要考虑公共财政的实力,按照年龄平等的理念,建构适应老龄社会的收入分配格局,加强分年龄公共财政投入监测,避免收入分配不公引发社会矛盾的风险。

过去,人们曾经认为,人口老龄化根本不是什么问题,如果老年人口多了,只要调整收入分配格局就行了。其政策设计是假定,在二次分配中,充分向老年人倾斜就可以了。这种观点的错误就在于,他们没有看到老年人口的收入问题不能仅仅靠二次分配。这样做无异于鼓励庞大老年人口依赖政府,实际上也就是依赖纳税人,这无异于鼓励青壮年不要为自己老年期做准备。负责任地说,这种观点不仅在理论上是的错误的,在实践上也是有害的。

还有一种观点认为,对人口老龄化不要过分悲观,应当充满信心。他们认为,只要经济发展了,实力增强了,也就是蛋糕做大了,调一调收入分配格局,老龄问题就迎刃而解了。其理由是,解决老龄问题无非是分蛋糕的问题。严格地讲,这种观点错误更大危害也更大。一方面,这种观点没有看到,人口老龄化最深刻的影响还有应对不当产生的不利于经济发展的一面,也就是不利于把蛋糕做大。忽视这一关键因素而把老龄问题仅仅看作是分蛋糕的问题,这无异于说,有了拐杖,哪怕腿坏了也不要紧。另一方面,这些学者只考虑公平,没有考虑效率。如果仅仅从分蛋糕的角度考虑解决老龄问题,考虑到中国未来纳税的人口将不断减少,用税的人口在增多的情况下,青壮年的沉重负担怎么办?如何确保效率?发达国家的教训充分表明,在人口老龄化的条件下,既定收入分配格局积重难返,调整绝非易事,蛋糕分不好,有可能会招致政治风险。但是,不从根本上把做蛋糕和分蛋糕结合起来考虑,问题可能更严峻。

我们知道,收入分配制度调整具有深刻的刚性效应,一旦调高就很难调低。正因为如此,调整收入分配格局对任何政府来说都是棘手难题。现在,中国已经处于中度老龄社会,一些地方的老龄化已经逼近重度阶段。因此,少数地方政府按照以人为本的执政理念,纷纷向老年人倾斜,公共财政也不断加大对老年人的投入。客观地说,在我们历史欠账较多的情况下,这样做,有利于解决当前的老年人问题。毕竟,当前的老年人中绝大多数为国家为社会牺牲太多。但是,我们也应当警惕,不能把以人为本的执政理念和经济的可承受能力对立起来,更不能打着以人为本的幌子,借着为老年人办实事的口号,忽视统筹规划、战略准备和制度安排,大搞形象工程,积累所谓"政绩"和"口碑"。设想一下,如果全国各地各自为政,各搞一套,不仅会造成老年人群的区域不公平,关键是在人口老龄化高峰时期,各地的差异性政策将积重难返,届时改革必然面临进退维谷、骑虎难下的困境。因此,必须从中长期战略规划的高度,对与收入分配格局相关联的所有制度作出战略安排。

从理论上说,在初次分配层面,人口老龄化给收入分配格局带来的挑战,主要是效率方面的,即不利于提高效率;在二次分配层面,人口老龄化给收入分配格局带来的挑战,主要是实现社会公平的成本过大,压力沉重。在三次分配层面,我们还需要作出努力探索。因此,立足当前,着眼长远,根据人口老龄化的客观要求,兼顾中富化目标的实现,在解决当前问题的同时,深刻调整按照年轻社会理念设计的现行收入分配格局,使之适应老龄社会的需要。但是,在适应性的深刻调整过程中,必须充分吸收高福利国家的教训,统筹安排,逐步过渡,建构能够应对老龄社会的新的收入分配格局。其中,最难的问题是在初次分配中按照社会主义经济的要求,扬弃资本主义追求利润最大化的做法,确保人人有稳定收入的工作,防止二次分配压力过大的问题,并辅之以三次分配的收入公平分配机制。

5. 养老保障制度面临持续冲击。2008 年"金融海啸"爆发,美国老年人的退休金账户缩水 1/5。可以肯定的是,当时,美国的人口老龄化状况还不严峻,60 岁以上老年人口占全美人口为 17% 左右。如果"金融海啸"和 30% 以上的老龄化水平叠加起来,后果可想而知。当然,这种状况不是没有可能,这个问题已经引起美国朝野高度关注,人们纷纷提出各种改革养老保障制度的改革思路,以应对未来日益严峻的人口老龄化冲击。

养老保障制度主要是针对国民老年期的收入风险,防止老年贫困,保障晚年物质生活。简单地说,养老保障制度主要是解决国民老年期的吃饭问题。客观来说,欧洲和中国的养老保障制度处于不同阶段,如果说欧洲国家的养老保障制度改革是修复地基松动了的巨型建筑的话,那么,中国的养老保障制度就是在洪流中修筑堤坝。大家各有各的情况,不可借欧洲说中国,更不能照搬欧洲。否则,混淆了各自所处的阶段和各自不同的历史条件,就会找不到中国养老保障制度发展的正确路径。

自 20 世纪 70 年代"福利国家的危机"以来,欧洲国家的养老保障制度面临人口老龄化的持续冲击,被迫走上改革的发展道路,引发了一系列社会矛盾甚至政治动荡,迄今为止,还没有一个国家的改革已经取得成功。今后,在高龄化形势下,相关问题可能将更加严峻,甚至会演变成为影响欧洲统一的重大问题。前些年的"欧债危机"、希腊、冰岛等国面临的困难虽然有所缓解,但这些只不过是未来欧洲人口老龄化危机大戏剧的序幕而已。

养老保障制度的核心是养老金的收支问题。源于 1889 年德国的欧洲养老保障制度的基本设计是代际转移支付制度,或称为现收现付制(pay as you go),

即从年轻人口那里收取费用支付给老年人口,这项制度能够可持续运行的前提是,年轻人口多于老年人口,即人口年龄结构比较年轻,且人口平均预期寿命不长。20世纪上半叶,随着欧洲国家相继进入老龄社会以后,从根本上改变了现收现付制养老保障制度的基本人口条件,老年人口越来越多,年轻人口不断减少,人口寿命快速延长。在这种情况下,特别是在20世纪50年代前后,欧洲国家纷纷建立高标准的"福利国家",一些国家甚至发展到了"从摇篮到坟墓"保障国民各项生活的一条龙制度,导致养老保障制度远远背离实际人口条件,为20世纪70年代的"福利国家的危机"埋下了祸根,一直影响至今。在可预见的未来,欧洲养老保障制度与人口老龄化之间的深刻矛盾还将进一步升级。自20世纪80年代以来,欧洲许多国家对养老保障制度进行了艰苦的改革,总体来看,无非是延迟退休年龄、降低老年人养老金待遇等所谓参数性的改革,其效果基本上是扬汤止沸,好比是改造地基动摇了的建筑,大改有可能建筑倒塌,只好小修小改,还常常引发社会政治动荡。可以确定的是,欧洲未来的人口老龄化形势将更加严峻。据联合国预测,到2050年,欧洲所有国家60岁以上老年人口比重的平均水平将达到33.6%,超过30%这个重度老龄化水平警戒线。其中,南欧国家平均达到38.7%,逼近过度老龄化警戒线40%。面对如此人口前景,如何改革养老保障制度,将是未来欧洲各国普遍面临的重大课题和政治难题。可以说,以上就是20世纪以来到21世纪中叶,欧洲国家养老保障制度发展的基本走势。可以形象地说,目前欧洲国家养老保障制度正处于改革之中,要修复地基动摇了的巨型建筑,困难重重。中国则是另一番景象。

自20世纪80年代以来,借鉴欧洲的经验特别是相关教训,在原有劳动保障制度的基础上,中国逐步建立起相应的养老保障制度。到目前为止,中国养老保障制度的基本框架已经建立,包括五个层次:一是养老社会保险,其中包括城镇企业职工基本养老保险、城乡居民基本养老保险。二是补充养老保险,主要形式是职业年金和企业年金。三是养老商业保险。四是社会福利和社会救助,社会福利制度中主要是针对"三无"老年人的"五保供养"制度,社会救助制度中也有针对老年人的最低生活保障制度。此外,还有独生子女父母补贴制度。五是社会慈善制度,其中也包括针对老年人的捐款捐助等。另外,机关事业单位实行退休保障制度并逐步转型。随着养老保障制度的逐步建立,中国老年人的基本生活得到了有效保障。

如果没有人口老龄化,中国的养老保障制度将会不断健全完善。但是,中国不仅面临人口老龄化,而且呈现势头猛、速度快、峰值高的特点,将给养老保障制度建设带来持续冲击,好比是在湍急的洪流中构筑堤坝,面临重重困难:一是养老金缴费者逐步减少,领取者越来越多。据人社部资料,目前,中国养老保障制度中养老保险金潜在缴费者和养老金领取者的比例是 3∶1。据预测,到 2050 年,这一比例将达到 1∶1。二是养老金规模的增长态势十分惊人。据人社部资料,从 2012 年到 2021 年,全国企业职工基本养老基金年总收入从 1.8 万亿元增长到 4.4 万亿元。随着保障制度的完善,未来的增长规模也是惊人的。三是公共财政面临巨大压力。据人社部资料,从 2013 年到 2021 年,公共财政补助全国企业职工基本养老基金支出从 2430 亿元增长到 6500 亿元。未来的公共财政补助需求也是可以预见的。四是养老金保值增值压力越来越大。如此迅猛增长的养老金总规模,在国际金融不稳定和国内金融体系相对薄弱的情况下,尤其是面临经济下行压力,保值日益困难,增值更加艰难。总体来看,人口老龄化给养老保障制度的冲击是持续的、长期的、巨大的,也是深刻的。如果在顶层设计上不作出战略性的安排,养老金收支的长期均衡、整个养老保障制度的可持续运行将受到直接威胁。如前所述,和欧洲国家相比,中国养老保障制度的改革与发展不是修复巨型建筑,而是洪流中修筑堤坝,这里的洪流主要是指人口老龄化,它给中国修筑养老保障制度这个堤坝带来的压力在世界上是独一无二的。

现在,社会各界高度关注养老保障制度建设,对这项制度目前存在计发办法面临长寿风险以及多种退休制度并存等问题,学者们也作出了科学客观的分析。但着眼长远,有些问题,例如全国统筹等问题,随着制度的健全完善将会逐步得到解决,而真正的问题虽然主要是未来要发生的,但却是许多学者所

指出的,亟待现在就需要着手解决:

一是要解决养老保障制度的顶层设计问题。包括三个层面:首先,养老保障保障制度的顶层设计必须考虑建树"制度精神",即以此制度造就什么样的人、建设什么样的社会。简言之,建立一项责任和导向不明确的制度是没有灵魂的制度。具体来说,要明确以制度保障养老的理论基础、法律依据、养老各主体的责任边界、责任伦理及其共担机制,以及整个制度长期均衡的运作机制,在此基础上,形成全社会广为共识的精神引领。目前,养老的责任不明确带来诸多问题,例如政府责任过重、抱有过度依赖政府思想者甚众等。更重要的是,全社会还没有形成养老保障度的精神引擎,专家学者限于在技术层面锱铢必较。其次,养老保障制度的顶层设计必须考虑四条曲线,即刚性的养老金收缴曲线、刚性的养老金支付曲线、刚性的人口老龄化曲线和波动性的经济增长曲线。从国民的角度来说,谁也不愿意提高养老金收缴水平,而且,如果提高到承受极限,直接不利于经济发展。从养老金支付来说,和工资一样,养老金待遇一旦上去就很难下来,它的刚性中埋藏着社会风险,降低养老金待遇是谁也不愿意的事情。从人口上来说,中国的老龄化曲线直线上升,21世纪中叶达到峰值以后仍然高位运行,大势难以逆转。从经济发展来说,中国的经济增长曲线不可能突破奇迹,更不可能改变经济发展的周期性和波动性规律。因此,综合考虑这四条曲线,中国养老保障制度建设必须汲取"福利国家"的深刻教训,首要的顶层设计理念只能是"保基本",牢牢坚守社会保险保基本的原旨。同时,适当降低制度的刚性、增加制度的弹性,以适应经济增长的波动性。最后,养老保障制度的顶层设计不能从当前出发,只能从未来的人口老龄化态势出发,倒过来进行设计,必须按照未来中国人口老龄化的实际情况量体裁衣,确保养老保障制度的基本框架,不仅能够承受人口老龄化的持续冲击,而且能够在21世纪中叶,进入高位运行的状态下能够持续发展,保持制度自身的长期均衡。从根本上说,欧美发达国家的养老保障制度并不是为了应对人口老龄化和老龄社会而设计的。中国同样如此,从1984年开始试点到1997年出台一系列政策措施,基本上没有考虑到应对人口老龄化的长远需要。目前,养老保障制度的改革主要还是参数性的改革,需要从根本上增强应对人口老龄化的改革取向,从建设适应老龄社会要求的养老保障制度的高度上进行建设和改革的设计,避免未来进入重度老龄化阶段面临二次改革的风险。

二是要解决养老保障制度的共担机制问题。从未来适应老龄化要求的养老保障制度的改革与发展来说,需要让国民真正树立自我养老的理念,按照人生的长时段结构,有计划地做好人生安排,并把个人的贡献作为养老保障制度的基础,否则,所有人都把养老的希望和预期的实现寄托在政府身上,后果是值得警醒的。从理论上来说,政府养老实质上就是纳税人养老,因为政府不直接生产一分钱,所有政府的钱包括用于养老金的钱均来源于纳税人。政府的责任是有限责任,即拿纳税人的钱主要应当用在免于国民老年期生活陷入贫困,即保基本。补充养老保险和商业养老保险等的作用也是以个人的贡献为前提,旨在提高国民晚年期的生活水平。总之,在每一个人青壮年期努力为个人积累养老资源的基础上,也就是遵循人类社会历史发展建基于每一个国民的艰苦奋斗的历史规律,养老保障制度各个层次发挥各自作用,为国民晚年期的幸福生活提供物质保障。换句话说,养老保障制度的改革与发展,必须坚持个人贡献为前提的"多层次"制度安排。现在的突出问题是过度依赖政府,补充养老保险和商业养老保险等显著滞后,制度设计是多层次的,但目前的精力大多放在了政府责任上,存在"所有鸡蛋入一篮"的风险,面对未来"60后""70后"退休大潮,这种状况必须扭转。否则,养老保障制度所承载的压力,将不仅仅是养老金财务的可持续问题。

三是要处理好养老保障制度与就业的关系问题。说到底,也就是如何处理养老压力和就业压力的问题。从某种意义上,欧美国家纷纷延迟退休年龄,目的主要是缓解养老压力,同时,也是为了缓解老龄化带来的劳动力短缺问题。中国的情况比较特殊。从当前来看,中国仍然处于劳动年龄人口的峰值阶段,短期内劳动力结构性短缺是存在的,但劳动力总量还是充分的。当前的主要问题首要的是提高平均退休年龄问题。当然,正如许多专家提出的建议,可以考虑把退休和领取养老金弹性分开,选择权交给被保险者。着眼长远来看,稳步实行渐进式延迟退休年龄制度不仅势在必行,而且还要不断健全完善。

四是要处理好养老保障制度的内部与外部经济发展特别是金融经济的关系问题。养老保障制度的改革与发展,既要适应实体经济达到的实际水平,不能超越实体经济阶段搞养老保障制度建设,更要大力发展和壮大金融经济,为养老金的保值增值创造良好的金融环境。具体来说,从国民老年期的生活来说,养老保障制度在于保障其晚年基本生活,但从国家发展来说,更要考虑,养老保障制度能够促进经济发展特别是为经济增长提供后劲,努力为减少经济发展的波动性发挥作用。唯其如此,反过来,养老保障制度才能保持长期均衡和可持续发展。现在的突出问题是,养老保障制度建设与金融经济发展呈现两张皮现象,需要大胆创新,促进两者朝向良性互动发展的格局转变。

总体来看,欧洲发达国家的养老保障制度纷纷进行改革,其大势是努力使之适应人口老龄化的客观要求,对于他们来说,养老保障制度超前于人口老龄化的发展,改革起来积重难返,风险重重。中国的特点是人口老龄化大势快速逼近,但我们的养老保障制度尚在建设当中,应对人口老龄化进行顶层设计、操作层面进行改革完善的回旋余地较大。其中,最大的问题是时间紧迫。具体说,必须倒过来设计改革,按照"保基本""多层次"等现代社会保障制度之精义,结合中富化的目标,努力使之适应人口老龄化的持续冲击,保持长期均衡和可持续发展。

6. 长期照护制度必须加快建设步伐。失能风险特别是人在老年期的失能风险,一直是人们最大的"后顾之忧",也是老龄社会到来以后最难应对的挑战之一,对中富化进程的影响十分深刻。许多人及其家庭正是因为失能风险的遭遇才跌落中富阶层的。另外,"子女照顾父母在未来将是这个世界上最奢侈的服务"。的确,面对人口老龄化特别是高龄化和失能化的严峻压力,在家庭养老功能持续弱化的背景下,必须加快长期照护制度的建设步伐。

长期照护制度主要是针对国民全生命过程中的失能风险,保障人们特别在老年期后顾无忧。由于人们的失能风险85%以上主要发生在老年期,因此,长期照护保障制度及其相应的服务体系,主要是解决国民老年期失能以后有人能够服务的问题,其中,关键是解决服务费用谁承担和由谁来服务的问题。

前面提到的健康转型的第三阶段,即功能受损和活动受限阶段,也就是失能阶段。在此阶段,由于慢性病的治愈率较低,治疗疾病已经不是关注中心,而是转变为针对慢性病引起的失能风险提供生活照料、康复护理、精神慰藉、社会交往和安宁关怀等综合性长期照护服务。换言之,医疗模式要转变为服务模式。不过,这是个人甚至加上家庭也难以应对的。长期照护服务既是医疗康复护理技术密集型服务,也是劳动密集型服务,要求人力资本投入,而且服务时间远远超过治疗疾病的时间,其对应的系统是建立一个独立于医疗体系的长期照护服务体系,重点由医疗转向康复护理,地点由医院转向住宅和长期照护服务机构,服务费用的筹措机制是长期照护保障制度。可以说,长期照护专业服务和长期照护保障制度是健康转型第三阶段的特征。

在发达国家,针对国民老年期失能的问题,主要也是解决服务费用来源和服务供给两大问题,即解决钱由谁来出和服务谁来提供两大问题:第一,为了解决服务费用来源问题,许多发达国家普遍建立起长期照护保障制度,主要有三种模式:一是德国模式,即建立了长期照护社会保险为主、商业保险为辅、以社会救助为补充的保障制度,覆盖全体国民。日本也建立了长期照护保障制度,核心是长期照护社会保险制度,只覆盖40岁以上国民。二是美国模式,即包括四个层次:收入水平较高的老年人自己解决;家庭成员提供;老年医疗保险和医疗救助制度提供;长期照护商业保险以及房屋反向抵押贷款等。三是医疗保障模式,即长期照护保障依附于医疗保障制度,相应费用主要由医疗保障制度解决,一些发达国家采取这种模式。第二,为了解决服务供给问题,许多发达国家普遍加强长期照护专业化服务网络和体系建设,发展住养型照护服务机构(nursing home)、居家照护服务机构(home care or aging in place),加强长期照护管理和服务队伍建设。总体来看,无论是长期照护的服务费用来源问题,还是长期照护服务的供给问题,发达国家都作出了制度安排。但是,面对人口老龄化带来越来越多失能老年人口的严峻形势,发达国家普遍感到力不从心,不仅服务费用筹措日益困难,服务供给也面临人力不足等难题。可以说,对于发达国家来说,相对于养老、医疗保障制度而言,解决失能老年人问题的长期照护保障制度和服务供给问题可能更加困难,它已经超出了钱的问题,而是人的问题。因为人口老龄化不仅带来越来越多的失能老年人,但也减少了可以提供服务的年轻人口。没有钱的问题好办,但要是没有了人,真正的问题就出来了。

从焦头烂额的发达国家扭回头来,看看我们的情况。着眼长远,中国的失能老年人口增长浪潮将是世界上最严峻的,带来的影响复杂而深刻:一是失能老年人口居全球之冠。全球人口老龄化浪潮中最汹涌的洪峰是失能老年人口规模的迅速增长,也是国际社会普遍关注的重大问题。二是牵动亿万家庭。如前所述,一人卧床全家忙。一旦家里有个失能的老父(母),不仅子女的工作、学习会受到深刻影响,而且整个大家庭的生活方式、生活节奏都会彻底改变,主要照护者可能会心力交瘁,甚至积劳成疾。三是长期照护服务费用需求直线攀升。对这一数据目前还难以精确预测。从成本测算来说,按照保守估计,全国长期照护总成本占 GDP 的比重区间在 2011 年为 0.25%—0.66%,2050 年将上升到 0.64%—1.70%。这个数量是不小的数目。四是长期照护服务人力资源日趋紧张。一方面,照护失能老年人,家庭的责任是基础。但是,随着家庭小型化趋势,未来独生子女一代进入老年,家庭中能够照护失能老年人的人力资本捉襟见肘。另一方面,从社会来说,即使在劳动力比较充裕的当前,家政服务人员已经十分紧张,医院护士人手匮乏,更不用说到 2030 年、2050 年劳动力大幅减少情况下照护服务人力资本更加紧张的局面。简言之,中国建立面向失能老年人长期照护保障的制度需求已经十分强劲。国际经验表明,照护服务人员紧缺是一个国际性难题,中国也概莫能外。

目前,中国以长期照护服务为核心的老龄服务发展尚处于起步阶段。面对失能老年人口大幅增长的趋势,中国发展老龄服务的任务十分艰巨:第一,亟待建立长期照护保障制度。目前,中国的长期照护保障制度仍处在试点阶段。面向未来,和养老、医疗保障制度一样,长期照护保障制度即将全面推开"制度精神",按照"多层次"的原则进行顶层设计,包括四个层次:一是按照"保基本"的思路探索建立长期照护社会保险制度,解决失能老年人的基本照护服务问题。二是加快发展长期照护商业保险,满足失能老年人较高层次的照护服务需求。三是建立长期照护救助制度,即政府面向未富失能老年人提供帮助。四是发展面向失能老年人的长期照护慈善事业。通过这四条途径,为失能老年人筹措长期照护服务费用。这是发展中国老龄服务事业的优先领域、重中之重和当务之急。现在,一谈发展老龄服务,许多人的概念里就是盖养老院,发展居家服务,但问题的关键在于,服务费用谁出,这才是关键。需要强调的是,老龄服务已经发展一段时间了,但为什么发展势头不强劲,关键在于有效需求不足。具体来说,例如老年人一旦失能,需求就产生了,但不是所有需求都能够形成有效供给,当老年人没有钱购买,就形不成有效需求,故而,从供给方发力,任何问题都解决不了。因此,建立长期照护服务保障制度的根本,就是解决失能老年人的有效需求严重不足的问题。

需要强调的是,第一,长期照护社会保险财务可持续的关键节点性问题是,费用用度决定收缴压力。如果长期照护费用是一个无底洞,那么,构建社会保险制度就需要慎之又慎。这也是中国长期照护保险制度推进较慢的根本原因。如果解决了费用无底洞问题,那么,从试点到全面推开就不难了。这里的关键是失能康复护理技术采用西医为指导的体系,还是采用中医为指导的体系,或者中西医综合性技术体系,其间的操作空间很大。这是需要认真思考的重大问题,也是解决长期照护费用无底洞问题的关键,更是全面推开长期照护社会保险制度和长期照护商业保险制度的关键。

第二,建设专业化、规范化的长期照护服务供给体系。这里,重中之重是体系建设,从服务供给主体来说,包括五个方面:一是支持家庭照护服务老年人。中国失能老年人人口众多,完全由政府和社会负责,这不仅不可能,也不符合老年人的意愿,更不符合中国几千年来的传统文化,而且,子女和家庭的责任不可推卸,作用也不可替代。对此,政府应当出台相应的家庭公共政策,例如职工带薪休假照护自己的失能父母、照护服务失能父母的职工购房享受优惠等,面向失能老年人家属提供教育培训和服务指导,巩固家庭养老功能,提升家庭能力。二是大力发展专业化的居家照护服务机构,在社区形成网络,入户为失能老年人提供就近就便的专业化服务。三是适度发展住养型照护服务机构,接收有入住意愿的失能老年人,为他们提供专业化的长期照护服务。四是扶持发展邻里互助照护服务,重点在农村加大投入,建立互助照护服务组织,解决农村失能老年人的问题。五是可以探索建立"国家时间银行",鼓励低龄老年人为失能老年人提供服务,服务时间计入"时间银行",待他们需要时可以免费享有相应服务。通过这些途经,形成家庭照护服务为基础、居家照护服务为主干、住养型照护服务为支撑、邻里互助服务为补充的中国特色的长期照护服务供给体系。

第三,建设长期照护服务基础设施,为长期照护服务供给体系提供硬件支撑。一是政府为经济困难的失能老年人改造居住条件,便于接受家庭成员和居家服务机构提供照护服务。鼓励有条件的子女和老年人改造家庭基础设施。二是试点探索有效办法,加强社区环境改造,为没有电梯的楼房安装电梯,完善社区照护服务失能老年人的功能。三是探索有效途径,为居家照护服务机构提供场所,在社区普遍形成居家照护服务的网络。四是创新机制,采取公建民营的手段,建设住养型照护服务基础设施,鼓励社会力量建设兴办基础设施,为他们提供土地、税费等优惠。五是改造公办养老机构,完善其照护服务功能,政府逐步停止建设照护服务机构,向购买服务过渡。

第四,加大照护管理和服务人员建设,为长期照护服务供给体系提供人力支持。人才是第一位的要素。学须涵养,术有专攻,照护服务是一种综合性服务,涉及老年学、医学、康复护理、心理学、社会工作等多学科知识和技能,像家政服务那样简单培训后就上岗就业,不仅难以缓解未来老龄服务人才短缺的矛盾,甚至会断送老龄服务行业。一是把长期照护服务作为特种行业,提高其社会地位,政府为照护服务管理和服务人员提供特殊岗位津贴。二是探索有效办法,政府与社会力量相结合,建立长期照护服务培训国家基金,免费培训在岗长期照护服务管理和服务人员。三是参照师范生的培育模式,在大专院校建立长期照护服务专业,建立就业指导中心,为照护服务专业的毕业生提供就业指导和支持。长远来看,这是发展长期照护服务的一项人才战略。

第五,建立健全长期照护服务的管理体制、运行机制和标准规范、服务质量监督体系,为长期照护服务供给体系提供软件支撑。一是加快体制创新,完善包括长期照护服务在内的整个老龄服务管理体制,建立长期照护服务机构准入和退出机制。充分认识政府直接参与就是与民争利的危害性,加快改革公办养老机构。加大对服务机构的管理力度,规范长期照护服务市场秩序。二是加快机制创新,推动长期照护服务的社会化、市场化和产业化进程,在逐步建立长期照护保障制度的基础上,确保照护服务需求和供给的长期均衡。三是借鉴国际经验,加快国际长期照护服务标准的本土化进程,完善失能老年人等级划分标准、长期照护服务规程和规范、长期照护服务质量标准、长期照护服务纠纷处理办法等。四是建立第三方组织,其职能是监督服务机构的服务质量。

现代经济是有效需求经济。有了有效需求,才能创造有效供给。而且,不同层次的有效需求将会带来相应层次的有效供给。一句话,有效需求的问题解决了,供给的问题就迎刃而解。从经济学角度来说,中国的老龄服务特别是长期照护服务市场巨大,但有效需求严重不足是根本问题。面对失能老年人大幅增长的浪潮,加快建立长期照护保障制度是核心,解决了这个问题,服务供给的问题就容易解决了。

7. 退休制度面临转变。退休制度是工业革命以来社会发展领域一项重大的制度安排。但现有退休制度从发展起源和发展过程至今来看,基本上没有预设人口老龄化这一重大变化,既没有预见到年轻人口会大幅减少,也没有重视考量人口平均预期寿命的普遍延长,更遑论老年期长于就业准备期的全面长远效应。仅仅从就业和退休的调节层面来考量现有打上年轻社会或者短寿时代深刻烙印的退休制度,是远远不够的,更不能说是办理退休手续就可以了事的问题,需要扬弃年轻社会思维和短寿时代思维,从老龄社会的全面转型上、从建设橄榄型社会目标实现上重建退休制度。

第一,退休制度需要面对人类整体自身如何发展的问题。面向未来,退休制度是老龄社会条件下牵一发而动全身的社会发展重器。在年轻社会劳动力源源不断的条件下,人们的关注焦点是人口增长和温饱生计问题,人们无暇认真研究自身整体如何发展的问题,即使涉及这一问题,最多也是考虑人口数量与经济发展的关系。退休制度的运行不仅可以解决年轻劳动力就业难的问题,而且,老年人由于寿命短暂,很难成其为重大的经济社会问题。但是,迈入老龄社会之后,人口年龄结构问题日益凸显为比人口数量更为重要的问题。那么,在人类整体自身发展上,既要考虑多少人口才是适合的,更要考虑什么样的人口构成才是合理的等相关问题。因此,退休制度的设计,就必然越出站位经济发展意义上调节就业和养老两种压力的考察视角,成为人类整体自身发展意义上重新考量的重大问题。例如,为什么要退休?退休的制度安排除考量人口数量问题外如何考量其与人口年龄构成的深刻关系?老龄社会的退休制度如何保持人类整体自身发展和经济社会发展的活力?这些问题是以往年轻社会条件下无须考量的问题。现在不能简单对待了。

第二,退休制度需要面对经济发展阶段的问题。在短缺经济条件下,退休制度的设计,其重心是站位经济发展意义上缓解年轻人口的就业压力问题。在相对经济过剩条件下,退休制度就不可能如此简单处理。一方面,微观上个人工作与退休的调节问题如何在宏观上不影响经济社会可持续发展?另一方面,在劳动力不足或短缺的情况下,如何缓解规模庞大的老年人口的经济社会负担?同时,对于发达国家来说,什么样的退休制度更有利于保持老年期人群的中富生活水平?对于中国来说,什么样的退休制度更有利于退出劳动力市场的老年期人群跻身中富阶层?这些问题是我们以往没有遇到的,都需要我们重新思考和应对。

第三,退休制度需要面对老年期的准备问题。伴随人口平均预期寿命的延长,老年期长于就业准备期将成为不可逆转的发展趋势。在这种情况下,如何在年轻时代起从健康、技能、金融、资源等方面做好老年期的充分准备,这是未来所有人都要考虑的重大人生战略问题。否则,错过年轻期的积累和准备,年届退休仅仅办理手续的退休制度,是对人们的放任和不负责任。这是以往退休制度的一大短板和硬伤。退休制度绝非是个人的私事,在老龄社会条件下,它是连接退休前后两大生命阶段的重大制度安排,不仅关系万众切身利益,而且攸关长寿时代条件下的持续繁荣,需要从微观个人全生命的历程视角和宏观人类发展意义上重新考量。

第四,退休制度的关节点是要面对退休年龄的厘定问题。这是未来老龄社会条件下实现中富化目标过程中一个敏感而重大的制度性问题。既连接着就业压力与养老压力,又关联着宏观经济运行和微观经济活力,同时还是调节社会代际利益格局的重中之重,更与长寿时代条件下所有人生命质量、价值和意义问题密切关联。此外,如果考虑退休和社会保障制度的衔接问题,如退休和领取养老金待遇的弹性分开处理的话,退休制度还需要作出更加细化的设计。总之,迈入老龄社会,退休制度是一个体系,需要重新根据未来人类自身发展和经济社会发展需要,结合发展愿望和发展可能,把经济社会发展的规律和人们生产生活的人文关切结合起来,找到适宜的退休年龄动态平衡点。从老龄社会先行的发达国家来看,延迟退休年龄是一个必然趋势。一方面,年轻人口不断减少,巨大的养老压力及其风险需要分散;另一方面,低龄健康老年人难以实现个人价值也就逐步演变成为一个重要社会问题。在这两方面因素的推动下,延迟退休年龄不仅是国际社会应对人口老龄化的一个通行做法,在中国也是大势所趋。这是全体国民都必须认真对待的问题。当前,延迟退休年龄政策已经开始实施,问题在于如何做好配套对接和可持续。不过,放眼人口快速老龄化的长远需要来说,只要人们在基本理念上达成共识,相关配套政策措施能够符合人们的愿望,既得利益者的矛盾能够解决,相信我们能够建立起适应老龄社会需求的退休制度。

第五,退休制度需要面对退休后社会生活适应问题。退休制度绝非简单地领个退休证,需要宏观上对人们的退休后生活作出设计,更要为人们的退休生活作出体系化安排,还要倡导人们过上符合时代要求的退休生活。这是未来退休制度的一项重点。其中,解决退休后生活的适应问题是一项新的社会发展任务。同时,退休制度还需要面对老年期人力资源开发问题。对此,前面已有论述。

(三)公共服务层面的问题

公共服务是一个庞杂的体系,是政府、企事业单位和社会组织使用公共资源面向国民提供保障公民权的非市场化、准公共产品服务,主要涉及公共基础设施、教育事业、医疗卫生事业、科技事业、文化事业、体育事业、社会救助和福利服务、灾害援助、邮电、气象、咨询、城市化服务、交通、通信和信息化(数字化、智能化、智慧化)建设等方方面面。总体来说,公共服务主要是满足国民需求的,面对老龄社会的重大变迁引发的需求结构的深刻变迁,在实现中富化目标的过程中,以上公共服务体都需要转型发展,面临的问题堆积如山。教育事业、医疗卫生事业、科技事业、文化事业、体育事业,前面已有论述,虽然从公共服务的角度尚待深入研究,但囿于篇幅不再论述。社会救助和福利服务、灾害援助、邮电、气象、咨询等服务也值得深入研究,但囿于篇幅只能留给以后了。这里主要涉及三个层面:一是住房与社会公共基础设施建设面临转型,这部分内容具体放在下一章讨论。二是老龄化倒逼老龄社会友好型城镇化,这部分内容具体放在下一章讨论。三是老龄社会将重塑数字经济和产业的发展走向。

当前,信息化、数字化、智能化为标志的数字经济和产业如火如荼,在全球范围呈现引领第四次工业革命的新态势,必将对公共服务体系产生全面深刻的影响。与此同时,人口老龄化标志的老龄社会快速推进,对公共服务体系的影响是结构性的、系统性的,也是革命性的。这两大趋势的深度相互交叉演化,将深刻改变未来社会的样貌、运行方式和形态。目前,"老年人数字鸿沟"问题仅仅是这两大趋势没有充分融合发展暴露出来相关问题的冰山一角,需要引起高度重视,并作为未来人类发展的重大战略思维贯穿始终。

一方面,数字经济和产业必须拥抱老龄社会的重大需求。老龄社会带来的深刻变迁就是社会主体结构转变引发的整个社会需求结构、需求偏好的重大变迁,是未来人类社会最深刻的社会变迁之一。作为载体、工具和手段的数字经济和产业及其蕴涵的新质生产力巨大潜能,如果不能自觉拥抱这一深刻变迁,未来的数字经济和产业就会失去长期发展的动力和后劲。"老年人数字鸿沟"显现出来的问题不是老年人落后于时代,而是数字经济和产业错失规模庞大消费群体的战略失败。数字经济和产业乃至一切经济和产业特别是科学技术,进一步包括整个新质生产力其终极生命力就在于对接人的需求,否则,数字将不经济,数字也很难成为真正的产业。老龄社会带来的不仅仅是规模日益庞大的老年人群体及其海量消费需求,还有全体国民特别是青年壮年全生命的长寿生活需求。年轻人口要为老年期做好健康、技能、金融和资源等方面的准备,老年人口直接的消费需求将出现史无前例的井喷。据此两个方面来判断,可以断言,离开老龄社会带来的巨量需求,数字经济和产业长期看将难以为继。换言之,锚定老龄社会的需求,这是新质生产力和未来数字经济和产业的长期可持续引擎。

另一方面,应对老龄社会特别是发展相应公共服务,必须充分利用数字经济和产业的力量。老龄社会必然带来公共服务领域的深刻变迁,如何应对日益分化庞杂的公共服务,从硬件到软件实现顺应老龄社会要求的全面转变,数字经济和产业特别是公共服务平台经济产业是必由之路。不仅可以丰富公共服务内容,提高公共服务质量,更主要的是还可以提高公共服务全过程全流程的监督管理,这是未来建设适应老龄社会需要、促进中富化目标实现的公共服务体系的必然选择。

(四) 社会管理层面的问题

中国正处于经济社会文化深刻转型期,但最长远且史无前例的转型即老龄社会的转型,不仅改变原有社会治理格局,而且还带来社会管理理念、制度、体制、机制、方式的转变,将深刻影响中富化进程的推进,在这一背景下,未来社会管理体系建设和创新将面临艰巨任务。

1. 社会管理对象格局的转变。2020 年,从年龄分层来说,中国的社会管理对象构成是:劳动年龄人口(16—59 岁)为第一大群体(占总人口的62.5%),老年人口(60 岁及以上)为第二大群体(占总人口的 18.9%),少儿人口(0—15 岁)为第三大群体(占总人口的 18.6%)。未来,社会管理对象的基本格局还将发生深刻变化。据测算,到 2050 年,劳动年龄人口(16—59 岁)作为第一大群体占比将减少至 48.5%,占社会治理对象总规模不足 1/2。老年人口(60 岁及以上)占比增加到 39.8%,占社会治理对象总规模接近 4 成,少儿人口(0—15 岁)占社会治理对象总数的 11.7%。如何适应这一重大转变,将成为未来社会管理过程中的一个重大课题。

从某种意义上说,少儿人口属于学龄前儿童和在校学生,家庭和学校是管理主体,他们不是社会管理的重点对象。劳动年龄人口是重点的社会管理对象,除了那些有稳定职业的人口外,作为社会中最活跃的人口,他们中间有许多人临时可能没有工作,游离于任何社会组织,需要加强社会管理。但相对来说,除了老干部之外,老年人口目前是社会管理乃至社会治理中最薄弱的环节,许多地方的老年人甚至处于社会管理的真空状态,成为不法组织甚至邪教组织、地下宗教组织的目标人群,给社会和谐稳定带来的影响与日俱增。同时,中国的退休制度条块分割,对老年人实行分开管理的社会治理模式,容易造成老年人群体内部的不平等,不利于社会和谐稳定。随着老年人口的迅速增长,如何在社会治理的大框架下,加强对他们的管理和服务,已经成为一个紧迫的社会问题。

值得强调的是,伴随老年人口的增多,国家整体中富化进程可能面临较大压力,特别是在进入老年期之后,由于收入、疾病、失能以及意外等诸多因素,人们跻身或保持中富阶层生活水平难度加大,这就需要除生活保障制度、公共服务体系的考量之外,还要从社会规则体系上充分考量庞大老年人群体的实际困难。

2. 社会发展规则体系面临诸多新问题。首先,社会发展规则体系的价值理念面临重建。这里的社会发展规则不是指政治领域、经济领域、文化领域的规则,而是狭义社会发展领域的规则及其体系,如社会主体人及其组织在公共生活空间发生互动关系的道德、规章、规约、规范、法律、政策等。任何社会规则体系的核心都是人类基本价值理念的具体体现。但是,现有社会发展规则体系基本上还是年轻社会的产物,已经难以适应老龄社会的客观需要。从某种意义上说,现有老龄社会的问题中,其中有一部分是源于年轻社会的发展规则不能适应老龄社会需要的结果。究其根本是老龄社会要求有新的基本价值理念如年龄平等的理念,也即不分年龄人人平等的价值理念,而这是年轻社会所没有的。微观上,例如在个体互动行为上,仅仅用传统的尊老爱幼的价值理念来调整也是远远不够的,需要年轻一代和年老一代之间有更多包容和认同,并渗透于整个社会发展规则体系中。中观上,例如各种社会实体组织内部和之间的互动行为,要有年龄结构的视角及价值旨归。宏观上,例如要确保资源配置在三大年龄群体之间的大致均衡。这说明,为了适应老龄社会的新要求,我们需要检视年轻社会的社会发展价值理念,并重建新的社会发展理念,以便引领社会发展规则体系能够适应老龄社会的新要求,体现社会发展在演变上的阶段性。从某种意义上说,社会变迁的本质既是人的变迁,更是整个社会规则体系的演替。当然,社会规则体系的运行依靠的是社会管理的体制机制。

其次,社会发展规则体系需要创新完善。社会发展规则体系涉及方方面面,既有调节个人之间的,也有调整家庭内外之间关系的,更有调节个人与各类社会组织之间以及各类社会组织内外的,涵盖个人生活和行为的方方面面。例如,年轻社会的户籍关系、家庭内部代际关系、工作与闲暇关系、探亲假内容和形式及其相关待遇、社区邻里关系、社会代际关系、人员社会流动政策、城乡流动政策等,几乎社会公共生活的方方面面都需要按照新的价值理念来调整、创新和完善。

3. 社会管理体制机制面临诸多新问题。现有社会管理体制的突出问题是,行政化突出、社会组织后劲不足、基层管理和服务薄弱、管理成本较高,社会自发自我自治管理的活力较低等。面对人口老龄化特别是高龄化压力,面临中富化进程的要求,现有社会管理体制难以适应。一是伴随跨过温饱线并向中富化迈进,在经济持续发展的同时,人们的多元化多层次需求特别是更高生活质量需求越来越多,人与人之间、人与社会组织、企业组织等之间的矛盾层出不穷,这些矛盾最初出现在基层,如果不加强基层社会管理,容易形成较大矛盾。二是行政化社会管理不仅管理成本较高,而且不利于发挥社会组织的力量,这也是目前社会组织发展后劲不足的重要原因,如果不加快改革,不利于社会和谐稳定。因此,伴随中富化和老龄化交互演进,迫切需要创新社会管理,做强社会组织,并引导人们通过基层社会自治组织加强自我管理,不仅可以提升社会发展活力,而且有利于建构防范社会矛盾激化机制。三是中富化和老龄化深度演化必然带来海量生活性服务需求,需要依托基层提供有效监督、管理和服务。四是现有城乡社区建设相对滞后,不仅存在许多服务供给空白,更重要的是还存在邻里关系淡化、不少事务无人管、管理真空现象还有进一步扩大化的趋势。总体来说,人们主要生活在基层社区,现有社会管理体制下难以营造人人健康长寿有意义的管理服务生态。

4. 现有社会管理体制机制难以适应规模庞大的老年人的需求。长期以来,中国实行计划经济,社会建设事业相对滞后,机关、企事业单位办社会的现象十分普遍,人们也习以为常。单位既要管幼儿园甚至办子弟学校,也要管退下来的老同志甚至办老年活动中心,还要办食堂,等等。自国企改革以后,企业办社会的现象实现了历史性转变,企业真正成为市场主体,为40多年的经济腾飞作出了巨大贡献。现在,企业大多已经不办学了,退休人员也实行社会化管理,"单位人"基本上转变为"社会人",社会管理面临的任务越来越沉重。目前,全国企业退休人员约为1.3亿人,其中大多数已经纳入社区社会化管理。但是,由于社区建设相对滞后,特别是在社区层面,"上面千条线,下面一根针",承担的任务十分沉重,难以对回归社区的企业退休人员实行有效的社会治理。从巩固国企改革以至经济改革的成果来说,今后必须切实加强社区建设,为回归社区的企业退休人员提供全方位的管理和服务。

从机关、企事业单位来说,社会管理的任务也十分沉重。首先,离休干部是党和国家的宝贵财富,他们为中国革命奉献了一生,随着国力强盛,我们必须保障他们享有幸福的晚年。目前,离休干部群体数量不多,他们的政治待遇、生活待遇等问题解决得比较好。但是,随着进入高龄或丧偶,特别是子女出国或者在外地工作生活,许多离休干部的生活照料、康复护理、精神慰藉等问题日益突出,需要发展专业化、规范化的长期照护服务,保障他们的晚年幸福。其次,中国机关、企事业单位退休干部面临的社会治理任务也十分沉重。随着人口快速老龄化的发展,越来越多的退休干部加入老干部管理的行列,给现行机关、企事业老干部管理系统带来巨大压力。目前,中国的退休干部大约为 1600 万人,随着改革进程加快,预计将快速增长。如何加强社会治理,解决他们的问题,推动机关、企事业单位改革,这是一个深刻的挑战。实事求是地说,干部离休政策必须坚定不移地执行下去,而且还要不断完善。但对于退休干部需要加快改革步伐。从长远来说,目前是改革机关、企事业单位老干部管理体制的最佳机遇,为了应对人口老龄化的挑战,应当发挥老干部的积极作用,把机关、企事业单位老干部管理体制的改革和完善,纳入社会治理创新的重要议事日程,加快推进。

农村老年人的社会管理任务同样十分沉重。2020 年,中国城镇老年人口规模为 1.43 亿人,农村老年人口规模为 1.21 亿人。伴随人口城镇化,预计 2035 年农村老年人口规模也在 1 亿人左右。目前,中国农村建有老年人协会的村还不到全国村总数的一半,其他基本上处在管理真空状态。在已经建立起来的老年人协会中,还有不少存在着不经常开展活动、引导管理不够等问题。目前的农村老年人文化程度普遍较低,容易受到不良组织的影响。据调查,近年来,农村老年人参加宗教组织的比例呈现增长趋势。同时,在参加邪教组织、地下宗教组织活动的人中间,多半是老年人。"法轮功"的教训十分沉痛,老年人这个阵地我们不占领,别人就要占领。如何加强农村社会治理,发展老年人协会,推动老年人自我管理、自我服务、自我教育、自我监督,这也是实施乡村振兴战略过程中一个必须解决的重要问题。

人口老龄化对社会管理创新,以至社会和谐稳定的影响是深刻的。由于崇尚集体主义的传统文化,中国老年人有加强组织、管理和服务的强烈意愿。客观地说,中国正处于社会急剧转型期,社会管理的体制机制尚未完全定型,面对人口快速老龄化的客观要求,特别是为了促进中富化目标的实现,需要对未来新的社会治理格局作出战略上的安排,在加强各年龄群体社会管理和服务的同时,更加重视老年群体的社会管理,建设符合老龄社会要求的新型社会治理体制,为机关、企事业单位和乡村振兴以至整个社会主义现代化建设事业的纵深发展,创造良好的社会环境。

(五) 社会秩序层面的问题

社会秩序既是社会发展规则体系通过社会管理有效运行的结果,也是处理各种异端异常行为的结果。从理论上说,社会秩序的生成既遵循自律和他律的双重逻辑,也遵循历史积淀和时代创新的双层逻辑。从实践上来说,现有社会秩序是漫长年轻社会积淀形成的。面对老龄社会的到来,特别是要顺利实现中富化目标,现有社会秩序面临诸多问题亟待解决。

具体来说,老龄社会引发诸多影响社会秩序稳定协调的挑战。一是个人社会化因家庭功能弱化、婚姻关系不稳定和社会支持网络淡化等因素影响面临重重障碍。二是两性关系日益复杂化导致婚姻家庭秩序面临诸多不确定性。三是性异端行为越来越突出。四是家庭和社会代际关系失范现象日益突出。五是犯罪类型出现新的现象,老年人受到侵害的现象有增无减,老年人犯罪现象也越来越多。六是自杀问题日益突出,青年老年自杀出现双重上升趋势,孤独死现象引发社会普遍焦虑等,这些问题如果长期得不到有效系统性解决,不仅会解构社会秩序,而且会导致社会预期紊乱,影响社会情绪,加深"老龄社会恐惧症",而且影响社会信念,加剧人们生存发展无意义感,削弱发展斗志,从根本上不利于橄榄型社会建设,需要引起高度重视。

需要强调的是,社会秩序的建构需要全体国民的普遍自律,但在社会深刻转型特别是在从年轻社会向老龄社会转型过程中,由于新的社会发展规则体系尚未完全建立,许多涌现出来的新问题,没有可供遵循的他律性规则体系特别是否定性或惩戒性规则体系,导致乱象丛生,不仅影响公序良俗,加剧未来不确定风险预期,解构社会秩序的稳定性。如前述老夫少妻现象中,少妻虐待甚至谋财乃至害命的行为,表面上看,这纯粹属于个人行为,法律界人士甚至认为现有法律可以解决这些问题。实际上,我们现有的法律体系总体上是短寿时代和年轻社会的产物,许多条款背后的理念已经难以调整老龄社会条件下人们的行为,需要重新检视。例如,老夫少妻现象如果任由蔓延,不仅降低同批人婚姻关系的稳定性,导致婚姻关系的代际失衡,老一代攫取下一代的婚姻资源,老一代年届高龄便面临诸多被虐待甚至被谋财降低生活质量甚至被害命的风险。这些问题需要我们重新反思我们现有的法律体系,从维护公序良俗和长寿时代人们老年期的生活质量要求上,作出长远考量。

四、建构顺应老龄社会和橄榄型社会要求的新社会发展观

(一) 年轻社会条件下的社会发展观需要重建

前述诸多方面的问题,本质上是年轻社会条件下的社会发展观不能适应老龄社会和橄榄型社会建设要求的具体表现。

首先,短缺经济条件下社会发展采取滞后发展的路线需要变革。从总体上来说,年轻社会条件下的经济是短缺经济。在短缺经济条件下,温饱问题尚未解决,发展经济是第一要务,社会发展难以摆上核心位置。因此,经济发展和社会发展不同步,这是无奈的选择。这无论对于国家、地区、家庭和个人来说都是通理。但是,在经济越过短缺经济并进入经济相对过剩阶段,人们的温饱问题无虞,需要着手重新考虑经济发展和社会发展的关系。从某种意义上说,经济发展主要就是生产,而社会发展主要就是消费。在经济相对过剩条件下,如果社会发展继续沿着年轻社会或者短缺经济条件下的发展路子,经济长

期可持续发展必然面临动力不足的问题。这说明,在与经济相对过剩相伴生的老龄社会条件下,需要走经济与社会同步发展的新路子。从实践上来说,发达国家迈入老龄社会基本上走的是经济和社会同步发展的路子,即在经济迈过温饱门槛和人口老龄化的开始演进时社会发展快速推进,相关社会主体建设、国民生活保障制度体系建设、公共服务体系建设、社会发展规则体系的完善和社会秩序的深度营造齐头并进。中国的特殊情况在于,我们是在尚未完成短缺经济向经济相对过剩转型、经济发展与社会发展采取不同步战略的情况下提前进入老龄社会,相关社会发展问题十分突出,在全球和国内经济下行压力下,这些问题更为凸显。这是前述诸多社会发展问题的重要根源。

其次,经济相对过剩条件下的社会发展需要采取新的发展路子。目前,中国不仅迈过短缺经济阶段,绝对贫困问题已经解决,经济相对过剩问题日益突出。在这种情况下,不仅为了解决老龄社会新生的诸多社会发展问题,也为了老龄社会条件下宏观经济的长期可持续发展,必须走经济与社会同步发展的路子。这里有五个问题值得关注:一是不能低估旧观念和旧的利益集团的力量。一方面,如前所述,我们现在许多地方政府对于发展经济有一套,但对于社会发展还没有形成全面科学成熟的具体做法和经验。脑子里仍然是短缺经济条件下以经济发展为中心的落后观念,要在短期内彻底改变是十分困难的。另一方面,经过几十年发展,一些利益集团不可能自觉改变既定的利益优势,如何打破,走经济与社会同步发展的路子,他们的阻力不容忽视。二是效率与公平问题不能分开对待。先效率后公平的做法不可持续。如前所述,这是短缺经济条件下的落后理念。试问,通过一次分配造成的巨大不公平和贫富悬殊,要靠二次和三次分配来实现公平正义不仅有难度,而且问题基本解决的可能性究竟有多大,这是难以服人的。不仅已有的人类发展经验很难提出佐证,在理论上也是难以说得通的。例如,找不到工作的人,无论采取什么样的社会发展政策,都难以满足他们对公平公正的期待。因此,缓解经济与社会发展、效率与公平这些问题,需要在发展路子上真正作出创新。三是社会发展问题是经济发展绕不开的。短缺条件下的经济主要是供给问题,相对过剩条件下的经济主要是需求问题。现有社会发展问题不能仅仅当作社会发展问题来对待，需要进一步当作经济发展问题来对待。在相对过剩条件下，经济发展与社会发展才是真正的硬币的两面。过去在短缺经济条件下，在实践操作中，经济发展实际上被当作是硬币的一面，而社会发展则被当作另一枚硬币。如何破解这一问题，既是社会建设必须解决的问题，更是破解经济下行压力加剧的首要问题。四是汲取发达国家的深刻教训。前面虽然谈到发达国家经济与社会同步发展的经验，但他们的发展教训远远多于经验。最根本的原因，一方面是站位资本家以利润最大化为核心目标的资本主义制度；另一方面是他们的社会发展制度和政策体系建构，没有充分考量老龄社会的新要求，背后的理念仍然是年轻社会的那一套。五是充分发挥制度的优越性。中国实行的是社会主义制度，相关探索实践历史还不长，存在诸多问题都是暂时的，只要我们有去资本主义化的思维，站位人民立场，真正把经济与社会同步发展当作硬币的两面：一方面，从供需两方面同时发力；另一方面，破解当前堆积起来的社会发展问题，必然能够既实现经济的健康可持续发展，也能同时解决积累起来的相关社会发展问题，避免发达国家贫富悬殊等问题深度演化。

最后，实现中富化目标需要全新的社会发展进路。如何在迈过短缺经济和年轻社会条件之后，在老龄社会提前到来的条件下，实现世界上人口最多国家的中富化目标，这既是人类历史上的创举，也是狭义人类社会发展领域的重大挑战。需要我们站位人民和社会主义制度，借鉴发达国家的深刻教训，结合中国现实国情和未来发展大势，社会主体建设、国民生活保障制度体系建设、公共服务体系建设、社会发展规则体系的完善和社会秩序的深度营造齐头并进，探索走出老龄社会条件下社会发展的中国道路。

（二）建构顺应老龄社会和橄榄型社会要求的新社会发展观

新的社会发展观要从以下方面着手：第一，社会发展既要解决个体人的各种实际问题，更要重视人类整体自身发展的内在要求，促进人口年龄结构的优化,防止人口过度老龄化陷阱;第二,社会发展既要满足人们的实际需要,更要考量提升经济发展活力,把经济发展潜能发挥和社会发展愿望结合起来,确保经济发展不牺牲社会发展,而社会发展也要保障经济发展后劲,实现经济与社会成为人类发展这枚硬币的两面,保持协调同步发展,最大限度发挥效率和公平的融合性互动发展的效能,避免经济发展造成贫富悬殊、靠社会发展消弭贫富悬殊的恶性循环;第三,社会发展既要考虑分散和对冲人口老龄化对中富化的压力,更要考虑中富化进程不加剧人口过度老龄化的风险;第四,社会发展既要解决人们的物质生活问题,更要转变观念,扬弃短缺经济思维,创新完善促进人们服务生活问题和精神生活问题的相关制度和规则体系,促进老龄社会条件下人们活得更好、更有意义;第五,社会发展既要发挥个体、家庭和社会组织的重要作用,也要发挥政府的职能作用,培育发挥企业的社会发展职能,形成各社会主体和社会实体在社会发展上的合力。

同时,要关注五个倾向:一是避免用老年人视角和老龄社会视角对待社会发展问题,即在现有社会发展观上增加一个老年人视角或者老龄社会视角,而是要扬弃年轻社会的旧思维,从老龄社会的全新要求出发,重建社会发展观。二是避免就事论事,重点只解决社会发展问题中的国民生活保障和公共服务问题,而是要在国家治理框架下,围绕中富化目标实现,统筹对待社会治理或者社会建设问题,从社会主体和社会实体建设、国民生活保障制度体系建设、公共服务体系建设、社会发展规则体系的完善和社会秩序的深度营造等方面,做到齐头并进。三是避免发展眼光短视,在解决相关社会发展问题上更加重视人类自身整体发展,确保社会发展各项制度安排和规则体系指向人口年龄结构优化,防止人口过度老龄化陷阱。四是避免社会发展脱离主轴逻辑。社会发展领域涉及面广,问题复杂,因素多元,需要紧紧围绕中富化目标,最大限度确保最多人群跻身中富阶层。五是避免形式主义,把握社会发展的底层逻辑,确保人们保持中富化水平的可持续发展机制。

此外,要回归社会主义核心价值观,建构科学合理的劳动观、富裕观、人生观、人死观、家庭观、社会发展制度观、社会发展规则观和中富阶层观等。

五、实施适应老龄社会要求的社会战略

（一）战略目标和思路

1. 战略目标。到 2050 年，社会发展公共财政投入占 GDP 比重达到 50%以上；社会主体和社会实体建设完善并发挥合力作用；覆盖全体国民全生命生活保障制度体系坚挺，既能确保 60% 人口中富化目标实现，又能抵御人口高龄化冲击；公共服务体系发达，满足人们过上更好更有意义的生活的要求；社会发展规则体系完善定型，社会治理高效运行，人们更加普遍长寿的生活拥有稳定、和谐的良好社会秩序生态。

2. 战略思路。以 21 世纪中叶为战略周期重要时间节点，以习近平新时代中国特色社会主义思想为指导，建构顺应老龄社会和橄榄型社会要求的社会发展观，高度重视经济相对过剩条件下社会发展的自身意义和对经济发展的贡献潜能，把握经济与社会同步发展、效率与公平融合性发展的新要求，紧紧围绕中富化宏伟目标和主轴逻辑，深刻掌握中富化和老龄化互动演化的底层逻辑，重点从社会主体和社会实体建设、国民生活保障制度体系建设、公共服务体系建设、社会发展规则体系的完善和社会秩序的深度营造等方面发力，统筹采取重大举措，立足中国实际，在中国式现代化建设的目标框架下，借鉴发达国家成功经验和深刻教训，按照五位一体总体布局，抓住人类化即人的全面自由发展这个主题，走出一条顺应老龄社会和橄榄型社会要求的社会发展的中国道路。

（二）战略任务

围绕中富化目标，针对不断老龄化的人口年龄结构和年轻社会形成的社会结构之间的矛盾，按照顺应老龄社会和橄榄型社会建设要求的社会发展观，实施社会发展战略，调整社会结构，创新社会发展制度，革新社会发展方式，推动人口年龄结构和社会结构协调发展,建设人口老龄化适度、大多数人跻身中富阶层、全体国民全生命生活质量普遍提升、人人有机会实现生命价值和体验生命丰富意义的美好社会。

1. 加快社会主体和社会实体建设。在人的建设上,一是加强人的全生命基本能力、生存能力、发展能力和创享能力建设。二是树立科学性别观,落实男女平等基本国策,解决育龄女性发展问题,高度重视两性寿命差异问题,关切性别歧视问题。三是树立科学年龄观,实施年龄平等基本国策,重视家庭代际关系问题,防范社会代际利益冲突问题,关注年龄歧视问题。四是高度重视少年社会化障碍问题,倡导科学的少年多代共育方式,加强相关家庭政策干预力度,减轻学前教育和基础教育负担,大幅降低并控制少年教育成本,加强问题少年的专业化社会干预。五是重视青年晚熟问题,实施青年"社会性断乳"政策,树立新时代恋爱婚姻观,着力解决青年就业问题,控制青年人生活和奋斗成本问题,采取劳动致富的支撑政策体系,使青年人既有奋斗的压力又有奋斗的希望,创造条件帮助青年人依靠自身力量跻身中富阶层,加大问题青年人的专业化社会干预工作力度。六是发挥中壮年中流砥柱作用,加强中壮年人终身教育和发展能力提升工作,缓解两头负担问题,在健康、金融、技能和资源等多方面帮助中壮年做好老年期的充分准备。七是高度重视老年人作为社会和谐稳定发展的后盾作用,关切退前和老年期初期的适应问题,持续解决老年期能力提升和教育问题,重点解决老年人健康促进和疾病缓解问题,更加重视老年人休闲和精神文化生活问题,集中力量解决老年人的失能风险防范和长期照护服务问题,健全完善遗产安排的法律服务体系。八是高度关注解决各年龄群体之间的利益格局和协调问题。九是采取多种手段和政策工具,加大人力财力投入,解决各年龄段国民精神疾病风险问题。十是不遗余力解决身心残疾人、无家可归者、穷人、鳏寡孤独者等特殊弱势群体的问题。十一是树立科学死亡观,实施人人平等的殡葬制度,加强死亡管理问题,建立符合中国国情的安乐死制度。

在社会实体的建设上,一是重视和强化家庭在社会发展中的基础作用,提升家庭发展能力,倡导适应长寿时代的家庭婚姻观,扭转错位的家庭婚姻观,采取重大多元举措发挥家庭在维护婚姻稳定性的作用,大力实施有利于家庭建设的生育、托育、假期、养老、照护等公共政策,破除家庭依靠自身能力跻身中富阶层的种种障碍,倡导新型家庭、亲属、社区邻里社会支持关系。二是全面发挥政府在社会发展领域的职能作用,在各级公务员中树立顺应老龄社会和橄榄型社会建设要求的新社会发展观,培养和提升其社会发展能力,造就一大批既懂经济建设又懂社会建设的干部队伍。三是充分发挥企业组织在社会发展中不可替代的作用,支持企业做好内部的社会发展工作,倡导企业根据可能和条件做好对外社会发展工作,鼓励企业通过社会发展工作提升企业和产品品牌影响力和竞争力,造就一大批经济效益好、社会发展影响力大的社会主义国有和民营企业。四是高度重视发挥社会组织弥补政府失灵和市场失灵问题上的重要作用,完善相关政策,加快培育各级各类社会组织,承接政府、企业和家庭的社会发展任务,支持社会组织开展适应老龄社会和促进人们跻身中富阶层的各类社会服务,重点发展面向各年龄段问题人群的社会工作专业化机构,加大规范监管力度,持续打击非法社会组织。

2. 建立健全覆盖国民全生命生活保障制度体系。一是建立完善防止过度老龄化风险和促进中富化进程的新型生育制度。老龄社会条件下的生育制度既是人口国策,也是社会发展国策。要扬弃年轻社会的生育理念和生育政策理念,树立适度生育理念,控制和优化人口年龄结构,防范人口过度老龄化风险。经济复苏繁荣和社会发展同步是生育行为回归总和生育率更替水平的动力,需要采取前述新的经济发展战略,开发老龄经济,确保老龄社会条件下宏观经济复苏繁荣。采取教育、住房、假期、生育津贴等各项社会政策,尽最大力气降低全社会的生育成本,使人们愿意生、生得起、养得好。针对未富人群和跌落中富阶层人群实施特殊生育政策,确保人们不因为生育孩子而影响中富化目标的实现。二是建立健全终身教育制度。高度重视全人口全生命教育需求结构的深刻变化,落实科教兴国战略和人力资源强国战略,分阶段做好结构性调整的战略准备,继续提升新增人口素质教育和创新教育,全力发展职业技术教育、职业继续教育,特别是针对大龄劳动力和从农村转移出来的劳动力的职业培训,大力发展老年教育。通过转变教育观念、创新教育形式、着力革新学制,改革教育体制,推动目前适应年轻社会要求的教育体系转型为适应老龄社会并有利于建设橄榄型社会的教育体系。三是健全适应老龄社会和橄榄型社会建设要求、激发社会活力的就业制度。高度关切人口老龄化、高龄化和劳动力人口大龄化过程中潜在就业人口规模和结构的分阶段变化态势,把充分利用科技创新提高效率和缓解就业压力结合起来,把大力发展就业密集型经济产业作为长期任务,重点面向未富人群提供劳动就业保障和服务,完善失业保障制度。根据就业压力和养老压力的格局性转变进程,科学厘定动态渐进式退休年龄制度,逐步加快开发低龄健康老年人力资源。落实劳动致富根本价值观,建立相应制度支撑,确保人们主要依靠勤劳致富跻身中富阶层,建立适应老龄社会要求、符合年龄平等要求的新型劳动就业体系。四是实施国富国力提升条件下藏富于民的人民收入优先战略。按照经济社会、效率公平融合发展的理念,改革和创新收入分配制度及其配套政策措施,确保既能够充分发挥市场配置资源的决定性作用,又能够确保人民大众全面富裕,从而实现人民收入普遍提高、国家税收持续丰盈的发展格局。要避免与民争利,注重放水养鱼,高度重视协调三次分配协同提高人民的收入水平,确保人们在退出劳动力市场和进入老年期以前,拥有丰裕的老龄金融资产,调控富裕人群的收入,扩大中富阶层人群规模,完善未富人群的收入保障制度和中富化激励机制。五是实施中长期养老保障战略,立足国情,汲取福利国家教训,培育全民自觉负责任可持续的养老保障制度伦理精神,充分考量刚性养老金收缴曲线、刚性养老金支付曲线、刚性人口老龄化曲线和波动性经济增长曲线以及全民普遍长寿化风险的底层逻辑,按照"保基本""多层次"的精义,倒过来设计养老保障制度,避免二次改革风险,明确责任主体共担机制,实现三支柱协同发展,高度重视统筹老年期贫困、疾病和失能三大风险框架下的第三支柱建设,增强对人口老龄化特别是高龄化的适应性和弹性,保持财务长期均衡和可持续运行。同时,高度重视增强养老保障制度促进经济发展特别是为经济增长提供后劲的功能,努力提高养老保障制度防范跌落中富阶层风险的重要作用,切实提升养老保障制度对冲经济波动性的韧性。高度关切养老保障制度建设与金融经济良性互动发展问题,充分发挥老龄金融的投资作用,严格控制和监管养老保障资源的金融投资行为,打击相关金融投机行为,防范系统性金融风险。六是按照主动健康观要求,建立健全承载人口老龄化压力的积极医疗保障制度(已在前面相关国家健康战略部分做过论述)。七是发挥中医康复护理技术的优势,建立健全中国特色的长期照护保障制度,开展中西医康复护理成本核算和效果测评,建立长期照护社会保险、商业保险和社会救助的三层次长期照护保障制度,建立运行科学、费用可控、照护质量保障的长期照护费用筹措机制,确保全体国民失能风险有一个制度性的费用来源,解决人们的后顾之忧问题。八是改革和创新退休制度,严格提前退休政策,逐步健全延迟退休制度体系。建立允许劳动者在退休时间、退休方式和退休待遇领取等方面的激励性选择性制度。建立退前教育制度。根据人口老龄化进程、人口健康状况和经济社会发展水平,综合考虑人力资源开发利用的要求、社会保障特别是养老负担的承受能力、社会运行的活力和社会关系的和谐、产业结构的调整升级和老年群体的健康和能力状况及其对经济社会活动的胜任情况等,实施退休制度综合改革,开发老年人力资源,加快各类退休人员社会化服务进程。九是建立健全遗产制度,完善遗嘱制度,开征遗产税,完善遗产事务专业化法律服务。十是改革殡葬制度,按照特种行业管理殡葬事务,实行殡葬普惠化和专业化,完善确保人人逝而平等、逝有尊严、无逝后之忧。

3. 建设全国联通和覆盖全生命的现代化公共服务体系。落实新型城镇化战略和乡村振兴战略,按照老龄社会特别是年龄友好型理念、着力促进中富化进程的要求,充分考量人口老龄化特别是高龄化衍生出来的海量生活性服务和生产性服务需求,顺应年龄友好型社会需要,建设和改造社会基础设施体系,创新教育服务体系,改革和创新医疗卫生服务体系,建立完善长期照护服务体系,提升科技服务体系,强化社会救助和福利服务体系以及完善灾害援助、邮电、气象、咨询、城市化、交通、通信、乡村公共服务等服务体系,按照全国统一市场的要求,充分利用信息化、数字化、智能化技术,打造各类服务平台,打造全国联通性公共服务体系,为人们提供全生命连续性服务,为发展服务经济特别是生活性服务经济和生产性服务经济奠定雄厚基础。

4. 加强和创新社会管理。一是按照党委领导、政府负责、社会协同的方针,改革和创新管理体制,提升政府社会管理效能,降低行政化社会管理成本和人力消耗。二是根据人口老龄化带来的社会管理对象格局的变动,针对人们中富化进程中需求结构的变动,调整社会管理内容和方式,提供动态化管理服务。三是把社会管理的重心放在基层,创新社区管理服务方式,整合企事业单位管理服务资源,在网格化管理制度基础上,充分利用信息化、数字化和智能化技术,建立健全社区为基础、市、区(县)和街道(乡镇)联通的社会管理服务网络。四是大力发展各类群众性自治组织,引导支持他们自我管理自我服务,鼓励公益性社会组织进社区基层,重点面向未富阶层人群提供服务和帮助。五是坚持年龄平等,坚持老少共融互补价值取向,促进代际互动和邻里互动,推动社会融合。六是宏观上调整利益格局,完善促进中富化的价值取向(如劳动致富),完善社会发展规则,促进国民在社会财富、权利和机会分配上的公平公正,在基层建立科学有效的代际利益协调机制、矛盾调处机制、权益保障机制,促进人们平等分享社会资源、共享社会权利、共担社会责任。七是高度重视规模日益庞大的老年群体这一社会管理存在严重真空状态,加强老年人群众组织建设,加强党建工作,配强班子,提供场地、经费和资源支持,建立多元化筹资渠道,广泛开展有益于老年人身心健康的活动,推动老年人自我管理和自我服务。

5. 创建良好社会秩序和社会生态。一是高度重视在全社会树立社会主义核心价值观,培育适应老龄社会的新价值观,培育正确的富裕观,发挥行政、教育、法律、现代传媒等方面的作用,引导正能量思想舆论占据社会主流地位,持续打击负能量舆论。二是巩固和创新人民调解制度,做到个人矛盾、个人与企业、社会组织的矛盾不出当事人圈、不出社区。三是改革和创新信访制度,提高调处矛盾的效能。四是落实依法治国战略,遵循法律法规,严肃政法纪律,从严解决解决各类违法犯罪问题。五是呼吁适时出台《中华人民共和国老龄工作和老龄事业法》《中华人民共和国老龄服务法》等系列化法律,为解决相关问题提供法律依据。六是成立老年法庭,严厉打击侵害老年人合法权益犯罪行为,重视解决老年人犯罪问题。七是培育各类问题人群专业化干预机构,为异端行为人群提供帮助和服务,配套完善相关政策措施。八是培育理想老龄社会理性预期,针对造成和加剧"老龄社会恐惧症"的各种因素,整合力量,发挥各社会主体和社会实体的作用,开展激发社会活力的各项活动,提升个年轻群体人群的生命意义感、生命价值感和幸福感,在成功应对老龄社会的同时,激发人们迈向中富社会的活力和动力。

六、实施适应老龄社会要求的
社会发展政策和国家工程

(一) 建构适应老龄社会要求的社会发展政策体系

完成以上战略任务,需要锁定中富化目标这一社会发展主轴逻辑,清理不适应老龄社会要求的社会发展政策,明确应对老龄社会的社会发展政策空白清单,根据人口老龄化不同阶段的重点问题及其变动逻辑,结合解决现实问题和做好政策储备的需要,研究制定出台一系列政策,并推动现有社会发展政策体更加适应老龄社会的现实和长远需要。

1. 建构社会主体和社会实体建设政策体系。在人的建设上,一是把人的全面自由发展作为社会发展政策的核心,并将人的全生命基本能力、生存能力、发展能力和创享能力建设贯穿于所有社会发展政策的各个环节。二是坚持社会发展政策的性别平等视角,研究出台支持育龄夫妇共担生育责任的专项津贴、休假政策,出台育龄妇女就业特殊专项鼓励政策,着力延长两性健康寿命,重视解决两性寿命差及其衍生问题。应对全生命不同阶段性别歧视问题,保障高龄丧偶老年人的合法权益。三是树立和坚持社会发展政策的年龄平等视角,出台《中华人民共和国老龄事业和老龄工作促进法》,在教育、收入、就业、退休、养老、医疗、照护以及遗产等方面全面落实年龄平等理念,努力使社会资源在青少年、中壮年和老年三大年龄群体之间的基本均衡,促进全生命资源安排的长期均衡,关注解决年龄歧视突出问题。鼓励各地研究出台长辈支持生育行为激励和休养政策以及鼓励年轻人口对长辈的照护津贴假期政策。四是改革学前和基础教育制度,持续解决养育少年成本过高问题,综合解决少年社会化障碍问题,做强问题少年专业化社会干预机构,开展入户和进学校融合性服务。出台未富家庭问题少年教育支持政策。五是出台宽口径、低门槛和就职后高要求的青年就业政策,鼓励地方出台结婚补贴政策,加大问题青年的专业化社会干预工作力度,出台鼓励青年人城乡异地就业安家的支持激励政策,支持乡村青年就地创业和回乡创业,鼓励城市青年下乡创业。六是建立教育培训基金,支持发展大龄劳动力继续教育。出台青壮年人综合性、专项性、低门槛金融支持政策,激励其做好老年期的充分金融准备,严格执行老年期金融准备高门槛政策。七是建立退前教育制度,鼓励各类企事业单位退前安排职工接受退前教育培训。大力发展促进老年人共同富裕为导向的老年教育事业和产业。加强老年健康促进工作。建立长期照护服务体系。健全完善有利于提高老年期生活生命质量的遗产安排制度。八是研究各年龄段国民精神疾病风险问题,出台针对性的综合性干预政策。九是创新有利于共同富裕导向的特殊弱势群体社会救助制度,切实解决他们的实际问题。十是探索建立安乐死制度和相关法律安排。建立人人平等的普惠殡葬制度,制定严格的价格、服务、流程等管理的具体政策。

在社会实体的建设上,一是建立健全适应老龄社会要求和促进家庭跻身中富阶层的家庭津贴支持政策体系,涵盖国民终生连续性生命事件的实际需要,鼓励支持未富家庭的自身能力建设。探索建立家庭服务社会化核算管理办法,将其纳入国民经济核算体系。实施有利于家庭养老功能的公共政策。健全和完善巩固家庭养老功能的税收、保险、住房、假期、用工制度、党政干部考核提拔、人口迁移等多方面配套政策,鼓励高龄父母投靠子女生活和养老的相关支持政策。二是出台社区建设政策,建设服务发达、邻里支持、数字化管理的新型社区,把社区打造成为不分年龄人人共享的友好环境。三是全面提升政府发挥社会发展职能作用的综合性能力,制定相关强制性指标,并作为重要内容纳入干部考核指标体系。完善干部激励和晋升制度,培养一大批既懂经济建设又懂社会建设的干部队伍。四是出台支持经济效益好、社会发展影响力大的社会主义国有和民营企业的相关政策,建设相关宣传推广平台,并纳入国家奖励体系,设立国家和地方奖励制度。五是修订和完善《中华人民共和国社会组织法》,探索符合国情的社会企业发展路子,加大公共财政支持力度,建立健全多元化筹资渠道,支持社会组织和社会企业开展适应老龄社会和促进人们跻身中富阶层的各类社会服务。六是分阶段建设一大批面向各年龄段人群的社会工作专业化机构,支持其开展相关服务活动,提升服务效能,提高服务质量。

2. 建构国民全生命生活保障制度的政策体系。一是建立控制和优化人口年龄结构的一揽子涵盖出生准备、出生、养育、上学、就业、结婚等重大生命事件的生活保障支持政策体系,严格防范人口过度老龄化风险。对未富阶层从生育、教育、住房、假期等方面实施鼓励性倾斜政策,有针对性地制定出台防范中富阶层因生育跌入未富阶层风险的政策。二是建立健全终身教育政策体系,加强道德素质和基于生命历程的年龄教育。积极发展婴幼儿早期教育,加强青少年健康人格教育,提升全民年龄管理意识。重点发展职业技术教育、职业继续教育,特别是针对大龄劳动力和从农村转移出来的劳动力的职业培训。鼓励创新教育形式,调整学制,搞活办学模式。大力发展和搞活老年教育,实施社会力量兴办老年教育扶持政策,鼓励民间力量加大对老年教育产业的投入,设立老年教育专项基金,并在土地、税收、融资信贷、师资、设施设备、教材等方面提供帮助。三是着力出台劳动密集型行业产业支持政策,实施优先发展就业友好型科技事业产业,重点面向未富人群提供低门槛、就业后高要求的劳动就业政策。充分发挥失业保障制度有利于就业的功能,控制失业期时限。实施渐进式退休年龄政策,探索鼓励退休与退休待遇领取异步进行的鼓励性政策。逐步健全和完善共同富裕为导向的低龄健康老年人力资源开发政策，解决相关政策脱节和冲突问题。四是出台藏富于民导向的人民收入优先政策。创新分配制度，协调出台三次分配落实经济社会、效率公平融合发展的政策，协同执行相关配套政策措施，确保实现 2050 年 60% 以上人口跻身中富阶层。高度重视全生命资源配置基本均衡问题，鼓励和倡导年轻时多积累、老年时理性消费的理念，针对年轻人口出台做好老年期金融准备的相关引导激励政策。制定调控富裕人群的收入、扩大中富阶层人群规模和完善未富人群中富化的相关差异化配套政策。五是实施社会保障统一部门管理新政，统筹考量老年期贫困、疾病和失能三大风险，制定实施中长期社会保障战略，建立相关制度性费用收缴发放的财务可持续新机制。在养老社会保障上，按照"保基本""多层次"的精义，重点出台第三支柱相关激励政策。创新建立老龄金融投资政策，制定实施防范老龄金融投机行为和风险的严格政策。在医疗保障上，建立健全主动健康为导向的积极医疗保障政策（见第四章）。在长期照护保障上，出台中国特色长期照护保障制度的社会保险、商业保险、社会互助、慈善捐助政策，研究出台控制过度西医康复护理的严格政策，鼓励中医康复护理服务政策。建立健全长期照护服务质量监管政策，出台长期照护服务纠纷处理条例，研究解决高龄失能人群监护的政策和法律机制问题。六是实行渐进式延迟退休政策。择机调整女性退休年龄，逐步实现男女同龄退休。合理确定领取退休金的最低年龄标准。逐步探索实行弹性退休政策，保障劳动者在退休时间、退休方式和退休收入等方面的适度弹性和灵活选择性。鼓励特定行业或具有特殊专业知识和技能的老年人，自主选择延长参与经济活动时间、延迟领取退休金，同时退休时的养老金水平可相应提高。实施退休制度综合改革，加快各类退休人员社会化服务进程。实施有利于发挥老年人作用的人力资源政策。积极发展适应老年人从事劳动的有关产业。研究解决老年群体重新进入人力资源市场的法律问题，规范老年人参与经济活动的收入、税收等方面的问题，依法保护老年人的劳动权利。制定老年群体创业扶持政策，推进老年人才市场体系建设，积极搭建老年人才服务平台。七是完善遗产制度相关政策,解决遗嘱制度的难点堵点问题,出台遗产税相关激励政策。八是尽快制定实施《中华人民共和国殡葬法》,完善死亡管理、殡葬流程、技术支持、价格控制、服务保障和祭奠管理的相关政策体系。

3. 建构更加普惠友好的公共服务政策体系。落实新型城镇化战略和乡村振兴战略,按照老龄社会特别是年龄友好型理念,着力促进中富化进程要求,充分考量人口老龄化特别是高龄化衍生出来的海量生活性服务和生产性服务需求,出台建设和改造公共基础设施体系的配套政策、出台降低教育、医疗和长期照护服务成本的配套支持政策。

4. 建构社会管理高效运行的政策体系。一是根据年龄结构转变和中富化目标实现带来的需求结构的深刻变迁,研究新旧社会矛盾产生的社会发展规则体系层面的原因,逐步修订和建立健全新的社会发展规则体系,出台一系列重点政策,使之适应新形势下的长远需要。二是出台全面加强基层社区社会管理的指导意见,对新形势下社会管理工作从指导思想、工作目标、主要任务、配套政策和保障措施等方面作出阶段性部署。三是寓管理于服务,明确老龄社会和中富化目标下基层社区社会管理和服务的动态化内容和项目清单,提供多元化服务,做到以提供满意服务促管理效能提高。四是出台具体管理办法,整合企事业单位管理服务资源,在网格化管理制度基础上,创建以社区为基础,市、区(县)和街道(乡镇)联通域的城乡社会管理和服务线下线上平台,既服务于社区居民,又服务全国统一市场的建设。五是出台专项政策,改革社区居委会、物业公司、业主委员会管理模式,整合社区服务各主体资源,搞活服务模式,利用信息化、数字化和智能化技术,打造社区综合性服务场景,提升现有服务质量,弥补服务空白,建设基于社区的物流配送管理的统一网络,把现有社区基层管理和服务转型升级为面向居民提供全生命连续性服务体系。六是完善社会组织管理法细则,明确管理体制和运行机制,培育各级各类群众性自治组织,支持他们自我管理自我服务,加强规范监管。七是制定社会组织提供公益性服务管理办法,建立面向社会组织购买服务的机制,鼓励社会组织进社区基层,重点面向未富阶层人群提供服务和帮助。试点实行社会企业管理办法。八是落实年龄平等理念,广泛开展老少共融互补的各类社会文化活动,促进代际互动和邻里互动,推动社会融合。九是提升社区调解管理职能,充分发挥青少年组织、妇联、老年人协会、志愿者组织等的作用,开展丰富多样的宣传教育活动,及时处理出现的各种问题。十是健全老年人协会管理办法,加强老年人群众组织建设,占领阵地,反映诉求,解决突出问题,广泛开展有益于老年人身心健康的活动,推动老年人自我管理和自我服务。

5. 建构良好社会秩序和社会生态的政策体系。一是将年龄平等、代际和谐等老龄社会要求的新价值作为全民社会主义核心价值观重要内容,纳入各级各类教育制度,培育建设老龄社会和实现中富化的新人。二是各级政府负责社会发展职能的部门要研究建立完善处理老龄社会各类新旧矛盾的预防、调处机制。三是落实依法治国战略,制订实施应对老龄社会的中长期立法计划,适时出台落实《中华人民共和国老龄工作和老龄事业法》《中华人民共和国老龄产业法》《中华人民共和国老龄服务法》的地方性差异化细则。四是利用数字化和智能化技术建设信访平台,解决信息不对称问题,提高信访制度调处社会矛盾的效能。五是落实法律法规,严肃政法纪律,从严解决各类违法犯罪问题。六是完善老龄法律法规,重点针对侵害老年人合法权益的新型犯罪行为出台司法解释,必要时修订完善相关法律法规薄弱环节,适时建构适应老龄社会要求的新的法律法规体系,针对老年人犯罪问题出台新的司法解释并不断完善。七是支持建设一批面向各类问题人群的专业化干预机构,重点建设各级各类社会工作机构,从土地、财政、人力等方面提供保障,并面向未富人群中的问题人群提供倾斜性帮扶服务。八是在全社会开展各种激发社会活力的活动,提升全社会各年龄群体应对老龄社会和应对自身长寿生活的自觉性、责任感和幸福感。九是发挥行政、教育、法律、现代传媒等方面的作用,持续打击负能量舆论,确保全社会风清气正,过上健康、长寿和有意义的美好生活。

(二) 实施适应老龄社会要求的国家社会建设工程

1. 实施全民共建新家庭工程。家庭是任何社会形态的基本单位,是老龄社会条件下支撑个体全生命的基本单元,是建设理想老龄社会的基础,也是实现中富化目标的基本载体。需要强调的是,西方发达国家在应对老龄社会的过程中,高度重视建立起相对完善的社会保障和服务制度,但由于没有深厚家庭文化传统积淀,忽视了家庭作为社会发展基础功能的发挥,这也是发达国家"老龄社会恐惧症"严峻的重要原因。在全球化背景下,中国正在经历经济转轨、社会转型和文化变迁以及社会主体结构的快速老龄化,在这一过程中,家庭功能急剧弱化,导致许多家庭问题外化为社会矛盾。为此,迫切需要汲取发达国家的深刻教训,高扬中国优秀家庭传统文化,实施全民共建新家庭计划,为建设理想老龄社会和实现中富化目标奠定坚实基础。一是全社会要重新认识家庭在老龄社会条件下实现中富化目标不可替代的基础作用及其现实意义和长远意义,在不断健全养老、医疗和长期照护社会保障制度体系的同时,更加重视家庭的亲情功能、文化价值和社会整合作用,采取有力措施提升家庭发展能力,把家庭打造成为建设理想老龄社会和实现中富化目标的重要堡垒。二是树立新时代家庭文化观,广泛开展家庭文化教育活动,培育国民家庭责任伦理观念,倡导年龄平等,人人尊老爱幼,采取激励措施,开展温馨家庭、五好家庭、孝星家庭等表彰活动。三是树立新型恋爱婚姻观,采取重大举措解锁不良价值观、住房、收入、舆论对恋爱婚姻的绑定,建设婚恋支持帮扶机构,有效提升结婚率,大力降低离婚率,广泛曝光不良婚姻案件事件。四是有效实施生育友好型家庭社会发展政策,重点针对家庭在出生准备、出生、教育、就业和住房等方面实施鼓励性制度性津贴政策,建设优生育幼托幼一条龙可选择性服务体系,为家庭培育后代提供强大支持。引导中富阶层自觉执行国家生育政策,支持未富家庭落实国家生育政策。五是重点实施有利于家庭养老功能的社会发展政策,在税收、保险、住房、就业、异地养老和迁移性养老、假期、用工制度、党政干部考核晋升等政策上加大优惠支持力度。六是建立社会诚信系统,将教育子女和赡养父母行为纳入国民个人诚信评级。向抚养后代的夫妇和照料护理父母的子女,提供相关知识和技能方面的免费培训。围绕提高计划生育家庭的养老保障能力,加快建立和完善计划生育家庭福利政策,向计划生育家庭的老年父母提供奖励扶助,为计划生育家庭的子女成长提供条件,探索建立部分子女伤残死亡家庭免费再生育服务。七是培育新型生育文化,倡导国民科学生育行为,执行老龄社会要求的生育友好政策,加强生育立法工作,综合运用行政、经济、法律和宣传等多种手段支持家庭发展,努力使人们有意愿和有能力生育,有意愿和有能力结婚组建家庭,自觉和有能力赡养老人,实现生育水平向更替水平回归,实现家庭跻身中富阶层的目标。

2. 实施全生命照护保障服务工程。人的一生特别是少年阶段和老年阶段需要家庭和社会的代际传承性关爱帮助,这既是中国优秀传统文化一脉相承不辍的秘密,更是实现中富化目标和应对老龄社会的重要关节点。一是建立专项基金,开展婴幼儿看护行动,建设家庭和社会共担的托育服务体系,解除年轻夫妇负担,缓解老年人对婴幼儿的看护压力。二是开展居家老龄服务行动。在重点破除土地和场所瓶颈的基础上,充分发挥市场作用,依托社区综合性服务场景,建设星罗棋布的居家老龄服务网络,大力开展入户老龄服务,树立一大批居家老龄服务品牌企业。三是开展社区小型养老服务机构建设行动。按照普惠性老龄服务要求,落实社区老龄服务建设土地和用房要求,充分发挥市场作用,结合长期照护保障制度建设、老年人住房出售和租赁业务以及资产证券化技术,依托城乡社区综合性服务场景,建设一批网络化小型老龄服务机构,开展中西医结合式长期照护服务,鼓励支持中医康复护理长期照护模式。四是实施老龄服务综合体建设计划。改革创新,搞活机制,充分借鉴"CCRC"等先进经验和中医健康养生优良传统,改造和建设一批中国特色的"CCRC"机构。五是实施老龄服务监督平台建设,建立和完善相关政策法律,对所有老龄服务机构开展服务质量监督。六是开展全国失能老年人状况普查,深入调查研究,定期发布城乡失能老年人生活状况报告。七是面向全社会广泛开展实施失能老年人帮扶行动的宣传教育活动,引导全社会关注、帮助失能老年人。八是建立专项基金,面向社会各界募集资金,重点面向未富失能老年人提供服务补贴。九是实施国家时间银行行动计划,加快建立以国家信息技术、国家信用、国家计算标准和国家管理网络为主要内容的国家时间银行支持体系。建立技术支持系统,实现异地信息交换,为服务时间的储存和通兑提供技术支持。建立信用支持系统,赋予服务时间以类似货币信用的属性,明确时间银行的国家主管机构,以国家信用保障服务的提取和通兑。建立服务时间计算标准系统,按照服务类别设计统一的服务时间计算标准,为服务的交换提供统一标准。建立全国一体化管理监督网络,在各地设立时间银行服务站,依托居家型服务机构和院所型服务机构办理,采取技术手段加强服务时间计算和记录的监管。设立国家时间银行专项基金,用于投资建设国家时间银行系统,承担基本运营成本。完善规范时间银行健康运行的法律法规。十是实施安宁疗护行动计划。加强临终生命质量管理,加大研发力度,开发安宁疗护应用技术和产品,为生命晚期缓解疾病疼痛免费提供镇痛药物和服务,提高全民死亡质量。

3. 实施社会工作推进工程。伴随中富化进程和老龄社会深度演进,将会衍生出海量家庭和社会问题,需要大力培育大批专业化机构特别是社会工作机构,面向各类人群提供多元化多层次服务。一是研究制定实施社会工作中长期发展规划,针对需求趋势从指导思想、工作思路、战略目标、重点任务、重要举措和保障措施等方面作出通盘安排。二是加强社会工作的调查研究和学科研究,借鉴国外经验教训,建立中国特色的社会工作理论和话语体系。三是着力培养一大批社会工作管理和工作人员队伍,到 2030 年每万名居民拥有 30 名社会工作人员。四是立足基层社区和学校、养老院等机构,把社会工作人员培养成为解决各种具体问题的骨干,重点发挥社会工作人员在社会组织、服务机构和基层社区的重要作用。五是建立社会工作人员继续教育机制,畅通晋升通道,提高管理和服务技能。

4. 实施老年希望工程。多办一所老年大学,就可以少办一所养老院和护理院,对于加强老年健康促进、大幅降低疾病和失能发生率、提升老年期生活生命质量、从根本上降低应对高龄化总成本、维护社会和谐稳定,具有长远战略意义。一是研究制定实施老年教育中长期发展规划,针对需求趋势从指导思想、工作思路、战略目标、重点任务、重要举措和保障措施等方面作出通盘安排。二是加强老年教育的调查研究和学科研究,借鉴国外经验教训,建立中国特色的老年教育理论和话语体系。三是搞活机制,整合国有和集体不动产资源、空置希望小学校舍资源和社会闲置资源,调动社会力量积极性,采取公办民营、民办公助、民办民营等多种形式,建设一批老年大学和学校,2035 年实现在校规模线下和线上分别为老年人口总数的 30% 和 50%。四是采用专兼职相结合,着力培养一大批老年教育工作管理和教师队伍。五是研究编辑出版老年教育统编和地方编教材体系,丰富和提升老年教育资源。六是充分利用信息化、数字化和智能化以及现代融媒体手段及相关平台,丰富线上和远程老年教育的内容和形式。

第八章　实施适应老龄社会要求的
　　　　国家区域战略

> "在系统思维能力降低的情况下,思想和行动便只能针对特殊
> 问题。"

——[德]瓦尔·特欧肯

基本判断:区域不平衡的人口老龄化水平既有挑战更有机遇。

重要提示:应对老龄社会既要发挥区域优势更要全国一盘棋。

一、老龄社会引发的区域问题影响全局

中国地域辽阔,区域历史、自然禀赋、民族亚文化以及经济社会发展水平存在较大差异,在此背景下,从全国全局看,各地人口老龄化的异步演进给各地既带来挑战又富含机遇,加上社会流动的不断加快,相应的问题十分复杂,需要立足当前,放眼长远,并做好相应的战略安排。

(一) 老龄社会引发的城乡治理问题

1. 城乡老龄社会异步演化与城乡治理理念。从先行步入老龄社会的发达国家的历史来看,只有经济社会发展到一定阶段,人们才越来越不愿意生育更多的孩子,而且越来越长寿,人口老龄化就出现了。因此,和乡村相比,人口老龄化一般首先出现在城市。但是,由于城市化进程的加快,人口特别是乡村

年轻人口向城市流动,人口老龄化又会出现乡村超越城市的状况。中国的情况即是如此。

上海是中国最早步入人口老龄化的地区。1979 年,上海老年人口达到 115 万人,占上海总人口的比例超过 10%。但是,中国是典型的城乡二元结构,城镇化尚未完成,越来越多的乡村青壮年劳动力甚至部分少儿离开乡村进入城镇,从而提高了乡村老年人口占乡村总人口的比重,形成乡村人口老龄化高于城镇的现象。众多青壮年人口流动给城镇特别是老龄化程度较高的上海、北京、广州带来了活力,但代价却是乡村出现快速老龄化、空心化现象日益突出,甚至少数乡村地区出现衰退现象,留守老人的现象也值得关注。到 2020 年,中国城镇老年人口为 1.43 亿人,占城镇总人口 9.02 亿人的 15.85%。乡村老年人口 1.21 亿人,占乡村总人口 5.1 亿人的 23.73%。城镇老年人口比乡村多 2200 万人,乡村人口老龄化程度高于城镇 7.88 个百分点。未来,随着城镇化深度演进,乡村人口老龄化程度还将进一步提高。

城乡矛盾始终是中国发展过程中的重要矛盾,城乡差距隐含的诸多显性和隐性问题,始终也是中国国家治理过程中的老大难问题。整体来看,城乡治理格局中人口老龄化巨变带来的问题是系统性的、全局性的,也是基础性的,对中国式现代化建设影响深远。发展主体结构的城乡区域性巨变要求对城乡治理理念和方式进行调整。我们已经充分认识到城乡分治是行不通的,并转而采取城乡一体化发展的新城乡治理方式。从本质上来说,无论城乡分治还是一体化的城乡合治,这都指的是如何发展的方式问题和发展什么的内容任务问题,还不是指发展主体整体自身如何发展的问题。这主要是短缺经济约束下不得不站位如何提高生产能力(如推进重工业化)的必然结果。现在的情况是,经济已经从生产能力低下转变为生产能力相对过剩。与此同时,发展主体结构老龄化也出现城乡区域性巨变。如何应对,我们首先应当反省应对的站位,即现在终于有条件可以站位发展主体如何发展的角度,来进一步考量城乡治理中发展什么的内容问题和如何发展的方式问题。这是未来老龄社会条件下城乡治理的重大变化,需要更新理念,重新认识和把握未来的城乡治理问题。

2. 应对人口老龄化城乡区域异步演化及其问题。首先,无论城镇还是乡村,人口也就是发展主体结构都要预防过度老龄化陷阱及其引发的部分城市和乡村衰落的风险,如何防范这一风险,这是未来城乡治理的一个重要底线。更重要的是,我们还要通过诸多城乡治理工具兜住这一底线。这说明,人口战略中的城乡治理目标及其相应政策需要作出长远安排。这一点已经在第三章作过讨论,在此不再赘述。

其次,正确认识城乡老龄化异步演化隐含的挑战。导致城乡老龄化不同步的原因主要是,历史上长期人口发展城乡不平衡、城镇化进程加快,加上城乡分治等,隐含的挑战是多方面的。一是部分城市老龄化得到缓解但许多乡村老龄化加剧。例如,最早迈入老龄社会的上海,人口老龄化水平从 1979 年的 10%快速提高 2021 年的 36.3%(户籍人口老龄化),直逼人口过度老龄化 40%的水平,但上海总人口即户籍人口和常住人口的老龄化水平从 1979 年的 10%缓慢增长到 2021 年的 21.8%,比户籍人口老龄化水平低 14.5%。北京的情况如出一辙,从 1990 年的 10%快速提高到 2021 年的 27.5%(户籍人口老龄化),但总人口老龄化水平从 1990 年的 10%缓慢提高到 2021 年的 20.18%,比户籍人口老龄化水平低 7.32%。外来常住年轻人口的大量涌入减缓了上海、北京等城市的人口老龄化进程及其影响。但与此同时,常住人口流出地的乡村地区老龄化水平快速提升,四川、重庆、东北三省等乡村的情况正是如此,这些地方乡村的老龄化是典型的迁移老龄化。二是部分城市人口增长但部分乡村地区出现人口衰退。从全国来看,2022 年,总人口已经迈入负增长的历史性拐点,不过,城市化的继续推进还将导致城镇人口不断增加,城镇人口负增长也会延迟,但乡村地区人口负增长加快并提前。目前,乡村常住人口负增长的地区正在快速增加,乡村人口负增长快于城镇。这是一个值得高度重视的重大人口现象,也是重大的经济社会现象。三是城镇整体发展较快但部分乡村经济、社会和文化发展活力丧失现象突出。由于发展主体从乡村向城镇的快速流动,城镇经济社会发展保持活力有了重要的发展主体数量和年龄结构年轻化的保障,相反,乡村由于年轻人口的流出导致发展活力日益不足。四是城镇土地等资源日益紧张但乡村土地等资源浪费现象日益显现。1978年,中国9.6亿总人口中城镇为1.7亿人,乡村7.9亿人。2021年,中国14.12亿总人口中,城镇为9.14亿人,乡村4.98亿人,城镇化水从1978年的17.7%快速提升到2021年的64.7%,对城镇土地等资源的压力显而易见。相反,乡村土地等资源出现浪费现象和日益贬值的现象。五是城镇居民收入水平增长较快但乡村居民收入水平增长相对缓慢,不仅城乡贫富差距加大,造成共同富裕路上困难阻碍增多。特别是乡村收入低下的主体是劳动能力减退的老年人口,这是未来解决城乡居民收入差距问题的最大难点。六是城镇住房、教育、医疗等公共服务压力加大,但乡村老年人公共服务压力日益凸显。七是城镇化内含着加剧老龄化的长期化机制。城镇化既有内生老龄化的长期化机制,即城镇化过程中由于收入改善和生育成本提高导致人们不愿意多生多育,进而加剧少子化进程,同时健康水平和医疗服务水平的提高必然带来长寿化,又有外生老龄化的长期化机制,即城镇流入的乡村年轻人口难以再回到乡村,乡村人口流出地的老龄化水平难以回转,这种迁移造成的城乡老龄化水平提高具有准刚性,难以逆转。八是城乡老龄化异步演化的短期问题和长期问题。短期看,上海、北京以及许多城镇的人口老龄化压力虽然得到缓解,但长期看,这些城镇未来的老龄化特别是高龄化水平必然高企。同时,短期看,乡村老龄化水平的快速提升造成一系列乡村建设问题,这些问题的解决需要花大力气,对城镇建设的影响深刻,但长期看,不仅会加大乡村振兴的阻力,更重要的是将会直接影响城镇建设的进程和动力,对未来全局经济社会发展特别是共同富裕目标的实现形成巨大挑战。总体来看,城乡老龄化不同步造成未来应对老龄社会的重点在城镇、难点在乡村的格局是必然的,但城乡分治等发展战略造成的相应问题我们不能听之任之,要按照城乡一体化发展的要求,更要着眼长远,从人口年龄结构即社会主体结构上统筹考量,超前安排,从战略上充分考虑城乡老龄化异步演化及其造成的不利因素,把问题控制在可控阀限之内,防止演化成系统性问题。

再次,把握利用好城乡老龄化异步演化隐含的机遇。从局部来看,未来乡村人口老龄化形势的确十分严峻,不仅不利于乡村振兴,应对不当必然影响中国式现代化建设全局。同时也要看到,由青壮年劳动力迁往城镇主导的乡村人口老龄化也蕴藏新的发展机遇。从全局来看,应当把乡村人口老龄化看作是现代化的代价。否则,把大多数人继续留在乡村,把城镇搞得像欧洲,把乡村搞得像非洲,中国就谈不上什么发展,谈不上什么现代化,也谈不上什么希望,更谈不上什么民族复兴。因此,我们必须在整个现代化一盘棋的逻辑框架下算大账、算总账,高度重视并解决乡村人口加剧老龄化这一代价问题,同时,全面科学分析这一代价带来了什么,在此基础上,制定战略、出台政策,把代价换来的机遇和资源用好用足用尽。

具体来说,城乡老龄化异步演化客观上存在重要的时间差,不仅全国意义上的城乡老龄化进程、规模和水平有一个演化过程,而且就地方来看,其城乡老龄化进程也是有先有后、有快有慢,中间产生的发展机遇值得我们认真梳理,从中找到应对挑战的突破口和使潜在机遇变现的进路。一是乡村人口规模压力大幅减小,为乡村共同富裕创造良好人口条件。过多人口从事农业是实现共同富裕的一大拦路虎。发展中国家迈上发达国家之路,根本的一条就是通过工业化、城镇化把乡村人口转变为非农人口。因此,加快工业化和城镇化进程,虽然造成乡村人口急剧老龄化,但这个代价是值得的。否则,8亿人(2000年乡村人口8.07亿人)以上人口束缚在土地上,乡村振兴希望渺茫。乡村人少了,长远看不是坏事。现在要解决的是两个问题:一个是加快新型工业化和新型城镇化进程,提升吸纳乡村人口的能力。新中国成立以前,毛主席曾经提出"乡村包围城市"的革命战略,在今天,"城镇消化农民"依然是重大战略。否则,过多人口束缚在土地上,实现共同富裕将难上加难。另一个问题是实施乡村振兴战略,走乡村多业发展之路,吸引城镇资源投向乡村,实施"新上山下乡计划"(后面具体讨论),提升乡村持续发展活力,并解决相应社会发展问题,特别是留在乡村的人的相应问题。

二是人地矛盾将从根本上得到缓解,发展农业规模经营和推进农业现代化成为可能。乡村大多数人都进城了,地就空下来了。按18亿亩耕地算,

2000 年全国乡村人均 2.23 亩耕地，2021 年人均为 3.6 亩。随着城镇化和老龄化叠加快速推进，预计到 2050 年，乡村人均土地可达到 5 亩以上。如果不算少儿人口和老年人，20—59 岁农业劳动力人口人均将拥有 12 亩以上土地。这样，发展农业规模经营才可能有土地保障。否则，一家一户挤在几亩田里，无论采取什么农业高科技，产量有限，人均收入有限，充其量不过是现代化的小农经济，而不是现代化的农业大生产，农业现代化就是一句空话。

三是城镇年轻化的成果为反哺乡村积累起充分的发展资源。经过几十年快速工业化和城镇化，城镇经济取得举世瞩目的成就，资金、资产、技术、管理等多方面的发展资源今非昔比，而且到了生产能力相对过剩的阶段，迫切需要通过投资乡村找到新的发展空间，这既是城镇经济的出路，也是乡村经济的希望。

四是人去楼空的山林滩涂等资源可以涵养生态和发展新业态。局部来看，人去楼空似乎是人口老龄化过程中的一个衰落现象，但从全局来看，这些山林滩涂等恰好是下一轮中国经济的增长点，在实施生态战略实现自然环境生态化的同时，利用这些资源可以发展文化、旅游、康养等新型业态。历史经验表明，仅仅就农业乃至农业现代化来发展乡村，实现共同富裕的路途相当遥远。必须走出一条乡村多业态发展的新路子。

五是统筹实施乡村振兴战略为整体解决乡村老龄社会问题创造了条件。目前，乡村绝对贫困问题已经得到解决，在现有乡村人口、资源、环境等条件下，统筹城乡发展，走出一条新的乡村发展道路，既是乡村发展的新路，也是城镇发展的新路，更是国家发展的新路。换言之，实施乡村振兴战略既是目前国家发展的必然选择，也是国家发展的必然逻辑。顺此逻辑，我们可以找到应对乡村老龄社会相关问题的机遇。

六是逆城市化现象也是未来的一个重要发展机遇。从发达国家发展历史来看，在城市化过程中同时也伴随逆城市化现象，其中，产生三类人群及其引发的机遇值得关注。一类是两栖人群，即在城市和乡村都有居所者；一类是迁居郊区人群；一类是迁居乡村人群。伴随这三类人群的增多，相应会产生诸多新的发展需求,这也是未来城乡发展面临的新机遇。

需要说明的是,关于机遇和挑战,这是一个现实性的哲学问题,机遇利用不好或者错误利用就会演化成为挑战;而挑战应对得当,不仅可以解决问题,而且还可以拓展发展空间。因此,面对人口老龄化和老龄社会的关键在于如何应对。这就需要站位国家发展全局,把乡村振兴战略和应对人口老龄化国家战略以及新型城镇化战略、生态战略等结合起来,从中找到发展机遇和化解挑战的具体思路。

3. 城镇地区应对老龄社会引发的问题。从理论上说,在没有人口老龄化的情况下,城镇发展本身也面临诸多矛盾。在人口快速老龄化的背景下,城镇发展面临的与其说是原有矛盾的加剧化和复杂化的问题,而毋宁说是矛盾结构的重大变化,对城镇发展的方向、目标、内容、任务和方式产生全面深刻持久的影响。

第一,城镇发展的理念问题。城镇发展的站位是人的发展,城镇化的核心是人的城镇化。但是,过去,由于迫于生存斗争的压力,温饱问题尚未根本解决,经济发展为中心的城镇发展理念就是必然的选择。现在,全面小康的目标已经实现,绝对贫困问题已经解决,实现共同富裕和全面建设社会主义现代化强国的目标已经明确,城镇发展的理念必须相应作出调整。更为重要的是,在城镇发展特别是快速城镇化的过程中,不仅城镇发展的主体即人的结构出现老龄化这一重大转变,而且带动乡村人口结构出现老龄化加速的趋势,并从整体上正在改变人口的年龄结构,并呈现不可逆转的趋势。这也是城镇发展必须从战略上作出调整的倒逼性动力。从整体上说,未来城镇发展不仅要坚持人自身发展的站位,即城镇发展的核心是人自身的发展,涉及城镇发展如何服务个体自身发展的需要和如何服务整体人类自身发展的需要。简言之,城镇发展的核心是满足主体人自身的个体需要和整体发展需要,而不是人的发展适应城镇发展的需要。这是城镇发展理念从经济站位到以人民为中心站位的重大转换。

第二,城镇内部人口流动问题。由于自然禀赋、发展能力和发展水平以及历史条件的影响,目前城镇地区的老龄化进程极不平衡,未来的共同趋势是老龄化不可逆转,差异只在于老龄化水平和时间差,主要特点是小城镇人口流向大城市和超大城市,流动活跃的人口主体是中青年人,投靠子女的老年人口流动也会有所增加。因此,如果任由流动的话,未来城镇地区的老龄化态势基本上是,规模越大的城镇老龄化进程会延缓,而规模越小的城镇老龄化进程会加快。面临的具体问题有:一是要研究城镇人口规模和结构的问题。过去,主要研究多大规模人口有利于城市发展的问题,但现在还要进一步研究人口的年龄构成问题,也就是城镇中特别是规模城市中的主体人口年龄结构如何优化的问题。以往的研究表明,城市不是越大越好,也不是越小越好,理论上存在一个理想规模。诺贝尔经济学奖获得者詹姆斯·莫里斯认为,理想的城市人口应该是 40 万人左右。经验上 20 万人以下也不合适,因为必要的人气上不来。莫里斯显然主要是从市政管理和城市服务能力上来立论的。他所说的人口规模和中国目前以行政区划论城市人口的口径大相径庭。这样看来,中国许多县(市)级和地(市)级城市(不含郊区和乡村),也就是目前许多三四线城市相对来说可能拥有更好的发展前景,但郊区和乡村人口怎么办? 适合中国国情的城市人口规模问题看来还需要认真研究。更重要的是,其年龄结构应当是什么水平更好? 当然,过度老龄化是一个底线,但从长周期来看,进入老龄社会以后,城镇人口年龄结构与既定人口规模之间的关系如何处理? 如何做到人口规模不大增大减,年龄结构水平得到优化和控制? 这些都是未来城镇发展的重要战略问题,需要城镇特别是城市管理者们系统研究的。二是要研究人与城镇承载体系和能力问题。一定规模和结构的人口与城镇的用水、用电、交通、物流、安全等承载能力之间的深刻关系问题,关系城镇居民的生活质量。目前的城镇建设既不是单纯规划的产物,也不单纯是自发发展的产物,而是自发与规划交织发展的产物。这也是目前许多城镇面临污染、用水紧张、交通堵塞、管理效率不高、市政服务质量欠佳的重要根源。三是有效的城镇人口流动调整工具问题。人口老龄化从性质来看,主要分为自然老龄化(即原城镇居民的自然老龄化,也就是常说的户籍人口老龄化)和迁移性老龄化(即人口流出地的年轻人口迁出导致的老龄化)两种表现形式。城镇人口老龄化情况相对复杂,自然老龄化过程中夹杂着外来人口迁入导致的人口年龄结构的年轻化。一般来说,目前城镇发展过程中的人口流动调整工具主要是户籍政策、入学政策,其他则主要是城镇经济社会文化发展的自然调节,即城镇多元化发展对乡村和其他外来人口的吸引力自发调节。未来,仅仅靠户籍和入学政策难以奏效,需要拓展更多政策工具如生育、托育、就业、住房、医疗、养老等,旨在有效调节人口规模和结构。四是大城市和特大城市问题。中国是大城市和特大城市问题最突出的国家之一。2021年底,超过500万人口的城市91个,超过1000万人口的城市18个。伴随城镇化发展,未来大城市问题和特大城市问题更为突出,除一些城市管理和服务问题外,大城市和特大城市不适应老龄社会的问题将日益严峻。短期来看,大城市和特大城市一般由于其吸引力往往更容易吸纳中小城镇人口和乡村人口迁入,老龄化水平和压力会得到缓解,但长期来看,最终会走上不可逆转的高龄化状态,届时相应问题将更加严峻。因此,倒过来根据这一态势,如何规划和解决城镇人口内部流动问题,这是未来城镇管理者必须考量的重要问题。五是中小城镇问题。人口从特大城市和大城市向中小城镇流动,这是未来人口流动的重要现象,也是未来中小城镇发展的巨大空间,也是未来城镇化的重要战略方向。特大城市和大城市更适宜年轻奋斗人群的需要,但发展起来的中小城镇也就是未来的中型城市,可能是理想宜居目的地。虽然所有类型的城市最终都要走向老龄化的态势不可逆转,但这里要关切的问题是,城镇管理者要从人口规模、结构、承载体系、服务能力、市政管理效率等诸多方面提前作出战略安排,通过有效人口流动调节工具,避免发展活力缺失和服务能力难以有效提升。需要强调的是,少数小型城市特别是资源型城市面临年轻人口外流的情况越来越突出,甚至出现城市人气不足、发展后劲缺失、衰落现象显现的情况,这是需要引起高度重视的城镇发展问题。

第三,城镇经济结构和动力问题。在短缺经济和年轻社会条件下,乡村经济是基础,城镇经济特别是第二、第三产业以及数字经济是主引擎。在经济相对过剩和老龄社会条件下,经济结构和动力机制将会发生根本变化。年轻社会条件下的需求结构将转换为老龄社会条件下新的需求结构。需求结构的这一重大转变,不仅改变现有经济结构,更重要的是会改变现有经济动力及其运行机制。现在,城镇经济面临的重要问题之一就是,年轻社会条件下形成的经济结构特别是供给体系,要转向解决正在新生的老龄社会的需求结构的问题,这是当前和未来制约经济发展的重要矛盾,需要未来城镇管理者梳理需求结构的转变,不断调整创新供给体系及其运行方式,建构适应老龄社会要求的新的经济结构和发展方式,特别是要在城镇区域内发展老龄经济和老龄产业,并从整体上打造新的经济产业体系。同时,年轻社会条件下城镇经济不仅要服务本城镇发展,更要超越本城镇区域限制,发展域外经济,这是发展城镇经济面临的另一个新问题,传统城镇经济中尚有许多后发优势,但也有许多落后产业、行业和业态。如何立足本城镇,面向全国统一大市场乃至全球市场,瞄准新的经济产业增长点,特别是瞄准老龄经济产业新的增长点,通过科技研发、投资、品牌建构等手段,打造新型城镇经济,这是未来城镇发展特别是城市经济社会发展的新的主攻方向。

第四,城镇基础设施体系问题。城镇基础设施包括许多方面,如供水、电、气等。这里重点研究住房和社会公共硬件体系建设面临不能适应老龄社会要求的宜居问题。可以说,我们的整个城镇住房规划、道路建设、基础设施等一切硬件建设,都是按照年轻社会的要求设计的。因此,现在的问题不仅仅是住宅没有电梯的问题,而是按照年轻社会的要求设计的整个硬件体系和人口老龄化之间出现了深刻的矛盾,这些所有硬件设施大部分是养小不养老,在快速老龄化的冲击下,许多正常设施正在演变为问题设施,许多正常城市正在演变为问题城市。

近年来,中国的住房、道路等硬件建设突飞猛进,新建住房和基础设施建设不仅有电梯,甚至还做了无障碍化处理。但是,由于我们的整个建筑设计没有老龄社会的思维和理念,导致新建的硬件设施体系仍然难以适应快速老龄化的要求。住宅楼没有医用电梯或者担架电梯,楼梯没有扶手,台阶太高,房屋内厕所、浴室不合老年人的需要,等等。老年人因此而摔倒、骨折以至致死的事件时有发生。年轻人可能对此不太敏感,但想象如果这些老人是自己的父母,或者想象自己将来老了被迫面对这一情况,恐怕心情也难以轻松。

面向未来,德国给我们提供了一个很好的范例。过去,德国也是多代同堂居住,但随着工业化、城镇化,德国的老年父母和子女纷纷分开居住,"与老分居"也成为一个普遍现象。但随着德国人口老龄化的快速发展,"与老分居"带来诸多问题,老年父母精神孤独甚至常常发生意外,子女也十分担忧,一旦老年人发生跌倒甚至慢性病急性发作,老年人和子女都很被动。在这种情况下,"多代同堂小区""多代屋"应运而生。在"多代同堂小区",老年人与子女、孙子女就近居住,日常生活可以相互照应,一旦出现紧急情况也方便应对。实际上,"多代同堂小区"解决的不仅是老年人的精神孤独问题,它提出了一个十分深刻的理念,这就是代际守望,而我们的住宅以至整个社会硬件的设计、建设和运行应当贯彻这一理念,不仅可以应对人口老龄化的问题,更重要的是,它昭示出老龄社会条件下一种新的生活方式。实际上,建筑不仅仅是经济发展的支柱,更要体现和满足人的实际需要。

同时,值得关注的是,城镇的再城市化问题也日益突出。一方面,城镇中还存在大量老旧小区、老旧住房问题十分突出;另一方面,中国的住房特别是高层住宅大多数在几十年后面临管道陈旧、建筑材料寿命(建筑界普遍认为是 50—70 年,之后会变成危房)等原因面临改造或者重建问题。不少专家担心届时许多高层楼房会变成"贫民窟"。虽然有些言过其实,但风险不能说没有。这些问题的存在也给未来城镇化特别是住房建筑业提出了更高的要求。

包括住房在内的整个城镇硬件建设是长期工程,一旦建设完毕,加装改造成本太大,推倒重来更不可能。在这方面,国外的教训可谓殷鉴不远。荷兰是一个只有 1753 万(2021 年)人口的小国家,65 岁以上老年人口 347 万人,但他们花在建筑单体改造、居住外环境改造等适老性改造工程的费用十分惊人。中国是人口大国,也是世界上第一老年人口大国。可以断言,适应人口老龄化快速发展的要求,现有城镇住房以及公共基础设施面临改造的任务十分艰巨。

因此,必须从现在做起,更新观念,在实施新型城镇化发展战略过程中,调整建设规划,按照各年龄人群通用型的建设理念(age-friendly),出台一系列适应老龄社会要求的强制性建筑设计建设政策、法规和规范,确保新建硬件设施能够适合需要。同时,还需要花大力气,探索行之有效的办法,对现有硬件设施体系进行适老性大规模改造,看来要做的事情太多了,任务十分艰巨。

第五,城镇社会管理和生活性公共服务问题。如前所述,在人口老龄化的背景下,城镇社会管理对象面临结构性转变。以往城镇社会管理的对象主要是年轻人口,现在城镇老年人口规模不断扩大,而且相应社会管理尚处于真空状态。同时,近年来城镇社会管理中由于老年人口管理真空导致的"广场舞"扰民现象、各种"倚老卖老"现象以及老年人权益受到侵害的现象日益凸显,迫切需要从城镇发展全局出发,坚持代际和谐和代内和谐理念,根据城镇老龄社会演进的阶段和问题,加强社会管理,完善体制机制,确保老龄社会转型过程中成功应对各种矛盾和问题。从城镇生活性公共服务来说,主要分为社区公共服务和社区外公共服务。近 20 年来,由于信息化、数字化和智能化快速发展,社区外公共服务特别是各类实体商店、公共服务机构面临重大改组,如何同时使之适应老龄社会的要求,这是今后需要解决的重要课题。从社区公共服务来说,面向城镇社区的服务除物业服务外,其他服务大多是面向年轻人口的服务,面向低龄和老龄老年人口的综合性、多元化和专业化服务是最大短板和最大软肋,而且伴随高龄化进程,城镇社区服务不能适应需求而产生的矛盾和问题将日益严峻。更为重要的是,城镇社区面向全龄人口的生活性公共服务体系尚在探索起步阶段,这里既有挑战,更有巨大发展机遇,需要城镇管理者站位老龄社会的高度,打造新型城镇社区生活性公共服务综合场景,实现城镇社区服务体系的转型升级,更加适应长寿时代全龄人群的需要。值得强调的是,中小城镇的优势是船小好调头,但大城市特别是特大城市如何适应老龄社会的重大变化,无论是社会管理还是公共服务,这都是一个巨大挑战。现在,大城市特别是特大城市的养老难问题、看病难问题越来越突出,如果不采取重大举措,将来会面临积重难返的压力。

第六，城镇中富化问题。先行步入老龄社会的发达国家历史表明，在社会保障体系健全的情况下，人口老龄化特别是人口高龄化和经济危机叠加作用，最先受到损害的就是老年人口。如果是通货膨胀，老年人口的购买力会受到深刻影响。如果是通货紧缩，老年人口和年轻人口同样面临诸多压力。如果是"滞胀"，全人群的生存发展都会深受影响。对于中国城镇来说，社会保障体系尚未健全，公共服务还存在许多短板，在经济下行和老龄化快速发展的双重压力下，实现全人群迈向中富化的目标面临的困难和问题不少。因此，如何在老龄社会条件下确保城镇人口跻身中富阶层、免除跌落中富阶层风险，守住不发生规模性贫困特别是老年人群规模性经济贫困和服务贫困的底线，这是未来城镇管理者面临的重大难题。

总体来看，在城镇化过程中，一方面，城镇建设本身面临许多问题；另一方面，没有充分考虑到发展主体结构老龄化必然带来的需求结构的转变，即城镇建设从基础设施到制度设计以及发展方式乃至城镇建设理念、整个硬件体系和软件体系，不能适应老龄社会的客观需要，必须重新设计新型城镇化战略。其中突出的问题是大城市和特大城市的老龄问题充分显现，中小城镇发展活力不足使应对老龄问题的能力不足，需要引起高度重视，统筹解决。

4. 乡村应对老龄社会引发的问题。老龄社会引发的问题在乡村日益突出，应对人口老龄化和老龄社会的难点在乡村，但乡村也富含诸多潜力和发展空间，需要在城乡合治的新理念引领下，按照全国一盘棋和乡村振兴战略的要求，科学分析乡村迈入老龄社会面临的一系列问题，提前谋划，做好应对的充分准备。

第一，乡村发展理念问题。新中国成立以来到 2020 年全面建成小康社会的 70 多年时间里，由于国际国内各种因素，特别是我国工业化、城市化等现代化水平比较落后，采取城乡分治的方针是一种历史性选择，乡村发展对于国家事业全局的历史贡献不可磨灭。2020 年取得全面建成小康社会特别是扶贫战略取得决定性胜利之后，中国乡村发展面临战略性调整。2018 年，国家出台了《乡村振兴战略规划（2018—2022 年）》，其最核心的理念就是城乡合治。从城乡分治到城乡合治，这是一个历史性的国家战略大转变。在城乡分治的理念下,对外国家主要解决国际舞台的基本核心竞争力问题,对内主要是解决全体人民的温饱问题。在这两大历史使命也就是第二大经济体和全面建成小康社会完成之后,中国已经立于新的发展起点之上,需要对外解决国际舞台的全面可持续核心竞争力问题和对内解决全体人民共同富裕问题,这是新的历史起点上中国发展的新的历史使命,也就是实现社会主义现代化强国和实现中华民族伟大复兴中国梦的使命。在新的时代历史条件下,继续采取城乡分治不但不利于完成新的历史使命,甚至会出现国家发展的系统性风险。更为重要的是,在老龄社会的背景下,继续采取城乡分治的方针必然加剧人口老龄化风险,造成应对老龄社会上的战略被动局面。从整体上说,未来乡村发展不仅要坚持人自身发展的站位,即乡村发展的核心是人自身的发展,包括乡村发展如何服务个体人自身发展的需要、如何服务人的整体自身发展的需要两个方面。简言之,乡村发展的核心是满足主体人自身的个体需要和整体发展需要,而不是人的发展适应乡村发展的需要。和前述城镇发展理念的重大转换一样,这是乡村发展理念的重大转换。

第二,乡村人口流动问题。在过去几十年间,由于采取城乡分治的思路,形成乡村活力人口规模外流现象。据统计,中国流动人口在1982年为660万人,2021年为2.47亿人。2021年的农民工总量达到2.86亿人。其中,跟随父母迁移的少年儿童数量日益增多,刚刚毕业的初中高中毕业生外出打工规模庞大,到城市接受高等教育并就业的青年人也呈现大幅增长趋势,这也是现代化的必然趋势,但最值得关注的现象则是乡村干部、乡村教师和乡村医生向县城、省城甚至大城市和特大城市的流动,造成乡村局部出现抽空化现象。值得关注的是,城镇化走到今天,又出现返乡现象,即国际上称为逆城市化现象,许多在城里打拼的人返回人口流出地。从历史和整体发展看,进城与回乡的交错现象正在改变以往现代化特别是工业化和城镇化的条件,而且在人口老龄化进程加快的情况下,未来乡村人口流动面临的问题需要引起高度重视:一是要像守住18亿亩耕地红线一样,把整体上防止乡村人口过度老龄化作为一条重要底线战略,没有人,一切都会落空。因此,发展县域经济,这是确保乡村人口年龄结构优化的根基。这说明,县域经济战略实际上也是人口战略,这就需要把乡村振兴战略和新型城镇化战略融合起来,实现人与乡村、城镇的协同发展。二是充分利用乡村空心化现象的后发潜能。乡村空心化现象不能简单用好坏观念来判断。乡村发展条件差,人们自愿选择进入县城、省城甚至大城市和特大城市发展,这是城镇化的必然结果,需要尊重并提供相应支持,也是减少乡村人口过多、实现人口现代化的必然选择,但对相应土地、宅基地以及集体用地等资源,需要综合考量流出人口返乡可能性和意愿,以及解决留下来的人的需要、愿望和可能等问题,发展现代化农业,在实现粮食等农业国家安全的前提下,建设综合农业产业体系,发挥乡村土地、生态等资源的最大潜能。三是针对人口过度流失现象,加快县城城市全面建设,把县城打造成为吸引流出人口和在乡人口发展新型规模农业的基地,留住乡村发展所必要的活力人口,为实现农业现代化确保必要的人口条件。根据自愿和加强引导并提供相应政策支持,加强差异化乡镇建设步伐,即发展潜力较小的乡镇,可以走定居县城的发展路子;发展潜力较大的乡镇,可以走小城市的发展路子。四是采取有力措施,解决县域内乡村干部、教师、医生等人群的发展问题,确保乡村发展骨干队伍保持稳定。五是重力解决在乡和返乡年轻人口的出生准备、托育、就学、医疗、住房以及覆盖全生命的社会保障制度建设问题,引导育龄人口提高生育率,从根子上解决乡村少子老龄化问题,这是防止乡村人口过度老龄化的直接而有效的举措。六是解决乡村现有老年人口的各种问题,重点解决年轻老年人口的社会保障问题和失能高龄老年人的长期照护服务问题,解放在乡和返乡年轻人口的生产力。

第三,乡村经济发展动力问题。在迈过温饱经济台阶之后,经济发展的动力在需求端。未来老龄社会蕴含的新的需求结构转变是未来经济发展动力构建的根本。乡村经济发展的动力既有乡村自身需求结构这一内部来源,更有城镇乃至全国市场乃至世界市场需求结构这一外部来源。因此,在城乡分治的理念下,大量乡村居民在小块土地经营农业只能解决低层次的温饱问题,无法解决农业生产和乡村经济上台阶、上层次问题,更无法应对人口老龄化给乡村经济发展动力的负拉动问题。为此，就需要在乡村迈入老龄社会的过程中，打破以往乡村经济观念、发展思路、发展模式受限的问题，在全国统一市场的背景下，坚持城乡合治的发展理念，顺应双循环的要求，紧盯全国和世界市场供给端转向满足老龄社会新的需求结构、消费偏好的大趋势，走城乡生产、消费、资源、生态等互动发展的路子，从全国一盘棋和充分参与国际竞争的长远战略出发，采取第一、二、三、四次产业融合发展的经营战略，充分利用金融工具和金融技术，寻找乡村经济生产要素在各细分产业领域的分动力机制，与此同时，利用平台经济的理念打造乡村经济的总动力机制，从而摆脱城乡分治下就乡村发展论乡村经济和简单的城镇反哺乡村的老窠臼，走出一条新型中国特色乡村经济适应老龄社会要求的新路子。

第四，乡村高质量发展和生态建设面临的问题。人口老龄化意味着全民的普遍长寿化，人人活到 80 岁以上将成为未来新的伟大人类现象。但是，经历前期工业化、城镇化以及乡村低质量发展，乡村环境、土地、农业产品等追求数量发展的模式，在推动人口快速老龄化的同时，也带来诸多问题，人们老年期慢性病的规模性增长就是一个突出的例证。这说明，迈上老龄社会之后，特别是解决了温饱和寿命延长之后，人们有条件反过来追求高质量发展问题，对生态建设的要求也更高了。简言之，以往乡村发展为全民长寿化标志的老龄社会作出了贡献，但现在和未来，老龄社会反过来倒逼乡村必须走高质量发展和生态建设的新路子，既要追求数量更要追求质量，否则，我们的长寿时代就是疾病高发的长寿时代，我们的老龄社会就是低层次的老龄社会。因此，乡村发展走出一条高质量和注重生态建设的新路子，理想老龄社会的取向将提供强大的倒逼性动力。换言之，过去，在温饱经济条件下，乡村在廉价条件下提供的初级产品重在数量。未来，在老龄社会和长寿时代条件下，乡村提供的初级产品和乡村发展高质量产品，定价权将从城镇一方逐步转向乡村一方。这是未来乡村发展的出路，也是城镇发展的新希望。

第五，基础设施体系问题。改革开放以来，伴随城镇化的同时，中国乡村基础设施建设从交通、水利、电力、互联网到厕所革命、垃圾处理等方方面面，也取得长足进展,加上新中国成立以来的相关投入,乡村基础设施总投资沉淀下来的资产达到 1300 万亿元。总体来说,这些基础设施体系需要面向发展新型生态农业的要求进行改造并盘活,同时,也面临顺应人口老龄化和发展老龄经济产业的新建和改扩建任务。现在和未来最主要的问题包括:一是现有乡村资产如何盘活问题。二是按照城乡合治理念如何改扩建和新建的问题。主要是改扩建和新建一些基础设施,以便发展新型生态、文旅康养产业新业态以及老龄产业等。三是现有乡村居住环境的无障碍化改造问题。四是新建和改扩建一批托育和老龄服务设施(养老院、护理院等)以及干预慢病的中医健康管理和医疗服务机构。需要强调的是,乡村基础设施体系必须顺应人口老龄化特别是高龄化需要进行改造和新建,主要解决在乡老年人的宜居问题,更需要解决下乡的城镇老年人的宜居问题,这既是一项紧迫的任务,也是创造条件拓宽乡村发展空间的必然选择。比较突出的一个重要问题在于,中国乡村地域辽阔,山区特别是落后地区人烟稀少,老年人特别是高龄老年人居住分散,据此情况,可以探索新的集中供养模式,并从基础设施上作出努力以解决他们的问题。总体来说,在人口老龄化的背景下,按照城乡合治的理念,走城乡互动发展的路子,特别是充分发挥城镇中老年下乡参与乡村建设和养生养老的作用,需要提前谋划,做好相应基础设施方面的充分准备。

第六,乡村公共管理和服务体系问题。和城镇相比,乡村基础设施体系在需要采取重大举措的同时,更重要的是要解决乡村公共管理和公共服务体系的问题。在人口老龄化的背景下,未来乡村发展的重中之重,除按照生态战略做大做强现代新型农业产业体系之外,最重要的战略任务就是建设过硬的乡村公共管理体系和强大的乡村公共服务体系。一是加强乡镇和村两级组织建设,稳定干部管理队伍,这是稳定乡村骨干居民和吸引返乡居民的重要举措。留不住干部,就留不住乡村居民。二是依托县城着力解决乡村教育问题,降低教育成本,不断提高乡村教育公共服务水平,稳定教师队伍。这是应对乡村人口老龄化的关键,也是防止乡村人口过度老龄化的重要举措。三是高度重视乡村居民健康管理和医疗卫生事业,这是未来乡村在人口老龄化、高龄化过程日益严峻的重大问题。四是充分关切乡村托育服务问题,分析研究并切实解决乡村育龄夫妇在出生准备、孕期服务、产后母婴健康服务和婴幼儿看护各个环节存在的问题。五是乡村人口老龄化给养老、医疗和长期照护服务体系带来的压力甚至大于城市,由于乡村底子薄,欠账太多,需要从城乡合治的高度研究当前乡村老年人面临的养老待遇水平过低、医疗保障水平不高和长期照护保障制度空白问题。六是老龄服务问题将是未来乡村的一大难题。由于乡村公共服务相对滞后,未来在乡村高龄失能老年人不断增多的情况下,仅仅依靠公办老龄服务机构难以满足需要。最突出的问题是乡村长期照护服务资源匮乏、乡村居民购买力较低和可及性不足等问题造成的压力巨大。从本质上来说,解决这些问题,根本是解决服务费用的制度性来源问题和服务供给问题,即钱的问题、人的问题和服务的问题。反过来说,这与其说是一个挑战,更毋宁说是一个新的发展机遇。需要在城乡合治理念下,充分利用乡村生态优势和价格洼地等潜能,整合城乡两方面的资源,走城乡老龄服务事业产业互动融合发展之路,在解决乡村老龄服务问题的同时,也给发展面向城镇活力老年人的相关旅游、养生、养老产业带来更大发展空间。七是乡村文化体育事业产业的问题值得关注。年轻人口背井离乡,除可以找到工作赚取更高收入和给子女带来良好的教育环境之外,一个重要的原因就是城市文化体育以及精神生活丰富,成年人有去处,小孩子有娱乐。在实施应对乡村人口老龄化国家战略和乡村振兴战略的过程中,如何提高乡村文化体育事业产业,是一个不容忽视的重大战略问题。更重要的是,乡村蕴藏丰富的乡村文化,这是吸引在乡居民和返乡乡村居民的重要增长点。借此,既可以丰富乡村各年龄段居民的文化精神生活,又可以以此为根基,面向城镇来乡居民提供多元化的文化体育服务。需要强调的是,乡村老年人的精神慰藉问题已经成为一个引发各方面关注的社会问题,未来的情况可能更为严峻。

第七,乡村人口中富化问题。实现大多数人跻身中富阶层这一共同富裕的目标,面临的最大矛盾在于城乡居民收入差距,难点在乡村。无疑,人口老龄化给解决乡村居民中富化进程带来的机遇不少,但挑战也是多方面的。乡村居民相比城镇居民处于富裕阶梯的底端,人数众多,老年人口占比较大,更重要的是发展基础、观念、生产方式等方面面临许多问题,需要一个较长的过程。而且,相比城镇居民,乡村居民特别是乡村中老年人一旦跻身中富阶层,面临跌落中富阶层的风险更大,抗打击能力也相对较弱。从某种意义上说,和解决乡村贫困问题相比,解决乡村中富化问题面临的任务更加艰巨。需要强调的是,解决未来乡村中富化问题还面临一个服务贫困的问题,即规模庞大的乡村老年人特别是高龄老年人的服务贫困问题,这一问题解决起来难度更大,这是乡村完成扶贫战略任务之后面临的最难最艰巨的长期战略任务。

第八,高度重视"与老分居"问题。在快速城镇化过程中,"与老分居"现象越来越成为一个重大的社会问题。当然,城镇也存在这个问题,但相对来说乡村更为突出。需要引起全社会高度重视的是部分乡村出现衰落现象,这是城镇化过程中的必然阶段,虽然正确处理还会带来农业规模化的机遇,但留下来不愿背井离乡老年人的问题是一个难题。和国外不同的是,中国的城镇化速度和规模在人类历史上可谓独一无二,乡村人口向城镇转移总量巨大。如前所述,2020 年为 1.21 亿人。目前,在他们中间,高龄老年人口占比还相对较低,随着时间的推移,乡村留守老年人群体将成为高龄老人为主的群体,他们的各种困难和问题将越来越突出。

年龄大的人可能还记得,改革开放后的一段时期,夫妻"两地分居"问题十分突出,不少人的问题难以解决,造成不少家庭被迫离异,国家不得不采取一系列就业、户籍措施,也花了不少钱,这个问题才得以解决。现在,随着城镇化的快速推进,"与老分居"的青壮年人越来越多,与父母两地分居现象正在成为都市人内心世界的一个"痛"。和 20 世纪的夫妻"两地分居"现象相比,今天和未来的"与老分居"现象更加复杂、更难解决。

为了分析"与老分居"现象,我们可以把新中国成立以来进城的人分开来看。第一批进城的是"50 后"。他们中许多人的父母仍然健在,且子女众多,老父老母身边还有人照料。随着年龄的增长,他们常常为不能伺候父母左右而背负巨大的心理负担,但最难以面对的是台湾著名诗人余光中描绘的景象:

"母亲在里头,我在外头"。第二批进城的是"60后",他们的情况比"50后"更为复杂。因为"60后"赶上了城镇化,虽然姐妹弟兄都有,但他们中的许多人也进城了,留在乡村的老父老母身边有子女的少了很多。而且,中国乡村的传统是女不养老,加上乡村存在地理距离,即使有女儿也难以得到照料,因为他们要照料她们的公婆,对于那些从乡村迁入城镇的男性"60后"来说,这是一个难解的矛盾:把父母接到城里,还要看媳妇的脸色;把父母留在乡村,自己心理难以安宁,偏偏这些乡村老年父母还不愿意长期居住生活在城里,问题就变得更为复杂。几千年来,中国传统文化追求叶落归根,越上年纪越不愿意背井离乡,加上城镇生活成本远远大于乡村,绝大多数老年人也不愿意给子女增加负担。但是,一旦他们年迈甚至失去生活自理能力,对于生活在城镇的子女们来说的确是一个大难题,而且已经有一部分"60后"为此精疲力竭。第三批进城的是"70后""80后",他们赶上了快速城镇化,但也赶上了计划生育,现在,他们的父母还比较年轻,但随着时间的推移,他们面临的情况可能比前两批人更为复杂。需要强调的是,在这几批人中,还有一部分人出国定居,他们的情况最为复杂。值得深思的是,中国的传统文化是"父母在,不远游",这是农耕文化的观念。随着全球化、城镇化的推进,"与老分居"现象是一种进步。但任何进步同时都必然伴随着退步,与父母分离了,自己事业做大了,但父母应当得到的亲情被牺牲了。在我们大力推进城镇化的同时,我们要为那些进城的子女们想些办法,帮助他们缓解心头之痛。因为,虽然"与老分居"现象自古就有,但现在的"与老分居"已经不是个人的烦恼和家庭的难题,它已经成为一个新的社会问题。

有人认为,随着经济社会发展,这个问题好解决,谁的老人谁抱走,让那些老人随子女迁往城镇,问题不就解决了吗?但说起来容易做起来难,要让乡村的老年人迁往城镇,第一道坎就是住房。房价高如天,年轻一代自己还不得不蜗居,更不用谈把父母接来同住。就住房的设计理念来说,从根本上也没有充分考虑子女与老人共同居住的实际需求。我们的房地产商似乎眼里只有钱,开发老人与子女共居住房的凤毛麟角。即便是热衷"养老地产"的商业人士也难有此先进且富含商机的理念。第二道坎是收入。中国城镇居民的收入水平在支付自己和子女的用度上还勉强可以应付,把老人接到城里,对于"50后"和"60后"估计问题不大,但对还是"房奴"的"70后""80后"就没有前辈那么宽裕。如果老父老母得了重病,"70后""80后"甚至一部分"60后"目前的收入水平可能会十分拮据。第三道坎是环境和生活方式。在乡村生活了大半辈子的老年父母,离开了自己熟悉的社会网络,突然来到陌生的城市,除了子女和孙子女,他们举目无亲,城镇也没有为他们的适应、居住和活动作出相应安排,如同寒冬北方的老树移植到了炎热的南方,水土不服,作为老人的子女,分身乏术,时间精力都难能应对,除了挤时间多陪一陪外束手无策。可以说,我们的城镇化现在还没有准备接纳进城子女们亲人的理念,这样的城镇化道路恐怕值得我们深刻反思。第四道坎是国家财力。我们的财政收入总体是不错的,但伴随土地财政的塌陷,未来的财政收入面临较大压力。更重要的是,中国用钱的地方太多了,光是高科技投入,目前还只占到 GDP 的 2%,需要大量投入。因此,我们还不可能超越发展阶段,拿出大量资金支持进城子女的父母随迁。第五道坎也是未来最难解决,也最容易引起社会矛盾的坎,这就是区域养老资源的配置矛盾。

城镇化是中国未来的希望,也是实现中富化目标的必然选择。赞成快速城镇化的专家认为,城镇化是中国未来经济发展、特别是保持 GDP 高速增长态势的巨大引擎。反对快速城镇化的专家认为,城镇化和工业化应当同步发展,不可超越工业化强行机械推进城镇化。但无论如何,未来的城镇化如何推进,当务之急是需要在实施新型城镇化过程中细化顶层设计,其中,需要充分考虑城镇化和老龄化交互作用可能产生的一系列问题,防止在缓解城镇老龄化压力的同时,导致乡村陷入过度老龄化陷阱。

(二) 老龄社会引发的地方治理问题

中国幅员辽阔,各行政区人口老龄化演化水平极不平衡,对资源的配置需求也大相径庭,加上各地自然禀赋和现有经济社会发展水平差异较大,相应面临的问题及其重点不同,未来的问题会出现更为复杂的局面,需要提早谋划。

1. 各行政区域人口老龄化演化不同步。中国属于大国模型,各地经济社会发展水平不平衡,也集中反映在人口老龄化层面。1999 年,全国 60 岁以上老年人口占比超过 10%,标志中国整体进入老龄社会。2000 年第五次人口普查数据显示,全国 14 个省(市、自治区)进入老龄社会。2020 年第七次人口普查数据显示,全国老龄化水平达到 18.7%,超过这一水平的有上海、北京等 18 个省(市、自治区),福建等 12 个省(市、自治区)在 10%—18.7%,西藏为 8.52%,尚未进入老龄社会。预计 2050 年,将有吉林、上海、黑龙江、浙江、辽宁、天津、内蒙古 7 个省、市、自治区的老龄化水平超过 30%,比届时世界上人口老龄化最严重的欧美国家还要高;北京、山东、江苏等 10 个省、市、自治区老龄化水平达到 25%—30%,与人口老龄化最严重的欧美国家差不多;另外,河北、安徽、江西、海南等 10 个省、市、自治区的老龄化水平将达到 20%—25%,略低于或达到届时欧美的平均水平;只有贵州、青海、新疆、西藏四个少数民族地区的老龄化水平在 15%—20%。这些数据表明,分行政区域的差异较大,并呈现差异缩小的趋势。总体来说,到 2050 年,无论生育率水平如何回升,大多数省(市、自治区)老龄化水平回落到 25% 以下已经不可能了。

2. 不同行政区域人口流动及其问题。人口在不同行政区域之间的流动,在未来老龄社会的演化过程中情况日益复杂。目前,全国人口流动模式相对比较稳定,即近距离流动为主、省内流动为主、"乡—城"流动为主、由西部向东部流动为主的模式。从跨省流动来说,全国跨省人口流动规模呈现增长趋势,从 2010 年的 8602 万人增加到 2020 年的 1.2484 亿人。从省内流动来说,全国省内流动人口同样呈现增长趋势,从 2010 年的 1.3541 亿人增加到 2020 年的 2.5098 亿人。伴随城镇化深度发展,不同行政区域人口流动也将深度演化,不仅会改变相应行政区域的人口老龄化水平和格局,更重要的是在促进流入地经济社会发展的同时,会给流入地和流出地带来一系列深层次的结构性问题,如流出地人力资源短缺、财政收入降低、社会保障等公共服务压力加大,以及流入地社会管理和公共服务压力加大等问题。伴随这些问题的相互缠绕和相互影响,各行政区域应对老龄化的资源配置格局将会出现新的变化,造成一些地方老龄问题压力变大而一些地方压力变小,从而加剧不同行政区域之间的不平衡矛盾,特别是跨省人口流动容易造成流出地与流入地在承担老龄化压力上的责任难以界分问题,总体上不利于在协同应对老龄社会上形成应有合力。这是一个长期且是压力不断升级的挑战。

3. 各行政区域应对人口老龄化综合实力各不相同。由于国民经济核算是以行政区域为核算单位,未来应对老龄社会的核算主体以行政区域为基本单位的格局难以改变。在这种情况下,各行政区域人口老龄化水平极不平衡,相应综合反映为应对人口老龄化实力的 GDP 水平同样极不平衡。从目前来看,全国基本上呈现发达省份人口老龄化水平逐渐减缓而相对落后的省份人口老龄化水平不断升高的态势,省内同样呈现这一相同态势。从理论上说,先行老龄化的省份和地区的经验可以为后来者所用,老龄化程度得到缓解的地区可以创造更多的财富,为老龄化较严峻的地区提供支持。但是,由于地方主义、本位主义等观念根深蒂固,未来各行政区域之间在应对老龄社会各种问题上做到协同合作面临的压力将会越来越大,也是未来建设全国统一大市场面临的一个巨大难题。仅仅是养老社会保障一项制度安排实现全国统筹,面临的诸多障碍就可见一斑,更不用说涉及税收、经济增长等问题的其他深层次问题。具体来说,例如,上海由于其他地区人口迁入,其老龄化程度得到缓解,但上海是否愿意为流出地应对人口老龄化埋单,这不是行政命令可以解决的问题,需要采取重大政策。

再如,我们可以分析一下深圳的情况。深圳冬天的气温较高,适合老年人越冬,许多子女把老人接到身边。如果数量不多,这不成其为问题。但是,用不了太多时间,区域养老资源的矛盾将是深圳面临的一个城市难题。20 世纪80 年代,深圳曾经号称是最年轻的城市,但现在深圳已经走到老龄社会的边缘,甚至可能会成为中国未来老龄化速度最快的城市之一。原因十分简单,20世纪 80 年代前后,来到深圳的大多是 20—40 岁的人口,现在已经过去 30 多年了,他们将集中退出劳动力市场迈入退休者行列,如同当年来时像巨大的涨潮,不久将面临巨大的退潮,这种断崖式的变迁将会给深圳的经济社会发展带来深刻冲击。说实话,前些年,这座城市作为最年轻的城市,根本没有预想到这个巨大冲击波。在这种情况下,如果其他地方的老人滚滚涌来,深圳能不能承受暂且不说,在政策上他们接受其他地区的老年人,为别的地区的老年人养老的法律、文化等依据恐怕还需要进一步明确。如果把这个问题放大到全国,就是城镇的养老资源要不要向乡村开放,所有地方的养老资源要不要向其他地方开放。如果不开放肯定是问题一大堆,但如果没有统筹安排,无序开放,同样是一大堆问题。现在,中国周边某些国家和地区酝酿采取补贴政策,鼓励本国和本地区的老年人到中国养老。因为中国的物价相对较低,这样做可以分散他们的老龄化风险,缓解他们的养老压力。如果数量越来越多,这个问题也值得我们深刻考虑。因为,这涉及的是养老资源的更大范围的配置问题,也关系如果利用国际资源的问题。

总体来看,人口老龄化在不同行政区域之间的不平衡问题,需要从国家层面在战略上作出统筹安排。

4. 央地协调压力将不断加大。人口老龄化是年轻社会转向老龄社会的标志,也是改变国家发展格局的基础性力量。对于实行社会主义制度、老年人口第一大国和区域迥异的中国来说,央地矛盾一直是一个十分突出的难题。未来,人口老龄化的深度演化不仅会加剧原有的央地矛盾,还会带来许多新的央地矛盾,相应的长远问题不能掉以轻心。首先,无论任何省份,人口也就是发展主体结构都不能演化到过度老龄化的陷阱,进一步确保全国人口不能突破过度老龄化的警戒线,如何通过发挥各自区域优势防范这一风险,这是未来行政区域治理的一个重要底线。也许,在特定意义上,还会面临对少数地方陷入人口过度老龄化陷阱的容忍政策选择问题。总体来说,人口问题主要是国家模型问题而不是地方性问题,需要全国一盘棋,实现全国人口控制在过度老龄化警戒线以内,中央和地方行政区域之间的协调压力是一个不小的挑战。其次,前述行政区域人口老龄化和经济社会水平的双层不平衡,除加大地方合作之外,更多还需要中央政府通过财政、货币、行政、法律等工具进行协调,面临的协调难点会越来越多，难度也会越来越大。再次，仅仅从养老资源的存量和增量来说，由于各行政区域还存在深刻竞争问题，少用养老资源的动机或者养老资源全国统筹动力不足的问题，同样也是未来央地矛盾中的一个长期性问题。最后，大区域战略是今后中国发展中一个重要战略，大区域之间的协同发展不仅有利于大区域自身发展，更是建设全国统一大市场的基础。但是，伴随城镇化进程的深度推进，中西部、东北地区越来越多的青壮年劳动力和少儿人口迁入东部地区，东部地区的老龄化程度将得到缓解，而中西部和东北地区的人口老龄化将会快速提升，相应地会引发各大区域间应对人口老龄化综合实力的深刻变化，这也是今后会加剧央地矛盾的重要方面。

需要引起重视的问题还有，老龄社会引发的民族发展问题以及边疆治理问题也值得关注。

二、树立适应老龄社会要求的区域发展观

从全国全局来看，各地人口老龄化的异步演进给各地既带来挑战又富含机遇，加上社会流动的不断加快，相应的问题十分复杂，需要在中国式现代化建设的框架下，立足当前，放眼长远，做好相应的战略安排。

（一）树立适应老龄社会要求的区域发展观的必要性

如前所述，从年轻社会转向老龄社会，必然面临诸多区域发展问题，不仅加剧原有区域发展矛盾问题，而且还会带来一系列新的区域发展问题。为此，需要首先把区域发展观调整到适应老龄社会的要求上来，借以引领老龄条件下的区域发展实践。

1. 现有区域发展观难以适应老龄社会的新需要。现有区域发展观是年轻社会的产物，难以适应老龄社会的客观需要。具体来说，以往无论城乡发展还是各行政区域发展以及大区域发展，从其规划、理念、指导思想、阶段性任务、重大政策和重大举措，都没有对老龄社会带来的系统性变迁作出应有的全

面考量。因此,树立适应老龄社会要求的区域发展观,这是老龄社会社会条件下谋求未来区域发展的必然选择。

2. 国家战略的顶层设计需要中层谋划。实施积极应对人口老龄化和老龄社会的国家战略不是空中楼阁,而是要落实到各个区域,并通过城乡、各行政区域和大区域的具体行动落到实处。因此,树立适应老龄社会要求的区域发展观,这是落实积极应对人口老龄化和老龄社会国家区域战略的必然要求。

3. 区域发展需要一个统领。老龄社会条件下的区域发展涉及方方面面,既扎根于人类发展的微观层次各个环节,又连接着国家宏观发展的各个领域,问题错综复杂,矛盾各种各样,需要一个区域发展观作为一以贯之的统领,这是树立适应老龄社会要求的区域发展观的内在逻辑。

(二) 建构适应老龄社会要求的区域发展观

1. 以人为本。发展的终极目的是人的发展。在经济短缺条件下,很难实现年轻社会向老龄社会的转变,特别是在国防工业、重工业欠发达的条件下,区域发展不可避免地会采取城乡分治和区域差异化发展策略,人的发展特别是城乡区域的人的发展的水平、层次都会受到制约。但当经济相对过剩并面临年轻社会转向老龄社会之后,特别是在全面实现小康目标和绝对贫困问题解决之后,就需要重新调整城乡、行政区域分开治理的区域发展观,把发展的第一目标回归到人的全面自由发展上来,重新确立新的区域发展观,把区域发展的核心目标调整到满足人民美好生活的终极目标上,从国家、城乡、各行政区域到大区域发展,其核心在于促进各区域人民的美好生活目标的实现,并实现全国人民不分区域的共同富裕的宏伟目标。这是未来老龄社会条件下区域发展的核心。

2. 全国一盘棋。从人口发展来说,老龄社会的问题是全局性问题,既是全国模型,又落地在各个区域,需要全国各区域统筹考量,统一行动,否则,会在原有区域经济社会不平衡的基础上产生许多新的矛盾问题。例如,针对不同区域人口老龄化水平差异较大的问题,需要在区域发展观上作出长远谋划,既要有统一政策,也要有差异化政策,但总体上需要努力做到把各个区域人口控制在过度老龄化警戒线以内,避免部分区域陷入老龄化陷阱,防止积重难返。从发展动力来说,在短期时间内,为了解决经济短缺特别是工业化起飞问题,采取城乡、各区域分开治理的路子是无奈的选择,也是发展的必经之路。但是,当经济社会发展达到一定阶段特别相对过剩阶段,并面临老龄社会的条件下,继续采取城乡、行政区域和大区域分治的路子难以为继,并从根本上面临发展动力不足的问题。例如,城镇发展和发达地区已经相对过剩和饱和,而乡村和欠发达地区依然处在短缺条件下。在这种背景下,就需要从全国出发,重新调整区域发展战略,并从根本上解决发展持续动力的问题。从建设全国统一市场来说,面对日益复杂的国际政治经济形势,从根本上解决社会主义市场经济发展动力面临的内在障碍问题,必须打破城乡、各行政区域和大区域发展在方方面面的界限,在全国统一市场的总平台上实现区域全要素发展的合理配置,使各区域的优势在全国统一市场的平台上得到充分发挥,使各区域所需资源得到互通互惠互补,从而真正发挥出各区域发展的最大潜能。从老龄社会相应复杂问题来说,无论人口、经济、社会和文化发展所面临的诸多新问题,采取谁的问题谁解决的区域分治的策略,不仅解决不了问题,还会制造更多问题。因此,全国一盘棋,这是未来区域应对老龄社会的总框架,这是未来老龄社会条件下区域发展的关键。

3. 协同共生。中国是一个整体,各区域实现协同发展,需要从制度安排和政策措施上采取长期不懈努力,培育各区域协同发展的共生生态。这不仅是政策导向的要求,更是国家长治久安的内在发展生态演化逻辑。区域发展的根本在于人的发展。良禽择木而栖,人群逐高而行。如果继续采取区域分治的策略,必然会加剧区域发展的不平衡甚至造成区域严重失衡。未来,在老龄社会条件下,在人们寿命不断延长的背景下,只有从区域禀赋出发,在全国统一市场的框架下,着力从产业特别是教育、医疗等资源的区域共生生态上采取长期努力,做到各区域资源的相对均衡配置并实现全国互补互通,实现城乡融合、各行政区域融合和大区域融合,那么,不仅有利于各区域自身发展,更重要的是有利于人的安居乐业和有序流动,建设不分年龄人人共同富裕的生境。这是未来老龄社会条件下区域发展的根本。

(三) 实施适应老龄社会要求的国家区域战略意义重大

老龄社会的挑战属于长期性重大挑战,应对老龄社会的国家区域战略意义重大。一是关系整个国家战略的有效实施。国家战略属于应对老龄社会的顶层设计,需要落实到中层规划,区域战略就是中层规划的重要组成部分。国家战略顶层设计主要是总体目标和人口、健康、经济、社会、文化等各层面的方面战略,但这些方面战略最终要通过中层谋划在城乡、各区域和各大区域得到落实。二是关系整个国家战略的落地生根。从落实国家战略的主体来说,各行政区域是最重要的实施主体,因此,制定并实施适应老龄社会要求的国家区域战略,并发挥各区域的发展潜能,使国家战略落到实处,这是未来关系应对老龄社会国家战略成败的关键。三是关系老龄社会条件下国家的长治久安。在新的区域发展观的引领下,各区域成功应对老龄社会的各种问题,并在全国一盘棋的框架下走出老龄社会条件下各区域可持续发展的路子,这是未来区域发展的目标,也是国家成功应对老龄社会的重要标志。

三、实施适应老龄社会要求的国家区域战略

(一) 战略目标和思路

1. 战略目标。到 2050 年,通过城乡融合发展使二元经济结构互动共生,城乡社会发展基本均衡,各区域经济社会水平差距缩小;区域人口过度老龄化风险可控。城镇化水平在 80% 以上,中小城镇吸引力增强。城乡年龄友好型社会基础设施体系完善,城乡公共管理和公共服务水平差距缩小。总体上各区域应对老龄化风险综合实力得到普遍提升,并实现全国一盘棋框架下的共生互济。

2. 战略思路。以 21 世纪中叶为战略周期的重要时间节点，以习近平新时代中国特色社会主义思想为指导，树立顺应老龄社会和橄榄型社会要求的区域发展观，高度重视城乡、各行政区域和大区域之间在人口老龄化演进中的不平衡问题及其带来的经济社会资源配置的失衡问题，在全国一盘棋的框架下，加大央地协调力度，把握人口老龄化异步发展在不同区域间带来的机遇，紧紧围绕部分区域人人共同富裕的宏伟目标，走城乡融合、各行政区域融合和大区域融合发展之路，整体提升应对老龄社会的国家综合实力和区域综合实力，重点解决新型工业化、新型城镇化和人口老龄化交互作用产生的问题，在全国统一市场建设中着力发挥区域优势和补强区域发展短板，大力发展年龄友好型城乡、区域社会基础设施，加强公共管理和公共服务在不同区域间的互通互补，努力培育各区域协同共生发展的可持续发展生态。

（二）战略任务

1. 加快制定实施应对老龄社会的国家区域战略（2025—2050 年）。目前，我们还没有应对人口老龄化和老龄社会的国家区域战略专项规划，全国统一市场建设刚刚起步，各区域未来老龄化压力和综合应对实力畸重畸轻，迫切需要根据不同区域人口老龄化的差异化进程及其与经济社会发展交互作用产生的问题，统筹谋划好老龄社会条件下各区域协同实现共同富裕和实现现代化目标的任务、重大政策和重大工程，指导各区域落实积极应对人口老龄化和老龄社会的国家战略落地生根。在区域发展战略上，要统筹处理好解决人口老龄化问题、建设理想老龄社会与区域发展的关系。一是把解决区域人口老龄化问题纳入区域发展战略。充分利用人口老龄化发展不平衡带来的机遇，采取有效措施，防止区域人口过度老龄化风险。二是把解决人口老龄化问题纳入区域经济社会发展战略。我国幅员辽阔，总体上呈现"未富先老"，但具体到区域，东部地区特别是一些城市地区已经跨过"中等收入陷阱"，属于"边富边老"，挑战和机遇各不相同，需要充分利用机遇，应对人口老龄化给区域经济社会发展带来的长远问题，促进各区域经济社会协调发展。三是根据各地人口老龄化的阶段性特点和客观要求,结合各地经济社会的优势,协调发展区域老龄金融产业、老龄用品产业、老龄服务产业和老龄宜居产业,形成老龄产业集群和产业带。四是统筹区域养老资源,采取差异化政策,促进养老资源本地化和流动化相结合,促进区域养老资源互补,推动区域养老资源协调利用。

2. 实施老龄社会条件下的新型城镇化战略。第一,调整城镇发展的理念。一是在迈入老龄社会和大众普遍长寿的新的历史条件下,新型城镇化要坚持以人为本,努力尊重、保障和服务个体人的全生命终生全面自由发展的需要;二是顺应年轻社会转向老龄社会过程中人的社会需求结构的根本转变,满足人的新的超越温饱要求的更高位阶、更加多元的结构性需求;三是充分利用各种政策、制度、法律等工具,合理调整城镇主体结构,防止城镇人口过度老龄化风险,推动城镇主体结构自身整体良性发展。第二,着力做好城镇人口管理和服务工作。一是各个城镇要研究确定人口规模和结构的规划和目标。二是采取长期有效的生育、住房、教育等生育友好型政策,激励城镇生育率向替代水平回归,实现城镇人口数量和年龄结构的长期均衡。三是通过产业结构调整、均等发展城镇教育、医疗等社会公共事业,限制特大城市发展,重点发展三四线城市和县域城镇,促进中青年活跃流动人口向中心城镇流动,对投靠子女的老年人口向中小城市流动提供更多优惠支持,总体上改变以大多数中小城镇加速老龄化减缓少数大城市老龄化的长远不利格局,为解决中小城镇衰落问题创造人口条件。四是着力解决中小城镇承载体系和能力问题,重点从用水、用电、交通、物流、安全等方面做好安排,并从户籍、生育、托育、入学、就业、住房、医疗、养老等方面采取激励性政策,增强中小城镇的吸引力。五是解决特大城市不适应老龄社会的相关问题。第三,着力解决城镇经济结构和动力的问题。一是继续发展有效的传统经济和数字经济等新经济。二是高度重视老龄社会转型条件下新的需求结构及其对现有经济动力及其运行机制的影响,建构适应老龄社会要求的新的经济结构和发展方式,特别是要在城镇区域内发展老龄经济和老龄产业,并从整体上打造新的经济产业体系。三是立足本城镇,面向全国统一大市场乃至全球市场,瞄准新的经济产业增长点,特别是瞄准老龄经济产业新的增长点,通过科技研发、投资、品牌建构等手段,打造新型城镇经济,这是未来城镇发展特别是城市经济的新的主攻方向。第四,城镇基础设施体系的问题。一是调整建设规划,按照各年龄人群通用型的建设理念(age-friendly),出台一系列适应老龄社会要求的强制性建筑设计建设政策、法规和规范,确保新建硬件设施能够适合需要。二是利用数字化、信息化和智能化大力发展普惠性供水、电、气等基础设施,提高服务效能。三是重点解决住房价格过高的问题及其衍生性问题。四是重点解决住房和社会公共硬件体系建设面临不能适应老龄社会要求的宜居问题。公共财政引导社会力量投入着力解决老旧小区、老旧住房的不适老问题十分突出。着力解决住房特别是高层住宅的适老化改造或者重建问题,防止高层楼房的"贫民窟"风险问题。第五,着力加强城镇社会管理和生活性公共服务工作。一是从城镇发展的全局出发,坚持代际和谐和代内和谐理念,根据城镇老龄社会演进的阶段和问题,加强社会管理,完善体制机制,确保老龄社会转型过程中成功应对各种矛盾和问题。二是充分利用信息化、数字化和智能化技术,打造适应老龄社会要求的社区外公共服务。三是以社区公共服务为重点,整合社区各类服务资源,打造面向全龄人口的社区生活性公共服务体系、平台和综合性、一体化服务场景,实现城镇社区服务体系的转型升级,更加适应长寿时代全龄人群的需要。第六,着力解决城镇人口中富化障碍问题。重点是改革和完善社会保障制度,确保城镇人口跻身中富阶层、免除跌落中富阶层风险,守住不发生规模性贫困特别是老年人群规模性经济贫困和服务贫困的底线。通过第一、二、三次分配努力提高城镇人群的收入水平。

3. 实施老龄社会条件下的乡村振兴战略。第一,调整乡村发展理念。一是在迈入老龄社会和大众普遍长寿的新的历史条件下,乡村发展要坚持以人为本,尊重、保障和服务乡村个体人的全生命终生全面自由发展的需要;二是顺应年轻社会转向老龄社会过程中乡村人的社会需求结构的根本转变,满足人的新的超越温饱要求的更高位阶、更加多元的结构性需求;三是充分利用各种政策、制度、法律等工具,合理调整乡村主体结构,防止乡村人口过度老龄化风险,推动乡村主体结构自身整体良性发展。面向未来,落实积极应对人口老龄化和老龄社会的国家乡村战略,必须坚持城乡合治的乡村发展理念,充分考量人口老龄化在城乡间的阶段性演化态势及其问题,在解决城镇老龄问题的同时,统筹解决好乡村老龄问题,确保乡村发展顺应老龄社会的新需要,实现老龄社会条件下乡村经济繁荣、社会进步和文化复兴。从本质上来说,城乡分治就是乡村发展支持城镇发展,走城镇发展带动乡村发展的路子;城乡合治就是城镇发展支持乡村发展,走城乡互动协同发展的新路子。这是未来应对人口老龄化和老龄社会的国家乡村战略的新引领和新取向。简言之,不是要人来适应乡村发展的需要,而是乡村发展要适应乡村人的全面自由发展的需要。第二,着力解决乡村人口流动问题。一是把整体上防止乡村人口过度老龄化作为一条重要底线战略。二是高度重视乡村干部、乡村教师和乡村医生向县城、省城甚至特大城市的流动问题,解决他们的稳定和发展问题。三是综合考量流出人口返乡可能性和意愿以及解决留下来的人的需要、愿望和可能等问题,发展现代化农业,在实现粮食等农业国家安全的前提下,建设综合农业产业体系,发挥乡村土地、生态等资源的最大潜能。四是高度重视乡村衰落问题,加快县城城市全面建设,留住乡村发展必要活力人口,为实现农业现代化确保必要必需的人口条件。五是着力解决在乡和返乡年轻人口的出生准备、托育、就学、医疗、住房以及覆盖全生命的社会保障制度建设问题,引导育龄人口提高生育率,从根子上解决乡村少子老龄化问题。六是重点解决年轻老年人口的社会保障问题和失能高龄老年人的长期照护服务问题。第三,重力解决乡村经济发展动力问题。一是坚持城乡合治的发展理念,紧盯供给端转向满足老龄社会新的需求结构、消费偏好的大趋势,走城乡互动发展的路子,采取第一、二、三、四次产业融合发展的经营战略,努力提高乡村经济发展活力。二是利用平台经济的理念,通过资源、资本、技术等方面资源在乡村发展上的融合配置,利用乡村资源、价格、成本等优势,引导城镇资源走向乡村。三是充分利用生态战略机遇,发展传统、先进农业技术,提供绿色初级农业产品、高附加值农业产品以及乡村生态旅游、健康养生等生活生命服务,采取有效措施,利用人们高品质生活要求,引导把乡村产品和服务的定价权从城镇一方逐步转向乡村一方,走出一条新型中国特色乡村经济适应老龄社会要求的新路子。第四,着力解决乡村基础设施体系问题。一是改革创新,通过引导和规范,引入城镇资源、资本和技术,搞活经营机制,努力解决现有乡村资产如何盘活并服务乡村振兴的关键问题。二是结合自然禀赋和潜能,根据城镇中高收入群体回归自然的高层次生活需求和意愿,创新服务模式,发展面向不同消费偏好的新型细分生态、文旅康养产业新业态。三是加大公共财政支持力度,引导社会力量加大投入,结合发展新业态,逐步对乡村居住环境进行适老化改造。四是加快建设一批托育和老龄服务设施(养老院、护理院等)以及干预慢病的中医健康管理和医疗服务机构,针对交通不便和服务成本较高的山区,适度加大对乡村失能老年人的集中供养力度。第五,努力解决乡村公共管理和服务体系问题。一是加强乡镇和村两级组织建设,稳定干部管理队伍。二是依托县城和大镇发展现代化乡村教育,降低教育成本,不断提高乡村教育公共服务水平,稳定教师队伍。三是高度重视乡村居民健康管理和医疗卫生问题。四是充分关切乡村托育服务问题。五是从城乡合治的高度建设适应乡村人口老龄化要求的老龄服务体系,在城乡合治理念下,充分利用乡村生态优势和价格洼地等潜能,整合城乡两方面的资源,走城乡老龄服务事业产业互动融合发展之路,在解决乡村老龄服务问题的同时,也给发展面向城镇活力老年人的老龄服务产业带来更大发展空间。六是切实解决乡村文化体育事业产业的问题。第六,努力解决乡村中富化问题。重点解决乡村共富机制障碍问题和覆盖全生命的乡村社会保障体系问题。第七,高度重视解决"与老分居"问题。重点解决乡村高龄失能老年人的长期照护服务社会保险制度和服务体系的建设问题。

4. 提升各行政区域和大区域综合治理老龄问题的协同能力。第一,根据建设全国统一市场的要求,出台人口流动相关支持政策,促进人力资本和老年人口在各行政区域和大区域间的有序流动。第二,根据区域承载能力特别是面向老年人口的服务能力、资源配置能力,在居住、旅游、就医、就业和再就业、长期照护、殡葬等方面做好安排,做到互联互通,避免区域间超负荷承载或资源浪费。第三,出台相关税收支持政策,鼓励老龄产业企业垮区域经营,做好优惠政策和税负相匹配的区域合理分配问题。第四,充分利用政策、金融和数字经济的机遇,瞄准新技术开发适应老龄社会强大需求的产品和服务,逐步改变地方政府过度依赖土地财政问题,建构开发适应老龄社会巨大潜能的产业开发能力和税收拓宽能力。

5. 解决好重点区域的老龄问题。第一,高度重视东北三省、西部各省等人口流失及其衍生的老龄问题,并纳入东北振兴、西部大开发和相关国家战略,做好长远谋划。第二,重点通过产业结构调整、营商环境改善和支持优惠政策,解决人口流失地的经济发展活力问题,除发展传统有效产业和数字经济外,引导企业在人口流失地发展自然禀赋好的老龄产业,在满足本地需求的同时,在全国统一市场利用品牌、技术等手段提升人口流失地经济发展活力。第三,发挥社会主义制度优势,为人口流失严重区域老年人的健康、养老和照护服务提供相应支持。第四,建立人口流入地和人口流失地社会保障压力共担机制,利用结对子手段,鼓励人口流入地政府、企业、社会力量支持人口流出地发展。

四、实施适应老龄社会要求的区域战略的政策和工程

(一) 改革和健全适应老龄社会要求的区域政策体系

1. 建立健全全国统一市场政策。第一,将实施适应老龄社会要求的区域战略作为重要顶层设计纳入全国统一市场建设。第二,出台土地、税收等政策,重点建设老龄产业市场,并建立区域协同共享机制,确保老龄产业投入和收入相匹配的全要素配置机制。第三,重点逐步统一区域社会保障和公共服务,实行国民社会保障待遇。第四,鼓励发达地区与相对落后地区加强战略合

作,打破区域限制,发挥各自互补优势,促进关联产业融合发展。第五,改革和完善区域发展考核机制,重建新的区域发展指标体系,把区域融合发展作为重要内容纳入考核机制。

2. 完善央地事权财权的匹配制度。第一,完善央地事权和财权边界,科学厘定央地事权财权匹配规则。第二,支持地方主要依靠产业、科技和人力资本以及自然资源优势,积极探索提升地方财政实力的发展路子,逐步改变主要依靠转移支付求发展、主要依靠土地财政求发展的公共财政机制。第三,稳定央地财政兜底地方社会保障和公共服务的保障机制,提升地方财政综合应对当地人口老龄化压力的能力。第四,加强国有企业和民营企业的混合所有制经营模式改革,发挥国有企业的资源优势和民营企业的效率优势,为央地财政稳定增长提供可持续保障。

3. 建立区域发展监测制度。结合人口老龄化和经济社会发展互动演化机制,重点锚定共同富裕要求的重要事项,研究区域发展指标体系和监测体系,为指导区域发展提供决策依据,确保在发展中应对人口老龄化、在应对人口老龄化过程中求发展。

(二) 实施适应老龄社会要求的国家区域工程

1. 实施年龄友好型城乡环境建设计划。目前,中国正处在大规模基础建设过程中,城镇化还没有完成,无论未来的新城镇和新乡村,我们还面临巨大的基础建设任务,同时,伴随中富化目标的实现,现有社会硬件体系应对老龄社会特别是高龄社会的问题将日益突出,需要按照年龄友好型社会的要求逐步进行适应性改造和建设,并提供房地产租赁、置换等交易服务,这又是不可多得的重大机遇。因此,百年大计,预则立不预则废,必须超前谋划,坚定不移地实施年龄友好型城乡环境建设计划。一是在全社会广泛开展年龄友好型社会建设教育,让人们广泛认识到,环境和住行设施宜居对于全生命高质量生活重要性。二是把年龄友好型城乡环境建设纳入新型城镇化发展规划和乡村振兴战略,落实城乡一体化和城乡公共服务均等化,通过修订完善城乡规划建设法律法规、政策规范和工程建设标准,促进城乡规划建设与老龄社会发展要求相适应。三是实施有利于适应老龄社会要求的新型城镇化配套政策。结合全国主体功能区规划和国土规划,研究提出促进人口有序流动、合理分布的基本政策框架,同时,完善相关社会保障、户籍和人口综合服务管理等政策,鼓励乡村向城镇迁移者的父母及子女到城镇居住,支持成年子女与老人同居或紧邻居住,使迁移人口的年龄结构更为均衡,避免各地区乡村和中西部地区人口的过度老龄化、家庭空巢化的严重后果。针对老年人口流动性增加的趋势,加快推进流动人口服务管理体制机制创新,建立老年流动人口与户籍人口均等享受公共服务的保障机制。四是针对新时期城乡建设发展的新特点、国民经济发展的承受力、人民精神与物质生活的新需求,遵循"人为本、高效率、管长远"的建设原则,以"安全、便捷、舒适"为理念,以各年龄群体通用需要为公共建设通用标准,以老年人特殊需要为老年宜居建设特殊标准,建设符合理想老龄社会要求的城乡人居环境。开展城乡家庭宜居建设改造行动,推动适应老龄社会的再城市化,抓住老旧社区改造和居民房屋二次改造机遇,按照年龄友好型设计理念和标准以及环境保护标准,建设或改造家庭居住设施和生活辅助设施设备,重点考虑通用性改造和适老化改造阶段性系列化要求。到2035年,通过新建或改建,全国60%的城市建成"年龄友好型城市"和全国60%城乡社区建成"年龄友好型宜居社区",2050年达到80%以上。五是抓紧制定完善和实施年龄友好型环境建设标准、生态标准和技术标准以及年龄友好型宜居城市、年龄友好型城乡社区评估标准,形成标准考评体系。实施标准化示范建设管理,加强考核评估工作,严格执行相关标准,促进年龄友好型城乡环境建设制度化、规范化和长效化。六是城乡新建公共设施、新建社区以及住宅等基础设施建设必须严格执行各年龄通用标准。根据通用标准,探索建立多元投入机制,对城乡现有公共设施和老旧社区、老旧楼房等设施以及面向城乡老年人的公共基础设施、生活服务设施、医疗卫生设施和文化体育设施等进行适老性改造。合理引导乡村住宅和居民点建设,改善老年人居住生活环境。坚持城乡一体化和城乡公共服务均等化,以乡村老年人为重点,促进城市公共服务向乡村延伸,缩小城乡人居环境和老年人生活质量的差别。重点加强公共服务设施的无障碍化改造。七是建设年龄友好型城乡社区环境。城乡社区整体及住宅内部设计要充分兼顾老年人社会交往和日常生活需要。提倡人车分流模式,加强步行系统安全设计和空间节点标志性设计,配建有利于各年龄群体共同活动的健身和文化设施。加强城乡社区生态环境建设,大力绿化和美化社区,营造卫生清洁、空气清新的住区环境。为独居老人、空巢老人建立治安网络系统,确保老年人在遇到突发事件时及时得到警方或社区保安的帮助。实施老旧楼房加装电梯工程。推行"无障碍"进家庭,对居住在家的高龄老年人和失能老年人住所进行无障碍改造。八是科学制定城乡老龄服务设施专项规划,并纳入新型城镇化建设规划,合理配置老龄服务设施数量、布局和规模。新建城乡老龄服务设施要严格执行老年宜居环境建设标准,对城乡现有老龄服务设施加大改造,使之符合老年人的需要。九是开发多种老年宜居住宅。针对老年人的特殊需求,开发具有生活照料、疾病治疗、康复护理、休闲养生等综合功能的老年宜居住宅和代际亲情住宅,满足不同身体状况和心理状态、不同社会阶层的老年人的多种居养需求。十是大力开展年龄友好型城市建设、老年宜居环境建设和城乡老年宜居社区建设创建活动。对于包括老年人在内的人的宜居来说,文化之宜居和精神之宜居高于身体之宜居,这就需要在做好硬件建设的同时,加强软件建设,创立"邻里节",开展社区再社会化活动,拉近居民心理距离,营造人性化、诗意化、艺术化生存空间。加强硬件和软件建设,两手协同推进,通过典型示范和广泛宣传,使城乡建设迈入建设理想老龄社会的轨道。十一是稳妥推进和规范土地承包经营权流转,保障老年农民的合法权益。制定有利于乡村人口向城市转移的土地政策,探索老年人宅基地、耕地承包权同城市居住权、社会保障权之间合理转换的办法。在乡村实行退耕还林、还草,耕地保护,土地复垦,乡村生态补偿等土地开发、保护、整理政策,要充分保护老年人的相关权益。十二是按照全国一盘棋的思路,充分利用经济、行政等多种手段引导人们在城乡间动态流动,从根本上缓解留守人员、与老分居等城乡分治导致的各种社会发展问题。十三是利用资产证券化技术

(Riets)盘活国有资产,用于健康、旅游、文化和养老服务。十四是将乡村适老化改造建设工作纳入乡村振兴战略,加大投入,提高乡村老年人日常生活便利性。

2. 实施城市中老年人上山下乡旅居计划。城市低龄健康中老年人是重要资源。2021年,中国城市老年人为1.43亿人,其中六成是60—69岁低龄老年人,许多人身体健康,加上中年人,这个群体的总量是庞大的。预计到2050年,中国低龄老年人口规模至少在2.1亿人以上。这是不可多得的人力和经济资源。伴随收入的提高和城市生活成本的攀升,他们涌入价格洼地的乡村老有所为,文化旅居、健康养生将汇集成为未来的老龄经济和新的产业业态。一是倡导城市中老年人下乡旅居和参与乡村振兴新生活风尚。二是开展新银龄行动,加大投入,鼓励、支持和组织城市退休人员中的教育、医疗、文化、艺术等工作者下乡支援乡村建设。三是先挖渠后放水,各地加快发展乡村旅居一条龙、多层次、多样化基础设施和服务体系,打造乡村长时段旅居理想目的地宜居环境,提供方便购物、紧急医疗和远程医疗支持、文化娱乐、老有所为等服务。四是打造一大批乡村旅居服务龙头企业,支持其树立品牌,加强服务流程和服务标准建设。五是按照普惠为主兼顾多层次需求,拓展服务内容,创新服务模式,加强服务质量监管。六是精准对接客户需求,为下乡中老年人提供丰富产品。

第九章　实施适应老龄社会要求的国际战略

"不谋全局者,不足谋一域。"

——陈澹然

基本判断:中国应对老龄社会必须秉持中国立场、世界眼光、人类情怀。

重要提示:中国应对老龄社会既要有国内战略也要有负责任的国际战略。

一、应对老龄社会要有国际战略视野

21 世纪是全球人口老龄化的时代。无论是发达国家还是发展中国家,都将面临人口老龄化的挑战和机遇。换言之,应对人口老龄化表征的人类从年轻社会向老龄社会的历史性转变,既是迈入老龄社会的各个国家的国内战略问题,又是国际社会的重大共同议题。中国是世界上第二人口大国和老年人口最多的国家,中国在经济尚不发达的情况下,将要以占世界 15% 的劳动年龄人口养活占世界 20% 的老年人口。这说明,中国的人口老龄化不仅是自身的问题,也不仅关系自身的国家利益,而且关系到全球人口老龄化进程,关系整个人类进步事业。人口老龄化将重塑世界经济政治格局,着眼未来,国际竞争的重大主题之一将是年轻国家集团和老龄化国家集团之间的竞争,中国如何应对,需要从构建人类命运共同体和负责任大国的高度,研究全球人口老龄化给中国和人类带来的国际政治、国际贸易等重大战略问题,抓紧研究制定应对人口老龄化的国际战略,已经成为我们必须解决的重大课题。

（一）全球人口老龄化趋同态势引发广泛关注

人口是国家竞争和国际博弈的重要公因子,公因子一旦发生重大变化,以国家利益为最高利益的国家战略,特别是国际战略就需要重新深谋远虑。如前所述,人口老龄化表征的老龄社会转型超越国家、民族、文化和制度,将成为重大的人类趋同现象。目前,所有发达国家和部分国家如中国都已处在老龄社会,许多发展中国家正在快步迈入老龄社会,到21世纪末,几乎所有国家将全部迈入老龄社会。实际上,迅速发展的老龄化态势正在改变世界人口发展版图,而且形势严峻,影响深远,引起许多国家的外交机构和战略研究机构及其政要的高度关注。

（二）人口老龄化将重塑世界经济政治格局

在冷兵器时代,人口多寡意味着国力和军事实力强弱,也界定了当时的地缘政治和国际竞争格局。进入现当代以来,随着军事科技的日新月异,人口数量多寡在界定国际竞争格局上的重要性已经今非昔比,但人口结构是否老龄化的作用日益凸显,不仅改变了以往的发展轨迹,而且将会改变未来的发展图景。人口是发展的主体和前提,一旦转入人口老龄化轨道,经济社会发展的前提必然发生革命性的变化,并对整个发展进程产生深刻影响。不可否认,这些影响大多虽然是间接的,但却是本质的,于一国之内,涉及经济、政治、文化和社会等方方面面;在全球之域,世界经济政治格局将会面临重组。

从人口层面看,老龄化后续的发展中国家的人口竞争优势大于老龄化先行的发达国家。发达国家目前已经在人口发展下坡路上走了很长时间,老龄化比发展中国家先行几十年甚至上百年,而发展中国家整体尚处于上坡路,大多还没有迈入老龄社会,即使已经迈入老龄社会的发展中国家,其老龄化水平还不高。因此,整体来说,发展中国家在人口上占据优势,不仅劳动力十分充裕,而且劳动力年龄结构比较年轻。这种人口优势格局不利于发达国家,发展中国家的话语权将日益增强。

　　从宏观经济层面看,人口老龄化削弱了发达国家的经济活力,发展中国家经济普遍尚未受到深刻影响,从长远来看,先行发达国家经济长期下行风险加大,而发展中国家经济的运行负担峰值期还没有到来。目前的世界经济分为两大经济体,一个是发达经济体,一个是发展中经济体,其中最具活力的是新兴经济体。如果从人口老龄化的角度看,也可以把世界经济体划分为老龄化经济体和年轻经济体。国际经验表明,人口老龄化对经济发展的影响既有正面的也有负面的,但整体上负面影响大于正面影响,各个国家仅仅是程度差异而已。实际上,欧美、日本等发达国家都是老龄化经济体,而发展中国家大多还是年轻经济体,即使部分发展中国家已经成为老龄化经济体,但由于人口老龄化影响经济发展需要一定的时滞,可以说,目前这类发展中国家的人口老龄化对经济发展的影响还没有真正完全显现。事实上,人口老龄化已经严重拖累发达国家的经济,并从深层次增长活力上削弱其经济发展潜力。几十年来,欧美特别是日本经济之所以面临长期低迷甚至负增长,特别是面临 2008 年金融海啸之后以至今天复苏艰难,除了其他因素外,人口老龄化是一个重要深层次原因。而且,随着人口老龄化向高龄化迈进,这些老龄化经济体发展面临的困难更为复杂,经济脆弱性将不断放大,抵御经济波动的能力将受到深刻的削弱。最典型的情况是,发达国家大多实施高税收保障的高福利政策,在人口老龄化冲击下,日益增长的税收压力给企业带来沉重负担。在高税收的压力下,企业的竞争力大大受到削弱以致宏观经济受到严重拖累。客观地说,少数老龄化经济体目前的经济颓势已现端倪,如果不能正确应对,在国际经济竞争格局中有可能被淘汰出局。相反,发展中国家大多还属于年轻经济体,人口老龄化的经济影响还需要一定的酝酿期。目前的世界经济竞争,实际上也是老龄化经济体和年轻经济体之间的竞争,但长远来看,尽管老龄化经济体目前更具竞争优势,但发展活力严重受限;而年轻经济体尽管目前竞争力相对较弱,但旺盛的发展活力将会推动经济较快发展。因此,整体来说,年轻经济体在经济发展活力上占据更大优势,潜力巨大,而老龄化经济体优势将逐步减弱。需要指出的是,目前,新兴经济体在世界经济竞争格局中的作用日益凸显,但如果不能抓住战略机遇期,正确应对人口老龄化对其经济的挑战,有可能面临未盛而衰的风险。

从金融经济和资本流动层面看,人口老龄化增加发达国家资本经济的脆弱性,加大经济系统性风险,迫使发展中国家在加大经济风险防范的同时,不断提高其经济独立性,推动世界经济朝向有利于发展中国家的经济多元化方向发展。从物本经济的角度来说,现代经济本质上是以资本经济为核心的金融经济,但是,金融经济天生具有背离实体经济的本性,如果实体经济和金融经济之间的宏观调控一旦失效,整个经济发生系统性风险就会加大。发达国家的金融经济相对比较发达,老龄金融总量相当庞大,在社会保障制度特别是养老、医疗、长期照护保障制度比较完善的情况下,人口老龄化水平越高,其老龄金融总量就越大,容易助推金融经济背离实体经济,加大两者协调发展的难度,整个经济的脆弱性增加。短期来看,一旦发生金融危机,发展中国家备受损失,但长远来看,会推动世界经济走向多元化,发达国家必然损失其对世界经济的影响力,而增加发展中国家的经济话语权。2008 年美国金融危机以来的世界经济走向就是有力佐证。同时,人口老龄化推动国际资本流动,使老龄化经济体和年轻经济体之间的博弈更加激烈。国际资本流动主要有两条线路,一条是从老龄社会的国家流向年轻社会的国家,另一条是从经济活力弱的国家流向经济活力强的国家,当然,前提是首先要有雄厚的金融资本。就现实来看,自 1973 年"石油危机"和"福利国家的危机"以来,国际资本基本是沿着上述路线流动的。几十年下来,发达国家作为老龄化经济体的资本优势逐渐丧失,而发展中国家作为年轻经济体特别是新兴经济体将在老龄金融不断壮大的过程中,逐渐在全球资本经济中站稳脚跟。更为突出的是,发达国家由于人口老龄化日益严峻,各种开支特别是公共财政支出越来越捉襟见肘,主权债务危机风险日益深重,甚至出现新兴经济体的资本反向流入发达的老龄化经济体进行投资的新现象,将越来越普遍。

从社会改革层面看,人口老龄化倒逼发达国家强力改革社会保障制度,引发的诸多社会矛盾甚至政治风波,从国内来说导致发达国家进退维谷,从国际来说难以轻松应对各种国际博弈。相反,除中国等老龄化快速发展的国家外,绝大多数发展中国家正处在进行社会保障的制度准备和建设阶段,既可以利用发达国家的前车之鉴,又有相对的充裕时间进行准备,不但没有社会保障制度二次改革的压力风险,而且还有运作空间巨大的后发优势。众所周知,自20世纪"福利国家的危机"以来,欧洲各国普遍开始改革社会保障制度,但是,由于这项制度关乎社会方方面面,牵一发而动全身,社会保障制度已经成了"圣殿上的斗牛",谁也碰不得。迄今为止,欧洲所有社会保障改革没有一个国家是顺利的。总体来看,在社会发展层面特别是在社会保障制度建设方面,发达国家政府首脑可谓焦头烂额。相反,除了中国等少数老龄化发展迅速的国家外,其他绝大多数发展中国家人口年龄结构还比较年轻,他们还有充分的准备时间,来建设符合国情的新型社会保障制度。

从军事国防层面看,人口老龄化削弱发达国家军事实力,导致发达国家内部军事力量对垒此消彼长,助推国际防务重心转移;而在迟到的老龄化背景下,发展中国家特别是新兴经济体国家的国际军事国防能力快速提升,引发国际军事国防格局向有利于发展中国家方向转变。人口老龄化不仅削弱了发达国家的经济发展潜力,也进一步削弱了发达国家的军事国防实力。一是人口老龄化导致军队适龄人口急剧萎缩。二是人口老龄化导致防务预算大幅减少。由于发达国家普遍实施高水平的社会保障和社会福利制度,在人口老龄化的压力下,不得不拿出更多资源用于老年人,加上欧洲国家内部安全重于外部安全,军事防务已经不是国家的首要任务,在这种情况,发达国家的防务预算受到强力挤压,未来在总体上不断提升的空间面临方方面面的压力。三是人口老龄化拖累军事防务工业。这种状况在欧洲国家普遍存在,甚至美国也不能幸免。美国《航空杂志》调查结果显示,目前航空及国防工业从业人员中有接近10%符合退休年龄,到2017年这一比例将达到18.5%。同时,由于工程时间长,薪酬水平低,年轻人更愿意到航空和国防工业以外的行业人寻找工作,导致军事国防工业人才匮乏,这种状况未来似乎也难以逆转。四是人口老龄化引发移民问题加剧国内矛盾。由于人口老龄化年轻劳动力匮乏,发达国家普遍采取移民政策,在缓解了劳动力不足问题的同时,大量移民带来了社会矛盾、种族冲突、跨国犯罪以及国际恐怖主义事件频发等问题,造成发达国家内部安全问题极度升温。相反,发展中国家由于经济进入成长期,不仅不愁兵源,而且军事防务预算逐年增加,武器装备不断改善,军事国防实力日益提升。总体来说,人口老龄化对军事防务的影响在不同国家带来的结果是不同的,给发达国家造成的负面影响更为显著,未来国际军事防务格局将不再是少数国家说了算,形势越来越复杂,但发展中国家越来越立于有利地位。

当今世界,全球一体化进程快速推进,国际竞争中经济竞争是核心,科技竞争是关键。不可否认,在短期内,发达国家的科技竞争优势难以撼动。但是,科技优势并不等于经济优势。从系统论的角度看,系统运行中关键要素固然重要,但更重要的是系统要素的协同机制。从以上层面来看,人口老龄化虽然不可能直接导致发达国家经济衰退,但长远来说,它会改变发达国家经济系统运行的轨迹,如果不能正确应对,必然在国际竞争中面临优势不断销蚀的风险。总体来看,从人口老龄化视角观察,未来国际竞争中,先行的发达国家大体上随着老龄化形势日益严峻面临博弈能力减退的可能,而后行的快速发展中国家尚有足够的战略机遇提升其博弈能力,如果这种态势持续下去,不仅地缘政治会受到影响,而且各个国家的利益边疆也将深刻调整,并引发世界经济政治格局深度变换。在这一背景,无论是发达国家还是发展中国家,无论是老龄化经济体还是年轻经济体,无论是老龄化先行国家还是后行的国家,各国都会根据各自情况作出应对,而当各个国家这样做的同时,老龄社会时代国际秩序也将呈现新的图景。

二、国际社会应对老龄社会挑战的基本共识

自1982年第一次世界老龄大会以来,如何从全球范围内共同应对人口老龄化和老龄社会挑战,联合国出台了《老龄问题维也纳国际行动》(1982)、《联合国老年人原则》(1991)、《联合国千年宣言》(2000)、《老龄问题马德里国际

行动》(2002)、《积极老龄化战略》(2002)等一系列重要文件,相关国际组织也发表了《防止老龄化危机》(世界银行,1994)、《维持老龄社会的繁荣》(经济合作与发展组织,1998)、《应对全球老龄化挑战》(美国战略与国际研究中心,2002)等重要报告。这些文件和报告系统提出了国际社会应对老龄化的基本共识,概括起来主要有十条:

一是充分认识人口老龄化是人类社会的基本规律,是社会文明进步的重要标志,但与此同时,人口老龄化对世界所有各种社会的结构、功能和进一步发展必然会产生广泛而又多方面的影响,这种影响是普遍的、深刻的和持久的。二是明确老龄问题是一个重要的全球性问题,需要在国际、区域和国家三个层次上,并在经济、社会和文化发展以及国际战略和计划的范围内,拟定和实施各种政策,以减轻人口老龄化对发展造成的任何不利影响。三是明确提出人口老龄化现象将要求大多数国家在经济和社会方面作出广泛而深入的调整,关于老龄问题的政策,应从更广的生命过程的发展观点以及整个社会的角度来审查,并将老龄问题纳入各国社会和经济发展战略,并制定政策,采取行动,使更适应人口老龄化发展的要求。四是明确了21世纪的努力方向,即回应人口老龄化带来的机遇和挑战的所有行动的最终目标,就是要建立"不分年龄人人共享"的老龄社会。五是提出了积极老龄化的国际战略,即最大限度地使人们终生确保健康、保障和参与以提高其生活质量的过程,这一战略不仅仅适应于老年人,而是适应于所有人群。六是充分认识老年人是老龄社会中的重要人力资源,充分尊重老年人,开发利用老年人的知识和技能,使他们对老龄社会的繁荣作出更大贡献,是弥补劳动者数量减少的重要途径。七是认为应对人口老龄化挑战的改革要获得成功,必须从国家战略和国际战略两个层次入手,要把实施应对人口老龄化挑战的改革纳入国家战略,可以获得全民的广泛支持,而制定国际战略,可以利用年轻国家老龄化程度不高、经济增长迅速的资源,合理分散老龄化风险。八是明确提出只有全球合作才能变人口老龄化挑战为机遇。九是宣告以往社会经济政策不再适应老龄社会的需要了,认为在发达国家,人口老龄化使劳动力市场供求关系发生划时代的变革,即劳动力短缺时代的到来。十是提出应对人口老龄化挑战的关键是要有超前意识,并提早动手,逐步实施改革;否则,如果拖延改革不仅将积重难返,而且要付出惨重的代价。

上述基本共识是联合国以及相关国际组织研究探索应对老龄社会挑战的智慧结晶,也是中国应对老龄社会挑战的重要原则。

三、抓紧研究制定应对老龄社会的国际战略

面对陌生的老龄社会,如何从国际战略层面进行应对,既需要思想实验,也需要理论论证,但更需要战略沙盘的推演。这里的核心问题在于,要从构建人类命运共同体的高度,秉持中国立场、世界眼光和人类情怀,抓住人口老龄化和老龄社会的关键问题,正确研判人类发展的根本趋势及其长期性问题,分析当前面临的各种复杂现实问题,找到人口老龄化和老龄社会的关键问题与其他诸多人类问题之间的底层逻辑,从中国国家战略的站位,提出中国应对老龄社会面临挑战的国际战略,为应对全球人口老龄化和推进人类命运共同体建设提供中国方案,作出中国负责任大国应有的贡献。

这里,需要明确的几个关键问题是:

第一,考量应对老龄社会的国际战略,要站位人类长远发展对当前和未来世界性问题有一个基本的判断。当今世界,从客观上来说,对人类发展的最大威胁是,现代化发展方式造成气候、自然环境污染等问题和以国家为单位的国家集团之间的斗争相互交织形成日益严峻的"同归于尽风险"(如核战)正在不断逼近。前者表面上看属于来自自然的风险力量,但背后却是现代化发展方式等人力因素所致,也可以看作是自然对人类的"自然反作用"或者"自然的报复"。后者是典型的人为性风险力量。因此,这个日益严峻的"同归于尽风险"的力量主要是人为的。从主观上来说,所有国家可以分为两大阵营,第一阵营是期望走人类命运共同体道路的国家集团,第二阵营是强调自身国家优先甚至反对乃至阻挠走人类命运共同体道路的国家集团。短期来看,第二

阵营目前占据主导地位,但长期来看,第一阵营代表人类发展的大方向,占据主导地位只是时间问题。从长远态势说,目前世界的运行机制十分复杂,但总体来看,第二阵营是当前诸多全球性问题的策源地,是人类发展走向衰落风险并加剧"同归于尽风险"的主要源头,代表人类发展大方向的第一阵营是未来的希望,也是克服"同归于尽风险"的核心力量,更是决定未来人类长远发展前途和奠定世界新格局的主体力量。简言之,人类命运共同体是人类发展的必然归宿,也是解除"同归于尽风险"炸弹引线和解决包括老龄社会问题在内的所有重大人类问题的唯一正确选择,更是引领两大阵营从竞争冲突走向共和合作的强大力量。归根结底,当今世界所有问题的根源在于第一阵营和第二阵营之间的竞争冲突,人类未来的前途在于第一阵营和第二阵营的战略合作。

第二,考量应对老龄社会的国际战略,要深刻分析人口老龄化标志的老龄社会与当前和未来世界性问题之间的底层逻辑。首先,无论第一阵营还是第二阵营,整个人类迈向老龄社会,这是人类发展重大的趋同现象,老龄社会的问题都会在各个国家上演,问题的出现、经历和遭遇只在于先后。其次,一方面,迈入老龄社会是人类社会发展的基本规律,也是人类社会进步的重要标志,表明人类发展将迈向更高位阶的发展阶段;另一方面,主动顺应老龄社会的客观趋势必然给人类发展带来新的希望和前景,但站位年轻社会来应对老龄社会必然带来诸多新的发展风险和挑战。当今已经身处老龄社会的第一阵营和第二阵营的所有国家,面临相关老龄问题的根子在于,年轻社会建构起来的发展观念、发展制度和发展方式不能适应老龄社会的要求。最后,应对老龄社会的根本在于解决人类整体自身发展和发展方式问题,第一阵营和第二阵营唯有合作才能解决这些问题。这些问题解决不好,不仅解决不了老龄社会的问题,而且还会进一步加剧"同归于尽风险",从而深刻影响人类命运共同体的发展前途。

第三,考量应对老龄社会的国际战略,要长远把握人口老龄化标志的老龄社会的应对之道。从根本上来说,解决老龄社会的问题、解决"同归于尽风险"问题、解决国家集团之间的竞争冲突问题以及走人类命运共同体道路的问题,这几个问题在底层逻辑上是同构的,即这些问题的总根子是工业革命以来追求物本主义的发展观念、发展制度和发展方式,一切以物为本,利益最大化成为不同人类集团或者国家集团的追求的至上信条。面对老龄社会带来的人类整体自身应当如何发展、国家集团之间无休止的竞争冲突等造成"同归于尽风险"日益白热化,必须倒过来从人类整体利益出发,反对物本主义,弘扬人本主义,走人类命运共同体道路是唯一正确的选择。迄今为止,应对老龄社会及人类面临的诸多问题,无非两条路可走,一条是社会主义道路,一条是资本主义道路。社会主义虽然发展历史不长,自身也存在许多问题需要探索解决,但关切人类共同发展则是社会主义的顶层设计,代表人类发展的方向,也是走向人类命运共同体的总引领。相反,站位少数人的资本主义,关切的是个人或者国家利益的最大化,这是人类命运共同体的反引领。无须深刻论证,站位少数人的物本主义和资本主义不可能应对老龄社会的重大挑战,唯有社会主义才有可能给人类趋同的老龄社会带来伟大前景。对于中国来说,按照社会主义要求来落实应对老龄社会的国家战略,这是题中应有之义,问题只是具体采取什么方式和路径。对于全人类来说,要不要走社会主义道路,光靠理论论证解决不了问题,还需要未来的实践来回答。从这个意义上说,中国实施应对老龄社会的国际战略可以看作是中国式应对老龄社会的解答,旨在解决自身老龄社会的问题,核心是研究相应突出问题,在最大限度降低技术、贸易和金融依存度的基础上,独立自主,外圆内方,统筹利用国际国内两种资源解决自身人口老龄化问题、建设中国特色理想老龄社会,为人类应对人口老龄化和老龄社会作出贡献。

基于以上考量,未来中国应对老龄社会的国际战略需要明确:一是把应对人口老龄化和老龄社会纳入国际发展战略。二是在着力壮大国内经济的同时,走科技立国和文化立国双轮驱动发展之路,从根本上依靠自身硬实力和软实力应对自身的人口老龄化挑战,为防止"以邻为壑"奠定坚实基础。三是在着力发展实体经济的同时,高度重视老龄社会条件下的国家金融安全和国际金融安全问题,加快壮大金融经济,实施人民币国际化战略,大力发展老龄金融,构建适应老龄社会要求、适合中国式现代化建设要求的金融体系,建立预测检测机制,建设金融防火墙,防止别国分散其老龄化风险。四是树立负责任大国形象,坚决抵制"以邻为壑",合理利用国际资源,不断探索应对人口老龄化和建设理想老龄社会的模式和经验,充分利用各国老龄化进程时间差带来的机遇,努力扩大老龄领域的国际合作和交流。五是积极参与联合国框架下应对人口老龄化的国际行动计划,主动加强应对人口老龄化的区域合作,促进国际养老资源互利互惠。除了以上战略外,在考虑军事战略、贸易战略等专项战略以及行业战略时,也需要充分考量国际国内人口老龄化的形势、问题、要求以及可资利用的机遇。

总之,年轻社会的发展战略是一回事,老龄社会的发展战略则是另一回事。以上主要探讨的焦点问题是,中国应对人口老龄化和建设理想老龄社会,必须有国际视野,需要充分考量年轻经济体和老龄化经济体之间的冲突以及夹杂在其间的社会制度竞争的复杂性,需要站位构建人类命运共同体的长远理想,抓紧研究制定应对老龄社会的相应国际战略,并贯穿于国内事务全局。

第十章 实现理想老龄社会的国家战略行动

> "一切战略思考从一开始起也就应该有行动的取向……只有行动战略才是真正的战略。"

> ——钮先钟

基本判断：国家战略既是国家层面的战略更是全民的终生战略。

重要提示：建设理想老龄社会的成败取决于全主体的持续行动。

一、战略主体和战略实施机制

（一）战略主体

人口老龄化标志的老龄社会之所以是一场革命，其突出表现就是它将把所有社会主体塑造成为这场革命的当事人和局中者，任何人和其他所有主体都不可能置身事外。因此，实施积极应对老龄社会的国家战略，其主体是各社会主体和所有人。从人类社会的宏观上来说，包括政府、市场、社会三大部门所涉及的所有组织机构和所有人。

1. 党委政府是关键主体。各级党委和政府及其各个部门都是实施主体，区别在于职责的不同。由于党和政府的特殊性，实施积极应对老龄社会的国家战略作用更为特殊，没有任何机构可以置身事外，其中所有公职人员既要作为各级党和政府的成员要履行战略职责和义务，作为个体的人和私人部门

（如家庭成员）或者社会组织的组成人员（兼任社会组织的成员）自身也要终生做好相应的工作，并发挥表率示范作用。

2. 市场组织是重要主体。各类市场组织同样也是实施主体，既要为老龄社会的持续发展发挥创造财富的作用，又要面向老龄社会新的需求结构创新供给方式，转场开发老龄经济，并为适应年轻社会要求的经济体系转向适应老龄社会要求的新经济体系发挥根本作用，同时，组成市场主体的所有人作为个体的人自身也要终生做好相应的工作，并发挥中流砥柱作用。

3. 社会组织、家庭和个人是基础主体。各类社会组织、家庭和个人同样也是基础性的战略实施主体，也是最广泛的实施主体。

（二）　战略实施机制

从宏观上来说，实施积极应对老龄社会的国家战略，其机制在于建立动员政府、市场和社会三大部门力量的有效运行机制，这就是把积极应对老龄社会从个人、家庭、社会组织、市场和政府的各自工作上升为国家战略，统一部署、统一认识、统一行动。目前，实施积极应对人口老龄化和老龄社会已经上升为国家战略，老龄事业已经成为全党全社会的共同事业，老龄工作也不仅仅是老龄工作部门的局部工作，而是全党全社会的共同工作。

1. 建立与实施国家战略相匹配的组织体系。从具体运行来说，实施积极应对老龄社会的国家战略，必须在国家治理的大框架下，针对老龄社会的新要求，从权力配置上作出机制性的长远安排，其根本在于建立实施国家战略所必需的匹配高效和强有力的组织体系。具体来说，借鉴老龄社会先行国家的经验教训，立足中国国情，充分肯定党领导下以往老龄事业和老龄工作的成就经验，强化国际上已经得到广泛认可和国内有多年历史积淀的老龄工作委员会及其办事机构这一组织体系。总的思路是做强各级老龄工作委员会，做实各级老龄工作委员会办事机构。具体包括：一是坚持党的领导。坚持党的领导是实施积极应对老龄社会国家战略的关键。各级党委政府要按照"党委领导、政府主导、社会参与、全民行动"的老龄工作方针，完善党委统一领导、政府依法行政、部门密切配合、群团组织积极参与、上下左右协同联动的老龄工作机制,形成老龄工作大格局。二是理顺老龄工作体制机制。按照与实施国家战略相匹配的职能配置要求,各级建立党委领导下独立运行的老龄工作委员会,超越部门做实各级老龄工作委员会办公室。各级老龄工作委员会及其办公室负责实施积极应对老龄社会国家战略的统筹协调和监督检查工作,防止国家战略部门化、全局战略局部化以及各管一摊、分工有余协同不足等现象。三是全面加强基层组织和基层老年人群众自治组织建设。应对老龄社会是全人群的共同工作,而不仅仅是面向老年人开展工作,也不仅仅是面向"一老一小"开展工作。各类基层组织是实施国家战略、发展老龄事业、开展老龄工作的重要主体,要赋予职责,提供重要保障,发挥其组织动员基层各类社会主体开展积极应对老龄社会的应有作用,努力做到全人群广泛参与。同时,基层老年人群众自治组织也是积极应对老龄社会的重要主体。相对于其他基层组织来说,基层老年人群众自治组织建设十分薄弱。其他基层组织的未来取向是强化其积极应对老龄社会的相应职能,而基层老年人群众自治组织不仅要发挥其应有职能,更重要的是加强其组织建设。基层老年人群众自治组织是联系党和广大老年人的桥梁,也是基层老龄事业和老龄工作的重要抓手。基层老龄工作做好了,老年人的问题不出社区就可以得到解决,这是落实国家战略、开发老年人力资源的一个重要支撑。要尽快实现城乡社区基层老年人群众自治组织建设全覆盖,确保城乡社区老龄工作有人抓、老年人事情有人管、老年人困难有人帮。四是健全社会参与机制。社会组织是积极应对老龄社会的重要主体,而积极应对老龄社会也是各类社会组织持续发展的重要主攻方向。一方面,要充分发挥现有各类非涉老社会组织的作用,引导其转场参与落实应对老龄社会国家战略的各项行动,拓展其业务范围,支持其开展各项老龄社会工作和老龄工作业务;另一方面,要建立、培育和强化一大批从事老龄事业的专门社会组织,面向全社会全人群开展"一老一小"但远不限于"一老一小"的老龄事务和业务,并面向政府、市场和社会承接其老龄事务和业务。

2. 建立健全老龄政策体系。从落地实施来说,应对老龄社会如同建构参天大厦,国家战略是设计图纸,而政策则是建造大厦的脚手架。这就需要把国家战略转化为可执行的政策,建立健全老龄政策体系,打好政策组合拳。但是,应对老龄社会是一项看不到头的长线系统工程,涉及的政策方方面面。因此,关键就在于科学组接各级各类政策及具体举措,确保国家战略能够配套协同运行。这就需要道术俱进,把纳入中国式现代化建设总体战略中应对老龄社会的各项具体战略通过总政策落实下来,也需要把纳入中国式现代化建设方面战略中应对老龄社会的各项战略通过基本政策落实下来,还需要把纳入中国式现代化建设方面战略中应对老龄社会的各项专项战略、行业战略通过专项政策和行业政策落实下来。同时,在执行这些政策的过程中,高度重视配套协同,注意弹钢琴,打好组合拳,确保应对老龄社会的国家战略能够在政策层面做到相互配合、相互促进,发挥整合集成效应,形成完善的政策体系。前面各章已就相关不同领域的政策进行了讨论,但总体来说,目前的老龄政策离建构适应老龄社会要求的匹配融合协调的政策体系还有很长的路要走,还有很多工作要做。需要强调的是,从客观上来说,无论是政策设计理念,还是政策创制过程,抑或是具体政策的实体内容,现有政策体系深刻地打上了年轻社会的烙印,基本上还是年轻社会的产物。随着从年社会向老龄社会的急剧转型,迫切需要在应对老龄社会国家战略的框架下,逐步对现有现有政策体系进行结构性调整,以适应老龄社会的客观要求。

3. 走法治化道路。从根本上来说,实施积极应对老龄社会的国家战略,必须在国家治理能力现代化框架下走法治化道路,做到依法应对。目前,从整体上来说,现有的老龄政策还主要是针对老年人的政策,向少儿人口的政策转向进而强调"一老一小"政策的演进是一个巨大进步,但还不是面向全人群、体现应对老龄社会国家战略的立意。从建构适应老龄社会要求的法律体系来说,问题同样如出一辙。一方面,面向老年人各种问题的法律还存在诸多空白,如老年监护、老龄服务纠纷等相关法律才开始探索,面向少儿人口的相关法律也存在诸多空白,如优生优育、托育等相关法律还有很多值得深入探索的问题;另一方面,没有建立与实施积极应对老龄社会国家战略相匹配的顶层法律,而且,这一国家战略还需要进一步写进宪法,这是真正动员全社会实施国家战略最重要的国家机制。同时,老龄事业、老龄工作、老龄产业以及老龄社会工作等诸多领域的法律法规还亟待探索建立。一句话,我们离建立适应老龄社会要求的法律体系还有更多的工作要做,依法实施国家战略和走法治化道路的任务还十分艰巨而紧迫。

4. 建立健全监督检查和表彰体系。从系统长期运行来说,实施积极应对老龄社会国家战略意味着政策、法律和政府、市场、社会以及所有具体实施主体在行动上的不断修正、调整和正负反馈,建立高效运行的督促检查体系十分重要。这就需要建立科学实施国家战略监测指标体系,并发挥全国人大、全国政协和各民主党派、各人民团体以及现代媒体的监督作用,强化各级老龄工作机构的监督检查工作。同时,对于实施战略效果好、创新多、示范性强的好的模式、地区、机构和个人,也需要各级政府和相关机构进行动态表彰。

5. 建构实施国家战略的行动生态。从总体上来说,中国是大国模型,需要充分发挥社会主义制度的优越性,持续关切实施国家战略所需要的生态要素组合,只要明确战略主体、战略组织、战略目标、战略任务、战略内容、战略工具和操作指南,统一认识、统一行动,从国家来说一张蓝图绘到底,一茬接着一茬干。从个人来说,一张蓝图画全生,一段接着一段干,大胆创新,艰苦努力,就一定能够建构起实施国家战略的良好生态,形成建设理想老龄社会的交响乐。这是成功实施国家战略的关键和希望,也是未来防止"老龄社会危机"的坚强保障。

二、战略共识

(一) 获取共识

1. 建构科学理论和话语体系。意识是行动的先导,共识是共同行动的前提。但关键在于要有关于实施积极应对老龄社会国家战略的理论和话语体系。这就需要理论界特别是老龄科学研究机构抓紧研究并建构一整套理论和话语体系。重点回答三个问题:一是为什么要实施积极应对老龄社会的国家战略?二是应对老龄社会国家战略的总思路、总框架、总目标、总任务以及各领域的具体思路、目标和任务?三是如何实施积极应对老龄社会的国家战略,包括总的部署安排和各个领域的具体实现方式等。本书就是回答这三个问题的尝试性努力。今后还需要各路机构的专家共同作业,为各界实施积极应对老龄社会国家战略提供系统参考和智力支持。

2. 获取全主体的统一共识。自觉行动取决于获取共识,前提在于用科学的积极应对老龄社会国家战略的理论和话语体系武装各主体的头脑。这就需要充分发挥现代传媒的作用,并展开广泛持续的创新宣传,使人们对实施积极应对老龄社会国家战略入脑入心,使每一个人和每一个社会主体成为实施国家战略的自觉行动者。

3. 重在协调行动。实施积极应对老龄社会国家战略,既需要每一个人和每一个社会主体的持续独奏,更需要所有社会主体行动的持续交响。这就需要明确政府、市场和社会各自在实施国家战略上的主体责任及其责任边界,建立总体战略、方面战略、各主体战略形成合力的工作机制,在党中央、国务院的统一领导下,充分发挥全国老龄工作委员会及其办公室的协调检查作用,对实施国家战略过程中的重大问题进行研究、部署、协调,形成全主体综合协调应对老龄社会的大格局。

(二) 澄清误念

迈入老龄社会是全人类的共同命运。但是,自从人口学家率先发现人口老龄化现象以来,相关研究主要限于人口学家和人口学理论视野。随着历史的演进,透过人口老龄化现象,人们顺着人口变动特别是社会主体结构变动背后的真相,看到的是人类社会形态的深刻转型。相应地,观察这一真相的视角就需要超越人口学并向经济学、社会学等多学科转变。从本质上来说,对任何新的社会形态的研究,往往需要动员整个人类知识体系来共同作业,这也是未来研究老龄社会的新方向。然而,实践永远走在观念的前面,在老龄社会开始深度演进的同时,人们的观念往往相对滞后,以至迫于大众接受水平的限制,我们常常用"应对人口老龄化"来代替"应对老龄社会",至于"建设理想老龄社会"就成为过于超前的观念。其实,这才是解决一切应对实践问题的关键引领问题。因此,当我们这样做的同时,不可避免地产生一系列认识误区,诸如:老龄社会的问题就是老年人越来越多的问题以及老年人的健康、养老和服务问题等。这些认识误区反映到战略层面,就是仅仅针对老年人群体的问题做所谓"顶层设计",反映到工作层面就是把老龄工作等同于老年人工作,反映到产业发展层面就是发展老年人产业、养老产业、康养产业,反映到社会舆论特别是传媒话语上就是紧紧围绕老年人群体大做文章。一句话,这些认识误区都有其片面真理,但其共同的错误在于把老龄社会的大观察视角仅仅"聚焦"在老年人这一规模日益庞大的群体上,失却了对老龄社会结构进行全方位观察的多维度、多层次和整体观照视角。在这些认识误区的基础上,人们自然生成对老龄社会的负面社会情绪,以致"谈老色变"。

　　追究这些认识误区的原因,客观上是老龄社会发展迅猛,但主观上主要是我们的认识坐标和思维框架的问题。年轻社会就是年轻人多而老年人少及其在此基础上的社会构架。现在,老龄社会扑面而来,社会主体结构正在发生重大逆转,未来老年人多年轻人少的格局已成定局,用年轻社会的观念来观察看待老龄社会,必然是问题丛生,而且,巨大而深重的负面情绪便会油然而生,难以排解。简言之,在老龄社会的全部问题上,我们最大的认识误区在于年轻社会的观念滞后于老龄社会的客观转变。这是当今中国乃至全球认识人类老龄社会新形态、新阶段发生认识误区和生发负面社会情绪的总根子。如果转变观念,从老龄社会的新思维重新看待老龄社会,树立老龄社会新的理想目标,一切认识误区问题便会迎刃而解。至于如何应对当前早期阶段老龄社会的问题,建设更高位阶的理想老龄社会,这些问题都需要全面探索和研究。

　　从现实来说,由于年轻社会的观念根深蒂固,既得利益集团的固化观念、部门利益和局部利益的强大阻碍、资本对舆论的隐性操控以及老龄科学研究事业的发展滞后,特别是老龄社会的历史短暂,人类对老龄社会还十分陌生,各种正确认识和错误观念乃至社会情绪的浮躁相互缠绕,甚至形成全球性蔓延的"老龄社会恐惧症"。因此,澄清误念,这是实施积极应对老龄社会国家战略的重要任务。否则,误念不除,正念难立,实施国家战略就会事倍功半,乃至出现方向性错误。

1. 澄清有关老龄社会基本概念、基本理论和基本话语层面的误念。老龄社会是一个高于年轻社会的新的社会形态,需要一系列新概念、新判断、新命题、新逻辑、新话语构成的新理论和话语体系来描述、认识和把握。现在,之所以存在诸多错误认识,一个重要的原因就在于有关老龄社会的基本概念、基本判断、主要命题和底层逻辑不清晰,也不统一,相应的理论体系和话语体系才开始搭建,加上年轻社会的旧概念、旧判断、旧命题和旧逻辑的固化作用,导致人们认识相异、概念使用混乱,在应对老龄社会的实践上也造成诸多问题。

例如,把老龄社会当作老年人多的社会,以为应对老龄社会就等于应对老年人多产生的养老、健康、长期照护等问题,认识不到老龄社会是社会主体的结构性变迁及其导致的社会形态问题。

又如,把老龄社会的问题等同于"一老一小"的问题。当然,这是必须要抓的,即把当前的少子老龄化问题(生育问题)和老年人问题解决好,并简单凝练为"一老一小"问题。实际上,我们必须树立系统思维,就是要看到,即使解决了"一老一小"的问题,老龄社会的问题才解决了"冰山一角"。何况,如果不站位老龄社会新思维,单靠年轻社会的观念、制度和发展方式,"一老一小"的问题也很难得到较好解决。

再如,"养老金融"也是一个十分混乱含糊的概念。的确,长寿时代条件下,人们需要养老,即年轻时需要购买金融产品,为老年期做好金融准备。同时,老年人也拥有一定金融资产,需要保值增值。这些严格说来,也都是必需的。但是,老龄社会不仅要解决人们普遍长寿以后的养老问题,还要扬弃年轻社会的金融体系,建构适应老龄社会的金融体系,这是一个庞大的新系统,也是构建理想老龄社会的重要组成部分。如果仅仅囿于"养老金融",看不到同样重要的健康金融、照护金融等重大需求,那么,老龄社会条件下的整个金融体系如何构建?总不能就等同于构建养老金融体系,那么,别的事情我们就不用干了!客观来说,"养老金融"这一概念的底层逻辑就是把老龄社会等同于老年人多的社会、老年人需要养老的社会,从金融层面说就是要构建养老金融体系的社会。这种错误和狭隘认识需要扭转。

这里仅举几个例子以说明问题。今后需要老龄科学理论界共同努力,抓紧构建老龄科学的理论和话语体系,努力澄清有关老龄社会的基本概念、基本理论和基本话语层面的问题。

2. 澄清有关老龄社会理念层面的误念。老龄社会高于年轻社会,代表新的人类结构、社会结构、制度结构和发展结构,需要一系列新理念。但是,由于老龄社会历史短暂,相应新理念尚在构建当中,更主要的原因是漫长年轻社会的旧理念牢牢抓住了人们的头脑,导致有关老龄社会的诸多错误理念充斥街头巷尾、各路媒体和人们的头脑。

例如,老龄社会就是活力不足的社会,理由是老年人多,年轻人少。实际上,人类经历年轻人多和老年人少的年轻社会太过漫长,年轻社会的活力构成和老龄社会的活力构成,这是两个不同的理念。只要人口老龄化不过度(过度老龄化必然导致社会活力衰减),老龄社会自有其不同于年轻社会的活力要素和特有机制。难道年轻人多,大家都活不长即老年人少,才有发展活力。事实上,没有人愿意回到这种"充满活力"的年轻社会。可见,社会活力的理念需要重新构建。

又如,站位老年人立场,强调老年人的利益,为老年人代言,倡导"适老化""老年宜居""老年友好"等所谓"新理念"。从局部来说,这些都是无可厚非的,关爱老年人也是人类社会文明进步的重要尺度。但是,全面分析,这些所谓"新理念"除强调孝道文化意义上的关爱老年人外,其他含义都存在值得商榷的地方。站位老龄社会,老年人、中青年人和少儿人群都是社会的主体,单独强调任何一部分社会主体的利益,都容易导致社会资源配置的不均衡,从而为社会的长治久安埋下解构的祸根。在有帮助需求的老年人和少儿人群的生活场景，需要强调适老化问题，也需要强调适小化问题，为何要单独强调适老化问题，对适小化需求为何只字不提。更重要的是，面向全社会，强调"老年宜居""老年友好"，老年人高兴了，但中青年和少儿人口怎么办？实际上，联合国提出的是要把老龄社会建设成"年龄友好型"社会、把老龄社会的硬件体系建设成为"年龄友好型"宜居环境，背后的考量是既要满足不同年龄人群各自的特殊需求，也要满足他们的共同需求，核心在于构建代际和谐的年龄平等理念。这样看来，单独强调一个年龄群体，或者哪个年龄群体问题多就强调哪个年龄群体的特殊问题，这是挑事的理念。同时，不同年龄人群最关切各自的特殊利益和诉求问题，对于政府来说，不能谁的问题突出就解决谁的问题，而是要坚持年龄平等的理念和原则，协调处理好他们各自问题，更要处理好他们之间的矛盾问题，特别是要解决好代际冲突问题。最糟糕的就是倾斜某一群体导致其他群体怨声载道，这样只能通过解决部分人群的问题来制造更多的问题甚至引发系统性问题。

再如，养老这一概念背后存在深刻的理念问题。养老是漫长年轻社会特别是农耕社会也是短寿时代的一个典型的中国式古老概念，加上传统孝道文化的影响，人不到花甲年龄就离老去不远了。因此，整个社会强调希望上了岁数的人要享享清福，不要让他们再操心操劳，晚辈们要更加敬爱有加，侍奉左右，甚至尚能自理也要"搀扶"侍候。老年人也乐得享用，认为这是被尊敬的标志。实际上，这一切的后面就是晚辈把老年人当作被动的对象，而老年人也乐得被动"享受"，甚至老百姓内心深处认为，"衣来伸手、饭来张口"这种"被动式生活方式"才是某种"人生意义和价值"。到了老龄社会特别是工业和后工业复杂交错的现代社会、也是长寿时代的今天，特别是全球化过程中西方文化尤其是西方老年人终生自理、自立自强理念的影响，当代老年人自己已经开始和正在放弃上述"被动养老"的观念，甚至越来越多的老年人认为自己不但不要让别人养，他们反过来还在养活和帮助年轻一代，被动享清福的理念正在衰微，终生自立自理自强的理念也正在深入老年人特别是新新一代老年人的心。年轻人或者晚辈也越来越多地认识到,父母步入老年也需要有自己的事情可干,不仅有利于长寿,而且可以缩短高龄时的失能期,这样老年人的幸福体验度更高。但是,在我们舆论、产业特别是渗透在产品、服务以及所谓商业模式当中的深刻理念就是"被动养老",这是一个极端错误且十分有害的理念。既是老龄产业发展面临诸多困境的重要原因,也是不少具体举措屡屡落实受阻的内在原因。面向未来,要重新树立新的全生命主动生活的理念,纠正"被动养老"的理念。这里的问题和例子还有很多,囿于篇幅不再赘述。

3. 澄清有关老龄社会思维方式层面的误念。从年轻社会转向老龄社会,同时也意味着思维方式的转变。思维方式就是考虑问题想办法解决问题的视角、路子、方式和方法。现在,应对老龄社会的一个突出问题,就是用年轻社会的旧思维方式来看待和应对老龄社会的新问题。

例如,"老龄社会恐惧症"就是一个例证。年轻社会的突出特征就是老年人少而年轻人多,但老龄社会则恰恰是反过来。用年轻社会的思维来看待老龄社会,出现史无前例的大规模老年人,而且,年轻人还越来越少,这种状况远远超出人们在漫长年轻社会形成的内心深层认识方式、把握能力和应对路子,在个人心理和社会心理以至社会情绪上形成日益严峻的恐惧症。这是再自然不过的事情了。但是,站位老龄社会转换思维方式,人们就会有新的看待方式。当然,"老龄社会恐惧症"形成的原因和过程十分复杂,但思维方式没有跟随老龄社会的快速转型而转变是一个重要原因。

又如,"悲观乐观二元论"也是一种错误思维方式。从年轻社会转向老龄社会,这是不以人的意志为转移的人类社会发展基本铁律,不能用悲观还是乐观这种简单的看待具体事物例如人生有生有死的思维方式来处理问题。作为人类社会发展的基本铁律,正确的做法是调整思维方式,而不是用看待具体事物的具体思维方式,错误地套用到人类社会发展趋势这种宏观事物上。宏观事物有宏观事物的思维方式,看待老龄社会转型需要新的宏观思维方式。严格地说,"机遇挑战论""被动主动论"这种二元思维方式用在老龄社会转型这种宏大人类事务上,也容易产生许多认识偏差。对于应对老龄社会来说,抓住机遇迎接挑战是远远不够的。同样,转被动为主动也是远远不够的。从某种意义上说,这是人们应对老龄社会初期阶段的认识和思维方式,需要伴随老龄社会的深度演化,不断提升思维方式,达到对老龄社会的全面和准确的把握。

再如,国家战略思维在实践中往往演化成为局部思维、当前思维、部门思维和事无巨细思维乃至办好事办实事思维、事务主义思维。落实应对老龄社会国家战略既需要顶层设计,也需要中层贯通,更需要底层落实;既需要立足当前,又需要谋划和准备长远;既需要部门履行职能作用,更需要部门之间的协调配合;既需要战略准备,更需要落地举措和具体行动;既需要各主体做好自己分内工作,更需要按照国家战略统一协调行动。但是,由于各种原因,往往存在落实行动上的不协调,难以形成合力,反映到思维方式上常常出现诸多不良倾向,诸如国家利益部门化、全局安排局部化、长期事务当前化,当前问题长期化、宏观事务微观化等。更主要的问题还在于,许多基层领导把落实应对老龄社会的国家战略理解成为老年人做好事办实事,只顾忙忙碌碌,没有计划,不分轻重缓急详略,陷入仅仅给老年人办餐桌等事务主义困境。给老年人做好事办实事当然是必需的,但还有很多系统性的工作更要持续地抓。

4. 澄清有关发达国家应对老龄社会经验先进性层面的误念。中国是在发达国家普遍迈入老龄社会之后才紧随进入的。作为后来者,第一个要做的就是当好学生,学习了解发达国家应对老龄社会的先进做法和成功经验。这是必要的。但这些经验是否适合中国? 是否有其科学的理论支撑? 相关话语体系是否具有普适性? 从 1982 年联合国第一届世界老龄大会召开以来的中国实践和理论探索表明,在有些问题上,发达国家的理念有重要借鉴意义,但也有不少深刻教训值得认真总结。需要指出的是,在如何看待和借鉴发达国家做法的问题上,目前还存在不少错误认识。

例如,在应对老龄社会上要和国际接轨并以发达国家的理念和应对方式为蓝本。从本质上来说,中国有中国的国情,如此大规模的人口老龄化、如此重大社会历史变迁,是任何发达国家无法比拟的,中国固然要借鉴发达国家的做法,但中国应对老龄社会只能走中国自己的道路。实际上,不仅是在应对老龄社会的问题上,在诸多重大人类发展问题上,自鸦片战争以来,我们一直仰视西方、高看发达国家的理念和理论,甚至一些人在许多领域言必称古希腊、欧洲、美国和日本等发达国家。更为令人汗颜的是,一些人自居下位,照搬发达国家的理念和做法,甚至轻视祖宗,认为中国的传统文化就是愚昧落后。客观地说,我们仰视西方和轻视乃至俯视自己及其祖先太久了。我们需要平视一切,全面清晰地对待所面临的一切人类发展问题。实际上,人类经历老龄社会的历史十分短暂,大家都是学生,如果说中国是应对老龄社会的小学生的话,那么,发达国家中学也还没有毕业。迄今为止,可以说还没有任何一个发达国家应对老龄社会是成功的,他们的经验不少,但教训更多。而且,中国的国情十分特殊,大国模型不可能照搬小国模型,中国只能走自己的应对之路。

又如,在应对老龄社会的制度安排和发展方式等方面,有些人常常以发达国家的做法为模板。发达国家应对老龄社会的重要制度安排是社会保障制度体系,但事实上,这一制度体系在起源上并非为了应对老龄社会的挑战。恰恰相反,发达国家社会保障制度在 19 世纪末滥觞、20 世纪 30 年代以前广泛推行并在 50 年代作为对抗社会主义阵营的社会福利制度全线建立健全时,标志老龄社会的人口老龄化这一重大人类现象还只是发达国家人口学小圈子内部讨论的问题。到 1956 年联合国发表《人口老龄化及其社会与经济影响》一文时,人口老龄化才开始被更多人有所认识。1973 年"石油危机"引发的经济危机过程中,"福利国家的危机"让人们才认识到人口老龄化的深层作用。到 1982 年联合国召开第一届世界老龄大会时,标志老龄社会的人口老龄化才开始广为人知。但与此同时,在假定人口年龄结构年轻前提下建立的社会保障制度,日益遭遇人口年龄结构老龄化的深刻冲击。迄今为止,发达国家社会保障制度面临的最大危机就是人口的快速老龄化。简言之,假定劳动力无限供给等年轻社会理念下建立的社会保障体系,与人口老龄化标志的老龄社会客观需要之间的深刻矛盾,一直是发达国家政要的棘手难题。中国社会保障制度的建立和改革同样面临这一矛盾,其理念、制度框架设计以及运作机制也是从发达国家借鉴而来。如果亦步亦趋,不从老龄社会的客观需要和中国的国情出发,重构中国特色的社会保障制度体系,那么,我们将会面临发达国家同样积重难返的社会保障危机。因此,借鉴发达国家的做法是必要的,但以发达国家为模板的道路是走不通的,必须走应对老龄社会的中国道路。

再如,发达国家是老龄社会的先行国家,但绝非典范国家。许多人认为,应对老龄社会要看发达国家,言必称欧美,更要看东亚文化圈的日本,这些人认为不仅其法律完善,制度完备,老龄产业技术也十分先进等。从纯粹借鉴的意义上说,老龄社会先行的发达国家的一些做法值得参考,但不能因其先行一步的成果,如日本老龄用品发达、美国的保健品尖端、北欧的养老模式前卫等,而自损国家和民族自信。实际上,老龄用品乃至老龄制造产业的探索才刚刚开始,中国博大精深的中医保健理念、产品和养生道术应对慢性病更有优势。再说,中国的老年人如何养老,他们会有自己的想法,而且每一代老年人各有千秋,他们是绝对不愿意照搬所谓发达国家老人的做法。更不能援引发达国家诸多现象如日本的"佛系青年""性伴侣机器人""低欲望族"、美国的同性恋运动等,而认为中国的老龄社会就是欧美、日本的再版。实际上,老龄社会的宏大叙事才刚刚开始,未来的场景几乎看不到头。日本欧美绝非理想老龄社会的典范,中国应对老龄社会必然会有中国的创造和奇迹。

5. 澄清有关中国老龄社会相关国情层面的误念。发达国家比中国先行步入老龄社会,虽然中国的人口老龄化水平远较发达国家迅速,但在应对的经济、社会等诸多方面的综合实力上,中国和发达国家存在较大的差距。如何应对,许多人照搬发达国家,对中国国情的认识严重不足,相应的错误认识也不容忽视。

例如,对中国依然是发展中国家的基本国情淡漠视之。一些人动辄用发达国家的尺子衡量中国的做法,提出的政策建议不符合中国国情。中国和发达的差异是发展阶段上的差异,无论经济实力、人们的接受力和承受力以及制度准备、思想准备等方面都存在差异。从本质上看,中国应对老龄社会既要一盘棋,也要尊重地区差异,不可能照搬小模型的发达国家的做法。具体来说,中国人口老龄化水平区域差异大,经济社会发展水平的区域差异更大。而且,中国区域人口老龄化和经济社会发展存在十分复杂的关系,如人口流出地老龄化加剧且经济社会发展水平受到负拉动影响,相反,人口流入地老龄化得到缓解且经济社会动力得到加持。这些复杂情况都需要充分考虑。

又如,对中国优势的认识和开发利用估计不足。中国在应对老龄社会上存在传统文化、中医、社会制度、社会凝聚力等多方面的优势。优秀传统文化及其核心价值观可以为应对老龄社会提供精神引领,但一些人盲目否定以孝道为核心的儒家文化的现代意义,导致一些人从发达国家引入一些不符合中国国情的所谓"先进文化"。中医是低成本应对老龄社会的国家战略、也是未来的国际战略,不仅为人类应对老龄社会提供新思路和新举措,而且有利于整体提高人类健康质量和水平,但一些人盲目否定中医,甚至对中医的繁荣发展只停留在口头上。事实上,按照以急性病为核心关切的现代西医来应对老龄社会,未来等待我们的可能不仅是医疗卫生灾难,而且是经济发展灾难甚至是生命灾难。一些人对社会主义制度优势认识不足,不注意从社会主义制度优势出发研究应对老龄社会的思路和对策,往往照搬发达国家的做法。这些错误思想和做法都需要深刻反思。

6. 澄清有关应对老龄社会各主体责任层面的误念。应对老龄社会是全社会主体的共同行动,任何人任何组织都是局中人,都不能置身事外。但由于对老龄社会各社会主体的责任边界缺乏界定,导致存在诸多错误认识。例如,一切靠政府,对政府存在严重的"等靠要"思想,一些人甚至认为,社会主义政府就是无限政府,一切问题都应当由政府出面解决。实际上,政府的责任不是无限的,现在的问题是各主体的责任边界还不清晰。又如,一些人认为,应对老龄社会政府只负责兜底,其他一切都应当交给市场,这种认识问题更大。再如,一些人认为,应对老龄社会,社会组织也要发挥作用,但在根本上还要靠家庭和个人。从某种意义上说,产生这些片面甚至错误的认识,根本上在于对各主体的责任边界和配合机制缺乏界定和安排,这是今后实施应对老龄社会国家战略时必须解决的重要课题。

（三）树立正念

应对老龄社会是一个复杂的长期过程。过去，我们对人口老龄化和老龄社会一无所知，后来有一些基本的概念，现在存在一些认识偏误。从某种意义上说，这是一个应对老龄社会在认识上的一个进步。说明越来越多的人参与进来了，但由于站位、视野、知识水平以及面临的具体问题各不相同，产生误念是再正常不过的事情。但是，一旦应对老龄社会作为国家战略上升为国家意志，我们就需要澄清误念，树立正念，确保认识到位，建立共识，才能实施好国家战略。

1. 国家战略就是国家战略。从层级上国家战略就是国家层级的战略，即以国家意志来动员全体成员和其他所有社会主体广泛参与实施的战略。从内容上，国家战略就是覆盖国家各个领域的全面战略。这说明，实施积极应对老龄社会国家战略，既不是仅仅国家负责，也不是个别领域（如社会发展领域）和个别部门（如民政、卫健等部门）的工作，更不是个别问题（养老问题、养老服务问题、健康问题、生育问题、退休延迟问题等）的解决。否则，国家战略就会沦为个别领域的战略、个别部门的战略、个别问题如养老战略、养老服务战略、健康战略、生育战略、老年人问题战略、少儿人口战略等。

从本质上说，应对老龄社会的国家战略就是着眼人类发展全局，考量人类整体自身如何发展、发展什么和如何发展的问题。既不是站位人口发展考量经济如何发展的战略问题，也不是站位经济发展考量人口如何发展的战略问题。本书反复强调，老龄社会的问题是涉及全体人民切身长远利益的重大现实问题，也是攸关长寿时代条件下每一个人全生命生活幸福的战略安排问题。应对老龄社会关系国计民生、民族兴衰和国家的长治久安，也是全社会的共同责任，必须举全社会之力，统筹动员政府、市场、社会、家庭和个人万众一心，共同行动。

2. 树立基本意识。人口老龄化是标，老龄社会是本，实施积极应对人口老龄化的本质是应对老龄社会，根本是要建设理想的老龄社会，确保我国在老龄社会条件下实现建设社会主义现代化强国的目标,在实现发展目标的过程中建设好理想的老龄社会。这就需要扬弃年轻社会的思维习惯,转变观念,树立老龄社会观、全生命观、各阶段年龄观以及国家战略意识、全民长寿健康意识、全民老年期准备意识等一系列正念。我国刚刚进入老龄社会20多个年头,尚处于老龄社会的初期阶段。今后,各种问题将伴随人口快速老龄化和高龄化不断显现。如何解决这些问题,我们需要以习近平新时代中国特色社会主义思想为指导,坚持创新、协调、绿色、开放、共享理念,扬弃年轻社会的发展理念和发展方式,遵循老龄社会发展的基本规律,树立适应老龄社会客观要求、建构理想老龄社会的新观念、新理论,在中国式现代化建设的框架下,转变思想观念、思维方式,为实施积极应对老龄社会国家战略做好思想观念和理论准备。

3. 重拾基本价值观念。支撑人类社会历史的基本逻辑和新价值观念,对于实施应对老龄社会国家战略、实现共同富裕至关重要,如劳动致富的观念、社会公平正义的观念、乐于助人的观念、两性友好观念等。近年来,这些观念被忽视甚至被践踏了。为此,需要我们面向老龄社会的未来客观需要,梳理基本人类价值观念,建构和强化社会主义核心价值体系,为实施应对老龄社会国家战略提供重要引领。

4. 树立社会主义信念意识。老龄社会是资本主义的丧钟,只有社会主义才能最终成功应对老龄社会。资本主义关心的是资本家的利润最大化,社会主义关切的是全体人民的共同富裕。如何在面临老龄社会的条件下谋求不断长寿的全体人民过上健康、长寿、富足、快乐和有意义的人生,这不是资本主义的目标,而是老龄社会条件下社会主义的根本议题。伴随人类向超老龄社会的深度演进,我们不可能指望站位少数人的资本主义制度,我们只能依靠社会主义,并通过艰苦卓绝的努力,实现更高层次的人类理想。

5. 树立中国负责任大国意识。在全球化日益复杂和以国家集团为单位的人类竞合博弈的背景下,中国倡导人类命运共同体事业。在这一背景下,面对人类普遍趋同迈入老龄社会的客观态势,中国解决自身老龄社会的压力深重、任务艰巨。但是,作为负责任大国,中国不仅要解决自身面临的老龄社会的系统性问题,而且肩负着为人类解决老龄社会问题贡献中国智慧和中国力量的重大责任。这也是中国实施积极应对老龄社会国家战略必须有的战略胸怀。

6. 树立对人类前景的信心。老龄社会的历史还不长,面向未来,老龄社会还将向超老龄社会深度演进。扬弃年轻社会的旧观念,站位老龄社会,在把人口控制在过度老龄化警戒线之内的前提下,按照老龄社会的基本规律办事,建构新的制度体系,创新可持续发展方式,人类一定能够在应对老龄社会转型挑战的基础上,建设起高于年轻社会的新的理想的老龄社会。

三、战略行动

(一) 行动体系

1. 联合行动。从实践上来说,实施国家战略不能一哄而上,也不能各自为政,而是要求社会各主体必须按照国家统一部署,获取广泛共识,联合统一行动,并汇集成为共同应对老龄社会的交响乐。这就需要动员政府、市场和社会三大力量,按照国家战略的目标统一行动。中央把握方向,出台统一战略方案,全国老龄工作委员会负责具体部署和监督检查,各主体按照各自职能,通过中长期规划、五年规划和年度规划,积极作为,共同汇就应对老龄社会的广泛、深入而相互关联的行动,建成适应老龄社会和建设理想老龄社会的坚固长城。

2. 自觉行动。实施国家战略涉及每一个社会主体的职责、责任和关切,不仅要求完成各项具体任务,而且要求社会各主体把国家意志和自身职责、责任以及创新空间结合起来,并把国家战略化为自觉意识,形成自觉行动。换言之,应对老龄社会将成为今后所有社会主体的一项基本任务,要通过自觉意识和自觉行动,逐渐养成自觉应对老龄社会的习惯。唯此,方能通过长期努力,解决老龄社会转型过程中的相关问题,方能适应老龄社会的客观要求,方能按照预期实现建设理想老龄社会的目标,并使每一个社会主体成为老龄社会的适应者、理想老龄社会的建设者、长寿时代的自觉者。

3. 正确行动。实施国家战略关系重大,社会各主体必须在国家战略蓝图的引领下,澄清认识偏误,树立正念,正确认识、正确理解和正确把握国家战略的重大意义、指导思想、统一目标和具体任务,及时纠正错误行动。全国老龄工作委员会是负责实施积极应对老龄社会国家战略的具体领导机构,需要开展广泛调查研究,及时发现并解决重大问题,纠正不良倾向,确保国家战略在正确的轨道上健康运行。

4. 持续行动。应对老龄社会和建设理想老龄社会是一项长期复杂的战略任务。因此,能否成功实施好这一国家战略,贵在持续行动。从某种意义上说,战略就是时间博弈,即当前和长远之间的长时段博弈。建设理想老龄社会是一个长期的过程,是人类顺应社会转型的长远追求,需要在明确应对战略的基础上,建立长效机制,确保一代接着一代薪火相传,使既定战略持续实施。因此,建立科学的长效机制也是建设理想老龄社会的一项重要战略思维。从理论上来说,建立科学的长效机制涉及方方面面。但从现实来说,建立科学的长效机制的关键在于政治体制的延续性。如果说应对老龄社会是战役的话,那么,这场看不到结束的战役,既是物质之战也是精神之战,既是信息之战也是技术之战,既是为他人之战也是为自己之战。一句话,从战略上应对老龄社会,必须深谋远虑,计百年之功,谋万世之利,图长远之效。这就需要社会各主体认识把握国家战略的部署要求,一张蓝图干到底,一茬接着一茬干,汇成建设理想老龄社会的巨流。唯此,方能立于不败之地,实现长治久安。

(二) 全主体行动

1. 国家战略行动。中国实施积极应对老龄社会国家战略举世瞩目,建设理想老龄社会的任务艰巨,迫切需要把政府打造成为战略型政府、成为富于远见卓识的政府,其主要职能不是大包大揽,更不是救火队,除了战略谋划、政策制定、保障兜底以及提供服务的职能外，最重要的事情就是厘清个人、家庭、社会、市场和政府等各主体的责任边界，核心是处理好政府、市场和社会三者的关系。同时，建立健全统筹动员的战略性体制机制，其终极目标就是激发全社会各方面的能量，调动各主体充分发挥各自作用，扎实提升各社会主体的响应能力，形成对冲挑战和实现理想的巨大能量，形成强悍的国家能力，这既是未来中国政府毫不动摇的发展导向，也是未来个人、家庭、社会和市场等各方面获得发展的重大机遇，同时也是未来实现全体国民拥有一个尊严、保障、体面晚年生活的中国梦的体制机制保障。就此而论，目前的体制机制准备还远远不够，需要高度关注，加快建立健全。具体行动包括：一是按照党的二十大总体部署和要求，适时出台《中共中央、国务院关于实施积极应对人口老龄化国家战略的行动计划》，瞄准人口老龄化快速演化过程中的重大风险，按照十个战略支柱建设的内在要求，出台应对老龄社会分领域的中长期专项战略举措。二是各级政府根据该行动计划和专项战略出台贯彻落实行动方案。三是建立健全应对老龄社会的政策法律体系。四是全国老龄工作委员会加大协调力度，推动全社会主体自觉主动应对老龄社会形成大格局和新局面。五是充分发挥各级人大、政协和人民团体的作用，共同营造积极应对老龄社会的社会氛围和良好生态。

2. 市场战略行动。老龄社会是一场经济革命，老龄经济和老龄产业必将成为未来的新主流经济。对此，所有企业都要做好战略谋划。一是充分认识老龄经济的长远趋势和深厚机遇。中国是未来老龄经济潜力最大的市场，但老龄经济的边界绝不局限于中国，它是自工业革命以来新一轮的经济和产业革命。对此，所有企业都要放眼长远，提高认识。二是各类企业主体都要研究制定实施开发老龄经济的中长期企业战略，力争占据市场战略制高点。逐步实现适应老龄社会的商业战略转移。目前，中国开发老龄经济尚处在筚路蓝缕阶段，同时也是占领先机的关键阶段，中国的企业家应当做什么，谋划什么，如何做好顶层设计、中层运筹和底层操作，这是企业家们发挥战略智慧的用武之地。现在是企业家抢占老龄经济的最佳战略机遇期，最高优先原则是抢占能够决定老龄产业市场大场、大势和大模样的制高点,获取老龄产业发展的优先制空权,当然,关键是明确企业发展的主攻方向,在较少赢利期为掘金期做好战略准备。三是做好人才、技术、细分行业标准等的充分准备。四是利用信息化、数字化和智能化打造商业平台。五是借鉴发达国家经验特别是相应教训,创新适应中国国情、符合社会主义市场经济要求的商业模式。

3. 社会(组织)战略行动。实施积极应对老龄社会国家战略,社会(组织)要做好全面安排。社会是一个混合的复杂概念。宇宙中相对于自然来说,其余都是人类社会了,这是社会的大概念。在人类社会中,相对于经济、政治、文化来说,其余就是社会的中概念了。在中社会中,个人、家庭这些私人领域不属于社会的领域,在公共领域中,除去政府和市场的领域之外,其余就是社会的小概念了。这里,我们讲的正是社会的小概念。具体来说,主要是指处于政府与家庭之间的辽阔空间,除却市场,就是邻里、城乡社区、公益组织以及公共设施等人群集聚的地方,但最重要的小社会就是星罗棋布的城乡社区。城乡社区是社会的根基,也是实施积极应对老龄社会国家战略的重心。但是,冷静看待目前的城乡社区,居住者正在加速老龄化,但在观念、基础设施、政策支持、资金投入、人员配备等诸多方面,大多还没有做好应对的充分准备。立足当前,着眼长远,实施应对老龄社会和建设理想老龄社会的战略谋划、制度安排、政策思路和工程设计,要把城乡社区作为实施的战略重点。其中,城乡社区各类社会组织都要有相应的战略行动。

4. 家庭战略行动。实施积极应对老龄社会国家战略,离不开所有家庭的共同努力,需要家家都要做好长远安排。亲情是无敌的,是人类社会历史延续的根脉,也是积极应对老龄社会的基本制度安排。随着削弱家庭功能的欧美现代文明弊端的彰显,特别是倒逼强化家庭功能的老龄社会的匆匆到来,迫切需要复兴家庭文化不可替代的作用。对于传统家庭文化依然根深蒂固的中国来说,作为构成中华民族的千千万万个家庭,要恒守我们的优秀传统家庭文化,补牢家庭壁垒上的裂缝,在完善的社会保障制度与家庭功能之间保持良好的关联,避免因社会保障而淡漠亲朋至爱的家庭温情,也避免固守家庭温情而放弃社会保障。要转变观念,增强家庭经济计划和决策意识,从每一个成员的生命全程来重新安排家庭计划,在社会保障基本支撑的基础上,运用现代老龄金融手段整合家庭资源,构筑新型家庭保障,打造家族基业。要在坚守家庭责任的同时,更加注重家庭温情对于生命意义和生命价值伦理的塑造作用,把家庭打造成为能够真正分散老龄社会各种风险的重要堡垒,上可以为社会缓冲挑战压力,下可以让家庭成员后顾无忧。从根本上来说,就是要鼓励所有家庭做好长寿生活安排,配置好家庭代际资源。

5. 个体战略行动。实施积极应对老龄社会国家战略是每一个人全生命生活生命质量和价值意义的重大关切,主动应对是所有人的共同责任,每一个人都是第一责任人,人人都要做好充分准备。老龄社会的问题再多,风险再大,只要化整为零,有效实施分散风险的战略,就一定能够迎刃而解,而人人都做好应对老龄社会的充分准备,就完全可以把巨大的老龄社会风险碎片化,这是我们应对老龄社会国家战略的根本解决之道,也是老龄社会条件下中国式现代化建设的中兴大道。基于此,就必须在战略谋划、政策创制和全民工程实施的过程中,充分发挥每一位中国公民分散风险的最大潜力。唯其如此,通过全体中国人的同心同德,共同努力,我们不仅能够应对老龄社会的重大挑战和风险,而且一定能够实现全面建成社会主义现代化强国的宏伟目标。

全面来说,全体公民全生命都应当有一个保障、尊严、体面的生活,这是每一个人的合理预期,也是中国梦的重要组成部分。作为一个中国人,站在中国式现代化建设历史起点上,面向国家、民族、家庭和个人的未来,从现在起,既要清醒认识老龄社会挑战的严峻性、建设理想老龄社会的艰巨性和从现在开始做好充分准备的紧迫性,更要开动脑筋、拓宽思路和洞察先机,寻找人口老龄化过程中的机遇,从战略上设计好个人的事业和人生。要尽个人最大可能为社会创造财富,来为对冲老龄社会负面影响作出贡献。为此,每一个人都要把做好应对老龄社会充分准备作为人生的战略安排,重点在健康、技能、资源、金融和社会支持网络等方面做好终生谋划,并付诸实施。

四、加快发展老龄科技

(一) 发展老龄科技是实施应对老龄社会国家战略的内在要求

1. 老龄科技是实施应对老龄社会国家战略的强大支撑。老龄社会是人类需求结构、需求层次和需求满足方式的深刻革命,也是倒逼人类科技理念和科技体系变革的重大动力。从本质上说,现有科技体系及其背后的理念基本上都是年轻社会的产物,难以适应老龄社会引发的新的人类需求结构、需求层次和需求满足方式的新要求。需求的满足靠的是供给体系,而供给体系的根本是科技理念引领下的科技支撑体系。因此,今后一段相当长历史时期内,老龄社会的新需求与年轻社会形成的科技体系及其支撑的供给体系之间的矛盾,是实施应对老龄社会国家战略过程中必须解决的一个重大问题,需要转变观念,创新理念,调整方向,大力发展老龄科技,为打造适应老龄社会要求的供给体系提供根本支撑。

2. 老龄科技积累薄弱是实施应对老龄社会国家战略的一项短板。从宏观上说,中国现有科技体系中,中低端的技术、工具、工艺问题已经得到解决,高端特别是高精尖的技术、工具和工艺问题还存在较大短板。基础科学研究短板依然突出,重大原创性成果缺乏,关键核心技术受制于人的局面没有得到根本性改变,科技成果转化能力不强,人才发展和激励机制亟待健全。同时,从研发角度来说,中国现有技术体系的主要问题是自主创新能力还有待加强。目前,中国科技进步贡献率刚刚超过 60%,离美国的 80%还有差距。此外,中国除少数笼头企业外,大量传统制造企业还处于工业 2.0(机械化)至 3.0(自动化)区间的水平上,传统制造业在设计能力、工艺水平、精益制造能力、质量管控能力、持续技术改进能力方面,均与日本、德国等制造业强国存在较大差距。从面向老龄社会新生需求的角度来说,中国老龄科技体系同样存在高端技术瓶颈和自主创新能力不强的问题。

老龄科技是应对老龄社会的技术战略制高点。自 20 世纪中叶以来一直是发达国家的重要战略定位所在,许多发达国家从基础理论研究、尖端技术研发、公共财政资金投入、商业资本投资引导、制造装备改良升级、先进制造工艺创新、商业网络营销和全球市场培育等多方面采取了许多重要举措。迄今为止,日本的老龄制造业在养老机器人、养老服务智能化、老人日常生活和医疗康复护理用品用具及高值耗材等方面占据世界领先地位,德国、法国等国家重点在养老设施配套装备和家用老人用品器具等方面也十分发达,美国等国家重点针对老年慢性病开发高端保健品、药品、医疗器械器具等方面领先全球。

与发达国家相比,我们的问题是,中高端的老龄科技大多数被国外资本所控,如生产不了助听器的芯片。中国自主生产的老龄用品的科技含量总体较低,具有自主知识产权的产品较少。近年来国内出现了一批智能假肢、护理机器人等高科技研发成果,但很多成果仅处于样机阶段,实现产业化和推广应用还有许多难题。以轮椅车为例,中国已成为世界上最大生产国,但性能单一,高端产品还是被国外公司垄断。移位设备、沐浴床等科技含量较高的设备动辄几万元到几十万元的价格,远远超过了绝大多数老年人的消费能力。总体来说,中国老龄科技发展存在的短板十分显著:科技研发和工业制造产业对老龄科技的巨大潜力没有形成战略先机意识,国家和企业在老龄科技各领域的基础理论和应用研究投入严重不足,政府购买老龄用品还没有形成制度安排,医疗保障制度和商业保险与老龄用品使用尚未建立有效衔接,广大老年人对高科技含量老龄用品的市场意识淡漠、消费能力不足等。

中国是老龄制造产业最大的市场,但由于老龄科技发展相对滞后,目前和未来的挑战是十分严峻的。发达国家占据高端科技优势,加上先行迈入老龄社会的几十年积累甚至更长时间的积累,他们掌握着老龄科技特别是生物、医药、医疗、康复护理以及电子、信息、智能等高端核心技术,而且,在中国已经深耕多年,拥有相当大的市场份额。在中国巨大市场中,老龄科技先进的发达国家之间的博弈竞争日趋白热化。相反,国内企业由于老龄科技滞后且起步较晚,难以形成竞争优势。未来,作为全球最大的老龄制造产业市场,如果不关注核心老龄技术研发,将面临老龄产业市场空间上在国内,而巨额利润在国外,民族老龄产业企业难以成长的困局。需要强调的是,改革开放以来我们的教训十分惨痛:一是"用市场换不来技术";二是"买技术也是买不到的"。这两点同样适用于老龄科技领域。如果继续走"换"和"买"的路子,我们将可能在人口老龄化引发的老龄科技革命中陷入更加被动的困局。为此,必须着眼未来,充分认识到占领老龄科技制高点对于开发世界上最大老龄产业市场的重大意义,把加快发展老龄科技当作一项长期的战略任务,坚定地走中国自主创新发展老龄科技的道路。

(二) 实施国家老龄科技创新计划

老龄社会是全人类的共同趋势,发展老龄科技潜力巨大,不仅国内空间巨大,国外空间更加广阔,必须拓宽国际视野,把加快发展老龄科技作为应对老龄社会国家战略的重中之重,从研发、投融资、生产、销售等方面全面发力,把老龄科技支撑的老龄产业培育成为新的经济增长点,把中国建设成为老龄科技强国。

1. 明确发展目标。坚持"自主创新、重点跨越、支撑发展、引领未来"的科技发展方针,把发展老龄产业核心技术纳入科技创新战略,采取有力政策措施,大力提升老龄科技自主创新能力,实现重点领域新突破,超前部署战略性老龄科技重点项目研究,强化关键技术和通用技术攻关,推进国家老龄科技创新体系建设。争取在老年健康长寿、照料护理、康复辅具、生物制药、传统医学保健、基因工程等关键领域获得突破性进展,到 2035 年,老龄科技贡献率达到70%以上,为实施应对老龄社会国家战略奠定坚实基础。

2. 制定实施老龄科技发展中长期专项规划。针对老龄科技研发重点比较分散和相关空白领域、未来潜力巨大的领域,整合资源,统一部署,明确阶段性重大攻关项目,加快成果转化。

3. 建立健全老龄科技优先发展政策。一是采取土地、税收优惠政策,向老龄科技含量高的企业倾斜。二是建立健全政府财政采购老龄科技产品目录,加大购买力度,完善医疗保障药品和医疗器械采购目录和推荐目录,加大对国内相关企业的支持力度。三是实施有利于开展重大老龄科技研究开发项目的金融政策,鼓励开发无污染、科技含量高、具有较强竞争优势的老龄用品。加大对重大老龄科技研究开发项目的信贷资金投入。充分发挥利率、再贴现、再贷款货币政策工具的作用,扶优限劣,对符合发展方向的重大老龄科技研究开发项目采取优惠利率政策。适度提高对重大老龄科技研究开发项目的整体授信。引导金融机构创新产品和服务,实施和创新金融抵押担保方式,开展股权质押、保理、动产质押等多样性的金融抵押担保产品,为开展重大老龄科技研究开发项目提供良好的融资环境。为符合条件的老龄科技企业国内外上市融资创造便利条件。建立和完善创业风险投资机制,为高成长性的老龄科技产业引入风险投资。鼓励保险公司加大产品和服务创新力度,为老龄科技企业发展提供全面的风险保障。四是建立国家老龄科技专项基金,重点扶持相关重点企业和优先发展项目。

4. 建设国家老龄科技研发平台。掌握国外老龄科技进展,摸清国内老龄科技发展状况,建立老龄科技研发信息库和发布平台。借鉴发展高新技术的经验,选择3—5个地方建立老龄核心技术创新基地或老龄科技创新示范园,孵化老龄科技研发的持续发展机制。

5. 开展重大项目研究。一是开展揭示人类寿命和衰老的原因、规律、特征,延缓衰老的生物医药、遗传基因工程研究,重视非药物疗法治疗老年病研究,以及老年相关疾病的干预控制研究,促进积极防治老年病,探索老年人健康长寿的途径。加强能够有效预防、代偿、监测和缓解残障的产品、器具、设备、技术系统等康复辅具的研发。二是开展中医养生、保健、抗衰老等适宜技术研发。三是开展全生命健康干预技术和全生命人体功效学技术研究。四是开发老年人临终关怀和宁养服务的技术,提高老年人临终关怀和宁养服务质量。重点研究治疗性克隆技术、干细胞体外建系和定向诱导技术,人体结构组织体外构建与规模化生产技术,人体多细胞复杂结构组织构建与缺损修复技术和生物制造技术,为老年人特别是机体失能老年人提供替代与修复性治疗。

五是开发智能服务机器人,以为老年人提供生活照料、医疗护理、信息咨询等服务为重点,研究设计办法、制造工艺、智能控制和应用系统集成等共性基础技术。六是应用信息产业及现代服务业领域相结合的无线网络、传感器和智能信息处理技术,建立老年人长期护理信息平台,为需要护理的老年人提供方便、快捷、有效的服务。充分利用ICT(信息通信技术)开发应对老龄化和服务老年人的各类产品和服务,重点结合电子化医疗科技成果,开发个人移动电子医疗信息集成终端产品,对老年人健康指标进行监测,并实现与卫生保健网络系统的互联,扩大带病老人的活动空间。七是研究开发适应我国国情的居住环境通用规划设计和技术改造以及智能化技术,为实现老年人居住和生活环境的无障碍化提供多维技术支持。八是建立国家——省级中心的老龄科技信息数据库。九是在新基建建设过程中,加快老龄产业的信息化、数字化和智能化进程,整体提高老龄产业质量和水平,为数字经济提供更大空间。

6. 加强老龄科技人才队伍建设。一是建立老龄科技研发国家和地方智库。二是整合资源,形成现有大专院校和科研机构共同参与的强大队伍。三是在相关院校设立方向明确的老龄科技研究专业。四是建立老龄科技人才国家奖励基金,引导广大科技人员转场研发老龄科技。五是加强创业政策支持力度,鼓励科技人员利用老龄科技开发老龄用品。

五、加强老龄科学研究

(一) 实施国家战略必须加强老龄科学基础理论研究

1. 实施国家战略需要老龄科学理论的强大支撑。老龄科学是一个研究老龄社会演变规律的学科群。具体来说,老龄科学就是研究人类从年轻社会演化为老龄社会并向更高阶段演进的运行逻辑、特有秩序、基本规律和可能性的一门综合的、科际整合的新科学,是观察、理解和看待人类社会的新的观念体系、理论框架和行动方式,也是一门成长性学科体系,它关注人类模式的形成、社会结构的演化、社会形态的转化与创新。老龄科学也是新的提问方式、新的观察视角、新的思维方式、新的话语体系。老龄科学的最高命题就是要回答人类告别年轻社会、迈入老龄社会和长寿时代以后究竟去哪里的问题。在老龄科学的指导下,实施积极应对老龄社会国家战略就会有的放矢,确保方向正确、道路正确、结果符合预期。

2. 实施国家战略的最大短板是没有老龄科学理论的充分准备。老龄社会是高阶人类社会。从年轻社会转向老龄社会是一场漫长的革命,对于人类知识体系的冲击前所未有,也是倒逼人类知识体系重塑的巨大动力。从本质上来说,人类现有知识体系都是以往年轻社会的产物。这些是认识和把握老龄社会的知识基础,但还不是理解、解释老龄社会的理论框架及其知识体系本身。需要在以往知识体系的基础上,重塑人类知识体系,建构老龄科学学科体系,以应对人类已经迈入的更高阶段的老龄社会,为人类普遍进入长寿时代做好知识和理论准备。从全球范围来看,着眼未来长远趋势,应对老龄社会的人类实践才刚刚开始。迄今为止,在应对老龄社会上,人类的物质、精神、制度等方方面面的准备远远不足,但最大准备不足在于观念和理论准备不足。无论老龄社会先行的发达国家,还是刚刚迈入老龄社会的中国,关于什么是老龄社会? 老龄社会的基本问题是什么? 老龄社会的演变机制和基本规律是什么等,这些老龄科学的基础性问题还没有一个系统化的理论建构,这也是目前全球认知老龄社会存在诸多认识误区的根本原因。可以说,实施国家战略的实践已经走到了老龄科学理论建设的前面。因此,需要从理论上建构系统化的老龄科学理论体系和话语体系,完善适应老龄社会的整个人类知识体系,这是摆在所有国家面前的重大理论问题,需要各国理论界共同努力。

3. 加强老龄科学研究是一项紧迫的战略任务。实施积极应对老龄社会是当代和今后重大的人类实践,中国作为世界人口大国,需要结合自己的国情,建树中国特色的老龄科学理论和话语体系,在解决自身老龄社会相应问题的同时,也要为人类应对老龄社会的理论建设贡献中国智慧。但是,目前,国际范围内的严峻现实是,无论发达国家还是中国,老龄科学理论和话语体系的建设步伐远远滞后于现实需要。更为严峻的问题是,无论发达国家还是中国的老龄科学研究的最大问题是:把应对老龄社会的研究等同于应对老年人增多现象的研究,老龄科学沦为老年学狭隘的理论视角,这也是迄今为止很难在应对老龄社会研究上取得重大突破的重要原因。这种状况值得引起高度重视。

对于中国来说,更为重要的问题是,老龄科学研究才开始起步,人们把关切焦点放在了老年人增多带来的养老、医疗、长期照护、健康、服务、延迟退休甚至老年餐桌等具体问题,当然,这些问题是十分重要的现实问题,需要深入研究并切实加以解决,但实施应对老龄社会国家战略的重大问题更需要系统研究,并从基本规律、基本原理、基本机制上取得理论化、系统化认识,借以指导解决老龄社会渐次出现并不断深化的诸多问题。迫切需要在老年学研究的基础上加强老龄科学学科体系建设,并从根本上解决老龄科学理论建设严重滞后于实施应对老龄社会国家战略重大实践的矛盾。

加强老龄科学学科建设、建立中国特色老龄科学理论和话语体系意义重大,不仅关系实施应对老龄社会国家战略的成败,而且关系理想老龄社会建设的长远目标,需要转变观念,树立理论思维的权威地位,采取有力措施,推动老龄科学理论建设全面发展。

(二) 老龄科学理论研究的重大问题

1. 老龄科学的基本问题。现有知识体系还没有任何一门科学以老龄社会及其规律为研究对象,这正是老龄科学的任务和使命,老年学学科体系难能担当此任。从理论上来说,老龄科学的基本问题主要有三个层面:在宏观层面,老龄科学主要回答老龄社会产生发展、运行机制、基本规律及其长远命运;在中观层面,老龄科学主要回答人类个体全生命周期的基本规律和整体安排问题;在微观层面,老龄科学主要从全生命周期视野下人类个体越来越长的老年期的基本规律和基本安排问题。

2. 老龄科学的基本框架和方法。老龄科学是一个新的学科群,包括四个层次。第一层次是老龄社会的一般理论分析框架,主要从人类社会形态的角度回答老龄社会的基本规律和具体样态问题;第二层次是社会科学层面的分支学科,主要回答老龄社会条件社会领域的问题,如老龄人口学、老龄健康学、老龄经济学、老龄社会学、老龄文化学、老龄心理学等;第三层次是自然科学层面的分支学科,主要运用自然科学理论方法回答人类普遍长寿时代的问题,如老龄生物学、老龄医学、老龄营养学等;第四层面是人文学科领域的分支学科,主要回答人类普遍长寿以后、进入老龄社会特别是超老龄社会的生命哲学问题、价值问题等,如老龄哲学、老龄价值学等。

老龄科学的方法除现有有效的科学方法以及年龄结构分析法外,主要应当转变观念,充分利用最前沿的复杂性理论的新方法,这一方法也是未来老龄科学的主要方法。当然,随着老龄科学各分支学科的繁盛,将会产生新的理论和方法。

关于如何处理老龄科学学科体系和现有人类知识体系的关系问题,这是今后建立老龄科学新学科体系过程中面临的重大理论和方法问题,需要经过不断探索,最终得到相应解决。但是,有一点可以肯定的是,现有知识体系及其潜含的理念是无法直接帮助人类在老龄社会的道路上走得更远,需要以划时代思维为引领,对现有人类知识体系进行理论清理,从中找到建立适应老龄社会的新的知识体系的路径。值得强调的是,即便是纯自然科学,从整体上来说,今后的理论研究和实践探索,也要结合人类普遍进入长寿时代和迈入老龄社会的长期命运进行回应。

(三) 建设中国特色的老龄科学学科体系

1. 立足中国国情。中国是人口大国,中国老龄社会从规模、体量、历史等诸多方面看,都是历史和未来人类迈入老龄社会少有的伟大实践。中国应对老龄社会不仅对于自身十分重要,更重要的是应当为人类应对老龄社会提供中国智慧。为此,中国建立老龄科学学科体系必须要有中国特色,不仅有利于充分利用中国特有的历史、文化资源(如 56 个民族的民族医学资源、孝道文化传统等),有利于解决自身问题,更重要的是要为人类应对老龄社会提供中国方案。

2. 建设老龄科学的中国学派。应对老龄社会是全人类未来的永恒课题,各个国家都需要付出努力,可以相互借鉴,但不可能相互替代。因此,建设老龄科学学科体系是世界上各个国家知识界的共同任务。目前,在应对老龄社会上已经出现一些新的理念、理论和方法,但这一切才刚刚开始。未来,可以预言,如何从理论上应对老龄社会,必将涌现出许多富于创见的观念、理论和方法,这也是我们成功应对老龄社会的希望所在。但是,学科史表明,理论创新不是闭门造车,学术建设不能单打独斗,必须依靠学术氛围、学术大师、学术团队、学术平台等。一句话,没有学派,老龄科学的理论建设是不可能的。从未来人类普遍迈入长寿时代和老龄社会的客观趋势来看,一大批老龄科学大家必将涌现,建立中国老龄科学学派的基础将日益丰厚。这是可以预见的,也是值得期待的。中国应当有这个气派!

现有的人类知识体系都不过是过往的辉煌,深刻地打上了工业时代和年轻社会的印记。以往的显学比如新古典经济学目前已经陷入困境,无法解决当前和未来人类在老龄社会条件下的所有经济问题,复杂经济学已经给新古典经济学敲响了丧钟。实际上,复杂性理论已经给整个人类知识体系提出严峻的挑战。目前,人类社会正处于历史性深刻转型时期,同时也是各个学科及其知识体系乃至整个人类知识体系革命的前夜!目前,老龄社会暴露出来的各种问题、关于老龄社会的所有认识误区、认知麻木等,只不过是年轻社会武装起来的人对已经兵临城下的老龄社会的排异反应而已!但是,人类普遍长寿的脚步不会停止,迈入老龄社会的方向不会改道!正如斯宾格勒所说:"愿意的,命运领着走!不愿意的,命运拖着走!"老年学学科体系的拓升、老龄科学及其学科体系成为长寿时代和老龄社会的显学的命运,将不以任何人的意志为转移!

3. 加强老龄科学学科建设是一项战略任务。一是充分认识老龄科学学科建设的重要作用和重要地位,并作为实施积极应对老龄社会国家战略的优先任务来部署和推进。二是建立老龄科学国家和地方智库，整合资源，配强研究队伍，开展老龄社会的基本规律和应对战略的持续研究。三是充分动员现有智库和高等院校、科研机构，共同研究老龄社会的重大问题。四是实施老龄科学研究中长期发展规划，启动国家老龄科学研究计划，确定重大课题展开持续攻关研究。五是加强老龄科学基础理论研究和老龄科学学科建设工作。六是加快老龄科学科研成果转化力度，服务应对老龄社会国家战略实施的决策。

4. 老龄科学的前景。当前，人类正处于社会深刻转型的划时代、划历史阶段的重大转折时期，考虑到发达国家已经普遍迈入老龄社会，部分国家已经正在向超老龄社会迈进，考虑到部分发展中国家已经或即将迈入老龄社会，考虑到非洲大陆 21 世纪末也将迈入长寿时代，特别是从人类整体迈入长寿时代的客观长远趋势来看，人类知识体系的大转变、大变局不可避免。现有诸多理论、观念和方法的无语、不当适用及其造成的现实危害已经表明，人类整个知识体系需要重建。客观地说，现有知识体系不仅是年轻社会的产物，更重要的是，现有知识体系是工业时代以物为本观念的产物。老龄社会的到来、人类长寿梦想的普遍实现，这是迄今为止最伟大的人类自身的革命，也是人类历史最伟大的辉煌成就，如何能够确保人类持续普遍健康长寿，在老龄社会的道路上走得更远，需要强大的理论和科学支撑，需要扬弃年轻社会特别是工业革命时代"以物为本"的观念，坚持"以人为本"，坚持合规律性、合目的性和合价值性相统一，建设适应老龄社会的新的知识体系。老年学是应对老龄社会之"标"——人口老龄化的学术回应，它的价值值得充分肯定。建构老龄科学学科体系是应对老龄社会之"本"的理论回应，它的方向不容改变和动摇。在老龄科学的引领下，老年学的许多理论和方法今后还可以继续作出许多成就。但是，普遍进入长寿时代和迈入老龄社会的长期命运要求全球知识界共同努力，为人类在老龄社会的道路上健行致远做好知识和理论安排，更重要的是，为人类的普遍长寿的道路上找到长远发展的动力、意义和价值。一句话，年轻社会的显学在老龄社会要保持显学的学术地位，就必须锐意创新，作出新的理论回应。

六、发挥现代传媒的引领作用

(一) 老龄社会给传媒带来了挑战也带来了机遇

1. 传媒面临老龄社会到来的深刻挑战。在信息化、数字化和智能化以及传统媒体、现代媒体尤其是自媒体竞争发展的背景下,中国正在经历从年轻社会向老龄社会的历史性转变,并给整个传媒界带来挑战:一是我们在人口年龄结构上已经迈入了老龄社会,但我们的理念、制度以及发展方式却还蹒跚在年轻社会,人进来了,心还在门外。这种身心两处的矛盾给传媒界发展老龄社会时代的传媒事业带来许多影响。二是我们的传媒技术突飞猛进,但我们的传媒理念、传媒发展机制和发展方式还在年轻社会的影子之下。三是人口快速变动与传媒技术日新月异的矛盾带来许多问题。例如,在大数据时代的冲击下,纸媒发展捉襟见肘,实体书店纷纷破产,各种报刊发行量严重收缩,但老年人口的增多似乎又带来新的希望。例如,老年人是收音机、电视机的忠实受众,但是,互联网又成为新新一代老年人的新宠。又如,现代传媒越来越依赖电视机"屏"、手机"屏"、电脑"屏"等各种"屏",长此以往必然影响视力,人们迫切希望能够摆脱这些现代技术的负面作用,回归自然的倾向又悄然而起。总之,在大数据时代和人口老龄化的叠加影响下,当代传媒界发展深处多元化白热化竞争的状态,如何在老龄社会的新时代,发展大数据时代的传媒事业,满足各种不同人群的传媒偏好,已经成为未来数字经济条件下传媒界的重大话题。

2. 老龄社会也给传媒带来新的发展机遇。着眼未来,随着老年人口的大幅增长,如何满足广大老年人口的传媒需求,这是传媒界面临的第一个机遇。同时,中国从年轻社会向老龄社会的历史性转变,这是今后中国发展的一个新国情和新社情,如何从顶层设计到中层谋划再到底层运作进行应对,既需要理论研究、战略研究、规划研究、政策研究,也需要传媒开发研究,这是传媒界面临的第二个机遇。此外,传媒技术再发达,终究离不开受众,人口老龄化意味着社会主体构成的结构性转变,这就要求传媒界对受众对象、受众偏好和受众开发策略进行结构性调整,这是传媒界面临的第三个机遇。总之,如何提升全社会对老龄问题、老龄社会的社会认知,整个传媒界负有重大的历史责任和历史使命。

(二) 传媒是实施积极应对老龄社会国家战略的重要关节点

1. 传媒是实施积极应对老龄社会国家战略的重要主体。传媒是一个国家的重要象征。有什么样的受众就有什么样的传媒,但同样,有什么样的传媒就会有什么样的受众。传媒和受众是互相形塑的,不过,传媒始终应当处在引领受众的上位。基于此,实施积极应对老龄社会国家战略,既是传媒界义不容辞的重要责任,又是传媒界抓住机遇、迎接挑战,逐步调整传媒发展战略策略,大力整合传媒新技术新资源,集聚全民族注意力,整体提高积极应对老龄社会国家战略的社会认知水平,为全社会共建理想老龄社会提供强大的舆论支持,并完成老龄社会新时代传媒事业的华丽转型。

2. 传媒界需要加强自身建设。传媒属于社会的第四部门,既是社会的免疫系统和保健医生,但也存在自身缺陷,这就是"公共媒体失灵",即传媒本来是启发大众,引导共识的,但如果出现误导,危害也是巨大的。这就需要传媒界无论传统主流媒体还是现代非主流媒体以及自媒体深入学习,了解老龄社会的基本规律,把握老龄社会各种现象内在的基本逻辑,密切结合实施国家战略这趟列车,做有思想的引导者,并在传媒界赢得长远不败之地。

3. 开动宣传机器形成全民实施积极应对老龄社会国家战略的洪流。一是在全社会广泛开展积极应对老龄社会国家战略教育。要通过宣传教育,确保全体社会成员掌握积极应对老龄社会国家战略的预期目标、主要内容、主要任务、重大意义和行动路径,形成广泛社会共识。二是树立积极老龄社会观。要面向全社会特别是公务员队伍开展老龄社会的启蒙教育,重点是转变年轻社会的旧观念,树立老龄社会的新思维,解决社会形态转型过程中的各种问题,防止以解决老年人问题代替解决老龄社会的其他重大人口、经济、社会、文化以及国际战略问题。树立成功应对老龄社会的自信,以理论自信、道路自信、制度自信和文化自信引领应对老龄社会行动。要树立理想老龄社会的新理念。老龄社会是新的社会形态,不能简单用挑战机遇、积极消极二元思维来处理,必须首先要适应人类社会的这种新发展、新变动和新前景,在适应中找到不同于年轻社会的新的发展理念、发展目标和发展路径,防止埋头解决问题,导致应对老龄社会失去发展方向。三是树立全民全生命健康长寿意识。长寿时代人人都要有全生命长寿人生战略,这是实施积极应对老龄社会国家战略的重要前提。没有人人主动卷入的全生命长寿人生战略,实施积极应对老龄社会国家战略就会成为空中楼阁。四是树立积极老年观。衰老是不可抗拒的自然规律,但进入老年期并过上健康长寿幸福和有意义的漫长老年期生活,这是人类社会进步的重要象征。积极老年观的核心就是积极看待人生老年期,关键是与老俱进、与老共舞。重点是年轻时就要为老年期做好健康、金融、技能和资源的充分准备,老年时自立自强,笑迎老去。五是积极宣传国内外应对老龄社会的成功做法,善于总结实施国家战略的成功经验、先进典型,曝光相关不作为乱作为现象。六是宣传实施积极应对老龄社会国家战略必胜信心,祛除"老龄社会恐惧症"。总之,要通过广泛深入的宣传,营造实施积极应对老龄社会国家战略的舆论氛围,增强社会各类主体的积极性、主动性和自觉性,确保国家战略举国参与、举国行动。

第十一章　人类社会的前景

"世界远没有安排好。"

——［美］E.拉兹洛

基本判断：老龄社会是资本主义体制的丧钟。

重要提示：只有社会主义才能应对老龄社会。

一、人类的境况

全部人类史在本质上就是人类化即人成为人的历史，就是人类不断改进自身和自身境况的历史。

2021年9月10日，联合国秘书长安东尼奥·古特雷斯提出，"我们正朝着错误的方向前进，我们正处于紧要关头"的重大判断。2012年11月，习近平总书记提出构建人类命运共同体的伟大构想。这是第二次世界大战以来现当代人类历史中最强的两个声音。前者明确了当代人类问题的本质，后者提出了解决当代和未来人类问题的总方向和总思路，为人类认识和改进人类自身及其境况提供了总的参照坐标。

整体来看，当代人类境况可以用三个关键词来概括：

第一个关键词："自然界的过度人化。"从人与自然关系上来说，"自然界的过度人化"这种错误发展方式已经走到引发人类"同归于尽危机"凸显的地步，倒逼人类必须改弦更张，遵循"天人合一"的要求走修复自然的发展道路。

与此同时,联合国、地区组织以及许多负责任国家正在作出积极努力,如环境保护、碳达峰等。这是处理人类与自然关系上的重大历史性转变,也是未来人类发展的永恒方向。

第二个关键词:"种内斗争。"从人与人关系上来说,以国家为单位的"种内斗争"这种错误发展方式正在深刻加剧人类"同归于尽危机",倒逼人类必须改弦更张,遵循人类命运共同体的伟大构想,走谋求共同发展的道路。与此同时,国家主义已经开始走下坡路,地区组织和人类命运共同体建设的努力正在成为世界潮流。这是处理人类关系的重大历史性进步,也是未来人类发展的永恒方向。

第三个关键词:"以人民为中心"或"以人类为中心。"从人与自身关系上来说,已经和即将步入老龄社会的全人类,面临已经和有望较快解决"活下来""活得长"问题的历史新格局,倒逼人类必须改弦更张,扬弃物本主义的发展逻辑,把自身发展放在首位(中国话语即"以人民为中心",世界话语即"以人类为中心"),遵循人类化要求的"活得好""活得有意义"的目标,走理想老龄社会和理想长寿社会的发展道路。这是正确处理人类自身发展定位的重大历史性转折,也是未来人类自身发展的永恒方向。

修复自然、消解种内斗争、应对老龄社会,使绝大多数人、绝大多数国家的人而不是少数人、少数国家的人"活得更好""活得更有意义",这既是未来人类改进自身和自身境况的伟大目标,也是未来人类社会的伟大前景。

二、人类的趋同

人口老龄化标志的老龄社会是未来真正的人类趋同现象,超越宗教、种族、文化、制度和国家,史无前例,不可逆转,其后永续。这是人类的共同命运,也是人类社会向高阶进步的重要标志。

1989 年,日裔美籍政治学者弗朗西斯·福山抛出"历史终结论",认为苏联解体,东欧剧变,冷战的结束,这些都标志着共产主义的终结,历史的发展只有一条路，这就是西方的市场经济和民主政治。此后，人类走向资本主义道路的趋同论不断升温。但 2008 年源自美国的"金融海啸"导致全球经济危机以来，特别是 2019 年"新冠肺炎疫情"大暴发以来资本主义国家的应对失败，尤其是美国的失败、混乱和作为全球第一大搅局者的种种现象，彻底打破了福山等营造的人类走向资本主义趋同论的迷梦，而且，"美国梦"的幻灭也动摇了人类未来发展的资本主义化选择。相反，"中国梦"代表的新选择的朋友圈正在扩大，这可能是人类发展的某种宿命。如果说 1348—1352 年欧洲黑死病疫情的大暴发之后，连续发生的文艺复兴、宗教改革、启蒙运动，英国光荣革命、法国大革命和工业革命等改变人类历史的一系列重大事件，催生了资本主义的全球性胜利，那么，2019 年新冠肺炎疫情大暴发，今后发生一系列包括趋同迈向老龄社会在内的重大变革，其主题就是为少数人谋求发财致富的资本主义的全面覆灭和为绝大多数人谋求幸福的社会主义的全面胜利。

事实上，面对老龄社会的深刻趋同转型和重大趋同挑战，西方市场经济和民主政治的应对能力的确难以让人们产生任何期待。更重要的是，西方资本主义周期性经济危机必然会使所有人老年期特别高龄期的后顾之忧雪上加霜，站位少数富人的所谓民主政治必然会使活得长寿的人的老年期特别是高龄期生活丧失信心。实际上，老龄社会的到来，可能是资本主义道路的试金石，但更可能是站位少数人的资本主义发展道路的丧钟。当然，老龄社会的到来也是对社会主义制度的永恒性挑战和重大考验。不过，站位多数人、谋求共同富裕的社会主义才是人类应对老龄社会的希望和可能。走向老龄社会的人类趋同将是一个铁律，但应对老龄社会，社会主义的道路才值得探索。换言之，我们甚至可以相信，只有社会主义才能成功应对老龄社会！因此，在迈向老龄社会的这一人类真正趋同现象中，我们已经看到，福山关于西方市场经济和民主政治的历史趋同论已经破产，而历史的趋同正向社会主义方向拓展。对于拥有 5000 多年以人类为中心的传统民本文化、实行社会主义制度的中国来说，人类历史的真正趋同已经选择了我们。我们要做的就是，肩负人类责任，发展好中国特色社会主义，为人类应对老龄社会走出一条康庄大道！

三、人类的进阶

在人类从年轻社会转向老龄社会的过程中,信息化、数字化和智能化技术革命加速发展,并给人类发展带来许多新的机遇。于是,有人开始回顾人类历史,将人类文明分为原始文明、农业文明、工业文明和后工业文明,在后工业文明中,信息化、数字化和智能化无疑也会带来革命性技术变革。但就后工业文明究竟应当是什么样的? 未来文明发展的模式究竟如何? 这些问题是关系人类发展的重大问题。但是,迄今为止,关于人类文明,人们主要是从工具—技术体系来界定的。而且,历史业已表明,以工具—技术体系来推进人类文明既带来进步也带来灾难,诸如核武器、生物战争技术等。这说明,仅仅从工具—技术体系来界定人类文明及其发展模式乃至人类文明形态,实际上已经走到了尽头——即工具—技术体系的过度开发和运用,必然带来人类同归于尽危机。因此,反思人类文明及其发展模式,创造人类文明新形态,这也是人类迈入长寿时代和老龄社会的重大问题。

从年轻社会转向老龄社会的时代性转型,是当代全球面临诸多动荡因素中最确定的历史趋势。现代管理学之父彼得·德鲁克曾说过:"动荡时代最大的危险不是动荡本身,而是延续过去的逻辑。"客观来说,在解决"活下来"和"活得长"的问题上,既有文明及其发展模式的作用是根本性的。但是,面向解决"活得好""活得有意义"问题的长寿时代和老龄社会,我们很难再沿用解决"活下来"和"活得长"问题时的旧发展逻辑,继续任由所谓工具—技术体系的过度开发和运用,必然葬送现有成果。从人类自身发展来说,原始文明、农业文明和工业文明都是物本主义文明,其核心是解决人类"活下来"和"活得长"的问题,这也是年轻社会的旧逻辑。现在,进入长寿时代和老龄社会,人类终于有资格和条件来真正考量人类整体自身发展的问题,谋划如何才能"活得长"和"活得有意义"的问题,这是老龄社会的新逻辑,也是区别于年轻社会的更高位阶的逻辑,是未来人类文明的发展基点,也是控制工具—技术体系的根本。换言之,人类未来文明的进阶绝非工具—技术体系的不断升级(当然还要继续不断升级,但需要服务服从于人类整体自身发展及其意义),也绝非是在物本主义轨道上离人类整体自身发展的合目的性越走越远。从本质上说来,未来人类文明及其模式就是扬弃物本主义,建树人本主义的文明及其发展模式。其中,工具—技术体系仅仅是延展了的人类物质能力,而根本则在于超越动物性需求并依靠不断升级的工具—技术体系,把人类从体力劳动中解放出来,进而提升人类精神能力、追求文化性需求的更高层次的满足,从而推动人类化走向更高境界。这才是真正的人类化的文明,当然也是建基于以往物本文明的人本文明,更是未来人类新文明形态的总指向。总之,在普遍长寿时代和老龄社会的未来,人类文明及其发展模式的核心是满足物质需求基础上的精神需求。一句话,作为高于动物界的人类社会,追求更高层次、更加丰富的精神生活,这是未来人本文明的主题。当然,不可否认,解决肚子问题几乎消耗了以往整个人类史的精力。我们也有理由相信,解决更高层次的问题可能更难,但也更有意义,更有希望!这也是未来理想长寿时代和理想老龄社会的前景!

人类史的主题是人类化即人成为人,人而且是绝大多数人而不是少数人要过上人的生活。短寿时代和年轻社会的人类化主要是解决动物性需求的问题,而长寿时代和老龄社会的人类化主要是解决动物性需求基础上的精神需求问题。从人类主要是精神性存在的意义上说,迈入长寿时代和老龄社会,真正意义上的人类化历史才刚刚开始。未来是通往有意义的人类的伟大前程!

四、进阶的代价

实施应对老龄社会的人类战略和国家战略的前景是振奋人心的,至少可以考量绝大多数人如何才能活得更有意义,这是我们的祖先不敢想的奢望!

但是,目前,发展中国家普遍迈入老龄社会还有艰难的路要走,还有许多人面临着饥饿问题。在发达国家,现有的许多观念和制度体系依然是年轻社会的产物,要彻底改变的困难也是可以预知的。处在这两类情况的中国,我们已经解决了绝对贫困问题,绝大多数人已经迈上全面小康的生活位阶。但是,物质生活的持续需求不会停止,实施应对老龄社会的国家战略还面临旧观念、难以适应老龄社会的制度体系、既得利益者、习惯、部门利益以及从年轻社会转向老龄社会的诸多转型性问题的困扰,特别是还面临中等收入群体还需要全面扩大等诸多新旧矛盾和问题,难点集中、压力巨大,这些都需要有充分思想准备。这就决定了实施应对老龄社会的国家战略不仅是全民战略,而且是国家持久战略,也是全民终生累代战略。一句话,我们必须付出巨大代价,才能换来理想长寿时代和理想老龄社会的美好前景。

五、长期主义

思考应对老龄社会的战略问题,本质上就是思考人类和国家的长远发展问题,其核心理念就是长期主义。实际上,长期主义正是长寿时代、老龄社会与短寿时代、年轻社会的一个重要理念区别。面向人人都要活得很长的老龄社会,无论人类还是国家,无论政府组织、市场组织还是社会组织,无论个人还是家庭,坚守长期主义,这是未来的基本战略思维,也是实现人类美好前景的战略保证!

实际上,长期主义也指累代持续努力的含义。我们有理由相信,未来新一代在实施应对老龄社会国家战略上会比我们做得更好。我们要做的是尽量避免短视行为,为下一代留出更大选择空间!

参 考 文 献

1. 武元晋:《我国人口老化对社会经济的影响》,《长寿》1986 年第 5 期。

2. 曲海波:《建立弹性经济结构适应人口老化要求》,《中国计划生育报》1988 年 5 月 23 日。

3. 杜亚军:《人口老化与代际交换》,《中国计划生育报》1988 年 2 月 1 日。

4. 张文范:《中国人口老龄化与战略性的选择》,《人口与经济》1998 年第 1 期。

5. 翟德华、陶立群:《老龄产业若干理论问题研究》,《市场与人口分析》2005 年(增刊)。

6. 舒小昀:《工业革命定义之争》,《史学理论研究》2006 年第 3 期。

7. 李军:《人口老龄化条件下的经济平衡增长路径》,《数量经济技术经济研究》2006 年第 8 期。

8. 蔡昉:《中国经济面临的转折及其对发展和改革的挑战》,《中国社会科学》2007 年第 3 期。

9. 莫龙:《1980—2050 年中国人口老龄化与经济发展协调性定量研究》,《人口研究》2009 年第 3 期。

10. 李建民:《中国的生育革命》,《人口研究》2009 年第 1 期。

11. 石人炳:《低生育率陷阱:是事实还是神话?》,《人口研究》2010 年第 3 期。

12. 莫龙:《中国的人口老龄化经济压力及其调控》,《人口研究》2011 年第 6 期。

13. 杨凡、翟振武:《中国人口转变道路的探索和选择》,《人口研究》2012 年第 1 期。

14. 党俊武:《关于我国应对人口老龄化理论基础的探讨》,《人口研究》2012 年第 2 期。

15. 包玉香:《人口老龄化区域经济效应分析——基于新古典经济增长模型》,《人口与经济》2012 年第 1 期。

16. 邬沧萍:《积极应对人口老龄化理论诠释》,《老龄科学研究》2013 年第 1 期。

17. 李军:《人口老龄化影响经济增长的作用机制分析》,《老龄科学研究》2013 年第 1 期。

18. 钱君成:《中国老年人口健康老龄化四个社会效果维度的测量研究》,《老龄科学研究》2013 年第 1 期。

19. 姚远、褚湜婧:《老龄问题研究视角比较分析》,《老龄科学研究》2013 年第 1 期。

20. 钱君成:《中国老年人口健康老龄化四个社会效果维度的测量研究》,《老龄科学研究》2013 年第 1 期。

21. 李志宏:《人口老龄化问题的本质和特征分析》,《老龄科学研究》2013 年第 2 期。

22. 李军:《老龄经济学的宏观经济内涵及学科价值分析》,《老龄科学研究》2013 年第 3 期。

23. 李江波:《2012 年老龄宏观经济学研究进展》,《老龄科学研究》2013 年第 3 期。

24. 党俊武:《构建适应老龄社会要求的文化理想初探》,《老龄科学研究》2013 年第 3 期。

25. 穆光宗:《论辱寿与老年自杀》,《老龄科学研究》2013 年第 4 期。

26. 杨晓奇:《基于人口老龄化视角下的产业结构调整》,《老龄科学研究》2013 年第 5 期。

27. 党俊武:《老龄金融是应对人口老龄化的战略制高点》,《老龄科学研究》2013 年第 5 期。

28. 史薇:《金砖国家人口老龄化的比较研究》,《老龄科学研究》2013 年第 6 期。

29. 张同功、董振兴:《构建我国老龄产业金融支持体系的基本思路》,《老龄科学研究》2013 年第 6 期。

30. 党俊武:《构建适应老龄社会要求的文化理想初探》,《老龄科学研究》2013 年第 8 期。

31. 陆杰华、王伟进、薛伟玲:《中国老龄产业发展的现状、前景与政策支持体系》,《城市观察》2013 年第 4 期。

32. 党俊武:《老龄问题研究的转向:从老年学到老龄科学》,《老龄科学研究》2014 年第 2 期。

33. 杨甜甜、朱俊生:《我国延迟退休改革方案探讨》,《老龄科学研究》2014 年第 4 期。

34. 杨晓琦:《人口老龄化对经济结构调整的影响》,《老龄科学研究》2014 年第

5 期。

 35. 伍小兰、沈励：《老龄健康学研究探析》，《老龄科学研究》2014 年第 6 期。

 36. 党俊武：《年龄结构分析法是老龄科学的基本方法》，《老龄科学研究》2014 年第 8 期。

 37. 孙娟娟：《关于老龄法学学科建设若干问题的探讨》，《老龄科学研究》2014 年第 9 期。

 38. 胡继晔：《住房反向抵押贷款：国外经验、风险因素及发展展望》，《老龄科学研究》2014 年第 11 期。

 39. 党俊武：《应对老龄社会是全面深化改革和推动发展的重要战略议程》，《老龄科学研究》2015 年第 1 期。

 40. 原新、王丽：《中国城乡老年人休闲生活频率影响因素的比较研究》，《老龄科学研究》2015 年第 5 期。

 41. 徐勤：《老年痴呆患者的照护问题研究》，《老龄科学研究》2015 年第 6 期。

 42. 龚仁伟：《从基本国策高度积极应对人口老龄化》，《老龄科学研究》2016 年第 1 期。

 43. 党俊武：《关于建构人类老年期理论的若干考量》，《老龄科学研究》2016 年第 2 期。

 44. 孙文灿：《养老志愿服务侵权责任研究》，《老龄科学研究》2016 年第 10 期。

 45. 张盈华：《关于保险业参与养老服务业的再思考》，《老龄科学研究》2016 年第 11 期。

 46. 党俊武：《应对人口老龄化顶层设计刍议》，《老龄科学研究》2017 年第 1 期。

 47. 张同功、白飞野：《发达国家老龄产业融资支持的经验及启示》，《老龄科学研究》2017 年第 2 期。

 48. 党俊武：《我国老龄社会初期阶段发展老龄服务的战略思考》，《老龄科学研究》2017 年第 3 期。

 49. 李晶、罗萌：《全面建成小康社会背景下的老年人生活质量研究》，《老龄科学研究》2017 年第 4 期。

 50. 党俊武：《实行年龄平等、共同应对人口老龄化》，《老龄科学研究》2017 年第 8 期。

 51. 党俊武：《重阳六论老龄社会国情教育》，《老龄科学研究》2018 年第 10 期。

 52. 党俊武：《老年学的拓升与老龄科学中国学派的建构》，《老龄科学研究》2019 年第 5 期。

 53. 党俊武：《老龄健康学理论是应对老龄社会的重要顶层思维》，《老龄科学研究》2019 年第 7 期。

54. 李详臣、俞梦孙:《主动健康:从理念到模式》,《体育科学》2020 年第 2 期。

55. 党俊武:《树立老龄经济新思维》,《老龄科学研究》2020 年第 1 期。

56. 党俊武:《构建适应老龄社会的"主动健康观"》,《老龄科学研究》2020 年第 2 期。

57. 党俊武:《全面推进老龄经济产业是加快内循环的重大战略主攻方向》,《老龄科学研究》2020 年第 9 期。

58. [法]阿尔弗雷·索维:《人口通论》,查瑞传等译,商务印书馆 1982 年版。

59. [美]米尔顿·弗里德曼、罗斯·弗里德曼著:《自由选择》,胡骑等译,商务印书馆 1982 年版。

60. [英]亚·莫·卡尔-桑德斯:《人口问题》,宁嘉风译,商务印书馆 1983 年版。

61. 中国历史小丛书合订本:《古代经济专题史话》,中华书局 1983 年版。

62. [日]南亮三郎编:《人口论史》,张毓宝译,中国人民大学出版社 1984 年版。

63. [美]丹尼尔·贝尔:《后工业社会的来临》,高铦等译,商务印书馆 1984 年版。

64. 钮先钟:《现代战略思潮》,黎明文化事业股份有限公司 1985 年版。

65. 顾镜清:《未来学概论》,贵州人民出版社 1985 年版。

66. [日]日本经济新闻社:《老龄化社会——无形的革命》,人民出版社 1987 年版。

67. [美]维克托·R.富克斯:《服务经济学》,许微云、万慧芬、孙光德译,商务印书馆 1987 年版。

68. 李德滨:《老年社会学》,人民出版社 1988 年版。

69. [美]乔治·萨顿:《科学史和新人文主义》,陈恒六、刘兵、仲维光译,华夏出版社 1989 年版。

70. [美]保罗·肯尼迪:《大国的兴衰》,蒋葆英等译,中国经济出版社 1989 年版。

71. 李经纬等编著:《中国古代文化与医学》,湖北科学技术出版社 1990 年版。

72. 经济合作与发展组织秘书处:《危机中的福利国家》,梁向阳等译,华夏出版社 1990 年版。

73. [美]阿尔弗雷德·S.艾克纳主编:《经济学为什么还不是一门科学》,苏通等译,北京大学出版社 1990 年版。

74. [日]上野千鹤子:《高龄化社会》,公克、晓华编译,辽宁大学出版社 1991 年版。

75. [美]艾恺:《世界范围内的反现代化思潮》,贵州人民出版社 1991 年版。

76. 张纯元主编:《中国老年人口研究》,北京大学出版社 1991 年版。

77. 潘纪一、朱国宏:《世界人口通论》,中国人口出版社 1991 年版。

78. 田雪源主编:《中国老年人口》,中国经济出版社 1991 年版。

79. ［美］罗纳德・伊兰伯格、罗伯特・史密斯：《现代劳动经济学》，潘功胜等译，中国劳动出版社 1991 年版。

80. 狄昂照、吴明录、韩松、李正平：《国际竞争力》，改革出版社 1992 年版。

81. ［美］霍曼、基亚克：《社会老年学》，冯韵文、屠敏珠译，社会科学文献出版社 1992 年版。

82. ［荷］C.A.皮尔森：《文化战略》，刘利圭、蒋国田、李维善译，中国社会科学出版社 1992 年版。

83. 韩民青：《物质进化论的人本哲学》，广西人民出版社 1994 年版。

84. 佟宝贵编著：《中外退休养老制度》，中国大百科全书出版社 1995 年版。

85. 倪跃峰：《西方人口思想史》，中国人民大学出版社 1995 年版。

86. 于学军：《中国人口老龄化的经济学研究》，中国人口出版社 1995 年版。

87. 刘伟：《工业化进程中的产业结构研究》，中国人民大学出版社 1995 年版。

88. ［日］山本二三丸：《人本经济学》，王处辉译，东方出版社 1995 年版。

89. 王树林主编：《第四产业》，京华出版社 1996 年版。

90. 李向民：《精神经济》，新华出版社 1999 年版。

91. 劳动保障部社会保险研究所编：《防止老龄危机》，中国财政经济出版社 1996 年版。

92. ［德］路德维希・艾哈德：《大众的福利》，丁安新译，武汉大学出版社 1996 年版。

93. 高灵芝、王彦善主编：《农村社会养老保险工作》，中国社会出版社 1996 年版。

94. ［美］约翰・拉塞尔：《现代艺术的意义》，陈世怀、常宁生译，江苏美术出版社 1996 年版。

95. 韩良诚、焦凯平主编：《企业养老保险制度的统一与实施》，中国人事出版社 1997 年版。

96. ［美］米歇尔・沃尔德罗普：《复杂》，陈玲译，生活・读书・新知三联书店 1997 年版。

97. 袁缉辉、张钟汝：《社会老年学教程》，复旦大学出版社 1998 年版。

98. 周弘：《福利的解析》，上海远东出版社 1998 年版。

99. 邬沧萍主编：《社会老年学》，中国人民大学出版社 1998 年版。

100. 陈惠雄：《人本经济学原理》，上海财经大学出版社 1999 年版。

101. 钱明德、金计初：《拉美文化与现代化》，辽海出版社 1999 年版。

102. 张文范主编：《21 世纪上半叶中国老龄问题对策研究》，华龄出版社 2000 年版。

103. [美]弗雷德里克·詹姆逊:《文化转向》,胡亚敏等译,中国社会科学出版社2000年版。

104. 李振纲、方国根:《和合之境》,华东师范大学出版社2001年版。

105. [日]碇浩一:《老幼共生》,罗晓虎、孙沈清译,中国社会科学出版社2001年版。

106. [美]戴维·S.兰德斯:《国富国穷》,门洪华等译,新华出版社2001年版。

107. 陈可冀主编:《老龄化中国:问题与对策》,中国协和医科大学出版社2002年版。

108. 汝信主编,王瑗、朱易编著:《西方建筑艺术史》,宁夏人民出版社2002年版。

109. [美]马克·A.卢兹、[美]肯尼思·勒克斯:《人本主义经济学的挑战》,王立宇等译,西南财经大学出版社2003年版。

110. 柳欣主编:《中国宏观经济运行与经济波动》,人民出版社2003年版。

111. 丁开杰等编:《后福利国家》,上海三联书店2004年版。

112. 陈蕃、李伟长:《临终关怀与安乐死曙光》,中国工人出版社2004年版。

113. [法]米歇尔·沃维尔:《死亡文化史》,中国人民大学出版社2004年版。

114. 党俊武:《老龄社会引论》,华龄出版社2004年版。

115. 李军:《人口老龄化经济效应分析》,社会科学文献出版社2005年版。

116. [英]亚当·斯密:《道德情操论》,韩巍译,西苑出版社2005年版。

117. 许倬云:《万古江河》,上海文艺出版社2006年版。

118. [美]戴维·弗里德曼:《弗里德曼的生活经济学》,赵学凯等译,中信出版社2006年版。

119. [美]弗雷德里克·米什金:《下一轮伟大的全球化》,姜世明译,中信出版社2007年版。

120. 陈剑:《中国离现代化有多远》,中国文史出版社2007年版。

121. [英]庇古:《福利经济学》,金镝译,华夏出版社2007年版。

122. 张昊:《老龄化与金融结构演变》,中国经济出版社2008年版。

123. 殷海光:《中国文化的展望》,上海三联书店2009年版。

124. [美]亨利·欧内斯特·西格里斯特:《疾病的文化史》,中央编译出版社2009年版。

125. 何德旭、夏杰长:《服务经济学》,中国社会科学出版社2009年版。

126. [美]汉娜·阿伦特:《人的境况》,王寅丽译,上海人民出版社2009年版。

127. 陈志武:《金融的逻辑》,国际文化出版公司2009年版。

128. 高见:《老龄化、金融市场及其货币政策含义》,北京大学出版社2010年版。

129. ［英］斯科特·拉什、西莉亚·卢瑞:《全球文化工业》,要新乐译,社会科学文献出版社 2010 年版。

130. 王传斌:《跨越世纪的回忆》,世界知识出版社 2010 年版。

131. 顾宝昌等:《21 世纪中国生育政策争论》,社会科学文献出版社 2010 年版。

132. 中国疾病预防控制中心:《中国慢性病及其危险因素检测(2010)老年健康专题报告》,人民卫生出版社 2010 年版。

133. ［美］詹姆斯·H.舒尔茨:《老龄化经济学》,裴晓梅等译,社会科学文献出版社 2010 年版。

134. ［英］马丁·雅克:《当中国统治世界》,张莉、刘曲译,中信出版社 2010 年版。

135. ［美］奥特里:《退休精神》,曹文丽译,生活·读书·新知三联书店 2010 年版。

136. ［英］雷蒙德·弗思:《人文类型》,费孝通译,商务印书馆 2010 年版。

137. 资中筠:《启蒙与中国社会转型》,社会科学文献出版社 2011 年版。

138. 汪丁丁:《行为经济学讲义》,上海人民出版社 2011 年版。

139. ［英］威廉·乌斯怀特、拉里·雷:《大转型的社会理论》,吕鹏等译,北京大学出版社 2011 年版。

140. ［英］乔治·马格纳斯:《人口老龄化时代》,余方译,经济科学出版社 2012 年版。

141. ［德］尼采:《欢悦的智慧》,崔崇实译,中国画报出版社 2012 年版。

142. 祁志祥:《人学原理》,商务印书馆 2012 年版。

143. 郑秉文:《中国养老金发展报告 2012》,经济管理出版社 2012 年版。

144. ［美］戴维·威德默、罗伯特·A.威德默、辛迪·斯皮策:《下一轮经济危机》,宫立杰译,北京大学出版社 2012 年版。

145. ［美］杰里米·里夫金:《第三次工业革命》,张体伟等译,中信出版社 2012 年版。

146. 刘纪鹏:《资本金融学》,中信出版社 2012 年版。

147. ［美］米歇尔·弗勒里耶:《投资银行》,中信出版社 2012 年版。

148. 党俊武:《探索应对老龄社会之道》,华龄出版社 2012 年版。

149. 贾旭东:《文化发展的理论与政策》,社会科学文献出版社 2013 年版。

150. ［美］罗纳德·英格尔哈特:《发达工业社会的文化转型》,张秀琴译,社会科学文献出版社 2013 年版。

151. ［挪］乔根·兰德斯:《2052:未来四十年的中国与世界》,秦雪征等译,译林出版社 2013 年版。

152. 王广州、胡耀岭、张丽萍:《中国生育政策调整》,社会科学文献出版社 2013

年版。

153.［德］倭铿:《人生的意义和价值》,周新建、周洁译,译林出版社2013年版。

154. 国家卫生和计划生育委员会:《中国家庭发展报告》,中国人口出版社2014年版。

155.［美］弗朗西斯·福山:《历史的终结与最后的人》,陈高华译,广西师范大学出版社2014年版。

156. 李军:《中国老龄产业发展预测研究》,社会科学文献出版社2014年版。

157. 党俊武:《中国老龄产业发展报告》,社会科学文献出版社2014年版。

158. 原新、党俊武、李志宏、孙慧峰:《政策科学与我国老龄政策体系的构建》,华龄出版社2014年版。

159. 郑秉文主编:《中国养老金发展报告(2015)》,经济管理出版社2015年版。

160. 全国老龄工作委员会办公室:《国家应对人口老龄化战略研究总报告》,华龄出版社2015年版。

161.［英］劳伦斯·詹姆斯:《中产阶级史》,李春玲、杨典译,中国社会科学出版社2015年版。

162.［美］维沙尔布扬:《投资秘要——人口老龄化和资源枯竭带来的投资机会》,郭书彩等译,人民邮电出版社2015年版。

163.［美］马里达·伯托奇等:《人口老龄化、退休安排与养老金困境的优化》,赵建国等译,东北财经大学出版社2015年版。

164. 党俊武:《老龄社会的革命》,人民出版社2015年版。

165. 罗亚蒙等:《和谐宜居城市》,中国城市出版社2016年版。

166. 杨燕绥主编:《中国老龄社会与养老保障发展报告(2013)》,清华大学出版社2016年版。

167. 李泽厚:《人类学历史本体论》,青岛出版社2016年版。

168.［美］菲利普·科特勒:《直面资本主义困境与出路》,郭金兴等译,机械工业出版社2016年版。

169. 党俊武、周燕珉主编:《中国老年宜居环境发展报告》,社会科学文献出版社2016年版。

170.［美］威廉·戈兹曼:《千年金融史》,张亚光、熊金武译,中信出版集团2017年版。

171.［日］增田宗昭:《知的资本论》,王健波译,中信出版集团2017年版。

172.［英］保罗·梅森:《新经济的逻辑》,熊海虹译,中信出版集团2017年版。

173. 李志宏:《大国应对之道》,华龄出版社2018年版。

174. 董克用、姚余栋主编:《中国养老金融发展报告(2018)》,社会科学文献出版社 2018 年版。

175. [美]琳达·格拉顿、[英]安德鲁·斯科特著:《百岁人生》,吴奕俊译,中信出版集团 2018 年版。

176. [美]布莱恩·阿瑟:《复杂经济学》,浙江人民出版社 2018 年版。

177. [美]约瑟夫·F.柯佛林:《银光经济》,许恬宁译,远见天下文化出版股份有限公司 2018 年版。

178. [英]盖纳·艾尔特南:《世界建筑简史》,赵晖译,中国友谊出版公司 2018 年版。

179. [英]达尔文:《物种起源》,北京大学出版社 2018 年版。

180. [英]亚当·斯密:《国富论》,宇枫编译,中国华侨出版社 2018 年版。

181. [英]阿尔弗雷德·马歇尔、玛丽·佩利·马歇尔:《产业经济学》,肖卫东译,商务印书馆 2018 年版。

182. [英]特里·伊格尔顿:《论文化》,张舒语译,中信出版集团 2018 年版。

183. [意]路易吉·卢卡·卡瓦里·斯福尔扎:《文化的演进》,石豆译,中国社会科学出版社 2018 年版。

184. [日]NHK 特别节目录制组编著:《老后破产:名为"长寿"的噩梦》,王军译,上海译文出版社 2018 年版。

185. 党俊武:《超老龄社会的来临》,华龄出版社 2018 年版。

186. 张战等:《构建人类命运共同体思想研究》,时事出版社 2019 年版。

187. [美]马克·E.威廉姆斯:《优雅老去的科学与艺术》,赵婕译,中国工信出版集团、人民邮电出版社 2019 年版。

188. 李军、刘生龙:《中国老年人消费支出、需求及消费潜力研究》,社会科学文献出版社 2020 年版。

189. [美]琳达·格拉顿、[英]安德鲁·斯科特:《长寿人生》,舍其译,中信出版集团 2020 年版。

190. 党俊武、王莉莉主编:《中国老龄产业发展及指标体系研究》,社会科学文献出版社 2021 年版。

191. 党俊武:《老龄经济》,中信出版集团 2022 年版。

192. Sauvy, A., *Social and Economic Consequences of the Ageing of Western European Population*[J].Population Studies,1948(2).

193. United Nations, *The Aging of Populations and Its Economic and Social Implications*[J]. Population Studies, No.26,1956.

194. Chambers, J.D., Population, Economy, and Society in Pr-Industrial England[M]. Oxford University Press, 1972.

195. William, C. B, Aging: Its Challenge to the Individual and Society [M]. New York, 1974.

196. Coale A.J., *Economics Factors in Population Growth*[M].New York, 1976.

197. D. L. Decker, *Social gerontology*, Little, Brown and Company, Boston, Toronto, 1980.

198. United Nation, *Vienna International Plan of Action on Aging*, New York, 1983.

199. Sharon R. Kaufman, *The Ageless Self*, *Sources Of Meaning In Late Life*, The University Of Wisconsin Press.1986.

200. Masson, P. R. and Tryon, R. W. (1990). *Macroeconomic Effects of Projected Population Aging in Industrial Countries*[R].IMF Staff Papers.

201. R.L.Rubinstein, *Anthropology And Aging*[C].Netherlands, 1990.

202. OECD, Maintaining Prosperity in an Ageing Society, 1998.

203. Fougère, M. and Mérette, M. 1999. *Population ageing and economic growth in seven OECD countries*[J]. Economic Modelling, 16(3):411 – 427.

204. WHO. 2002b. Global Survey on Geriatrics in the Medical Curriculum [M]. Geneva: World Health Organization. 2002.

205. United Nations, *World Population Ageing* 1950-2050[R].New York, 2002.

206. United Nation, Madrid International Plan of Action on Aging, New York, 2003.

207. A. Prskawetz, Th.Fent, W.(2006). *The Relationship between Demographic Change and Economic Growth in the EU*[J]."Walter" demographic impact study 2006.

208. G. Magnus, *The Age of Aging*[M].John Wiley & Sons(Asia)Pte.Ltd, 2009.

209. United Nations. 2010. *World Population Ageing* 2009[R]. New York: United Nations.2010.

210. United Nations, *World Population Prospects*: *The* 2019 *Revision*[R].

211. United Nations, *World Population Prospects*: *The* 2022 *Revision*[R].

后　记

　　2020 年 10 月,中共中央召开的党的十九届五中全会提出:"实施积极应对人口老龄化国家战略。"这是新中国历史上的一件大事,也是党的老龄事业和老龄工作历史上具有里程碑意义的大事,当然也是中国面对人类从年轻社会转向老龄社会、从短寿时代转向长寿时代作出的划时代战略回应,对于未来中国发展乃至全球应对老龄社会这一重大人类趋同现象,意义重大而深远。

　　我是 1992 年进入老龄工作系统的,在中国老龄科学研究中心对策研究室开始学习研究老龄问题,至今已过 30 多年时间。刚进入老龄系统,虽然老龄问题是第一高频词,不仅我所在的机构叫作"中国老龄科学研究中心",其上级机构也叫作"中国老龄问题全国委员会",但我发现人们讨论最多的主要还是老年人问题,看到的文献绝大多数都是讨论老年人的"生活照料、经济供养、精神慰藉"等问题,可见,人们把老龄问题几乎等同于老年人问题在当时似乎是理所当然的。由于从小在老人堆里长大,我本能地觉得,这下完了,一辈子要和老年人打交道了,研究老年人的吃喝拉撒睡等问题将是我终生的职业安排。这和我所受本科和研究生教育的职业规划愿景即关注人类前途命运问题的所谓远大抱负相去甚远。当时的大半年时间我几乎是在充满人生沮丧感的失落情绪中度过的。

　　后来,当我看到邬沧萍教授的一系列论文论著之后,突然发现,人口老龄化问题或者老龄问题关系人类生活的方方面面,而且,全球全人类都面临迈入人口老龄化的必然趋势,这使我深感这里可能埋藏着研究事业的富矿。当时,从 1992 年开始,中国经济再次迈入后来所谓 20 世纪 90 年代快速发展的轨道,社会上充满诱惑的各种营生层出不穷,身边同事和同学亲友大多作出下海经商的新选择,而我在几次犹豫后坚定信心,还是静下心来,看看老龄问题里面是否真的有一个富矿。当时的初步判断是富矿概率更大,后来的一切皆是验证。

真正促使我在老龄科学入门的是学习 1982 年联合国《老龄问题维也纳国际行动计划》,其中的基本判断认为,老龄问题是一个战略问题,而且要求制定地区和国家战略。自然,中国作为世界人口大国当然也应当有自己的国家战略,这是我头两年研究老龄问题和从事老龄科学研究事业得出的一个结论。同时,用中文来指称"老龄社会"的概念也开始有人在提,日本的说法则是高龄社会,日本研究者甚至研究"高龄社会的构造",而英文的老龄社会(ageing society)这一概念则随处可见。那么,老龄社会是指什么? 它和人口老龄化是什么关系? 和越来越多的老年人是什么关系? 如果要制定中国的国家战略,那么,如何处理这些问题? 我一时陷入迷茫。更重要的是,我只不过是一名年轻研究人员,像制定国家战略这样的大事,恐怕也只能写写文章呼吁呼吁而已。这也是我 20 世纪 90 年代后期内心十分落寞的根本原因。

幸运的是,1999 年 10 月,党中央决定成立高规格的全国老龄工作委员会及其办公室。随后不久,经时任全国老龄办常务副主任、中国老龄协会张文范会长批准,我随中国老龄科学研究中心台恩谱主任借调至全国老龄工作委员会办公室工作,2002 年正式调入。此后,历任政研部副处长、处长,联络部副主任、政研部副主任、主任。这是一段难忘的经历。全国老龄办业务繁忙,老龄事业和老龄工作全面展开。在我任政研部处长期间,我产生今后老龄工作应当分三步走的想法,得到时任政研部主持工作的吴秋风副主任的认同和支持:第一步是开展中国人口老龄化百年预测,这项工作得到时任分管的赵宝华副主任和全国老龄办李本公常务副主任和其他领导的支持,很快开展起来,2002 年由南开大学原新教授完成研究,并上报领导,面向全社会发布,产生的影响十分广泛;第二步是开展国家应对人口老龄化战略研究,这项工作得到时任分管的曹炳良副主任和全国老龄办陈传书常务副主任的指导和直接领导

（没有陈传书常务副主任的坚定拍板和强有力的领导，这件事很难做成），由我负责具体操作，2012 年结题，上报中央并出版丛书和面向社会发布，目前的研究大多是这一项目研究的延伸，且少有超越这一研究的新成果问世；第三步是研究实施国家应对人口老龄化中长期发展规划，这项工作后来由于机构调整具体由国家发展和改革委员会承担，2019 年由中共中央、国务院颁布《国家应对人口老龄化中长期发展规划》。到 2020 年，党中央正式明确部署"实施积极应对人口老龄化国家战略"。回想 30 多年我个人从事老龄工作和老龄科学研究事业的历程，我作为研究制定应对人口老龄化国家战略的首倡者之一，中间经历了许多酸甜苦辣，今天看来不仅是值得的，而且尽到了老龄科学研究工作者和老龄工作者的义务。不仅验证了当年这里有富矿的判断，而且真正把自己的职业设计与人类前途命运问题结合起来了。这应当感谢党、感谢组织、感谢时代。

十分有意思的是，在谈到实施应对人口老龄化国家战略的时间节点上，2006 年时任联络部主任、后来是全国老龄办的王绍忠副主任认为，这个时间节点可能是 2020 年。现在看来，他的见解可谓独具慧眼。另外，在国家战略的名称上，全国老龄办肖才伟副主任曾经提到过，应当叫作"应对老龄社会国家战略"，他长期分管外事，了解国际事务，现在看来，他的提议站位高远，我内心高度认同。但考虑到人们的接受程度，用应对人口老龄化更容易接受。

自 2020 年党中央提出"实施积极应对人口老龄化国家战略"以来，许多问题浮出水面。一方面，关于中国实施积极应对人口老龄化国家战略的五个基本问题，即为什么、是什么、包括哪些方面、如何实施、未来的前景等五个维度的问题迫切需要解答。另一方面，社会上依然有许多人把积极应对人口老龄化国家战略简单地理解为"一老一小战略""健康养老战略""养老服务战略""老年健康战略""康养战略"等。这种社会认知离习总书记关于老龄工作指示批示和讲话精神相去甚远，迫切需要对实施积极应对人口老龄化国家战略作出全方位解读，推动国家战略得到准确理解和正确落实。这是我写作本书的初衷。此外,最近 10 年来,我在各地和各种场合的讲课中,反复强调的一个核心思想就是实施应对人口老龄化和老龄社会的国家战略,得到广大领导干部、企业界人士、学者特别是年轻人的认同,他们也曾经给我提出过许多有益的想法和颇具眼光的建议。实际上,应对人口老龄化和应对老龄社会,称呼不同,但内涵和外延是高度一致的。党中央提出"实施积极应对人口老龄化国家战略"以后,我的许多老领导、同事以及长期从事老龄科学研究的学者朋友纷纷致电,希望我写一个解读本。他们的忧国情怀令我十分感动,并成为我写作本书的动力。

当然,实施积极应对人口老龄化国家战略是一项长期的伟大工程,涉及方方面面,既需要宏观谋划,又需要中观安排,还需要微观考量;既涉及诸多领域,又需要多领域贯通;既有政府层面的长远设计,又有市场层面的落地关切,还有社会层面的倡导宣传;既有重中之重的普遍性、长期性问题的持续关注,也有阶段性、短期性的充分考量;既需要国内统筹的长远视角,更需要国际格局的宽域视野。老实说,应对人口老龄化标志的老龄社会的国家战略,既需要全体国民充分的心理准备,更需要全面的政策、制度和战略准备,还需要深厚的思想理论准备。目前,实施积极应对人口老龄化标志的国家战略已经有了现实的基础,各种挑战、矛盾和问题已经开始全面显现,相关政策、制度和战略措施密集出台,但相关思想理论准备还远远不足,目前基本上只是刚刚开题,还有许多重大问题尚未破题,更多的细节问题还没有开始研究。这是写作本书的一个重要缘起,也是后续相关研究的动力源泉。总之,写作本书仅仅是一个开始,压力巨大,书中所论当属抛砖,期待各路同仁共同研究,旨在共同探索建立中国特色的应对老龄社会的战略理论体系。

客观地说,面向未来,中国问题十分复杂,面临的不仅仅是老龄社会带来的系统性问题,不可能单起炉灶,需要在国家发展的大盘子战略中统筹做好安排。早在 2005 年发表《中国应对老龄社会的战略思路》(《中央民族大学学报》第 4 期)期间,我意识到必须要有一个总的设计。2006 年我发表《关于加快研究制定社会主义现代化建设总体战略的建议》(在 2006 年中国人民大学社会与人口学院举办的"第二届中国社会发展政策高层论坛"上宣读,后作为论文发表在《探索应对老龄社会之道》,华龄出版社 2012 年版。其中强调"社会主义现代化,也可以理解为中国特色的现代化"),旨在国家有一个大的战略框架,从中可以对应对老龄社会有一个真正的顶层设计。现在,积极应对人口老龄化成为国家战略,党的二十大关于实现中国式社会主义现代化的框架业已确立,现在的问题是要在实践过程中把应对人口老龄化和老龄社会与实现中国式现代化有机结合起来,这也是本书的一个重要关切。

　　回想 30 多年的历程,要感谢的领导、同事、学者、企业界人士、媒体人士、国外同行、接受调研访问的地方干部、老人以及社会各界人士,构成一个庞大的朋友圈,他们在我研究应对人口老龄化和老龄社会国家战略过程中都提出过指导、支持、帮助以及意见建议。这个名单的长度肯定超过读者的阅读耐心,我这里仅仅列举一部分,他们是接受我谢意的代表,对其他尚未列出的人的谢意,我只好交给上天,拜托老天爷为他们祈福。感谢中国老龄科学研究中心的洪国栋、台恩谱、张恺悌、高成运主任,刘芳、李明镇副主任和中心全体在职、退休和故去的领导和同事。感谢全国老龄办的张文范、李宝库、李本公、陈传书常务副主任,感谢全国老龄办张志鑫、袁新立、赵宝华、白桦、闫青春、曹炳良、吴玉韶、肖才伟、李耀东、王绍忠副主任,感谢全国老龄办部门的程勇、臧伟洋、吴秋风、杨东法(已故)、刁海峰、曾琦、刘增瑞主任。感谢中国老龄协会老年人才信息中心李伟主任。感谢全国老龄办政研部当时的同事孙惠峰、李志宏、张宝、龚仁伟、孔伟、陶红、张一鸣、肖文印,他们是共同的战友,李志宏博士在战略研究主报告框架、起草以及后来上报中央的有关重要文件起草中是主笔,功不可没。感谢全国老龄办我的其他所有同事。感谢指导国家应对人口老龄化战略研究课题的蒋正华副委员长、中国人民大学邬沧萍教授(已故)、翟振武教授和当时具体把关的于学军司长(后任国家卫健委副主任)、郝福庆司长等。感谢参与国家应对人口老龄化战略研究课题的郭志刚教授、原新教授、李军研究员、贾旭东教授等所有学者。感谢杨晓奇研究员对本书的贡献,感谢和明杰帮助我完成本书的有关数据分析工作。感谢一直给我智慧灵感的爱人邓佑玲教授。

感谢中国老龄事业发展基金会于建伟理事长的鼎力支持,感谢中国老龄事业发展基金会敬老志愿者工作委员会朱燕辉主任的大力支持!

感谢人民出版社方国根主任,方主任也是我的同班同学,他学养深厚,从他的著作中我学到很多东西,他对本书的倾情投入我万分感谢。

党俊武

2023 年 4 月 23 日

责任编辑：方国根

图书在版编目(CIP)数据

人类战略的革命 ：积极应对人口老龄化国家战略解
读 ／ 党俊武著. -- 北京 ：人民出版社，2025. 5. -- ISBN
978－7－01－026738－8

Ⅰ. C924. 24

中国国家版本馆 CIP 数据核字第 2024CW9593 号

人类战略的革命
RENLEI ZHANLÜE DE GEMING
——积极应对人口老龄化国家战略解读

党俊武 著

人民出版社 出版发行

（100706 北京市东城区隆福寺街 99 号）

北京汇林印务有限公司印刷 新华书店经销

2025 年 5 月第 1 版 2025 年 5 月北京第 1 次印刷
开本：710 毫米×1000 毫米 1/16 印张：29.25
字数：420 千字

ISBN 978－7－01－026738－8 定价：116.00 元

邮购地址 100706 北京市东城区隆福寺街 99 号
人民东方图书销售中心 电话 （010）65250042 65289539